Ambrosius/Hubbard

Sozial- und Wirtschaftsgeschichte Europas
im 20. Jahrhundert

Gerold Ambrosius · William H. Hubbard

Sozial- und Wirtschaftsgeschichte Europas im 20. Jahrhundert

Verlag C. H. Beck München

Mit 54 Abbildungen und 22 Tabellen

CIP-Kurztitelaufnahme der Deutschen Bibliothek

Ambrosius, Gerold:
Sozial- und Wirtschaftsgeschichte Europas im
20. Jahrhundert / Gerold Ambrosius ; William H. Hubbard. –
München : Beck, 1986.
  ISBN 3 406 31566 6
NE: Hubbard, William H. :

ISBN 3 406 31566 6

© C. H. Beck'sche Verlagsbuchhandlung (Oscar Beck), München 1986
Satz und Druck: C. H. Beck'sche Buchdruckerei, Nördlingen
Printed in Germany

Inhaltsverzeichnis

Vorwort

Verschiedene Institutionen haben unsere Arbeit auf unterschiedliche Weise gefördert. Die Concordia University gewährte Herrn Hubbard einen Forschungsaufenthalt in Paris, wo ihm das Institut National d'Etudes Démographiques und die Fondation Nationale des Sciences Politiques ihre Bibliotheken großzügig zur Verfügung stellten. Die Bibliotheken der Philipps-Universität Marburg, der Universität Bremen, der Freien Universität Berlin, der McGill University Montreal und der Concordia University Montreal lieferten den Hauptteil der Quellen und Literatur. Für Anregungen, Verbesserungen und Korrekturen möchten wir uns recht herzlich bei R. Ambrosius, C. Bertrand, S. Bornstein, W. Fischer, G. Hardach, I. Henke, B. Hubbard, H. Kaelble, D. Räuchle, R. Rudin, H. Siegrist, L. Sprecher, M. Vipond und H. Volkmann bedanken. Durch verständnisvolles Entgegenkommen und Engagement trug C. Zeile vom Verlag C. H. Beck nicht unwesentlich zur Fertigstellung des Manuskripts bei.

Bremen/Paris
Mai 1986   Gerold Ambrosius, William H. Hubbard

Europa 1918/19

Europa 1984

Einleitung

Der vorliegende Band ist als Einführung konzipiert. Er muß eine Einführung bleiben, weil die vergleichende europäische Sozial- und Wirtschaftsgeschichte immer noch in den Anfängen steckt, sich die vorhandene Literatur entweder mit ausgesprochenen Spezialproblemen beschäftigt oder in Form von voluminösen Handbüchern nur bedingt einen ersten Überblick ermöglicht. Er soll aber auch eine Einführung sein, weil er nicht in erster Linie für den sozial- und wirtschaftshistorischen Experten geschrieben worden ist. Moderne Sozial- und Wirtschaftsgeschichte ist soziologisch bzw. ökonomisch orientiert. Sie bedient sich der jeweiligen Fachsprachen und versucht, ihre Hypothesen mit empirischem Material zu belegen. Der Text trägt dieser neuen Richtung von Sozial- und Wirtschaftsgeschichte Rechnung, ohne das Allgemeinverständnis darunter leiden zu lassen. Das didaktisch-methodische Konzept, das dem Band zugrundeliegt, ist darauf ausgerichtet. Es wird versucht, in möglichst einfacher und klarer Sprache die Zusammenhänge darzustellen und zu analysieren. Soziologische und ökonomische Fachausdrücke werden erläutert. Das statistische Material wird so weit aufbereitet, daß eine Interpretation leichter fällt. Grundsätzlich wurde auf umfangreiche Tabellen verzichtet. Die Autoren glauben, daß sich Abbildungen dem Leser leichter erschließen als Tabellen, die oftmals eher abschrecken. Aber auch Abbildungen erfordern eine genaue Betrachtung. Sie wurden daher in den Text integriert, d. h. der Text arbeitet mit ihnen. Auf die problematische Datenbasis soll bereits an dieser Stelle hingewiesen werden wie auch auf die zahlreichen methodischen Probleme, die bei der Erstellung langer Reihen auftreten. Sie werden im Text immer wieder angedeutet, um dem Leser die kritische Distanz zum statistischen Material zu erleichtern.

Der Band ist systematisch aufgebaut: Die einzelnen Spezialthemen werden in Längsschnitten über das gesamte Jahrhundert dargestellt. Diese Vorgehensweise ist sicherlich problematisch, da sie auf Kosten des historischen Verständnisses geht. Soziale und wirtschaftliche Zusammenhänge bilden in den verschiedenen Zeitabschnitten der Geschichte komplexe und ganzheitliche Strukturen, die bei einer systematisch angelegten Längsschnittanalyse auseinandergerissen werden. Dennoch glauben die Autoren, daß die systematische Darstellung gerade für diejenigen, die sich einen ersten Überblick verschaffen wollen, die klarere und verständlichere ist.

Ein anderes Problem bestand darin, trotz der vielen Länder den Überblick nicht zu verlieren. Es ging einerseits darum, typische Entwicklungsverläufe aufzuzeigen, die Länder nach bestimmten Kriterien zu kategorisieren, andererseits die europäische Betrachtungsweise aber auch nicht so weit zu treiben, daß länder- oder regionalspezifische Unterschiede völlig nivelliert würden. Es wurde zwar versucht, einen Mittelweg zu finden, dennoch wird – auch als Folge der Art der Darstellung in Form von systematisch angelegten Längsschnitten – die Sozial- und Wirtschaftsgeschichte einzelner Länder nur am Rande behandelt. Der Schwerpunkt des Bandes liegt eindeutig auf dem europäischen Vergleich. Daraus resultiert insofern eine Schwäche, als nicht nur die verschiedenen Zeitabschnitte, sondern auch die verschiedenen Länder trotz zahlreicher Gemeinsamkeiten letztlich eigener Erklärungsmodelle bedürfen, um ihre sozioökonomischen Entwicklungen adäquat analysieren zu können. Trotz dieser Warnung wird mancher enttäuscht oder erstaunt sein, wie wenig er über die Geschichte einzelner Länder erfährt. Wer sich genauer informieren will, sei auf das Literaturverzeichnis verwiesen, in dem für jedes Land einige wenige Literaturangaben zusammengestellt worden sind, die aber für einen ersten tieferen Einstieg in die Sozial- und Wirtschaftsgeschichte der verschiedenen Länder ausreichen sollten.

Die Darstellung bewegt sich vor allem auf der beschreibenden und weniger auf der analysierenden Ebene. Das ist zum einen durch die Themenstellung und den methodischen Ansatz bedingt. Sinn und Zweck des Bandes ist es, die soziale und wirtschaftliche Entwicklung der europäischen Länder anhand zentraler Indikatoren darzustellen, um dem Leser einen ersten Eindruck zu vermitteln. Dies schließt selbstverständlich eine Erklärung dieser Entwicklung nicht aus. Eine tiefgreifende Analyse wird zum anderen aber auch durch den Forschungsstand erschwert, der, wie gesagt, noch nicht sehr weit gediehen ist. Zur international vergleichenden Sozial- und Wirtschaftsgeschichte liegen ganzheitliche, komplexe Erklärungsmodelle erst in Ansätzen vor. Ist es schon nicht ganz einfach, im Rahmen international vergleichender Darstellung gemeinsame länderübergreifende Entwicklungsmuster herauszuarbeiten, so beschränken sich die Erklärungsansätze meist auf sehr allgemeine Interpretationsversuche oder auch nur auf einige Faktoren und Zusammenhänge, mit denen die sozioökonomischen Prozesse möglicherweise analysiert werden könnten.

Ein so umfassendes Thema wie die Sozial- und Wirtschaftsgeschichte eines ganzen Jahrhunderts und eines ganzen Kontinents, der sich aus einer relativ großen Zahl von Ländern mit eigenständigen Entwicklungen zusammensetzt, erfordert eine Eingrenzung in sachlicher, zeitlicher und regionaler Hinsicht. Zu vielfältig sind die Aspekte, als daß sie auch nur annähernd vollständig behandelt werden könnten. Einer Auswahl haftet in den meisten Fällen etwas Willkürliches an. So wird auch bei diesem Band der eine oder andere fragen, warum dieses Thema behandelt wird und jenes, das doch ebenso wichtig ist, nicht. Eine Antwort können die Autoren darauf nur insofern geben, als sie sich um eine Auswahl bemüht haben, die bei Einführungen in die Sozial- und Wirtschaftsgeschichte üblich und ihrer Meinung nach sinnvoll ist.

Die zeitliche Ab- oder Eingrenzung wurde großzügig gehandhabt. Wenn es sinnvoll erschien – um langfristige Entwicklungstrends besser aufzeigen zu können –, wurde durchaus in das 19. Jahrhundert zurückgegangen. Bei anderen Themen beginnt die Darstellung erst mit dem Ersten Weltkrieg. In einigen Fällen mußte sie sich sogar auf die Zeit nach dem Zweiten Weltkrieg beschränken, vor allem dann, wenn es für die Zeit davor kein statistisches Material gibt. Generell gilt aber, daß ein Überblick über die letzten 100 Jahre europäischer Sozial- und Wirtschaftsgeschichte gegeben wird.

Zur regionalen Eingrenzung ist folgendes zu sagen: Außer der Türkei, Albanien, Luxemburg und Island werden alle souveränen Staaten erfaßt. Einen besonderen Fall stellt Rußland bzw. die Sowjetunion dar. Auch sie bleibt grundsätzlich unberücksichtigt, kann aber wegen ihrer großen Bedeutung für Europa – vor allem für die Entwicklung der osteuropäischen Staaten nach dem Zweiten Weltkrieg – nicht ganz außer acht gelassen werden. Die Basiseinteilung ist Nord-, West-, Süd- und Osteuropa. Diese Einteilung ist zwar in erster Linie geographisch bedingt, doch beinhaltet sie auch eine sinnvolle sozioökonomische Differenzierung. Im Gegensatz zu der in Veröffentlichungen der UNO üblichen geographischen Einteilung werden in diesem Band somit Großbritannien und Irland zu Westeuropa und Jugoslawien zu Osteuropa gerechnet.

In den Fällen, in denen Ost- und Westeuropa nach dem heute üblichen Sprachgebrauch gegenübergestellt werden, d. h. Westeuropa auch Nord- und Südeuropa mit einschließt, geht dies entweder aus dem Zusammenhang hervor, oder es wird ausdrücklich darauf hingewiesen. Bei Osteuropa ergeben sich insofern besondere Probleme, als es im Laufe des Jahrhunderts nicht nur zu starken Grenzverschiebungen innerhalb dieser Region kam, sondern sie sich selbst durch neue Grenzen gegenüber der Sowjetunion und durch die Integration des Gebietes der DDR nach dem Zweiten Weltkrieg stark veränderte. Bei Daten, die die gesamte Region erfassen, müssen daher stets diese geographischen Veränderungen berücksichtigt werden. Als weitere Unterregionen werden Nordwest-, Mittelost- und Südosteuropa erfaßt (vgl. Verzeichnis der regionalen Ländergruppen).

I. Demographische Grundlagen der sozialen und wirtschaftlichen Entwicklung

A. Gesamtdemographische Entwicklung

Die Bevölkerung ist das Fundament einer Gesellschaft. Biologische Merkmale wie Geschlecht und Alter sind zentrale Elemente des menschlichen Daseins, die in vielfältiger Weise mit sozialen, kulturellen, moralischen, rechtlichen oder politischen Normen, Verhaltensweisen und Institutionen verknüpft sind. Volkswirtschaftlich bedeutet Bevölkerung einerseits Beschäftigte, die Güter und Dienstleistungen produzieren, andererseits Konsumenten, die Produkte kaufen und Dienstleistungen in Anspruch nehmen. Allerdings ist die volkswirtschaftliche Produktion nicht eine einfache Funktion der Bevölkerungsgröße; sie hängt u. a. auch von der Erwerbsquote, der Arbeitszeit, betriebswirtschaftlichen Praktiken, dem technologischen Niveau, von Bodenschätzen, vom Außenhandel und von der Wirtschaftspolitik ab. Auch der Konsum wird nicht nur durch die Zahl der Konsumenten bestimmt, sondern durch deren Altersstruktur und Geschlechterverhältnis, durch Einkommensverteilung, Mode, Tradition etc. Die Zahl der zu berücksichtigenden Variablen ist sehr groß, und ihre Zusammenhänge lassen sich selbst auf theoretischer Ebene nur bedingt erfassen. In der historischen Realität ist alles noch viel komplizierter, denn sie weist nicht nur zeitliche, sondern auch nationale, regionale und lokale Differenzierungen auf.

Die Vermehrung oder Abnahme einer Bevölkerung hängt von drei Faktoren ab: Geburten, Sterbefällen und Wanderungen. Die generative Struktur einer Bevölkerung, d. h. die Konstellation von Geburten und Sterbefällen, spiegelt nicht nur wirtschaftliche Verhältnisse, sondern auch soziales Verhalten und gesellschaftliche Normen bezüglich der Stellung der Frau und der Kinder, der Rolle der Familie, der Institution der Ehe sowie der Form der Geschlechtsbeziehungen wider. Um unterschiedliche generative Strukturen vergleichen zu können, drückt man Geburten und Sterbefälle nicht in absoluten Werten, sondern in Verhältniszahlen in bezug auf einen standardisierten Nenner aus. Für Geburten verwendet man üblicherweise die sogenannte rohe Geburtenziffer: Die Anzahl der Lebendgeborenen wird zu Tausend der Gesamtbevölkerung innerhalb eines Jahres ins Verhältnis gesetzt. Analog wird die rohe Sterbeziffer berechnet. Diese Ziffern können aber nicht ohne weiteres miteinander verglichen werden, da sie die Altersstruktur einer Bevölkerung außer acht lassen. Altersspezifische Ziffern, die eine bestimmte Altersgruppe als Nenner besitzen, sind für einen Vergleich geeigneter, mangels entsprechender Daten oft aber nicht zu berechnen. Die am häufigsten gebrauchte altersspezifische Ziffer ist die Zahl der Lebendgeborenen auf Tausend gebärfähiger Frauen, worunter man international die Altersgruppe zwischen 15 und 44 Jahren versteht.

1. Bevölkerungswachstum

Trotz zweier Weltkriege mit Millionen von Toten vermehrte sich Europas Bevölkerung im 20. Jahrhundert unter langfristiger historischer Perspektive schnell. In den 70 Jahren zwischen 1913 und 1983 wuchs sie um 42% von 341 auf 484 Mio. an. Dieses Wachstum wird aus zwei Gründen oft unterschätzt:

(1) Im Vergleich zu Bevölkerungen in anderen Erdteilen scheint die europäische Wachstumsrate eher bescheiden zu sein; insbesondere seit 1950 haben manche Länder Afrikas, Asiens oder Südamerikas diese Rate weit übertroffen. Infolgedessen sank der Anteil der europäischen an der Weltbevölkerung auf knapp 11% im Jahre 1980. Dies bedeutete eine Umkehrung im Vergleich zur Situation im 19. Jahrhundert, als sich Europas Bevölkerungswachstum im Verhältnis zur übrigen Welt stark beschleunigte und Europas Anteil an der Weltbevölkerung von ca. 20% im Jahre 1800 auf ungefähr 25% im Jahre 1913 stieg.

(2) Im Gegensatz zum für fast alle Länder geltenden Wachstumstrend in den Jahren zwischen 1850 und 1914 war das Wachstumsmuster im 20. Jahrhundert zeitlich und regional sehr unterschiedlich.

Periodisierung

Im allgemeinen teilt man die demographische Geschichte Europas im 20. Jahrhundert in die beiden Perioden von 1914 bis 1945 und von 1945 bis zur Gegenwart. Die erste Periode wurde durch Kriege geprägt. Die demographischen Folgen dieser Kriege lassen sich aufgrund von Definitionsproblemen und mangelnden Daten zwar nicht genau ermitteln, der Erste Weltkrieg dürfte aber etwa sechs Mio. Tote (ohne Rußland) gekostet haben. Frankreich und das Deutsche Reich verloren ca. 10% ihrer männlichen Erwerbspersonen, Österreich-Ungarn und Italien mehr als 6% und Großbritannien ungefähr 5% als unmittelbare Kriegsopfer. An Unterernährung und Krankheiten – insbesondere an der Grippeepidemie 1918/19 – starben ebenso viele Zivilpersonen. Die Gesamtverluste (ohne Rußland) von ca. elf Mio. Menschen machten mehr als 3% der Vorkriegsbevölkerung Europas aus. Wie Tab. I.1 zeigt, hatten zehn Länder 1920 eine kleinere Bevölkerung als 1913. Die größten Verluste verzeichnete Frankreich; selbst mit den wiedergewonnenen Gebieten in Elsaß-Lothringen zählte seine Bevölkerung 1920 zwei Mio. Menschen weniger als vor dem Krieg. Ebenso wie die Entwicklung der Gesamtbevölkerung wurde die der Ehen und Geburten durch den

Krieg geprägt. Einerseits zog er vier sehr geburtenschwache Jahrgänge nach sich – die berühmten classes creuses der französischen Demographie –, andererseits hatte er Spätheiraten, verfrühte Witwenschaft und aufgezwungene Ehelosigkeit zur Folge, was nicht nur das Bevölkerungswachstum, sondern auch die Gesellschafts- und Wirtschaftsstrukturen Europas im 20. Jahrhundert stark beeinflußte.

Tab. I. 1: Entwicklung der europäischen Bevölkerung 1913 – 2000ᵃ) (in Mio.)

	1913	1920	1930	1940	1950	1960	1970	1980	2000[b]
Nordeuropa[c])	14,6	15,1	16,2	17,2	19,0	20,5	22,1	22,6	22,8
Schweden	5,6	5,8	6,1	6,3	7,0	7,5	8,1	8,3	8,4
Dänemark	2,9	3,0	3,5	3,8	4,3	4,6	4,9	5,1	5,4
Finnland	3,2	3,1	3,4	3,7	4,0	4,4	4,6	4,8	4,6
Norwegen	2,5	2,7	2,8	3,0	3,3	3,6	3,9	4,1	4,4
Westeuropa[d])	170,8	170,2	181,0	189,9	175,6	189,8	207,6	212,8	227,0
Deutsches Reich	58,5	59,9	64,7	69,3	–	–	–	–	–
BRD[e])	–	–	–	–	49,9	55,3	60,7	61,6	58,7
Großbritannien	43,0	43,5	45,7	47,8	50,6	52,5	55,4	55,9	64,1
Frankreich	41,7	39,0	40,8	41,3	41,7	45,7	50,8	53,7	59,6
Niederlande	6,3	6,8	7,8	8,9	10,1	11,5	13,0	14,1	16,0
Belgien	7,7	7,6	8,1	8,4	8,6	9,2	9,7	9,9	10,0
Österreich	6,6	6,4	6,7	6,7	6,9	7,1	7,4	7,5	7,5
Schweiz	3,9	3,9	4,0	4,2	4,7	5,4	6,3	6,4	6,8
Irland	2,9	2,9	2,9	2,9	2,9	2,8	2,9	3,4	4,3
Osteuropa	86,4	84,4	92,7	102,4	105,9	115,6	125,8	134,4	148,4
Polen	30,7	29,4	31,1	34,9	24,8	29,7	32,6	35,6	38,5
Jugoslawien	12,3	11,7	13,5	15,6	16,3	18,4	20,4	22,3	25,6
Rumänien	16,2	15,9	18,2	20,0	16,3	18,4	20,2	22,2	25,6
DDR[f])	–	–	–	–	18,9	17,9	17,1	16,7	18,2
Tschechoslowakei	13,6	13,5	14,6	15,3	12,4	13,6	14,3	15,3	15,8
Ungarn	7,9	7,9	8,6	9,2	9,3	10,0	10,3	10,7	10,8
Bulgarien	4,9	5,2	5,7	6,3	7,3	7,9	8,5	8,9	9,6
Albanien	0,8	0,8	1,0	1,1	1,2	1,6	2,2	2,7	4,3
Südeuropa[g])	68,8	68,6	77,2	84,9	90,9	97,5	106,9	114,4	128,0
Italien	36,2	35,9	40,7	44,3	46,6	49,4	53,6	57,1	61,4
Spanien	20,3	21,0	23,2	25,5	27,9	30,3	33,8	37,4	45,4
Portugal	6,0	6,4	6,7	7,6	8,4	8,8	9,6	9,9	11,2
Griechenland	6,0	5,0	6,3	7,2	7,6	8,3	8,8	9,6	10,0
Europa insgesamt	340,6	338,3	367,1	394,4	391,7	423,4	462,4	484,2	525,5

ᵃ) 1913 – 1940 in den Grenzen von 1923; 1950–2000 in den Grenzen von 1950.
ᵇ) Geschätzt.
ᶜ) Einschl. Island, Nordseeinseln.
ᵈ) Einschl. Monaco, Liechtenstein, Luxemburg.
ᵉ) Einschl. Berlin West.
ᶠ) Einschl. Berlin Ost.
ᵍ) Einschl. Gibraltar, San Marino, Andorra, Malta, Vatikan.

Quellen: Brian R. Mitchell, *European Historical Statistics 1750 – 1970*, London 1975, S. 19–24; United Nations, *Demographic Yearbook 1963*, S. 156 ff.; 1978, S. 119 ff., 133 ff.; 1981, S. 186; United Nations (ECE), *Economic Survey of Europe in 1974, Part II: Post-war Demographic Trends in Europe and the Outlook Until the Year 2000*, New York 1975, S. 176.

Diese tiefgreifenden demographischen Folgen des Ersten Weltkrieges wurden von denen des Zweiten noch übertroffen. Dabei waren die eigentlichen militärischen Verluste für die meisten Länder wesentlich geringer als im Ersten Weltkrieg. Frankreich verlor z. B. «nur» 167000 Soldaten. Bei den Streitkräften der Deutschen Wehrmacht fielen allerdings vier Mio., und die Gefallenen der sowjetischen Armee werden sogar auf 18 Mio. geschätzt. Allerdings hatten die geographische Ausbreitung der Kriegshandlungen, die langjährigen intensiven Luftangriffe sowie die nationalsozialistischen Vernichtungsprogramme ca. zwölf Mio. Tote unter der Zivilbevölkerung zur Folge, d. h. doppelt so viele wie im Ersten Weltkrieg. Insgesamt verlor Europa (ohne die Sowjetunion) zwischen 1939 und 1945 etwa 17 Mio. Menschen oder über 4% seiner Vorkriegsbevölkerung. Dazu kamen noch Hunderttausende, die in den letzten Kriegsjahren und der unmittelbaren Nachkriegszeit an Hunger und Auszehrung starben. Abgesehen von der UdSSR, die hier nicht berücksichtigt wird, die aber ungeheure Verluste von mehr als 15 Mio. Menschen verkraften mußte, waren die am schwersten betroffenen Länder die Mittel- und Osteuropas. Polen mußte am stärksten leiden; ohne Berücksichtigung von Grenzverschiebungen verlor es mindestens 13% der Vorkriegsbevölkerung. Jugoslawien verlor 11%, das Deutsche Reich ungefähr 9%. Als demographische «Bilanz» kann man festhalten, daß jeder dieser großen Kriege Europa etwa ein Jahrzehnt Bevölkerungswachstum kostete.

Bisher blieben der zweiten demographischen Periode im 20. Jahrhundert solche entsetzlichen Ereignisse erspart. Im Gegenteil, das anhaltende Wirtschaftswachstum ab etwa 1950 förderte die demographische Expansion. In den 50er und 60er Jahren wuchsen die Bevölkerungen aller europäischen Länder außer der DDR rasch. Zwischen 1961 und 1970 vermehrten sie sich um insgesamt 9,2%; das ist die höchste Wachstumsrate seit dem Jahre 1913. Danach sank das Wachstumstempo in vielen Ländern, vor allem in denen West- und Nordeuropas, stark. In den letzten Jahren kam es in Schweden, Dänemark, Großbritannien und Belgien nur noch zu sehr geringen Geburtenüberschüssen, während in der BRD, der DDR und Österreich die Zahl der Sterbefälle die der Geburten sogar übertraf.

Nationale und regionale Differenzierungen
Grenzverschiebungen erschweren den Vergleich von nationalen und regionalen Wachstumsraten zwischen 1913 und 1980. Wie die Karten am Beginn und am Schluß dieses Bandes zeigen, bewirkten die Verlegung der polnischen Grenze nach Westen, die Abgabe von östlichen Teilen der Tschechoslowakei und Rumäniens an die Sowjetunion sowie die Teilung des Deutschen Reiches nicht nur eine neue geographische Ausdehnung des jeweiligen Landes, sondern auch der Regionen West- und Osteuropas.

Das in Tab. I. 1 vermittelte Gesamtbild der demographischen Entwicklung Europas im 20. Jahrhundert zeigt gleichzeitig relativ konstante regionale Muster und eine Palette nationaler Differenzierungen. Während der gesamten Zeit zwischen 1913 und 1980 wuchs die Bevölkerung Nord-, Süd- und Osteuropas überdurchschnittlich schnell, während das Wachstum der Westeuropas unter dem gesamteuropäischen Durchschnitt lag. Dabei verlief die Bevölkerungsentwicklung Nord- und Südeuropas außerordentlich stabil. In West- und Osteuropa war das Gegenteil der Fall; hier führten die Kriege dazu, daß das Wachstumstempo in den Jahren 1950 – 1980 viel höher lag als zwischen 1913 und 1950. In Westeuropa verdoppelte es sich sogar. Die unterschiedlichen Kriegsverluste sowie voneinander abweichende generative Strukturen und Wanderungsverhalten hatten zur Folge, daß der Wachstumsverlauf innerhalb der Regionen von Land zu Land sehr unterschiedlich ausfiel. Die größte Vielfalt zeigten West- und Osteuropa.

Das geringste Wachstum zwischen 1913 und 1980 verzeichnete Österreich mit nur 14%. Ähnlich niedrige Raten wiesen Irland, Polen und die Tschechoslowakei auf; in den beiden letzteren Ländern, vor allem in Polen, sind die niedrigen Gesamtwachstumsraten auf Kriegsverluste und Grenzveränderungen zurückzuführen. Am anderen Ende der Wachstumsskala befanden sich die Niederlande, deren Bevölkerung sich seit 1913 mehr als verdoppelte. Unter den größeren Ländern veränderte sich in Frankreich das Wachstumstempo am stärksten. Zwischen 1913 und 1940 bewirkten die enormen Kriegsverluste im Zusammenhang mit der niedrigsten Geburtenziffer Europas eine Verringerung der Bevölkerung um fast eine halbe Million. Die Zahl der Sterbefälle überstieg die der Geburten nicht nur während der Kriegsjahre 1914 bis 1918, sondern auch 1919, 1929 und 1935 bis 1944. Ab 1945 kehrte sich die Situation überraschenderweise um; seitdem verzeichnete Frankreich ständig einen hohen Geburtenüberschuß. In den 60er Jahren betrug seine Gesamtbevölkerungsvermehrung – Geburtenüberschuß und Wanderungsgewinn – 11,2%, die vierthöchste Ziffer Europas. Noch 1980 wurde die französische Geburtenziffer lediglich durch die von Griechenland, Irland, Portugal, Spanien und den osteuropäischen Ländern übertroffen.

Geographische Verteilung
Das Bevölkerungswachstum verstärkte naturgemäß die Besiedlungsdichte, die gesamteuropäisch von 66 Personen pro Quadratkilometer 1920 auf 99 im Jahre 1980 stieg. Dabei änderte sich das europäische Besiedlungsmuster kaum. Sowohl 1920 als auch 1980 waren Belgien, England/Wales und die Niederlande die am dichtesten besiedelten Länder Europas; die Werte stiegen hier von etwa 250 Personen pro Quadratkilometer auf über 325. 1980 folgten die BRD und Italien mit 247 bzw. 187 Personen pro Quadratkilometer. Die meisten anderen europäischen Länder wiesen eine Besiedlungsdichte zwischen 50 (Irland) und 160 (die Schweiz) auf. Ganz am Ende standen die skandinavischen Länder Finnland, Norwegen und Schweden mit weniger als 20 Personen pro Quadratkilometer. Ein Vergleich der Abb. I.1 und III.5 macht deutlich, daß die Bevölkerungsdichte in etwa – eine Ausnahme bildeten bestimmte Regionen Nordeuropas – mit der Höhe des Sozialproduktes

pro Kopf korrespondiert, d. h. daß die Bevölkerungsdichte in den am stärksten entwickelten und wohlhabendsten Gebieten Europas besonders hoch ist und umgekehrt.

Abb. I.1: Bevölkerungsdichte in europäischen Regionen 1971

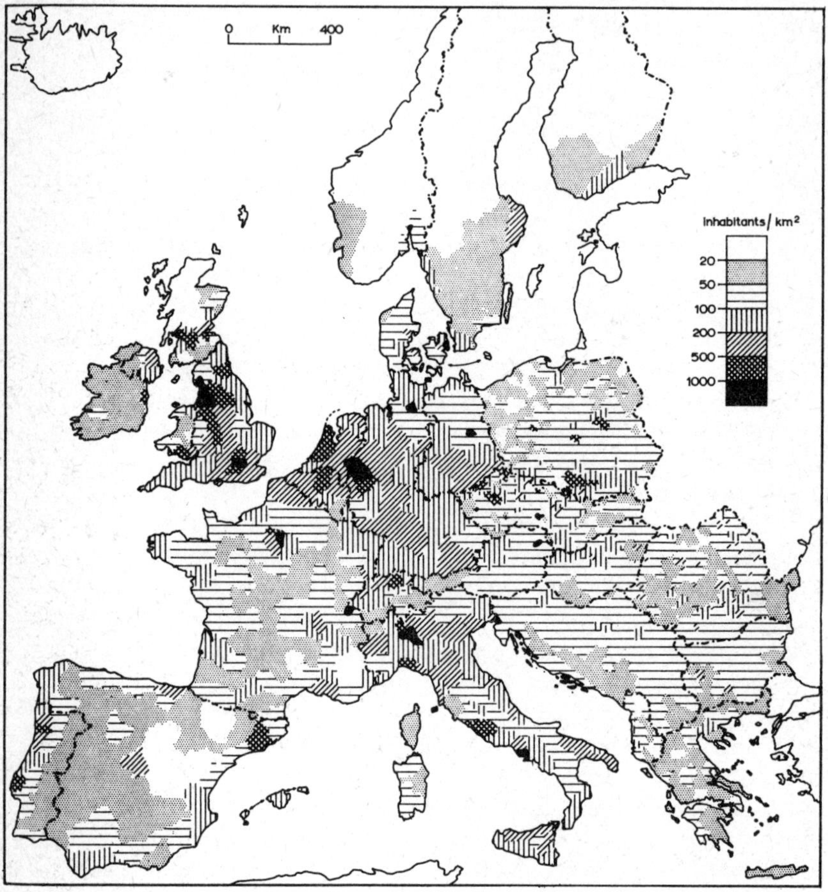

Quelle: John Salt und Hugh Clout (Hrsg.), *Migration in Post-war Europe. Geographical Essays*, Oxford 1976, S. 11.

Trotz unterschiedlicher Wachstumsraten veränderte sich die regionale und nationale Rangordnung der Bevölkerungsgröße im Laufe des Jahrhunderts kaum. Vor allem als Folge der Teilung des Deutschen Reichs nach 1945 sank der Anteil Westeuropas von 50% im Jahre 1913 auf 44% im Jahre 1980. Ost- und Südeuropa holten etwas auf und machten 1980 28 bzw. 24% der europäischen Bevölkerung aus. Auf die Länder Nordeuropas verteilten sich die übrigen 4%. Auch die Rangordnung der einzelnen Länder blieb fast unverändert. Die 1913 sechs größten Länder behaupteten ihre Stellung noch 1980; es gab nur geringfügige Verschiebungen: Italien nahm 1980 anstatt des vierten den zweiten Platz und Spanien vor Polen den fünften Platz ein. Insgesamt verringerte sich das Gefälle zwischen den großen und den kleinen Ländern Europas. 1913 betrug die Bevölkerung des zehntgrößten Landes nur 13% der Bevölkerung des größten, 1980 jedoch bereits 25%.

2. Wandel der generativen Strukturen

Hinter diesen verschiedenen Bevölkerungsentwicklungen verbirgt sich ein grundlegender Wandel des biologischen und sozialen Verhaltens der Europäer. Er war ursprünglich vom französischen Demographen Adolphe Landry als «demographische Revolution» bezeichnet worden; heute nennt man ihn den «demographischen Übergang», womit das Hauptmerkmal, der Übergang von hohen Geburten- und Sterbeziffern zu niedrigen, angedeutet wird. Dieses einfache Modell des demographischen Wandels behauptet ein umgekehrtes Verhältnis zwischen der Geburtlichkeit und Sterblichkeit auf der einen und dem Modernisierungsgrad einer Gesellschaft auf der anderen Seite. Der Übergangsprozeß vollzieht sich demnach in vier idealtypischen Phasen:

(1) Vorindustrielle Bevölkerungen sind durch hohe Geburtlichkeit (35 – 40‰) sowie durch hohe, stark schwankende Sterblichkeit (25 – 30‰) – in Krisenjahren über 40‰ – gekennzeichnet. Als Folge ergibt sich ein nur mäßiges Wachstum.

(2) Der eigentliche Übergang setzt ein, wenn infolge verbesserter sanitärer bzw. hygienischer Maßnahmen und einer Anhebung des allgemeinen Lebensstandards die Sterblichkeit unter etwa 20‰ absinkt. Da die Geburtlichkeit weiterhin relativ hoch bleibt (30 – 35‰), ergibt sich in dieser Phase eine hohe natürliche Wachstumsrate von ungefähr 15‰ pro Jahr.

(3) Zunehmender materieller Wohlstand und die Ausbreitung städtisch-rationalistischer Verhaltensweisen führt zur verstärkten Anwendung geburtenbeschränkender Praktiken, die die Geburtlichkeit auf 15 – 20‰ absinken lassen. Da die Sterbeziffer weiter fällt, findet natürliches Wachstum zwar noch statt, allerdings auf einem niedrigeren Niveau von 5 – 10‰ im Jahr.

(4) Die letzte Phase wird durch die sogenannte moderne bzw. städtisch-industrielle generative Struktur charakterisiert: Die Sterblichkeit schwankt um 10‰, während sich infolge weit verbreiteter Empfängnisverhütung die Geburtenziffer bei 12 – 14‰ stabilisiert. Daraus ergibt sich ein sehr langsames Wachstum von unter 5‰ pro Jahr oder sogar ein «Nullwachstum».

Dieser demographische Übergang verlief in Europa weder räumlich noch zeitlich überall gleich. In Nord- und Westeuropa setzte er bereits im 19. Jahrhundert ein und griff im 20. Jahrhundert auf Ost- und Südeuropa über. Die in den Abb. I. 3 und I. 6 dargestellten Geburtlichkeits- und Sterblichkeitskurven zeigen die Unterschiede zwischen den Ländern. In vielen west- und nordeuropäischen Staaten bewegten sich die Geburten- und Sterbeziffern schon um 1900 innerhalb der dritten Phase und sanken in den 20er Jahren auf das Niveau der vierten Phase. Demgegenüber befanden sich die Bevölkerungen Ost- und Südeuropas 1913 erst in der zweiten Phase des Übergangs, d. h. die Geburtlichkeit machte über 30 und die Sterblichkeit über 20‰ aus. Diese Ziffern gingen dann in der Zwischenkriegszeit zwar zurück, blieben jedoch außer in der Tschechoslowakei, Ungarn und Italien auf dem Anfangsniveau der dritten Phase stehen. Erst nach 1945 setzte sich die vierte Phase des demographischen Übergangs auch in Ost- und Südeuropa endgültig durch. Infolge dieser Verzögerung erzielten Ost- und Südeuropa das ganze Jahrhundert hindurch deutlich höhere Geburtenüberschüsse als Westeuropa. Vor allem in der Zwischenkriegszeit brachten diese Überschüsse beträchtliche soziale und wirtschaftliche Probleme mit sich.

B. Reproduktion

1. Sterblichkeit

Der englische Philosoph Thomas Hobbes war im 17. Jahrhundert der Meinung, daß das Leben der Menschen «nasty, brutish and short» sei. Wenigstens in bezug auf das letzte Merkmal vollzog sich ein dramatischer Wandel im 20. Jahrhundert. Gesündere Nahrung, hygienischere Wohnungen und Lebensumstände sowie verbesserte medizinische Versorgung senkten die Sterblichkeit in allen europäischen Staaten auf ein bis dahin nicht vorstellbar niedriges Niveau. Dabei verringerte sich das Ländergefälle. Wie Abb. I. 2 zeigt, gab es noch am Anfang des Jahrhunderts beträchtliche Unterschiede, die in der Zwischenkriegszeit sukzessiv kleiner wurden. In den 50er Jahren lag die Sterbeziffer fast überall unter 12‰; in den 60er und 70er Jahren sank sie in rund der Hälfte der europäischen Länder unter 10‰. Die geringe Streuung der Sterbeziffer, die auch 1980 noch bestand, resultierte in erster Linie aus den unterschiedlichen Altersstrukturen.

Lebenserwartung
Die Folge der absinkenden Sterblichkeit war ein starker Anstieg der durchschnittlichen Lebenserwartung. Wie Abb. I. 3 zeigt, erwartete ein neugeborenes Kind um 1900 in den am weitesten entwickelten Staaten Nord- und Westeuropas – etwa England/Wales, den Niederlanden, Schweden – ein durchschnittliches Lebensalter von 50 bis 55 Jahren, während es in den Ländern Süd- und Osteuropas nur eine Lebenserwartung von 35 bis 40 Jahren hatte. Anfang der 80er Jahre war die Situation grundlegend anders:

Abb.I.2: Entwicklung der Sterblichkeit in verschiedenen Ländern 1905 – 1980 (Sterbefälle in ‰)

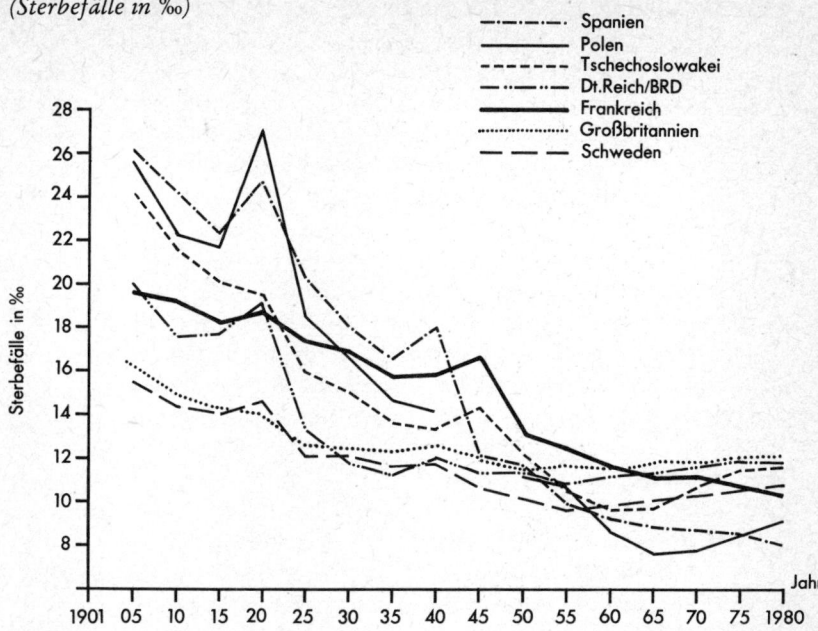

Quellen: United Nations (ECE), *Economic Survey of Europe in 1974, Part II: Post-War Demographic Trends in Europe and the Outlook Until the Year 2000*, New York 1975, S. 220 f.; United Nations, *Demographic Yearbook 1982*, S. 344 ff.

Abb. I.3: Entwicklung der allgemeinen Lebenserwartung in verschiedenen Ländern 1900 – 1980 (in Jahren)

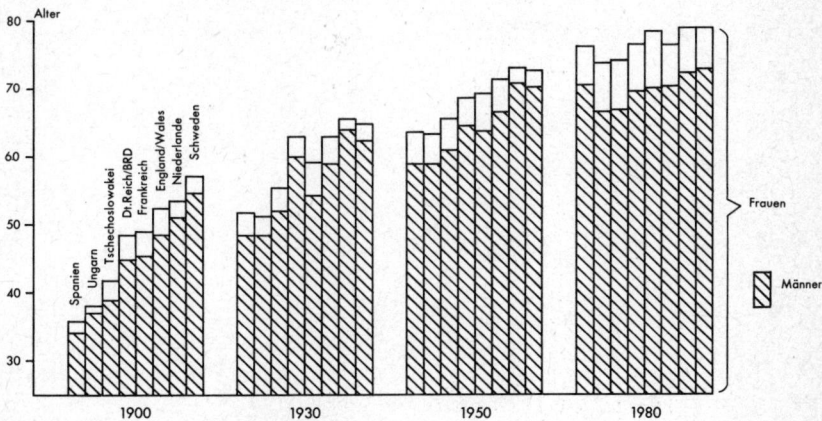

Quellen: United Nations (ECE), *Economic Survey of Europe in 1974, Part II: Post-War Demographic Trends in Europe and the Outlook Until the Year 2000*, New York 1975, S. 218 f; United Nations, *Demographic Yearbook 1982*, S. 438 ff.

Nicht nur die durchschnittliche Lebenserwartung lag um mindestens ein Drittel höher – in Spanien verdoppelte sie sich –, sondern auch das regionale Gefälle verminderte sich. In allen europäischen Staaten lag 1980 die durchschnittliche Lebenserwartung männlicher Säuglinge über 65 Jahren, in mehreren Ländern über 70 Jahren und in Schweden bei 76 Jahren. Schon 1900 wiesen Frauen eine höhere Lebenserwartung als Männer auf; 1980 waren die innerstaatlichen Unterschiede zwischen beiden Geschlechtern sogar größer als die zwischenstaatlichen bei jeweils einem Geschlecht.

Säuglingssterblichkeit

Da die durchschnittliche Lebenserwartung aufgrund altersspezifischer Ableberaten errechnet wird, trug das Absinken der Säuglingssterblichkeit wesentlich zum Anstieg der allgemeinen Lebenserwartung bei. Wie Abb. I. 4 zeigt, wies die Säuglingssterblichkeit – ein Indikator des allgemeinen sozialen und wirtschaftlichen Wohlstands einer Bevölkerung – am Anfang des Jahrhunderts ein deutliches geographisches Gefälle von Nordeuropa nach Süd- und Osteuropa auf. Nur in Schweden und Norwegen starben um 1900 weniger als 10% der Säuglinge vor Ende des ersten Lebensjahres. In vielen osteuropäischen Staaten lag die Säuglingssterblichkeit mit fast 20% doppelt so hoch. Während der Zwischenkriegszeit nahm die Säuglingssterblichkeit überall ab, aber erst in den 40er und 50er Jahren konnte man sie durch die Entwicklung von Antibiotika und wirksamen Impfstoffen gegen Kinderkrankheiten wie Scharlach, Diphtherie, Masern oder Keuchhusten entscheidend reduzieren.

Abb. I. 4: Entwicklung der Säuglingssterblichkeit in verschiedenen Ländern 1910 – 1980 (in ‰ der Lebendgeborenen)

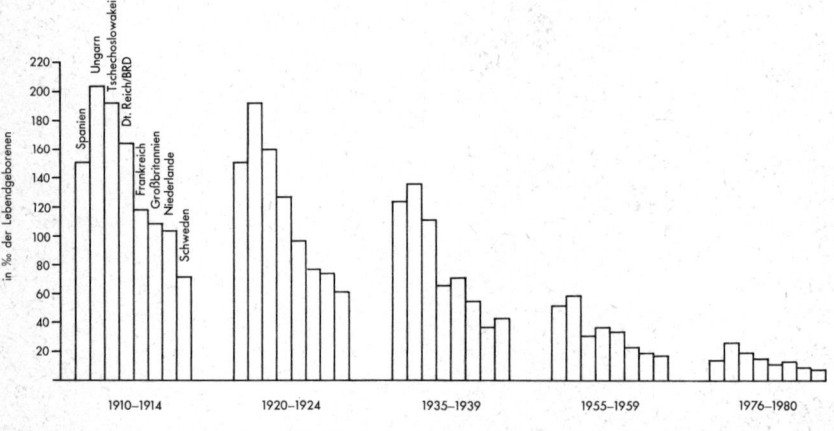

Quelle: United Nations, *Demographic Yearbook 1966*, S. 292 f.; 1982, S. 315 ff.

Die nationalen Kennziffern verschleiern jedoch große Niveauunterschiede innerhalb der einzelnen Länder, wie etwa zwischen städtischen Gebieten, wo weitreichende medizinische Versorgungsmöglichkeiten bestehen, und weniger gut versorgten ländlichen Gegenden. So war z. B. in den 70er Jahren die Säuglingssterblichkeit im italienischen Mezzogiorno noch immer fast doppelt so hoch wie in den nordöstlichen Teilen des Landes – 36‰ gegenüber 22‰. Zur gleichen Zeit herrschte ein ähnliches Gefälle der Säuglingssterblichkeit unter den französischen départements, wobei allerdings die höchsten Raten in Frankreich unter den niedrigsten in Italien lagen. Ähnliche räumliche Unterschiede verzeichneten vor allem die süd- und osteuropäischen Staaten.

Ungleichheit vor dem Tode

Der Tod ist zwar unausweichlich, jedoch sucht er nicht jeden Menschen zum gleichen Zeitpunkt oder aus dem gleichen Grund auf. Die elementarste Ungleichheit vor dem Tod hängt mit dem Geschlecht zusammen. Schon Anfang des Jahrhunderts wiesen Frauen in allen Altersgruppen mit Ausnahme der krankheitsanfälligeren Jahre der Schwangerschaft eine geringere Sterblichkeit als Männer auf. 1945 endete auch diese kurze Zeit, in der bei Frauen aufgrund von Schwangerschaft eine höhere Sterblichkeit auftrat. Daher vergrößerte sich die geschlechtsdifferenzierte Spanne in der allgemeinen Lebenserwartung (vgl. Abb. I. 3). 1900 betrug die weibliche Lebenserwartung erst zwei bis drei Jahre mehr als die männliche; 1980 überstieg sie diese um sieben bis acht Jahre. Die sozialen und wirtschaftlichen Konsequenzen solcher auf den ersten Blick eher unerheblichen Unterschiede sind in Wirklichkeit weitreichend: Nicht nur das Verhältnis zwischen Ehepartnern oder Generationen, sondern auch soziale Einrichtungen wie Renten werden dadurch beeinflußt.

Eine zweite Ungleichheit vor dem Tode betrifft die sozioökonomische Stellung. Der allgemein steigende Lebensstandard in diesem Jahrhundert hatte zwar einen Nivellierungsprozeß zur Folge, die Tatsache der Ungleichheit blieb aber bestehen. Die bislang ausführlichste Untersuchung dieser Problematik anhand von 800000 französischen Männern zwischen 1955 und 1971 bestätigte dies. Für Ingenieure, mittlere und gehobene Beamte und Angestellte bestand im Alter von 35 Jahren eine mehr als 50%ige Wahrscheinlichkeit, das Alter von 75 zu erreichen. Bei gelernten und ungelernten Arbeitern lag dagegen diese Wahrscheinlichkeit unter 38%. Eine ähnliche Differenzierung der Säuglingssterblichkeit nach der sozioökonomischen Stellung der Eltern besteht trotz der schon erwähnten massiven Reduzierung der Todesfälle auch noch in der Gegenwart: Bei Arbeiterfamilien lag in den 70er Jahren die Säuglingssterblichkeit in den meisten Ländern doppelt so hoch wie bei Beamten- und Angestelltenfamilien. Auch der Wohnort wirkt sich auf die Sterblichkeit aus. Am Anfang des Jahrhunderts verursachten unsaubere und gefährliche Wohn- und Arbeitsplätze eine im Vergleich zu

Landbewohnern höhere Sterblichkeit unter Stadtbewohnern. Im Laufe der Jahre trug die schon mehrmals angesprochene Verbesserung der Nahrung, Hygiene, Wohnverhältnisse, medizinischen Versorgung usw. dazu bei, daß fast überall die städtische eine geringere Sterblichkeit als die ländliche Bevölkerung aufwies.

2. Geburtlichkeit

Geburtenrückgang
Während das Absinken der Sterbeziffer relativ einheitlich und kontinuierlich verlief, war dies bei der Geburtenziffer nicht der Fall. Daher fällt eine Interpretation dieses Phänomens des demographischen Übergangs auch schwerer. Abb. I. 5 zeigt eine zunehmende Verringerung der zwischenstaatlichen Differenzen bei tendenziell sinkender Geburtlichkeit. Trotzdem war 1920 der Unterschied zwischen Nordwest- und Südosteuropa noch relativ groß. In der ersteren Region schwankten die Geburtenziffern zwischen 21 und 25‰; in der letzteren betrugen sie mehr als 31‰, wobei Bulgarien mit 40‰ an der Spitze lag. In der Zwischenkriegszeit vergrößerte sich dieses regionale Gefälle sogar noch. Die schwierigen wirtschaftlichen Verhältnisse, die veränderte ökonomische Rolle von Kindern – Abnahme der Kinderarbeit – und Frauen, der steigende Wert einer individualistischen Lebensführung, die zunehmende Verbreitung von Informationen und Techniken zur Geburtenregulierung – die ersten Geburtenberatungskliniken wurden kurz nach 1920 in Großbritannien und im Deutschen Reich eröffnet – und andere Faktoren führten zu einer Reduzierung der Geburtlichkeit um mehr als ein Drittel in vielen Ländern Nord- und Westeuropas. Auf der anderen Seite verhinderte das noch weitgehend traditionelle sozioökonomische und kulturelle Milieu in Süd- und Osteuropa einen solchen Rückgang der Geburtenraten. Dort gingen sie zwar auch zurück, aber nur in Ungarn und der Tschechoslowakei fiel die Geburtlichkeit auf ein ähnliches Niveau wie in Nord- und Westeuropa.

Vielfalt und Schwankungen kennzeichnen das Muster der Geburtlichkeit auch seit 1945. Im Gegensatz zu den bis dahin aufgestellten demographischen Prognosen erfuhren viele Länder Nord- und Westeuropas einen Wiederanstieg der Geburten in den 50er und 60er Jahren, einen «Baby-Boom», der mit dem dynamischen Wirtschaftswachstum dieser Jahre zusammenfiel. Der Gipfel des Geburtenberges wurde 1964 erreicht, danach sank die Zahl der Geburten in vielen Ländern auf das niedrigste Niveau, das es je zu Friedenszeiten in der europäischen Geschichte gab. Selbst traditionelle Nachzügler wie Italien und die Niederlande und sogar Spanien und Portugal folgten dem steilen Abwärtstrend. Nur Irland machte eine Ausnahme, wo sich die Geburtlichkeit während der gesamten Nachkriegszeit um 21‰ bewegte. Der schnelle und allgemeine Geburtenrückgang wurde sicherlich

Abb. I. 5: Entwicklung der Geburtlichkeit in verschiedenen Ländern 1905–1980 (Lebendgeborene in ‰)

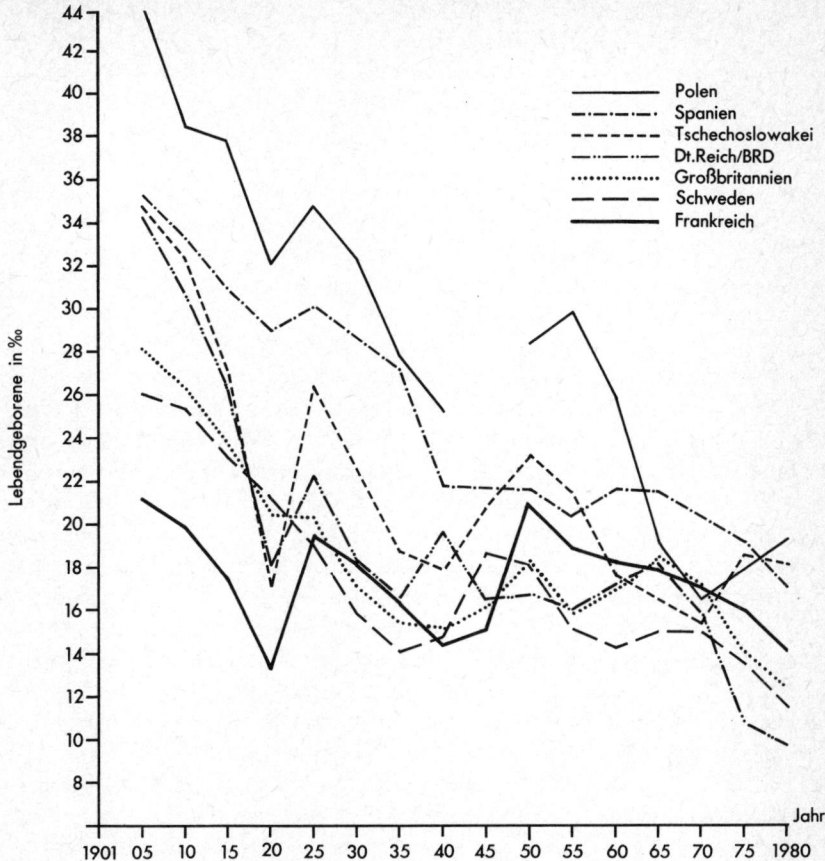

Quellen: United Nations (ECE), *Economic Survey of Europe in 1974, Part II: Post-War Demographic Trends in Europe and the Outlook Until the Year 2000*, New York 1975, S. 231f.; United Nations, *Demographic Yearbook 1982*, S. 270ff.

durch die Erfindung und Verbreitung wirksamer Verhütungsmittel wie der Pille und des Intrauterin-Pessars sowie durch die gesetzliche Erleichterung von Abtreibungen – z.B. in Osteuropa außerhalb der DDR 1956/57, in Großbritannien seit 1967, in Frankreich und in der BRD seit 1975/76 – gefördert.

Allerdings reichen populäre Erklärungen, wie sie mit den Schlagworten vom «Pillenknick» und der «Abtreibungswelle» umschrieben werden, zur Erklärung dieses grundlegenden Wandels des Generativverhaltens nicht aus. Zeitpunkt und Universalität des Abwärtstrends deuten vielmehr an, daß allgemeine soziokulturelle Faktoren, die allerdings nicht leicht zu bestimmen sind, den Gedanken der Geburtenregulierung derart stärkten, daß selbst traditionelle Methoden sich stärker auswirkten. Nach in mehreren ost- und westeuropäischen Ländern Anfang der 70er Jahre durchgeführten Umfragen verwendeten nur in Dänemark, Finnland und den Niederlanden mehr als ein Viertel der Ehepaare moderne Verhütungstechniken; in den osteuropäischen Ländern waren es weniger als 10%. Eine französische Umfrage von 1978 stellte fest, daß kaum ein Drittel der gebärfähigen Frauen moderne Methoden benutzte; selbst bei jüngeren Frauen lag diese Quote unter 50%. Noch schwieriger ist es, zuverlässige Aussagen über den Zusammenhang zwischen Abtreibung und Geburtenrückgang zu machen. In den Anfangsjahren des raschen Geburtenrückgangs in Osteuropa Ende der 50er Jahre wirkten sich die Abtreibungen sicherlich stark aus. In dieser Zeit wurden in Ungarn und Rumänien mehr Schwangerschaften abgebrochen als ausgetragen. Daß die Abtreibung zwar den Geburtenrückgang verstärkte, damit aber noch keine ausreichende Erklärung für ihn gefunden worden ist, zeigte das anhaltende Absinken der Geburtlichkeit in diesen Ländern, auch nachdem Ende der 60er Jahre einschränkende Bestimmungen für Schwangerschaftsabbrüche erlassen wurden.

Seit Anfang der 80er Jahre bewegte sich die Fruchtbarkeit in allen europäischen Staaten außer in Irland und Albanien um einen Wert, bei dem sich Geburten und Sterbefälle ungefähr ausglichen. Ein solches «Nullwachstum» fand schon während der Krisenjahre der Zwischenkriegszeit in manchen nord- und westeuropäischen Ländern – etwa Frankreich, Großbritannien, Schweden und Österreich – statt, doch seit Ende der 60er Jahre war dies ein allgemeines Phänomen. Zwischen 1968 und 1975 sank die Gesamtfruchtbarkeitsziffer – die Summe der altersspezifischen Fruchtbarkeitsziffern eines Jahres – in den meisten westeuropäischen Ländern unter das Bestandserhaltungsniveau von durchschnittlich 2,1 Kindern pro Frau. Darüber lag sie nur in Griechenland und Irland. Ansonsten betrug sie durchschnittlich nur 1,7, in der BRD sogar nur 1,4. Zur selben Zeit hielt sich die Gesamtfruchtbarkeitsziffer in Osteuropa mit durchschnittlich 2,2 bis 2,3 knapp über dem Bestandserhaltungsniveau; nur in Ungarn und der DDR lag sie mit 1,9 bis 2,0 knapp darunter.

Generatives Verhalten als Sozialverhalten

Wie schon gesagt, verbergen aggregierte Daten wesentliche Differenzierungen, die durch unterschiedliche biologische, sozioökonomische und kulturelle Elemente bedingt sind. Einer der wichtigsten Unterschiede betrifft den Wandel der Altersstruktur der gebärenden Frauen, da er die veränderte Stellung der Frau in der Gesellschaft widerspiegelt. Die Kurven in Abb. I. 6 dokumentieren insofern wichtige soziale Dimensionen des europäischen Geburtenrückgangs. Für weniger Geburten entschieden sich zuerst und am konsequentesten Frauen in der zweiten Hälfte der Gebärfähigkeit, d. h. im

Alter von über 30 Jahren. Seit Anfang des Jahrhunderts nahm die altersspezifische Fruchtbarkeit dieser Frauen oft um mehr als 75% ab. In Nord- und
Westeuropa gab es bis etwa 1920, in Ost- und Südeuropa bis etwa 1950 rund
150 Lebendgeborene auf tausend Frauen im Alter von 30 bis 34 und rund
100 für die Altersgruppe von 35 bis 39 Jahren. Bis Anfang der 80er Jahre
sanken diese altersspezifischen Fruchtbarkeitsziffern fast überall auf 50 bzw.
20. Die Fruchtbarkeit von Frauen bis zum 30. Lebensjahr ging ebenfalls
zurück, allerdings nicht so stark. Dabei entstanden zwei Muster in bezug auf
Anfangsalter und Länge der hauptsächlichen Gebärzeit, die unterschiedliche
Aspekte der sozialen Stellung der Frau – Heiratsalter, Schulzeit, Kinderbe-

*Abb. I. 6: Altersspezifische Fruchtbarkeit in Polen, der Tschechoslowakei, Spa-
nien und im Deutschen Reich/BRD 1901–1980 (Geburten auf 1000 Frauen)*

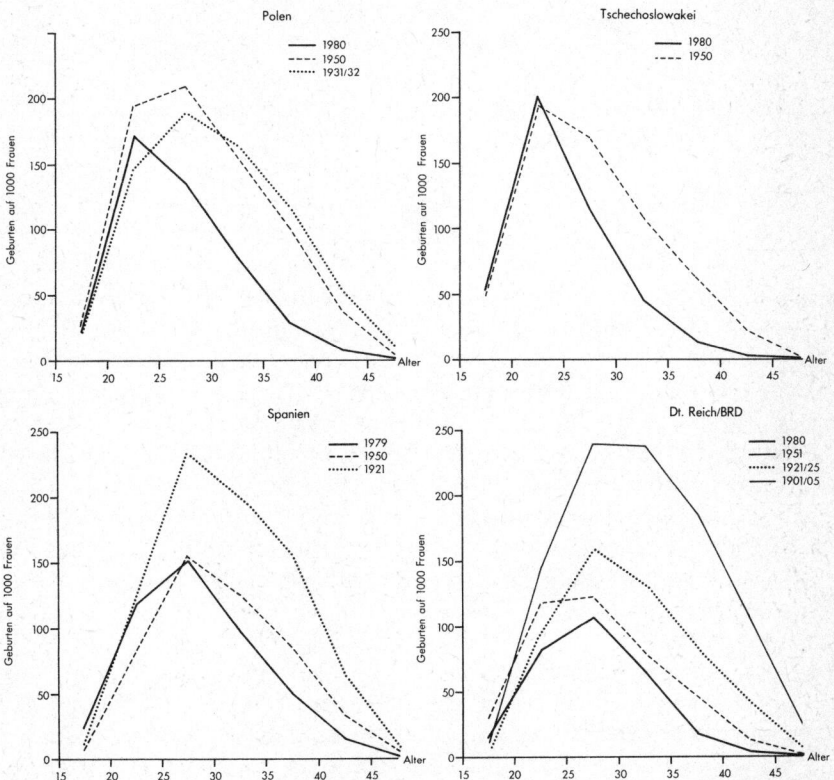

Quellen: Peter Marschalck, *Bevölkerungsgeschichte Deutschlands im 19. und 20. Jh.*, Frankfurt 1984,
S. 157; Patrick Festy, *La fécondité des pays occidentaux de 1870 à 1970*, Paris 1979, S. 279; Institut
national d'études démographiques, *Natalité et politiques de population en France et en Europe de l'Est*,
Paris 1982, S. 227f.; United Nations (ECE), *Economic Survey of Europe in 1974, Part II: Post-War
Demographic Trends in Europe and the Outlook Until the Year 2000*, New York 1975, S. 232f.; United
Nations, *Demographic Yearbook 1982*, S. 300ff.

treuung, Erwerbstätigenquote – ausdrücken. Im osteuropäischen Muster erreichte die Fruchtbarkeit ihren Höhepunkt schon in der Altersgruppe zwischen 20 und 24 mit Ziffern, die Anfang der 8oer Jahre bis zu einem Drittel über den Werten in Westeuropa lagen. In den nachfolgenden Altersgruppen nahm die Fruchtbarkeit schnell ab, und die Werte ähnelten denen Westeuropas. Im westeuropäischen Muster, in dem die BRD und Spanien die beiden Gegenpole repräsentieren, erstreckte sich die Gebärzeit über ein Jahrzehnt mit einem Höhepunkt in der Altersgruppe zwischen 25 und 29 Jahren.

Auch sozioökonomische Herkunft und Umwelt beeinflussen das generative Verhalten. Unterschiede beim makrosoziologischen demographischen Übergang lassen sich selbst auf kleinerem sozialen und geographischen Raum feststellen. Innerhalb eines Landes lag die Fruchtbarkeit in ländlichen, agrarischen fast immer über der in städtischen, industrialisierten Gebieten. Italien liefert ein klassisches Beispiel dafür: Die Geburtenraten in den norditalienischen Provinzen waren während des ganzen 20. Jahrhunderts nur halb so hoch wie in Süditalien. In Polen vergrößerte die rasche Industrialisierung nach 1945 den Unterschied zwischen ländlichen und städtischen Geburtenziffern. In Jugoslawien war das Gefälle 1980 noch besonders ausgeprägt, da sich in diesem Land sozioökonomische und kulturell-religiöse Faktoren gegenseitig stärkten. Hier wie in anderen Ländern führten regionale Entwicklungsprogramme und der Ausbau von Kommunikationsmitteln zwar zu einer gewissen Konvergenz im generativen Verhalten, aber auch heute gibt es in fast allen Ländern noch deutliche regionale Unterschiede.

Bis 1945 standen Fruchtbarkeit und soziale, berufliche Herkunft in direkt umgekehrtem Verhältnis zueinander: je höher der Status, umso weniger Kinder. Die im Laufe des 20. Jahrhunderts erfolgte «Demokratisierung» der Geburtenkontrolle lockerte dies Verhältnis, ohne es ganz aufzuheben. Seit den 6oer Jahren verlief es fast überall in Form einer U-Kurve, mit den höchsten Fruchtbarkeitsziffern jeweils unter den reichsten und den ärmsten Ehepaaren. Die französische Familienzählung von 1975 stellte folgende Verteilung nach der Berufsstellung des Haushaltsvorstandes fest: Arbeiter – 2,74, Freiberufler – 2,56, höhere Angestellte und Beamte – 2,38, mittlere Angestellte und Beamte – 2,16 und selbständige Handwerker und Kleinhändler – 2,15 Kinder.

Das Ende der großen Familie
Der Rückgang der Geburten wirkte sich zwangsläufig auf Größe und Zusammensetzung der Familie aus. Entgegen einer weitverbreiteten Meinung war die Hauptfolge jedoch nicht ein starker Anstieg der Kinderlosigkeit. Zwar nahm der Anteil der Ehepaare ohne Kinder in Großbritannien oder im Deutschen Reich /BRD von 10–12% vor 1914 auf 15–17% in den 6oer und 7oer Jahren zu, in anderen Ländern wie Frankreich und der Tschechoslowakei geschah jedoch genau das Gegenteil, hier verminderte sich ihr Anteil von 15–17% auf 10–12%.

Eine wichtigere und universelle Folge des Geburtenrückgangs war die starke Abnahme der großen Familien mit vier und mehr Kindern. Anfang des 20. Jahrhunderts waren solche kinderreichen Familien sehr zahlreich. In der Tschechoslowakei stellten sie über die Hälfte aller Familien; auch in Großbritannien, wo die Fruchtbarkeit bereits stark absank, machten sie immer noch mehr als ein Viertel aus. Der schon skizzierte Geburtenrückgang der Zwischenkriegszeit erfolgte vor allem durch Verhütung der Schwangerschaft nach dem dritten Kind. Seit 1945 wurde diese Form der Familienplanung in West- und Nordeuropa immer üblicher und griff auch auf Süd- und Osteuropa über. In allen Ländern außer Irland und Albanien waren Anfang der 80er Jahre nur 5–7% aller Geburten ein 4. oder weiteres Kind. In ähnlicher Weise verringerte sich überall – mit Ausnahme Irlands und Albaniens – die Proportion der Drittkindergeburten von 15–20% aller Geburten in den 50er Jahren auf 9–12% 1980. Auf der anderen Seite stagnierte der Anteil der Einzelkindfamilien – in der Zwischenkriegszeit in Frankreich mit einem Viertel aller Familien ein weitverbreitetes Phänomen. Seit 1945 stellte die Zweikinderfamilie nicht nur einen statistischen Durchschnitt, sondern eine tatsächliche soziale Realität dar. Umfragen, die Ende der 70er Jahre in mehreren ost- und westeuropäischen Staaten durchgeführt wurden, ermittelten, daß zwei Drittel aller Befragten zwei Kinder als die ideale Familiengröße erachteten. Nur ein Fünftel – jedoch 45% in Frankreich – meinten, drei Kinder wären ideal, und lediglich ein Zehntel war für ein Kind bzw. vier und mehr Kinder. Herausragende Ausnahme in diesem allgemeinen Denk- und Verhaltensmuster bildete Irland: 56% der Befragten sprachen sich für vier und mehr Kinder aus; tatsächlich betrug 1980 die durchschnittliche Kinderzahl in irischen Familien 3,6.

3. Familien- und Haushaltsbildung

Verehelichungen

Die Institution der Ehe nimmt eine Schlüsselstellung in den Wechselbeziehungen zwischen demographischen, sozialen und wirtschaftlichen Strukturen ein. Erst die Eheschließung legitimierte traditionsgemäß die Gründung einer Familie und eines selbständigen Haushalts. Zivilgesetz, kirchliches Gebot sowie Sozialisationsdruck stärkten diesen Konnex, und Mißachtungen wurden sanktioniert. Bis vor kurzem schwankte die Heiratsziffer in fast allen europäischen Ländern um 7 bis 9% der Gesamtbevölkerung. Die Schwankungen spiegelten spezifische wirtschaftliche oder politische Verhältnisse wider – Konjunkturlagen, Epidemien, Kriege usw. – und bedeuteten keine grundlegende Änderung in der Einstellung zur Ehe in den europäischen Gesellschaften.

Läßt man Wertvorstellungen außer acht, so werden Ehe und Reproduktion durch zwei strukturelle Faktoren verbunden: Heiratsalter und Verheiratungsquote. Bis in die Zwischenkriegszeit hinein herrschte in vielen Ländern das sogenannte «europäische Heiratsmuster» vor. Es war einerseits durch ein relativ spätes Heiratsalter – 25–26 Jahre bei Frauen und 27–28 Jahre bei Männern – und andererseits durch einen hohen Anteil von Personen, die nicht heirateten – 10 bis 20% beider Geschlechter – gekennzeichnet. Osteuropa jenseits einer Diagonale von Leningrad bis Triest sowie die gesamte außereuropäische Welt kannten dieses Ehemuster nicht; hier überstieg die Quote der lebenslänglich Ehelosen selten 5%, das durchschnittliche Alter bei Erstheiraten lag bei Frauen bei 20 und bei Männern unter 25 Jahren. Allein diese strukturellen Faktoren trugen wesentlich zum Fruchtbarkeitsgefälle zwischen östlichem und westlichem Europa bei.

Wirtschaftlicher Wohlstand und soziale Stabilität förderten seit 1945 einen grundlegenden Wandel des traditionellen europäischen Heiratsmusters. Überall ging die Quote der Ehelosigkeit – insbesondere bei Frauen – zurück. In den nordeuropäischen Ländern, wo die Ehelosigkeit aus nichtreligiösen Gründen am verbreitetsten war, nahm sie stark ab. Zwischen 1950 und 1975 fiel der Anteil unverheirateter Frauen im Alter von 45–49 Jahren – die Funktionsdefinition lebenslanger Ehelosigkeit – in Schweden von 18,5 auf 7,0%, in England von 16,6 auf 7,0% und in Norwegen von 20,5 auf 5,9%. In Frankreich, Italien, Spanien, Portugal und der BRD war der Rückgang von 11–13 auf 7–8% ebenfalls bemerkenswert. Nur Irland machte wiederum eine Ausnahme und ist auch heute noch durch einen hohen Anteil an Ehelosen gekennzeichnet: Ein Fünftel der Männer und ein Viertel der Frauen blieben unverheiratet. In deutlichem Gegensatz zum westeuropäischen Muster hielten sich die Anteile der lebenslang Unverheirateten in Ungarn, Bulgarien und Rumänien ständig auf dem niedrigen Niveau von 2–4%.

Spätes Heiraten wurde immer unüblicher. Zwischen den 20er und den 70er Jahren ging in Nord- und Westeuropa das Durchschnittsalter bei Erstehen bei Männern um zwei bis vier Jahre und bei Frauen um drei bis vier Jahre zurück. Das Heiratsalter von rund 25 Jahren bei Männern und von 23 Jahren bei Frauen war charakteristisch für Südeuropa schon während des ganzen Jahrhunderts. In Osteuropa lag es traditionell noch niedriger; in Ungarn und Rumänien waren häufig mehr als ein Drittel der Bräute jünger als 20. Auf geographische und soziale Differenzierungen, die infolge von Berufsstellung, Besitzstruktur, Geschlechterproportionen, lokalen Wertvorstellungen usw. auftraten, kann hier nicht eingegangen werden. Allgemein gilt aber, daß seit 1945 ein zunehmend höherer Anteil der Erwachsenen – mehr als je zuvor in der europäischen Geschichte – immer früher heiratete.

Destabilisierung des traditionellen Ehe- und Familiensystems

Während einerseits die Verheiratungsquote anstieg, wandelte sich andererseits die Stellung und Funktion der Ehe in der Gesellschaft so stark, daß das traditionelle Ehe- und Familiensystem erschüttert und die Rolle der Ehe als zentrale soziale Institution in Frage gestellt wurde. Dieser Wandlungsprozeß vollzog sich in allen europäischen Ländern, wenn auch mit unterschiedlicher Intensität. Er läßt sich auf mehrere Faktoren – demographische, wirtschaftliche, kulturelle, politische – zurückführen. Auf elementarster Ebene ergab ein jüngeres Heiratsalter in Verbindung mit einer längeren durchschnittlichen Lebenserwartung ein längeres Eheleben mit potentiell mehr Spannungen und Konflikten. Um 1910 dauerten die meisten Ehen kaum 20 Jahre, bevor ein Partner starb; 1980 betrug die Durchschnittsdauer einer Ehe 35 Jahre. Gleichzeitig hatten der Rückgang der Kinderzahl, die kürzere Kinderbetreuungszeit sowie die zunehmende Zahl der außerhäuslich beschäftigten Ehefrauen einen Wandel oder zumindest ein Infragestellen der traditionellen geschlechtsspezifischen Rollen in Ehe, Familie und Haushalt zur Folge. Änderungen demographischer und wirtschaftlicher Strukturen waren auch eine Folge der weitgehenden Auflockerung der gesetzlichen und kulturellen Sanktionen, die dem traditionellen patriarchalischen Ehe- und Familiensystem Geltung verschafft hatten.

Der offensichtlichste, wenn auch nicht ganz eindeutige Indikator der Destabilisierung ist die Häufigkeit der Ehescheidungen. Das ganze 20. Jahrhundert hindurch läßt sich ein ansteigender Trend der durch Gerichtsurteil aufgelösten Ehen konstatieren. Ende der 60er Jahre stiegen die Scheidungsquoten dramatisch an; bis 1980 verdoppelten sie sich in fast allen Ländern. Rechtliche Unterschiede, die die gesetzlichen Reformwellen Anfang der 70er Jahre etwas abschwächten, erschweren Zeit- und Ländervergleiche. Dennoch ist eindeutig, daß Nordeuropa durchgehend die höchsten Scheidungsquoten aufwies; 1980 wurden in Schweden und Dänemark fast halb so viele Ehescheidungen wie Verehelichungen registriert, 1950 machten Scheidungen 15 bzw. 18% der Heiraten aus. In den meisten west- und osteuropäischen Ländern betrug Ende der 70er Jahre die Zahl der Ehescheidungen etwa ein Viertel der der Verehelichungen, in Ungarn und der DDR fast ein Drittel. Nur Belgien, Polen, Bulgarien und Rumänien wiesen geringere Scheidungsquoten auf. Im Gegensatz zu diesem Trend blieben die Scheidungsquoten in Südeuropa und Irland sehr niedrig. Hier waren auch die rechtlichen Bestimmungen zur Ehescheidung noch sehr restriktiv oder ließen sie – wie in Spanien und Irland – praktisch nicht zu.

Ehescheidung bedeutet noch keine prinzipielle Ablehnung der Ehe und Familie als soziale Institution. Häufig geht es nur darum, unerträglich gewordene persönliche Verpflichtungen und Bindungen aufzulösen. Viele Geschiedene heiraten und gründen noch einmal Familien. Eine andere Herausforderung der traditionellen Ehe und Familie – die Ablehnung der Eheschließung als Voraussetzung für das Zusammenleben von Mann und Frau sowie die Kinderzeugung – ging Mitte der 60er Jahre von Nordeuropa, insbesondere von Schweden und Dänemark aus. Ein erstes Indiz war der rasche Anstieg der außerehelichen Geburten. 1965 machten sie weniger als 15% der gesamten Geburten in Schweden aus und unter 10% in Dänemark, 1980 betrugen die Quoten 38 bzw. 34%. In den gleichen Jahren fiel die Zahl der Eheschließungen, während nichteheliche Lebensgemeinschaften häufiger wurden. 1974 übertraf in der Altersgruppe von 20 bis 24 Jahren in beiden Ländern die Zahl der unverheirateten Paare die der verheirateten. Die zwei Merkmale dieses sog. schwedischen Familienmodells – außereheliche Geburten und uneheliche Lebensgemeinschaften – traten auch in anderen Ländern immer häufiger auf. So erhöhte sich die Quote der außerehelichen Geburten in Frankreich von 7% der gesamten Geburten 1970 auf 14% 1982 und in der BRD von 5% auf 9%. 1981 war in Paris fast ein Fünftel der Paare unter 30 Jahren, die zusammen wohnten, unverheiratet. Auch wenn solche Ziffern weit unter den skandinavischen liegen, machen sie doch deutlich, daß sich die traditionelle und enge Verbindung von Ehe, Sexualität und Fortpflanzung in den europäischen Gesellschaften abschwächte.

Haushalte

Haushalt und Familie sind eng miteinander verbunden; vor dem 20. Jahrhundert waren sie fast identisch. Der Wandel der demographischen Struktur der Familie wirkte sich zwangsläufig auf die Größe und Struktur der Haushalte aus. Universaler Trend seit Anfang des Jahrhunderts war der ständige Rückgang der durchschnittlichen Größe des Haushalts von etwa 4,5 bis 5 Personen um 1900 auf 2,5 im Jahre 1980. Dieses Schrumpfen resultierte einerseits aus der sinkenden Zahl des mitwohnenden häuslichen und gewerblichen Personals, andererseits aus dem Rückgang der Geburten. Ein dritter entscheidender Faktor war das Aufkommen des Einpersonenhaushalts. Vor 1950 kam er selten vor. In Dänemark und Großbritannien, im Deutschen Reich und in der Schweiz machten Einpersonenhaushalte Anfang des Jahrhunderts und in der Zwischenkriegszeit erst 7 bis 11% aller Haushalte aus. Die Alleinlebenden waren überwiegend ältere, verwitwete Personen. Seit etwa 1960 änderte sich die Situation. Gestiegener Wohlstand im Zusammenhang mit einer individualistischen Lebensführung, dem Drang nach Selbstverwirklichung und Unabhängigkeit führten zu einer Verdoppelung der Einpersonenhaushalte in mehreren westeuropäischen Ländern. 1980 machten sie ein Viertel aller britischen, dänischen, französischen und schweizerischen Haushalte aus, in Österreich und der BRD sogar ein Drittel. Obwohl kein ausschließlich städtisches Phänomen, war dieser Wohn- und Lebensstil 1980 vor allem in Großstädten überdurchschnittlich repräsentiert. Mehr als die Hälfte aller Haushalte in Kopenhagen, Paris, Berlin und Wien bestand aus nur einer Person; nahezu jeder vierte Bewohner dieser Städte lebte allein. Obwohl viele davon verwitwete, ältere Frauen waren – ein Zeugnis ihrer gestiegenen Lebenserwartung –, befanden sich alle Altersgruppen darunter. In Süd- und Osteuropa trugen dagegen ein stärker traditionelles Familienbewußtsein sowie eine chronische Wohnraumknappheit, vor allem in den Städten, dazu bei, daß der Einpersonenhaushalt Anfang der 80er Jahre längst nicht so weit verbreitet war wie in Westeuropa; er machte nur 15% der italienischen und polnischen Haushalte aus.

C. Räumliche Umverteilung

Der dritte Faktor, der die Entwicklung der Bevölkerung beeinflußt, ist die Wanderung. Sie unterscheidet sich insofern grundsätzlich von den ersten beiden – Geburten und Sterbefällen –, als es sich bei ihr um kein biologisches, sondern ausschließlich soziales und wirtschaftliches Phänomen handelt. Wanderungen können die Bevölkerungsentwicklung kurzfristig oder sogar nur saisonal, sie können sie aber auch langfristig und auf Dauer beeinflussen. In jedem Fall sind ihre Auswirkungen – anders als bei Geburt und Tod – zu korrigieren. Wanderungen finden auf kurzen Distanzen zwischen benachbarten Dörfern, aber auch über riesige Entfernungen zwischen Kontinenten statt. Die Gründe, warum Menschen ihre Wohnorte wechseln, sind von Person zu Person unterschiedlich, aber politische und sozioökonomische Ursachen dürften die wichtigsten sein. Obwohl Menschen aus politischen, religiösen und rassischen Gründen schon immer flüchten mußten, waren diese Wanderungsmotive im 20. Jahrhundert besonders weit verbreitet. Bei den sozioökonomischen spielte das Gefälle zwischen Arbeitsangebot und Arbeitsnachfrage eine entscheidende Rolle. Die «klassische» Migration verlief von den weniger industrialisierten Gebieten mit Überbevölkerung, niedrigem Lohnniveau und hoher Arbeitslosigkeit in die industrialisierten, in denen genügend Arbeit angeboten wurde, die Löhne relativ hoch lagen und ein breites Spektrum an unterschiedlichen Arbeitsplätzen bestand. Innerhalb der einzelnen Länder erfolgte eine solche Wanderung gewöhnlich zwischen den ländlichen, agrarischen und den städtischen, industrialisierten Regionen. International floß der Strom der Migranten aus den agrarischen Gebieten Süd- und Osteuropas nach Nordamerika oder in das industrialisierte Nord- und Westeuropa.

1. Zwischenstaatliche Wanderung

Überseeische Wanderung
Die europäische Auswanderung nach Übersee – insbesondere in das «gelobte Land» Nordamerika – erreichte im Laufe des 19. Jahrhunderts eine enorme Dimension. Am Anfang des 20. Jahrhunderts wanderten jährlich 1,3 Mio. Menschen vor allem aus ökonomischen Gründen aus. Dabei bestand eine relativ enge Verbindung zwischen dem Strom der Auswanderer auf der einen Seite und dem hohen natürlichen Bevölkerungswachstum in ihren Ursprungsländern, die sich in der zweiten Phase des demographischen Übergangs befanden, sowie deren Industrialisierungsgrad auf der anderen Seite. Während bis in die 1890er Jahre der größte Teil der Auswanderer aus West- und Nordeuropa – aus Großbritannien, Irland, Deutschland bzw. den deutschen Ländern, später aus Skandinavien – stammte, kamen zwischen 1900 und 1920 drei Viertel der etwa 20 Mio. Menschen aus Ost- und Südeu-

ropa. Italien als das klassische Auswandererland, in dem auch der Staat die Emigration aktiv förderte, trug während dieser Jahre allein mit sieben Mio. Auswanderern zu dieser Menschenflut nach Übersee bei (siehe Abb. I. 7).

Abb. I. 7: Entwicklung der italienischen Auswanderung 1901–1980 (Anzahl der Emigranten in 1000)

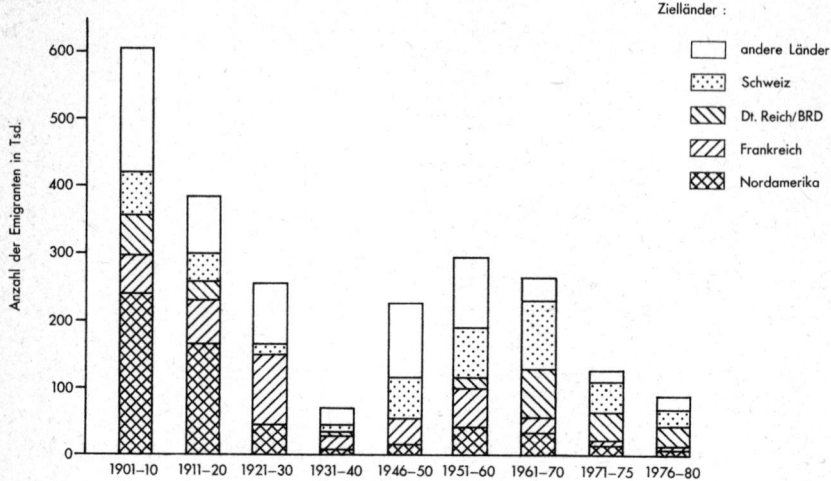

Quellen: Alain Monnier, L'Italie, l'Espagne et le Portugal: situation démographique, in: *Population* 35 (1980), S. 956; *The Europe Year Book 1983*, London 1983, S. 840.

Mit dem Ersten Weltkrieg brach die Emigration plötzlich ab, danach stieg sie zwar wieder leicht an, erreichte aber längst nicht mehr das Vorkriegsniveau. Dabei bestand der Wunsch, auszuwandern, durchaus weiter, denn die eigentlichen Ursachen der Auswanderung – hohes Bevölkerungswachstum und begrenzte ökonomische Möglichkeiten – änderten sich in den süd- und osteuropäischen Ländern während der Zwischenkriegszeit nicht. Der Grund, warum die Zahl der Auswanderer so stark zurückging, lag in den Immigrationsgesetzen der USA von 1921 und 1924, durch die Quoten für jedes Auswandererland bestimmt wurden, die die Länder Süd- und Osteuropas eindeutig diskriminierten. Trotzdem emigrierten in den 20er Jahren noch 700000 Menschen jährlich, von denen je die Hälfte aus Nord-/Westeuropa und aus Süd-/Osteuropa stammte.

In den 30er Jahren sank die europäische Auswanderung unter 130000 Personen pro Jahr; das war die geringste Zahl seit über hundert Jahren. Einerseits verhinderten Arbeitslosigkeit und Armut in diesen wirtschaftlich rezessiven Jahren, daß potentielle Emigranten genügend Geld für Überfahrt und Neubeginn sparen konnten. Einige europäische Staaten wie Italien schränkten außerdem die Auswanderung ein, da hohes Bevölkerungswachstum zu einem machtpolitischen Faktor geworden war. Auf der anderen Seite entmutigte die wirtschaftliche Depression in Nordamerika viele Auswanderungswillige in Europa und führte sogar dazu, daß Emigranten, die bereits nach Nordamerika gekommen waren, in ihre Heimatländer zurückkehrten. Die Weltwirtschaftskrise in den 30er Jahren löste das säkulare Verhältnis zwischen dem emigrationswilligen Europa und dem immigrationsbereiten Nordamerika.

Das internationale Flüchtlingsproblem nach dem Zweiten Weltkrieg, das die Vereinten Nationen zur Gründung einer besonderen Abteilung zwang, belebte die Auswanderung nach Übersee von neuem. Zwischen 1946 und 1960 verließen im jährlichen Durchschnitt wiederum etwa 500 000 Menschen Europa. Erneut förderten einige Regierungen, u. a. die Italiens und der Niederlande, die Auswanderung, um auf diese Weise das Problem von Überbevölkerung und Unterbeschäftigung zu mildern. Trotz der neuen Auswanderungswelle war die Emigration nicht mehr von der gleichen gesellschaftspolitischen Bedeutung wie vor dem Ersten Weltkrieg. Die Auswanderung aus den osteuropäischen Ländern wurde fast vollständig unterbunden. Außerdem führte die wirtschaftliche Expansion in ganz Europa zu einer starken Nachfrage nach Arbeitskräften, so daß besonders nach 1960 der Strom der Migranten von der Auswanderung nach Übersee in eine intraeuropäische Wanderungsbewegung umgelenkt wurde.

Im übrigen kehrten Europäer jetzt im Zuge des Dekolonisationsprozesses in ihre Heimatländer Frankreich, Großbritannien, die Niederlande, Belgien und Portugal zurück. Allein aus Algerien strömten nach 1962 fast eine Million Menschen nach Frankreich. Die Niederlande mußten etwa 300 000 Menschen aus Indonesien aufnehmen und Großbritannien 750 000 aus den verschiedenen ehemaligen Kolonien. Am Ende der 70er Jahre folgte der Unabhängigkeit von Mozambique und Angola ein Rückstrom von 750 000 Personen nach Portugal. Wie Abb. I.8 zeigt, hatte Europa seit den 60er Jahren zum ersten Mal in diesem Jahrhundert eine positive Wanderungsbilanz.

Der Beitrag der einzelnen Länder zur europäischen Auswanderung nach Übersee kann nicht genau bestimmt werden, da die Daten unvollständig sind. Dennoch kann festgehalten werden, daß die weniger entwickelten, agrarisch strukturierten Länder Süd- und Osteuropas über 60% der Auswanderer zwischen 1901 und 1960 stellten, was sicherlich damit zusammenhängt, daß Emigration ein Ventil gegen Überbevölkerung darstellte. Den größten Beitrag leistete Italien mit ca. 25%, gefolgt von Spanien und Portugal mit zusammen etwa 15%. Auffallend ist die Veränderung von der ersten Periode 1901–1939 zur zweiten 1946–1960. In der ersten machten die Emigranten aus den Agrarstaaten ca. 70% der Gesamtauswanderung aus. Dadurch, daß die osteuropäischen Grenzen nach 1945 geschlossen wurden, sank dieser Anteil in der zweiten Periode auf 34%. Aus Großbritannien und Irland stammten mit 25% etwa so viele Auswanderer wie aus Italien; in

Abb. I. 8: Wanderungsbilanz nach Regionen 1921–1975 (Personen in 1000)

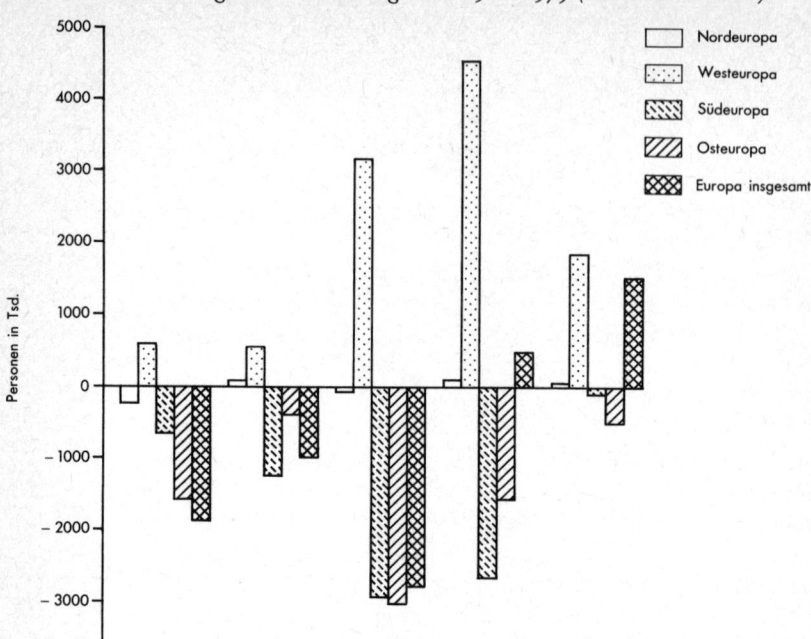

Quellen: Dudley Kirk, *Europe's Interwar Population*, Princeton 1946, S. 284ff; United Nations (ECE), *Economic Survey of Europe in 1977, Part II: Labour Supply and Migration in Europe*, New York 1977, S. 299.

diesem hohen Anteil drücken sich neben der schwierigen wirtschaftlichen Situation in diesen Ländern (vgl. Kap. III. A. 1) die engen historischen, kulturellen und politischen Verbindungen zu Nordamerika und Australien aus. Da zunehmend qualifizierte Arbeitskräfte auswanderten – der «Brain Drain» –, stieg im übrigen der britische Anteil zwischen 1946 und 1960 auf 30% an; er lag damit wesentlich über dem Anteil von 20% in der Periode 1901-1939. Der Anteil des Deutschen Reichs bzw. der BRD war mit 8% wesentlich geringer. In den kleineren europäischen Staaten wie den Niederlanden oder den skandinavischen Ländern spielte die Zahl der Emigranten, gemessen an der Gesamtbevölkerung dieser Länder, zwar eine wichtige Rolle, im europäischen Maßstab dagegen nicht.

Innereuropäische Wanderung
Die Wanderungen von Arbeitskräften zwischen den europäischen Staaten, die durch das Gefälle von Einkommen und Arbeitsangebot und -nachfrage entstehen, haben ebenfalls eine lange Tradition. Vor dem Ersten Weltkrieg

war die saisonale Beschäftigung in der Landwirtschaft einer der wichtigsten Gründe für diese Art der Migration; hunderttausende von Polen und Holländern übernahmen Saisonarbeiten im Deutschen Reich, Italiener, Belgier und Spanier in Frankreich und der Schweiz. Italienische Bauarbeiter, polnische und tschechische Bergleute wurden ebenfalls in großer Zahl in einer Reihe von Ländern angeworben; hunderttausende von Iren arbeiteten in den Industriegebieten von Schottland und England. 1910 wohnten über eine Million ausländische Arbeitskräfte im Deutschen Reich und in Frankreich, ca. 600 000 in der Schweiz.

In der Zwischenkriegszeit ließen die schwierigen wirtschaftlichen Verhältnisse und der sich ausbreitende Nationalismus die intraeuropäische Wanderung stark zurückgehen. Frankreich, das im Krieg sehr viele Arbeitskräfte verloren hatte und in dem die Bevölkerung mit der niedrigsten Rate in Europa wuchs, war eine der wichtigsten Ausnahmen. Auf der Basis von Rekrutierungsabkommen mit Polen, der Tschechoslowakei und Italien kamen in den 20er Jahren über zwei Millionen ausländische Arbeitskräfte nach Frankreich, wo sie vor allem in den nördlichen und östlichen Bergbau- und Industriegebieten arbeiteten. Auf dem Höhepunkt im Jahre 1931 trugen sie mit 7% zur Gesamtbevölkerung bei, und im Bergbau bzw. der Grundstoffindustrie stammte teilweise ein Drittel der Belegschaft aus dem Ausland. Italiener waren mit 30% an der gesamten Ausländerbeschäftigung beteiligt, gefolgt von Polen mit 19%, Spaniern mit 13% und Belgiern mit 9%. Nachdem die Weltwirtschaftskrise Mitte der 30er Jahre auch Frankreich voll erfaßt hatte, kehrten über eine Million in ihre Heimatländer zurück, teilweise auf Druck der Regierung. Viele blieben allerdings auch in Frankreich und ließen sich einbürgern.

Bis zur umfangreichen Arbeitsmigration der 1960er Jahre machten die Flüchtlingsströme nach den beiden Weltkriegen – in Verbindung mit den umfangreichen Grenzveränderungen – den größten Teil der intraeuropäischen Wanderungsbewegung aus. Auch sie sind statistisch nicht genau erfaßt worden, aber Millionen von Menschen verließen ihre Heimat, und die Flüchtlingsströme hatten sowohl in den Ab- als auch in den Zuwanderungsgebieten grundlegende soziale und wirtschaftliche Veränderungen zur Folge. Nach dem Ersten Weltkrieg war vor allem der Balkan betroffen. Der Vertrag von Lausanne aus dem Jahre 1923 bestimmte die größte Einzelaktion: 1,2 Mio. Griechen wurden aus der Türkei repatriiert und 400 000 Türken aus Griechenland. Bulgarien und Griechenland tauschten ebenfalls eine große Anzahl von Menschen aus. Etwa 500 000 Ungarn siedelten aus Rumänien, Jugoslawien und der Tschechoslowakei in das neugebildete Ungarn um. Die Unabhängigkeit Polens und die Rückgabe Elsaß-Lothringens an Frankreich veranlaßten über eine Million Deutsche zum Wechsel ihres Wohnortes. Die Revolution in Rußland und politische Unruhen in Spanien hatten einen Flüchtlingsstrom von ca. 1,2 Mio. bzw. 300 000 Menschen zur Folge.

Die Zahl der Menschen, die durch den Zweiten Weltkrieg in Bewegung gerieten, war noch beeindruckender. Während des Krieges arbeiteten insgesamt 14 Mio. ausländische Arbeitskräfte im Deutschen Reich; auf dem Höhepunkt im Jahre 1944 waren es 7,5 Mio., 1,5 Mio. davon als Kriegsgefangene. Etwa 800000 Volksdeutsche wurden im Krieg aus Südtirol, Rumänien, Jugoslawien und Ungarn repatriiert. Im letzten Kriegsjahr flohen allein mehrere Millionen aus den deutschen Ostgebieten vor der Sowjetarmee nach Westen. Nach 1945 wurde Deutschlands Bevölkerung am stärksten von den neuen territorialen Grenzen betroffen. Das Potsdamer Abkommen bestimmte für Polen nicht nur neue Grenzen, sondern legitimierte auch die Vertreibung der dort verbliebenen Deutschen. Das galt auch für Ungarn und die Tschechoslowakei. Etwa 7,5 Mio. Menschen mußten 1945/46 emigrieren. Die Verlegung Polens nach Westen bedeutete aber auch, daß 1,5 Mio. Polen aus den Gebieten auswandern mußten, die von der Sowjetunion annektiert wurden. Ein Austausch von Teilen der Bevölkerung fand, wenn auch nicht in solchen Größenordnungen, zwischen Ungarn und der Tschechoslowakei, der Sowjetunion und Rumänien, Ungarn und Jugoslawien, Jugoslawien und Italien statt. Für die betroffenen Länder bedeutete die Aufnahme einer so großen Zahl von Menschen zumindest im Jahrzehnt nach Kriegsende schwerwiegende soziale und wirtschaftliche Probleme. Das galt besonders für Westdeutschland; um 1950 zählte die neu entstandene BRD 7,8 Mio. und die DDR etwa 3,5 Mio. Vertriebene. Zwischen 1950 und dem Bau der Berliner Mauer 1961 flohen noch einmal ca. drei Mio. Menschen aus der DDR in die BRD; Anfang der 60er Jahre machten Vertriebene und Flüchtlinge ein Fünftel der Gesamtbevölkerung der Bundesrepublik aus.

Seit der zweiten Hälfte der 50er Jahre trat dann an die Stelle der politisch motivierten die ökonomisch bestimmte Wanderung. Der wirtschaftliche Boom, der der Rekonstruktion Europas nach dem Zweiten Weltkrieg folgte, erzeugte eine beispiellose innereuropäische Arbeitsmigration. Bei den Migranten handelte es sich vor allem um un- oder angelernte Arbeiter, die für kurze Zeit im Ausland arbeiteten; etwa die Hälfte kehrte innerhalb eines Jahres in ihr Heimatland zurück. Bilaterale Abkommen zwischen dem «arbeiterexportierenden» und dem «arbeiterimportierenden» Land regelten die Rekrutierung. Zumindest theoretisch hatten alle Beteiligten einen Vorteil von diesem Austausch von Arbeitern. Das Arbeitseinfuhrland gewann ein flexibles und billiges Arbeitskräfteangebot, mit dem vor allem Arbeitsplätze, die nur eine geringe Qualifikation erforderten, aufgefüllt werden konnten, z. B. in der Bauwirtschaft oder an den Fließbändern der Automobilindustrie, während die heimischen Arbeitskräfte sich weiterqualifizieren und aufsteigen konnten. Durch die kurzfristigen Arbeitsverträge dienten die ausländischen Arbeitskräfte außerdem als Konjunkturpuffer, denn sie konnten in rezessiven Phasen kurzfristig entlassen und nach Hause geschickt werden, ohne damit, wie bei einheimischen Arbeitskräften, einen sozialen Konflikt zu provozieren. Für den einzelnen ausländischen Arbeiter, der in seiner

Heimat unterbeschäftigt oder arbeitslos war, erschien eine relativ gut bezahlte Stellung im Ausland ausgesprochen verlockend. Das Arbeitsausfuhrland profitierte von der Wanderung, weil es schnell und billig das Problem der Arbeitslosigkeit wenn nicht lösen, so doch erleichtern konnte. Außerdem floß aus den Überweisungen oder Ersparnissen der Arbeiter im Ausland Kapital in seine Wirtschaft. Wichtiger war vielleicht noch die Tatsache, daß sich die Heimkehrer im Ausland oftmals höher qualifiziert hatten und diese Höherqualifikation nun der eigenen Wirtschaft zugute kam.

Die kontinentale Arbeitswanderung teilte Westeuropa in zwei Lager: auf der einen Seite die Länder, die Arbeitskräfte nachfragten – Schweden, die Schweiz, Frankreich, die BRD und Belgien –, auf der anderen Seite die Länder, die Arbeitskräfte anboten – Italien, Spanien, Portugal, Griechenland, Jugoslawien und die Türkei. Nordafrika gehört ebenfalls zu dieser Gruppe; es wird hier erwähnt, weil es für Frankreich eine so große Rolle spielt. Eine dritte Gruppe – Großbritannien, die Niederlande, Österreich, Norwegen, Dänemark und Finnland – gehörte zu beiden Lagern, d. h., diese Länder exportierten eine Zeitlang Arbeitskräfte, um sie dann eine Zeitlang aber auch zu importieren. Die Entwicklung eines transnationalen Arbeitsmarktes in Europa wurde durch eine Reihe von Abkommen und Institutionen erleichtert, z. B. durch die Gründung des gemeinsamen Arbeitsmarktes der nordeuropäischen Länder im Jahre 1954 oder durch die Europäische Wirtschaftsgemeinschaft 1957.

Osteuropa – eine Ausnahme bildete Jugoslawien – entwickelte seine eigenen transnationalen Wanderungsbewegungen, die allerdings weder in politischer noch in ökonomischer Hinsicht die Bedeutung wie in Westeuropa erlangten. Der Austausch von Arbeitskräften blieb auf hochspezialisierte Techniker beschränkt. Trotz des angespannten Arbeitsmarktes in den 70er Jahren arbeiteten insgesamt nur 150000 ausländische Arbeitskräfte in den osteuropäischen Staaten, ungefähr die Hälfte davon in der DDR.

Insgesamt blieb die transnationale Migration auf dem europäischen Arbeitsmarkt in den 50er Jahren trotz des enormen Wirtschaftswachstums begrenzt. Nur die Schweiz importierte Arbeitskräfte bereits unmittelbar nach dem Krieg in größerem Umfang; zwischen 1950 und 1960 stieg hier die Zahl der ausländischen Arbeitskräfte von 90000 auf 435000 an. Frankreich war in diesen Jahren das zweitgrößte arbeitsimportierende Land, gefolgt von Belgien und Großbritannien. Demgegenüber herrschte in den Niederlanden Arbeitslosigkeit, so daß Holländer im Ausland Arbeit suchten. Auch die BRD litt anfangs unter Arbeitslosigkeit, so daß man mit der Anwerbung ausländischer Arbeitskräfte erst in der zweiten Hälfte der 50er Jahre begann, wobei ihre Zahl bis 1960 bereits auf 500000 angestiegen war. Generell wuchs in Nord-/Westeuropa als Folge der wirtschaftlichen Expansion die Nachfrage nach Arbeitskräften zu einem Zeitpunkt, als sich das natürliche Wachstum des Arbeitsangebots als Konsequenz der niedrigen Geburtenraten der Zwischenkriegszeit verlangsamte. Um die Knappheit auf dem Arbeitsmarkt zu überwinden, mußte entweder die Beschäftigung von Frauen steigen oder ausländische Arbeitskräfte mußten verstärkt zuwandern – oder beides.

Zwischen 1960 und 1975 veränderte sich die innereuropäische Wanderung erheblich: quantitativ, geographisch und qualitativ. Die Zahl der Migranten stieg enorm an; die jährliche Wanderung umfaßte zwischen zwei und drei Millionen Menschen. Frankreich mit 250000–300000 und die BRD mit 400000–600000 Einwanderern jährlich entwickelten sich zu den größten arbeitsimportierenden Ländern, letztlich wurde die Ausländerbeschäftigung aber wichtiges sozioökonomisches Element in allen industrialisierten Staaten Nord-/Westeuropas. Die International Labour Organization schätzte 1973, daß es in der Europäischen Gemeinschaft, Österreich, Norwegen, Schweden und der Schweiz 7,5 Mio. ausländische Arbeitskräfte gab. 2,6 Mio. davon arbeiteten in der BRD und 2,3 Mio. in Frankreich; das waren 12 bzw. 10% der jeweiligen Gesamtbeschäftigung. In der Schweiz war ihre absolute Zahl mit 600000 zwar sehr viel kleiner, sie machten aber 30% der Gesamtbeschäftigung aus. In Schweden und Belgien waren es jeweils 200000 oder 6 bis 7% der Gesamtbeschäftigung, in den Niederlanden dagegen nur 2%. Die Schweiz beschränkte bereits in der Rezession 1965/66 den Zuzug. Die allgemeine Krise 1974/75 führte dann zu einem Anwerbestopp in Ländern außerhalb der Europäischen Gemeinschaft und zu einer Politik, mit der man die Rückkehr der ausländischen Arbeitskräfte in ihre Heimatländer förderte. Zehntausende taten dies – freiwillig oder gezwungenermaßen –, insgesamt nahm ihre Zahl aber nur um ca. ein Fünftel seit 1973 ab. Zu Beginn der 80er Jahre machten ausländische Arbeitskräfte in Frankreich und der BRD immer noch 7 bis 8% der Gesamtbeschäftigung aus.

Die Arbeitsmigration weitete sich nicht nur zahlenmäßig, sondern auch geographisch aus. Vor 1960 war Italien, vor allem Süditalien, die wichtigste arbeitsexportierende Region. Mehr als zwei Drittel der ausländischen Arbeitskräfte Westeuropas in den 50er Jahren kamen von dort. Als Anfang der 60er Jahre der wirtschaftliche Boom den Arbeitsmarkt auch in Italien verknappte, ging die Zahl der Emigranten auf weniger als die Hälfte des Durchschnitts der 50er Jahre zurück. Das industrialisierte Westeuropa mußte sich daher ein neues Arbeitskräftepotential erschließen. Es fand es in den anderen südeuropäischen Staaten, von wo aus die Arbeitsuchenden nicht mehr nach Übersee gingen, sondern in die anderen europäischen Länder. Nach Aufhebung der restriktiven Emigrationsbestimmungen 1959 strömten Hunderttausende von Spaniern nach Norden, die Mehrheit nach Frankreich. Frankreich warb auch eine große Anzahl von Portugiesen und seit Anfang der 70er Jahre von Nordafrikanern an. In der BRD lief die Anwerbung in den 60er Jahren in Italien weiter, gleichzeitig bemühte man sich stärker um griechische, später um jugoslawische und türkische Arbeiter. Aus Griechenland, Jugoslawien, der Türkei und Portugal stammte auch ein großer Teil der ausländischen Arbeitskräfte in Belgien, den Niederlanden, Schweden und Österreich. Auf diese Weise profitierten die ärmeren Staaten Südeuropas und Nordafrikas am Boom in West- und Nordeuropa. 1973 machten die Überweisungen türkischer Arbeiter in ihre Heimat 90% der Deviseneinnahmen des türkischen Exports aus; für Griechenland, Portugal und Jugoslawien betrug dieser Anteil etwa 50%, für Spanien, Algerien, Marokko und Tunesien rund 25%.

Im Zuge der Ausweitung der Arbeitsmigration veränderte sich nicht nur ihre soziale Struktur, sondern auch der Status der ausländischen Arbeitskräfte in den Gastländern. Anders als ursprünglich geplant und erwartet blieben sie für relativ lange Zeit. 1977 befanden sich ein Viertel aller ausländischen Arbeitskräfte zehn Jahre oder länger in der Bundesrepublik. Sie gründeten Familien oder – wenn sie bereits verheiratet waren – holten diese nach. Im Laufe der 70er Jahre nahm die Zahl der Familienangehörigen pro Arbeiter, u. a. auch als Folge der höheren Fruchtbarkeit im Vergleich zur einheimischen Bevölkerung, deutlich zu. Geschäfte und Gaststätten, die von Ausländern betrieben wurden, breiteten sich aus. Letztlich fand eine permanente Immigration statt, die erst in jüngster Zeit gestoppt wurde. Sie führte in den aufnehmenden Ländern zu einer starken Zunahme der ethnischen Minderheiten mit eigenen Sitten und Lebensgewohnheiten und damit zu einem Nebeneinander unterschiedlicher Kulturen, wie es in der modernen Geschichte Europas bis dahin noch nicht vorgekommen war.

2. Binnenwanderung

Verstädterung
Die durch die Industrialisierung gesteigerte Nachfrage nach Arbeitskräften wurde nicht in erster Linie durch die zwischenstaatliche Wanderung befriedigt, sondern durch die Binnenwanderung innerhalb der einzelnen Staaten. Gewöhnlich handelte es sich dabei um die Migration von Höfen und Dörfern in kleinere und größere Städte. Dies Phänomen gab es zwar schon immer in der Geschichte, aber erst seit dem 19. Jahrhundert stieg der Anteil der städtischen an der Gesamtbevölkerung stetig an. Der Prozeß der Verstädterung bedeutete die Wanderung von Millionen und aber Millionen von Menschen, er erfaßte alle europäischen Länder und veränderte überall Gesellschaft und Wirtschaft grundlegend.

Eine umfassende Untersuchung und ein vollständiger Vergleich der länderspezifischen Verstädterungsprozesse ist wegen der schwierigen Datenlage nicht möglich. Die Binnenwanderung ist oft nur unvollständig statistisch erfaßt, außerdem gibt es Definitionsunterschiede zwischen den Begriffen «ländlich» und «städtisch». Um Extreme zu nennen: In Dänemark nennt man Siedlungen ab 250 Bewohnern «städtisch», in Italien ab 20000. In anderen Ländern liegen den Definitionen von «Stadt» administrative Kriterien zugrunde und nicht Bevölkerungszahlen. Außerdem erschweren neue Grenzziehungen zwischen Gemeinden oder Gebietsreformen, bei denen verschiedene Gemeinden zusammengefaßt werden – wie in der Bundesrepublik nach 1968 –, einen Vergleich des Verstädterungsgrades. In Abb. I. 9 wurde daher der internationale Standard von mindestens 20000 Einwohnern pro Stadt gewählt, wie ihn die Vereinten Nationen vorschlagen. Wegen der unterschiedlichen Definitionen werden die Anteile der städtischen an der Gesamtbevölkerung zwar oftmals wesentlich höher ausgewiesen, aber die säkularen Trends unterscheiden sich dadurch nicht wesentlich.

Wie Abb. I. 9 zeigt, schwankte der Grad der Verstädterung am Anfang des Jahrhunderts recht stark, und nur wenige Länder besaßen bereits das, was man als urbane Gesellschaft bezeichnen könnte. Nur in Großbritannien lebte 1910 mehr als die Hälfte der Menschen in Städten. Belgien, das Deutsche Reich und die Niederlande folgten mit Verstädterungsquoten von un-

Abb. I. 9: Verstädterungsprozeß in verschiedenen Ländern 1910 – 1982 (Anteil der Bevölkerung in Städten mit mehr als 20000 Einwohnern an der Gesamtbevölkerung in %)

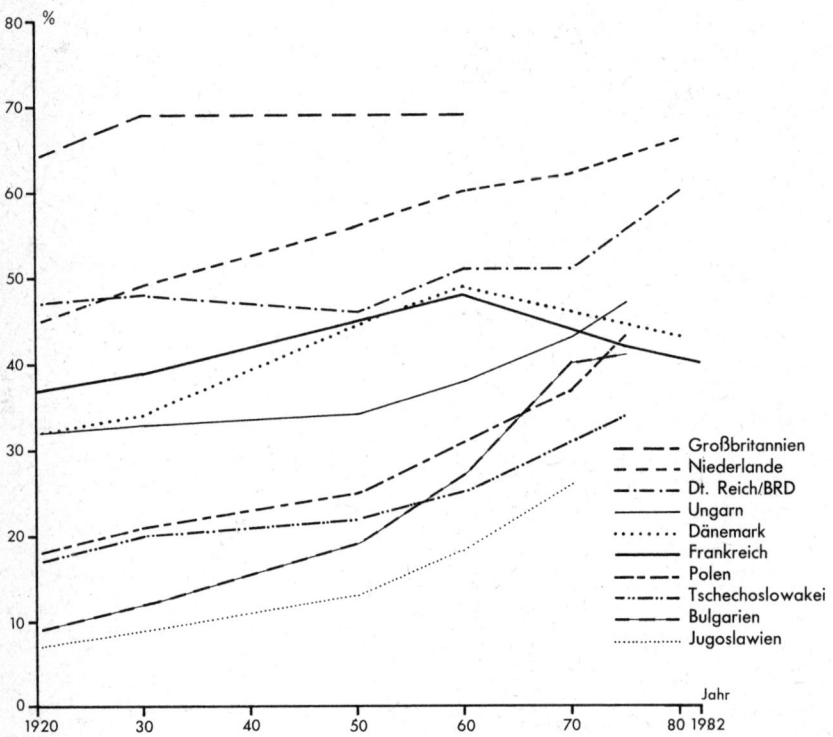

Quellen: United Nations, *Growth of the World's Urban and Rural Population 1920–2000*, New York 1969, S. 105ff.; Paul S. Shoup, *The East European and Soviet Data Handbook*, New York 1981, S. 397ff.; *Statistical Yearbook of the Netherlands 1982*, S. 32; *Statistisches Jahrbuch der BRD 1982*, S. 58; *Annuaire Statistique de la France 1982*, S. 12.

gefähr 50%. Frankreich, Italien, Dänemark, Österreich und Ungarn nahmen eine mittlere Position ein; hier lebte etwa ein Drittel der Bevölkerung in Städten. Allerdings muß man dabei beachten, daß in Österreich und Ungarn Wien und Budapest als große Metropolen das gesamte Verstädterungsniveau anhoben; ohne sie läge es wesentlich niedriger. In den übrigen Agrargesellschaften Süd-, Ost- und Nordeuropas lebte weniger als ein Viertel der Bevölkerung in städtischen Kommunen; Bulgarien und Jugoslawien besaßen die niedrigsten Verstädterungsquoten mit ca. 9 bzw. 7%.

Das ungleiche Wirtschaftswachstum in der Zwischenkriegszeit veränderte die unterschiedlichen Verstädterungsgrade wenig; sie stagnierten. In den meisten Ländern gab es für die ländliche Bevölkerung in diesen Jahren kaum Anreize, in die Städte zu ziehen; die sozialen und ökonomischen Lebensbedingungen waren dort fremd und nicht besser. Eine Ausnahme machten die Großstädte mit über 100000 Einwohnern, deren Anteil an der gesamten Bevölkerung in verschiedenen Ländern stieg: im Deutschen Reich von 21% im Jahre 1910 auf 37% im Jahre 1930, in Italien von 11 auf 17%. Dort führte diese rasche Vergroßstädterung 1928 zu administrativen Zuzugsbeschränkungen, die erst 1961 völlig aufgehoben wurden; man wollte damit den Druck auf den Wohnungs- und Arbeitsmarkt sowie auf die sozialen Dienstleistungen mildern. Vor dem Ersten Weltkrieg lebte nur in Großbritannien mehr als ein Viertel der Bevölkerung in Großstädten; dieser Anteil stieg bis Ende der 20er Jahre auf fast 70% an. Das weitere Wachstum der Großstädte ist insofern erstaunlich, als gerade die Großstadt als »Moloch Stadt«, als »Steinwüste« oder als Ort sozialer Isolation und Anonymität eine permanente Zielscheibe der Kulturkritiker in allen Ländern war und immer noch ist. Infolge der Industrialisierung wurde trotzdem gerade die Vergroßstädterung gefördert.

Seit 1945 verstärkte die Agrarmodernisierung einerseits (vgl. Kap. III. B. 2 und 3) und die industrielle Expansion andererseits die Binnenwanderung der freigesetzten ländlichen Arbeitskräfte in die industrialisierten Regionen der Städte. Das Verhältnis von ländlicher und städtischer Bevölkerung veränderte sich dadurch wesentlich. 1980 wohnte in allen Ländern – mit Ausnahme Albaniens – mindestens ein Drittel der Bevölkerung in Städten, während dies 1950 bei weniger als der Hälfte der Fall war. Dieser Wandel bedeutete, daß in den meisten Ländern zum erstenmal in ihrer Geschichte die ländliche Bevölkerung absolut sank. Bei großzügigeren nationalen Definitionen von Städten würde im übrigen der Verstädterungsgrad in allen Ländern – wiederum mit Ausnahme Albaniens – über 50% liegen. Danach leben heute drei von vier Personen in Belgien, Dänemark, der BRD, Frankreich, Großbritannien und den Niederlanden in städtischen Kommunen.

Der Verstädterungsprozeß verlief nach dem zweiten Weltkrieg dort am schnellsten, wo der Verstädterungsgrad besonders niedrig war. Während der 50er und 60er Jahre lagen die süd- und osteuropäischen Länder mit einer jährlichen durchschnittlichen Wachstumsrate von etwa 2,5% vorn. In dieser

Zeit wanderten in Osteuropa mehr als 20 Mio. Menschen – angezogen durch höhere Löhne und bessere Arbeitsbedingungen – aus den ländlichen Gebieten in die industrialisierten, städtischen Kommunen ab. In Spanien verließen allein zwischen 1961 und 1970 fast 4,5 Mio. das Land und ließen sich auf Dauer in Städten wie Madrid, Barcelona oder Bilbao nieder.

In Nord- und Westeuropa verlief der Prozeß der Verstädterung im gleichen Zeitraum nicht nur allgemein langsamer, es gab auch größere Unterschiede zwischen den Ländern. Zwischen 1950 und 1975 wuchs die städtische Bevölkerung z. B. in der Schweiz mit einer jährlichen Wachstumsrate von fast 3%, in Frankreich und Belgien von etwa 2%, in der Bundesrepublik von 1% und in Großbritannien von nur 0,3%. Vergleicht man alle europäischen Länder miteinander, so wuchs die Stadtbevölkerung nach 1950 in Bulgarien, Rumänien, Jugoslawien und Spanien am schnellsten und in der BRD und Großbritannien am langsamsten. In Großbritannien hat der Verstädterungsprozeß offensichtlich seinen Kulminationspunkt erreicht; die ländliche Bevölkerung wuchs zweimal so schnell wie die städtische, womit sich die Land-Stadt-Wanderung bereits wieder umkehrte. In den 70er Jahren zeigte sich dies Phänomen auch in anderen Ländern, besonders ausgeprägt in Frankreich, Belgien, Dänemark und Schweden. In der Bundesrepublik stieg der Grad der Verstädterung in den 70er Jahren als Folge der Gemeindereform weiter an, wobei allerdings die Einwohnerzahl der Großstädte zwischen 1975 und 1980 um eine Million sank.

Eines der auffälligsten Merkmale der Verstädterung der europäischen Gesellschaften war, wie gesagt, das Wachstum der Großstädte. 1950 lebte bereits in sieben Ländern mehr als ein Viertel der Bevölkerung in Großstädten und 1980 nur noch in drei Ländern weniger als ein Viertel: in Irland, der Tschechoslowakei und Albanien. Heute wohnen mehr als ein Drittel der Bevölkerung Nord-, West- und Südeuropas in insgesamt 427 Großstädten; in Osteuropa sind es 26% in insgesamt 103 Großstädten.

Ihren sinnfälligsten Ausdruck findet die Urbanisierung bzw. urbanes Leben in den großen Metropolen oder Millionenstädten. Ihre Zahl stieg seit der Zwischenkriegszeit bis 1980 um mehr als das Doppelte von 15 auf 35. 1980 konzentrierte sich in der Hälfte aller europäischen Länder ein Sechstel der Bevölkerung in solchen Millionenstädten. In Österreich, Dänemark, Finnland, Griechenland und Ungarn beherbergte die jeweilige Hauptstadt ein Fünftel der Bevölkerung. Die beiden größten Metropolen Paris und London hatten 1980 8,5 bzw. 6,8 Mio. Einwohner und waren damit, was die Bevölkerung betrifft, größer als zahlreiche europäische Länder.

Die räumliche Mobilität der Menschen, die den Urbanisierungsprozeß erst ermöglicht, ist mehr als nur ein einfacher Wechsel des Wohnsitzes. Sie bedingt eine neue Umgebung, ein neues soziales und wirtschaftliches Umfeld, neue Lebensgewohnheiten und soziale Beziehungen. Die sich plötzlich beschleunigende Verstädterung nach 1950 hatte in den ost- und südeuropäischen Ländern eine Reihe sozialer Probleme zur Folge, die von katastrophaler Wohnraumknappheit bis hin zu völliger Entfremdung, Ghettobildung und ernsten Spannungen zwischen den zugezogenen sprachlich-religiösen Minderheiten und den Alteingesessenen – das betrifft die Sizilianer in Turin, die Galicier und Andalusier in Barcelona oder die Kosovoer in Zagreb – reichten. In vielen Städten Süd- und Osteuropas bestand in den 70er Jahren die Hälfte der Einwohner aus relativ neu Zugewanderten. Auf der anderen Seite führte der Exodus der Landbevölkerung zur Entvölkerung von Höfen, kleinen und sogar größeren Dörfern. Dabei schwächten sich die Unterschiede zwischen Land und Stadt – ein herausragendes Merkmal der Geschichte der europäischen Zivilisation – deutlich ab, auch wenn es sie immer noch gibt. Die Städte breiteten sich immer mehr aus und damit auch urbane Lebensformen. Die sozioökonomische Kategorie des »Arbeiter-Bauern« in der osteuropäischen Soziologie drückt aus, daß sich die beiden damit zusammenhängenden, in der Vergangenheit immer als gegensätzlich empfundenen Lebensformen einander angleichen.

In den west- und nordeuropäischen Ländern kam dieser Trend u.a. im Entstehen sog. Satelliten- oder Trabantenstädte und im Wegzug der Städter in die nähere städtische Umgebung zum Ausdruck. Der städtische Arbeitsplatz blieb dabei erhalten, wobei das Pendeln zwischen Arbeitsplatz und Wohnort über größere Entfernungen erst mit der Durchsetzung des kürzeren Arbeitstages und dem Aufkommen moderner Kommunikations- und Transportmittel (vgl. Kap. III. B. 4, Transport und Verkehr) möglich wurde. Heute ist es aber ein weitverbreitetes Phänomen; in so unterschiedlich entwickelten Ländern wie der Bundesrepublik, der Schweiz, Jugoslawien oder Polen arbeitet ein Drittel der Erwerbstätigen außerhalb des Wohnortes.

Interregionale Wanderung
Binnenwanderung bedeutet mehr als nur die Migration vom Land in die Stadt. Daneben gab und gibt es andere charakteristische Veränderungen in der regionalen Verteilung der Bevölkerung. Seit dem Zweiten Weltkrieg, insbesondere seit den 60er Jahren, fördert der industrielle Strukturwandel in allen älteren Industriestaaten West- und Nordeuropas einen zweiten Typ von Wanderungsbewegungen. Dabei handelt es sich um eine Stadt-Stadt-Wanderung von Gebieten, in denen die alten Industriezweige wie Bergbau und Metallerzeugung dominierten, in Gebiete, in denen sich die modernen Branchen wie Elektrotechnik, Petrochemie oder Dienstleistungen ansiedelten und die oftmals zugleich einen höheren Freizeitwert besaßen. Die Übersiedlung von den Kohlefeldern und Werften Schottlands, Nordenglands und Wales nach Mittel- oder Südengland oder vom übervölkerten, teuren London in die östlichen und südwestlichen Regionen sind Beispiele hierfür. Andere sind die Migration vom Industrierevier Nordrhein-Westfalens oder des Saarlandes nach Baden-Württemberg, in die Gebiete um Hamburg, Frankfurt oder München. Frankreich, das in zeitlicher Hinsicht eine mittlere Position im europäischen Industrialisierungsprozeß einnimmt, erlebte nach

1945 beide Typen der Binnenwanderung: Abwanderungen aus ländlichen Regionen im Nordwesten (Bretagne und Normandie) und in Mittelfrankreich (Auvergne, Limousin) und Abwanderungen aus industrialisierten Regionen im Nordosten (Nord und Lorraine) standen den Zuwanderungen in die Gebiete um Paris, im Rhône-Tal (Lyon – Grenoble) und in Südfrankreich gegenüber. Die Stavanger-Region in Westnorwegen stellt eine andere Variante dieser Migration dar. Die traditionelle Werft- und Schiffbauindustrie wurde in eine Zulieferer- und Versorgungsindustrie für die Ausbeutung des Nordseeöls umstrukturiert, was zugleich Ab- und Zuwanderung bedeutete.

D. Zusammenfassung

Die aufgezeigten Veränderungen im Tempo und in der Struktur des Bevölkerungswachstums hatten weitreichende und vielfältige Konsequenzen für die soziale und wirtschaftliche Entwicklung Europas im 20. Jahrhundert.

(1) Der demographische Übergang bedeutete einen tiefgreifenden Wandel der Familienstruktur und der Stellung und Funktion der Familie in der Gesellschaft. Geburtenkontrollen ermöglichten eine bewußte Familienplanung. Die Tatsache, daß die typische Gebärzeit von Frauen am Anfang des Jahrhunderts 14 bis 15 Jahre betrug, Ende der 70er Jahre aber nur noch vier bis fünf, veränderte die Rolle der Mutter in der Familie und die der Frau im Arbeitsleben und der Gesellschaft allgemein grundlegend. Damit wandelten sich auch die Beziehungen zwischen Eltern und Kindern, zwischen Geschwistern und zwischen der Kernfamilie und den Verwandten.

(2) Als Folge des langfristigen Absinkens der Geburtlichkeit und Sterblichkeit verschob sich die Alterspyramide der europäischen Bevölkerung zugunsten der älteren Jahrgänge. Am Anfang des Jahrhunderts war außer in Frankreich in allen europäischen Ländern ein Drittel der Bevölkerung unter 15 Jahre; heute beträgt der Anteil dieser Bevölkerungsgruppe in West- und Nordeuropa – außer in Irland – nur noch ein Fünftel und in Ost- und Südeuropa nur noch ein Viertel. Auf der anderen Seite stieg der Anteil der Personen, die 65 Jahre und älter waren, in West- und Nordeuropa – außer wiederum in Irland – von 6 bis 7% im Jahre 1910 auf 12 bis 17% und in Ost- und Südeuropa auf 9 bis 13%. Auch hier waren die sozialen und wirtschaftlichen Folgen tiefgreifend. Sie reichten von der Abnahme des Arbeitsangebots und der sinkenden Nachfrage nach Leistungen des Erziehungs- und Bildungssystems bis zu einer stark zunehmenden Nachfrage nach anderen sozialen Dienstleistungen wie Pensionen und ärztlicher Versorgung. Es entbehrt nicht einer gewissen Ironie, daß die Veränderung der Alterspyramide in eine Zeit fiel, in der man Jugend und Jugendlichkeit wie kaum zuvor kultivierte.

(3) Der demographische Übergang ist durch die Land-Stadt-Wanderung

und die Ausbreitung der städtischen Lebensweise auch in ländlichen Gebieten gefördert worden. In den 70er Jahren war die Urbanisierung in allen europäischen Ländern so weit fortgeschritten, daß man von einer umfassenden Verstädterung der Gesellschaft sprechen kann, nicht nur in sozioökonomischer Hinsicht, sondern auch was die tatsächliche räumliche Verteilung der Wohnsitze anbelangt. Der in einer Reihe von Ländern plötzlich einsetzende oder sich stark beschleunigende Verstädterungsprozeß nach dem Zweiten Weltkrieg riß nicht nur traditionelle Sozialbeziehungen in vielen Gemeinden auseinander, sondern führte zu einer extremen Belastung sozialer und politischer Institutionen, zur Verschärfung sozialer Probleme und zur Zerstörung ländlicher Gebiete.

(4) Räumliche Mobilität wurde geradezu zum Kennzeichen moderner Gesellschaften; sie förderte gleichzeitig Integration und Konflikte, Standardisierung und Differenzierung. Die Arbeitsmigration aus Süd- nach Nord-/Westeuropa bedeutete beides: Auf der einen Seite übernahmen die ausländischen Arbeitskräfte zumindest ansatzweise die individualistischen und rationalistischen Lebensstile und Normen moderner kapitalistischer Industriegesellschaften und übertrugen sie in ihre Heimatländer. Sie spielten eine bedeutende Rolle bei der sozialen und wirtschaftlichen Modernisierung Süditaliens, Griechenlands, Spaniens, Portugals und Jugoslawiens. Auf der anderen Seite führte die Zuwanderung ausländischer Arbeitskräfte in den arbeitsimportierenden Ländern zu sozialen Spannungen und Konflikten, die sich durch die Wirtschaftskrise und die damit verbundene hohe Arbeitslosigkeit noch zuspitzten.

II. Kontinuität und Wandel sozialer Strukturen

A. Gesamtgesellschaftliche Entwicklung

1. Soziale Indikatoren

Die Gesellschaft ist ein Beziehungsgefüge aus Personen und Gruppen, dem bestimmte soziale Ordnungen und Strukturen zugrundeliegen. Soziale Ordnungen basieren wiederum auf Werten, Normen und Institutionen, durch die sozial akzeptierte Verhaltensweisen definiert und gelenkt werden, was der Gesellschaft eine gewisse innere Konsistenz verleiht. Soziale Strukturen beziehen sich mehr auf die Verteilung ökonomischer, politischer und sozialer Rechte und Ansprüche zwischen den Individuen. Ordnung und Struktur einer Gesellschaft sind nicht unveränderlich, vielmehr werden Gesellschaften durch ein Spannungsverhältnis zwischen Wandel und Kontinuität gekennzeichnet.

Die Faktoren, die einen Wandel vorantreiben, und diejenigen, die bestehende Verhältnisse eher stabilisieren, wirken gleichzeitig und sind eng miteinander verbunden. Um den Prozeß von Wandel und Kontinuität zu analysieren, muß man sie allerdings gesondert untersuchen. Kapitel I behandelt die demographischen Dimensionen des sozialen und wirtschaftlichen Wandels. In diesem Kapitel liegt der Schwerpunkt auf der Darstellung und Analyse sozialer Strukturen, Prozesse und Ordnungen bzw. Institutionen: Schichtung und Mobilität, Integration und Konflikt, Sozialisation, Institutionen wie Kirche, Familie, Schule und spezifische ökonomische und politische Interessengruppen, soziale Organisationen etc. Wandel wird gewöhnlich durch sozialen Konflikt bewirkt, Kontinuität basiert meist auf sozialem Konsens. Sowohl beim Wandel als auch bei Kontinuität geht es um die Bestimmung und Kontrolle sozialer Ordnungen und Strukturen, letztlich um die Herrschaft in Wirtschaft und Gesellschaft.

Die normativen und psychologischen Dimensionen einer sozialen Ordnung machen jede Gesellschaft bis zu einem gewissen Grad einzigartig. Das macht es schwierig, gesellschaftlichen und sozialen Wandel mit Hilfe quantitativer Indikatoren in ähnlicher Weise zu erfassen, wie dies bei der Entwicklung unterschiedlicher Volkswirtschaften möglich ist. In letzter Zeit haben internationale Organisationen wie die OECD, United Nations und Weltbank »soziale Indikatoren« zusammengestellt, mit deren Hilfe man das Entwicklungsniveau verschiedener Gesellschaften miteinander vergleichen kann. Obwohl diese Indikatoren in ihrer konkreten Zusammenstellung von

Organisation zu Organisation variieren, erfassen sie doch viele Daten zur Bevölkerung, Gesundheit und Ernährung, Ausbildung und Kommunikation, Beschäftigung und Einkommen, Konsumverhalten etc. Einige dieser Indikatoren sind bereits in Kapitel I angesprochen worden: durchschnittliche Lebenserwartung, Kindersterblichkeit, Fruchtbarkeit, Altersstruktur, Verstädterung. Andere werden zumindest teilweise im folgenden behandelt: Ärzte pro Einwohner, Kalorienverbrauch pro Kopf, Schülerzahlen in Primar- und Sekundarschulen, Personenkraftwagen, Radios, Fernseher oder Kühlschränke pro tausend Einwohner usw. Diese Liste könnte beliebig erweitert werden, z. B. durch Daten über Wahlen, Mitgliederzahlen von politischen Parteien, Kirchen, Gewerkschaften oder anderen Organisationen, die Anzahl von Streiks und politischen Demonstrationen.

Trotz der Datenvielfalt ist es wichtig, nicht in einen »Indikatorenfetischismus« zu verfallen, denn solche Daten haben auch ihre Schwächen. Erstens erwecken sie den Eindruck größerer Genauigkeit, als sie bei den von Land zu Land unterschiedlichen Erhebungsmethoden tatsächlich bieten können. Zweitens erfassen diese Indikatoren nur recht formale Zusammenhänge, die zwar einen wichtigen Aspekt europäischer Wirtschafts- und Sozialgeschichte im 20. Jahrhundert – die Steigerung und Ausbreitung des materiellen Wohlstands – dokumentieren, jedoch nicht quantitativ meßbare bzw. qualitative Dimensionen der gesellschaftlichen Entwicklung völlig vernachlässigen. Drittens sind vor allem die Indikatoren zum sozialen Verhalten stark kulturell bedingt, und ihrer unterschiedlichen Bedeutung innerhalb der verschiedenen Gesellschaften können die standardisierten Ziffern nicht gerecht werden.

Dennoch sind soziale Indikatoren ein brauchbares Hilfsmittel, um zumindest einen ersten Eindruck vom unterschiedlichen Tempo des sozioökonomischen Wandels in den europäischen Gesellschaften zu geben. Für die meisten der durch die Indikatoren erfaßten Sachverhalte stellt dabei das Jahr 1950 einen Trendbruch dar. In der ersten Hälfte des Jahrhunderts kam es zwar im politischen Bereich zu gewaltigen Umwälzungen, im sozioökonomischen wurde ein solcher Wandel durch die beiden Kriege und die weltwirtschaftliche Depression eher verzögert. Die sozioökonomische, politische und »moralische« Rekonstruktion Europas nach 1945 führte noch nicht zu einer Trendwende, förderte aber bereits die Kräfte, die auf Veränderung drängten. Der Wandel, der sich dann ab 1950 vollzog, bewirkte eine so tiefgreifende Umgestaltung sozialer Ordnungen und Strukturen, daß manche Analytiker wie etwa Daniel Bell und Alain Touraine sogar der Auffassung sind, daß die Industriegesellschaft in der jüngsten Vergangenheit von der sog. post-industriellen Gesellschaft abgelöst worden ist.

2. Erklärungsansätze

Seit der Aufklärung haben zahlreiche Sozialtheoretiker versucht, die gesellschaftliche Entwicklung mit Hilfe sog. Ein-Faktor-Theorien des sozialen
Wandels zu erklären; im Mittelpunkt steht bei den verschiedenen Ansätzen
jeweils ein einzelner oder zumindest ein dominanter Faktor wie Technik,
Krieg, »social structural malintegration and tension-management« (Talcott
Parsons), Kulturdiffusion und kybernetische Mobilisierung (Karl Deutsch)
usw. Die bekanntesten Erklärungen stammen aus der Gruppe der materialistischen und idealistischen Theorien. Der ökonomisch-technologische Ansatz ist eng mit dem marxistischen verbunden. Er geht davon aus, daß die
sozialen Verhältnisse, der sog. Überbau direkt oder indirekt durch die ökonomische Basis, den sog. Unterbau, bestimmt wird, wobei sie ihrerseits aber
wieder auf diese zurückwirken. Den Überbau bilden einerseits die politischen Ideen einer Zeit sowie die ihnen entsprechenden gesellschaftlichen
Einrichtungen und andererseits die weltanschaulichen, moralischen, ästheti-
schen, philosophischen, künstlerischen, religiösen Vorstellungen und deren
Institutionen. Dabei beinhaltet die kapitalistische Produktionsweise aber einen grundlegenden Widerspruch, der einen permanenten Transformationsprozeß des kapitalistischen Systems bewirkt. Dieser Widerspruch besteht im
Antagonismus zwischen Bourgeoisie oder Kapitalistenklasse, der die Produktionsmittel gehören, und dem Proletariat oder der Arbeiterklasse, die
nur ihre Arbeitskraft besitzt und diese gegen Lohn, aber unter ihrem wirklichen Wert verkaufen muß. Die Beziehung zwischen Kapitalisten und Arbeitern ist also ein Ausbeutungsverhältnis, denn der Arbeiter bekommt nicht
den vollen Gegenwert seiner Arbeitsleistung; er erzeugt Mehrwert, der vom
Kapitalisten einbehalten wird. Die kapitalistische Entwicklung verschärft
zwangsläufig diesen systemimmanenten Widerspruch; die Kapitalkonzentration nimmt ebenso wie Ausbeutung und Verelendung des Proletariats zu.
Der sich zuspitzende Konflikt endet mit der Abschaffung der kapitalistischen Produktionsverhältnisse, die durch sozialistische ersetzt werden, in
denen es keine Ausbeutung und keinen Klassenkampf mehr gibt, da die
Produktionsmittel nicht mehr einem einzelnen, sondern der Gesellschaft
gehören.

Der idealistische Theorieansatz, den man auch als liberalen bezeichnen
könnte, lehnt den materialistischen Ansatz des Marxismus ab und geht davon aus, daß Ideen, Überzeugungen, Werte letztlich den gesellschaftlichen
Wandel bestimmen. Als klassisches Beispiel könnte man Max Webers These
von der entscheidenden Bedeutung der protestantischen Ethik beim Aufkommen des modernen Kapitalismus nennen. Seine Überlegungen zur Rolle
des Charisma bzw. des charismatischen Führers bieten eine andere Variante
der zahlreichen idealistischen Theorieansätze.

Keiner der bisher entwickelten Ansätze kann sozialen Wandel wirklich
umfassend erklären. Dennoch waren sie nicht nur in theoretischer, sondern

auch in politischer Hinsicht von außerordentlicher Bedeutung. Die ideologische Teilung in materialistische und idealistische Theorien vertiefte die sich seit dem Zweiten Weltkrieg herausbildende politische Teilung Europas: Die Länder Osteuropas bauten neue Wirtschafts- und Gesellschaftssysteme auf der Grundlage des Marxismus auf, die durch staatliches Eigentum an Produktionsmitteln, Zentralverwaltungswirtschaften, extreme soziale Kontrolle und durch das politische Machtmonopol der kommunistischen Parteien gekennzeichnet sind. In den Ländern Westeuropas blieben dagegen soziale Varianten des Kapitalismus erhalten mit Marktwirtschaften und Privateigentum an den Produktionsmitteln, organisatorischem und ideologischem Pluralismus in Gesellschaft und Politik. Die Teilung Europas bedeutete nicht nur unterschiedliche Prinzipien und Strukturen in Gesellschaft und Wirtschaft, die mit erheblichen Spannungen in den internationalen Beziehungen verbunden waren, sondern auch, daß gleiche Sachverhalte oftmals eine andere Bedeutung erhielten, unterschiedlich interpretiert werden müssen, so daß ein direkter Vergleich zwischen Ost und West schwierig ist und bis zu einem gewissen Grad unbefriedigend bleibt. Die Bedenken gelten vor allem für solch wertgeladene Begriffe und Konzepte wie Demokratie, Gleichheit oder Klasse, aber auch für solche anscheinend wertneutrale wie Sozialprodukt und Produktivität (vgl. Kap. III. A. 1). Ein Vergleich zwischen Ost und West wird außerdem dadurch erschwert, daß Daten zur sozioökonomischer Entwicklung, die im übrigen aufgrund der beschriebenen Definitionsunterschiede anders interpretiert werden müssen, für Osteuropa in viel geringerem Umfang zur Verfügung stehen als für Westeuropa. Daher werden die osteuropäischen Gesellschaften im folgenden oftmals gesondert und weniger genau untersucht.

Obwohl der Gesellschaftsanalyse eine ähnlich stringente Systematik wie der volkswirtschaftlichen Gesamtrechnung für die Wirtschaftsanalyse fehlt, bietet sich die strukturfunktionalistische Sichtweise der Soziologen und Politologen als ein wissenschaftstheoretisch weitgehend neutrales heuristisches Konzept zur Gliederung an. Kernstück dieser Sichtweise ist die Frage nach den Dimensionen sozialer Ungleichheit. Aus der Vielzahl der möglichen Merkmale sozialer Differenzierung können im Abschnitt II. B nur einige wichtige – Beruf, Einkommen und Vermögen, Lebensstil – berücksichtigt werden. Der Frage, in welchem Umfang sich dauerhafte soziale Schichten aufgrund solcher Merkmale gebildet haben, wird im Unterabschnitt II. B. 4 über die Muster beruflicher Mobilität nachgegangen. Als Folge solcher gesellschaftlichen Differenzierung entsteht das Problem der sozialen Integration, d. h. der Durchsetzung von übergeordneten Wertvorstellungen und Verhaltensmustern, die berufliche, regionale, konfessionelle und andere Unterschiede entweder überwinden oder wenigstens deren Konfliktpotential begrenzen. Das politische Moment tritt daher stärker hervor, denn bei diesen Auseinandersetzungen geht es vor allem um die Rolle des Staates in der Gesellschaft als Vermittler in Konfliktsituationen sowie als Steuerungsin-

stanz der gesellschaftlichen Entwicklung. Wiederum kann nur eine be-
schränkte Anzahl von Themen behandelt werden. Abschnitt II. C. 1 befaßt
sich mit der Nation als zentralem gesellschaftlichen Bezugswert. Abschnitt
II. C. 2 setzt sich vor allem mit der Ausweitung und Institutionalisierung der
Mitspracherechte im gesellschaftlichen Entscheidungsprozeß auseinander.
Auch in Abschnitt II. D geht es um die Interaktion zwischen Individuen,
Gruppen und Institutionen: Die Vermittlung bzw. Reproduktion sozialer
Werte wird an Familie und Kirche und an Schulen und Öffentlichkeit darge-
stellt. Schließlich werden in Abschnitt II. E einige zentrale Aspekte der so-
zialpolitischen Steuerungen dargestellt.

B. Differenzierung und Schichtenbildung

1. Arbeit und Beruf

Eines der Fundamente der modernen europäischen Gesellschaft ist das Ar-
beitsethos. Arbeit und Beruf sind nicht nur ökonomische Kategorien, sondern von zentraler Bedeutung für die gesamte Persönlichkeit eines Menschen. Für die Jugend bedeutet der Eintritt ins Arbeitsleben Selbständigkeit
und den Übergang zum Erwachsenendasein. Die weibliche Erwerbstätigkeit
beinhaltet ein emanzipatorisches Element. Dem Verlust von Arbeit und
Beschäftigung – aus welchen Gründen auch immer – haftet oftmals ein von
der Gesellschaft vermittelter, aber auch persönlich empfundener Makel an.
Sogar der endgültige Rückzug aus dem Arbeitsleben im Alter wird – obwohl
vom Gesetz gefördert und sozial gesichert – als zwiespältig empfunden; ein
französischer Soziologe sprach in diesem Zusammenhang vom »sozialen
Tod«. Arbeit ist somit nicht nur ein Produktionsfaktor zur Erstellung des
Sozialprodukts, sondern Arbeit und Beruf bilden einen wesentlichen Teil
der Grundlage, auf der soziale Strukturen aufbauen, die wirtschaftliche
Wertschöpfung verteilt und gesellschaftliche Anerkennung vermittelt werden. Im Laufe des 20. Jahrhunderts veränderte sich die Zusammensetzung
des Arbeitskräftepotentials in bezug auf Alter, Geschlecht und Qualifikation, die Arbeitszeit, die Art der Arbeit und die Arbeitsbedingungen; all dies
berührte unmittelbar Stellung und Funktion von Arbeit und Beruf im gesellschaftlichen Gefüge. Auch der Staat änderte seine Beziehungen zum Produktionsfaktor Arbeit bzw. zu den Erwerbstätigen. Er übernahm nicht nur
eine stärkere soziale Verantwortung für den einzelnen, sondern bemühte
sich, das Arbeitskräftepotential insgesamt stärker zu beeinflussen.

Erwerbsquote
Die Erwerbsquote einer Gesellschaft stellt einen wesentlichen sozialen und
wirtschaftlichen Indikator dar. Sie bestimmt das Arbeitsvolumen, hängt

selbst aber von der demographischen Struktur sowie von soziokulturellen Normen der Erwerbsbevölkerung ab. Theoretisch läßt sich die Erwerbsquote leicht berechnen: Die Zahl der Erwerbspersonen – Erwerbstätige (Selbständige und abhängig Beschäftigte) und Arbeitslose – wird ins Verhältnis zur Gesamtbevölkerung gesetzt. In der Praxis wird die Berechnung aber dadurch erschwert, daß mithelfende Familienmitglieder und Arbeitslose unterschiedlich erfaßt werden. Wie bei vielen sozialen und wirtschaftlichen Daten ist der räumliche und zeitliche Vergleich nicht unproblematisch. Dennoch lassen sich einige grundlegende Tendenzen herausarbeiten.

Insgesamt nahm die Zahl der Erwerbspersonen in Europa (ohne die UdSSR) von etwa 147 Mio. vor dem Ersten Weltkrieg auf etwa 217 Mio. im Jahre 1980 zu. Da dieser Zuwachs das allgemeine Bevölkerungswachstum übertraf, stieg die gesamteuropäische Erwerbsquote von 43 auf 45%. Wie immer verdecken solche aggregierten Daten wichtige regionale und nationale Unterschiede. So nahm in Laufe dieses Jahrhunderts die Zahl der Arbeitskräfte in den nord- und osteuropäischen Ländern, mit Ausnahme von Jugoslawien und der DDR, besonders stark zu. In drei von vier südeuropäischen Staaten blieb dagegen der Anstieg der Erwerbspersonen hinter dem der Bevölkerung zurück. Westeuropa zeigte beide Tendenzen. In Frankreich, Belgien, Österreich und Irland wuchs das Arbeitsangebot bedeutend langsamer als die Gesamtbevölkerung, was ein Absinken der jeweiligen Erwerbsquote um mehrere Prozentpunkte bewirkte. Die übrigen westeuropäischen Länder zeigten eine leichte Zunahme der Erwerbsquote. In bezug auf die Höhe der Erwerbsquoten bildeten sich nach dem Zweiten Weltkrieg drei Ländergruppen; in Osteuropa machten sie um 50%, in West- und Nordeuropa um 45% und in Südeuropa um 40% aus.

Der Anteil der Erwerbspersonen an einer Bevölkerung sagt kaum etwas über deren wirtschaftliche Leistung aus; auf einige der sie bestimmenden Faktoren wie Beschäftigungsstruktur, Arbeitslosigkeit, Arbeitsproduktivität u. a. wird später eingegangen.

Bei einer näheren Betrachtung der altersspezifischen Erwerbsstruktur zeigt sich ein tiefgreifender Wandel in der sozialen Bedeutung von Arbeit. Am Anfang des Jahrhunderts arbeiteten fast alle Männer von früher Jugend bis zum Tod bzw. bis zur Arbeitsunfähigkeit. Der Koeffizient der Ausnutzung des männlichen Arbeitspotentials – die Zahl der männlichen Erwerbspersonen auf 100 Männer im Alter von 15 – 64 Jahren – übertraf 1910 in allen Ländern außer in Finnland den Wert 100, weil auch unter 15jährige und über 65jährige mitarbeiteten. Bis nach dem Zweiten Weltkrieg traten kaum Änderungen ein. Seitdem, insbesondere ab 1960, sank dieser Koeffizient in allen Ländern auf beinahe 80 ab. Gleichzeitig nahm die regionale Differenzierung zu. 1980 wiesen Nord- und Südeuropa mit Werten um, vor allem unter 80 die niedrigsten Koeffizienten auf. Dagegen hatten die osteuropäischen Länder Werte um 85. Das höchste Niveau verzeichnete die Schweiz mit 90. Diese Abnahme bedeutet eine Verkürzung der Lebensar-

Abb. II 1: Männliche Erwerbstätigenraten nach Alter in verschiedenen Ländern 1950 – 1982 (Erwerbspersonen in % der Altersgruppe)

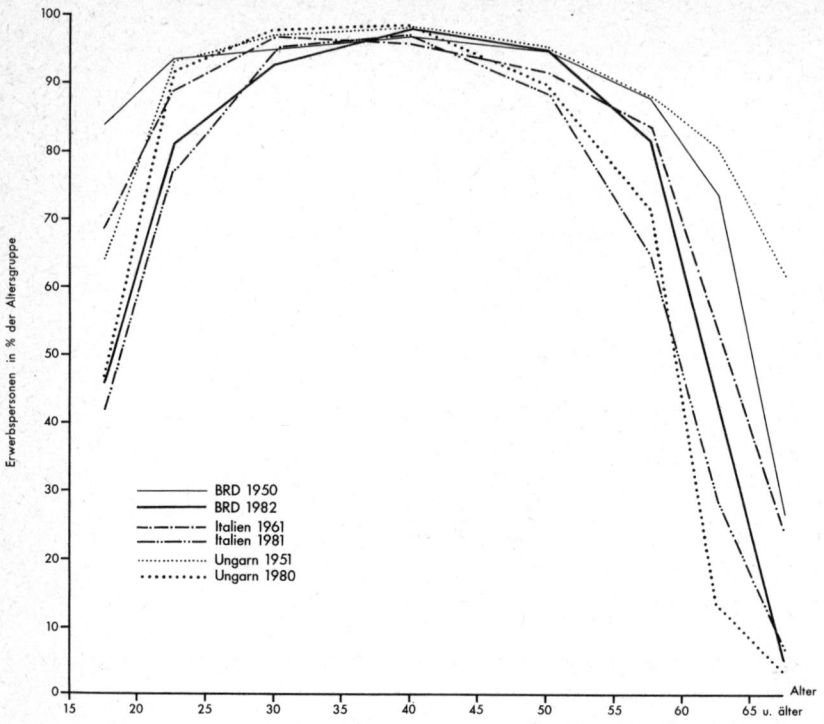

beitszeit der Männer. Die altersspezifischen Erwerbstätigkeitsraten in Abb. II. 1 bestätigen das.

Voraussetzung für diese Entwicklung war der Rückgang der selbständigen Arbeit und die immer stärkere Dominanz der abhängigen Beschäftigung. Einerseits machten die steigenden fachlichen Anforderungen an die Arbeitskräfte eine längere Schulausbildung erforderlich, was den Eintritt der Jugendlichen in das Arbeitsleben verzögerte. Andererseits erleichterten die gesetzlichen Regelungen zur Altersversicherung das frühere Ausscheiden. In den 20er und 30er Jahren waren 80 bis 90% der Männer im Alter zwischen 15 und 19 Jahren bereits erwerbstätig. Bis 1960 waren diese Anteile in den meisten Ländern auf 60 bis 70% gesunken, und 1980 betrugen sie unter 50%, in der Tschechoslowakei, Finnland, Frankreich, Griechenland und den Niederlanden sogar unter 30%. Gleichzeitig betrug die Erwerbsquote in der Altersgruppe zwischen 20 und 24 Jahren bis in die 60er Jahre hinein über 90% und sank seither auf 80 bis 85%. Da der Rückzug aus dem Arbeitsleben eng mit den gesetzlichen Regelungen zur Alterssicherung verbunden ist,

Abb. II.2: Weibliche Erwerbstätigenraten nach Alter in verschiedenen Ländern 1950 – 1982 (Erwerbspersonen in % der Altersgruppe)

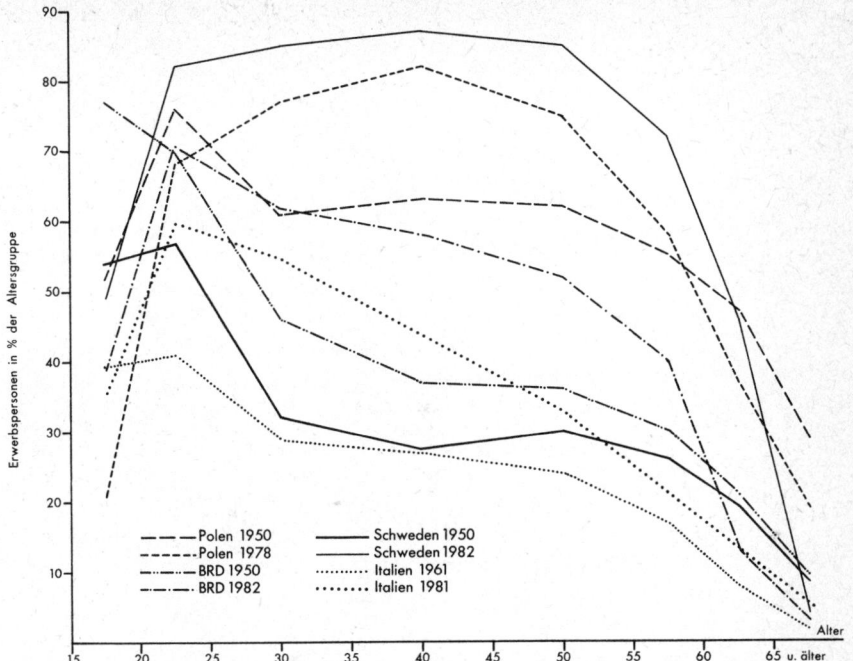

Quellen: United Nations (ECE), *Economic Survey of Europe in 1977, Part II: Labour Supply and Migration in Europe*, New York 1979, S. 19 f; ILO, *Yearbook of Labour Statistics 1983*, S. 28 f.

weicht die Arbeitsquote bei den älteren Altersgruppen auch in Ländern voneinander ab, die ein ähnliches ökonomisches Entwicklungsniveau besitzen. Dennoch zeigt ein Vergleich der Altersgruppe von 60 bis 65 Jahren, daß nach dem Zweiten Weltkrieg, besonders seit den 60er Jahren, in praktisch allen Ländern die Erwerbsquote in dieser Altersgruppe stark zurückging. In der Bundesrepublik arbeiteten 1960 wie in der Zwischenkriegszeit 72% der Männer im Alter zwischen 60 und 64 Jahren; 1980 waren es noch 44%. Im gleichen Zeitraum ging diese altersspezifische Quote in den Niederlanden von 81 auf 58%, in Italien von 54 auf 40% und in Ungarn von 70 auf 13% zurück. In der Schweiz war die Alterssicherung noch nicht so ausgebaut; hier nahm die Erwerbsquote der Männer von 60 bis 65 Jahren nur von 89 auf 83% ab.

Nicht nur die Lebensarbeitszeit verringerte sich im Laufe des Jahrhunderts, sondern auch die tägliche bzw. wöchentliche Arbeitszeit. Leider sind verläßliche, kontinuierliche Daten zu ihrer Entwicklung kaum und für den landwirtschaftlichen Sektor überhaupt nicht vorhanden. Das grundsätzliche

Entwicklungsmuster ist jedoch ziemlich klar. Am Anfang des Jahrhunderts umfaßte eine Vollzeitarbeit im produzierenden Gewerbe in der Regel einen Arbeitstag von zehn Stunden und eine Arbeitswoche von mehr als 50 Stunden. Nach dem Ersten Weltkrieg führten mehrere Länder – im Einklang mit dem Beschluß einer internationalen Arbeitsrechtskonferenz – den Achtstundentag für die Industrie ein, was die durchschnittliche Arbeitszeit pro Woche zumindest theoretisch auf ungefähr 48 Stunden reduzierte. Die Wirtschaftskrise der 30er Jahre bewirkte zeitweilig eine weitere Verminderung der Arbeitszeit. Um der Massenarbeitslosigkeit entgegenzuwirken, ordnete man in Italien und Frankreich 1934 bzw. 1936 sogar die Vierzigstundenwoche als Regelarbeitszeit an, die allerdings beim Wiederaufbau nach 1945 in beiden Ländern nicht mehr eingehalten wurde. Wie Abb. II. 3 zeigt, kam es erst ab 1960 zu einer allgemeinen Verkürzung der Arbeitszeit in den westeuropäischen Ländern. Die durchschnittliche wöchentliche Arbeitszeit ging zwischen 1960 und 1980 von 44 – 45 Stunden auf rund 40 Stunden zurück, in der belgischen und skandinavischen Industrie sogar auf unter 35 Stunden. Infolge einer Politik des forcierten Wachstums und eines geringeren Technisierungsgrades konnten die realsozialistischen Staaten Osteuropas nur mit Verzögerungen ähnliche Arbeitszeitverkürzungen vornehmen. Erst Ende der 60er Jahre wurde die Fünftagewoche generell eingeführt. 1980 betrug die wöchentliche Arbeitszeit grundsätzlich noch 43,5 Stunden.

Die jährliche Arbeitszeit wurde zusätzlich durch Urlaube gekürzt. Als erstes Land führte Norwegen 1919 zwei Wochen bezahlten Urlaub für alle Industriearbeiter ein; drei Jahre später verabschiedete Polen ein ähnliches Gesetz. In anderen Ländern sicherten sich die Arbeiter während der Zwischenkriegsjahre durch entsprechende Tarifverträge ebenfalls einige bezahlte Feier- bzw. Urlaubstage. Gegen Ende der 30er Jahre kam es dann in Frankreich, Großbritannien und Schweden zu nationalen Regelungen, die bezahlte Urlaube von sechs bis zwölf Tagen festlegten. Solche Bestimmungen wurden zwischen 1945 und 1960 von allen anderen europäischen Ländern übernommen. Schon zu dieser Zeit dehnten manche Länder – Norwegen, Schweden, Dänemark und Frankreich – den Mindesturlaub auf drei Wochen aus; dieser Entwicklung schlossen sich die meisten anderen Staaten erst in den 60er Jahren an. In allen nord- und westeuropäischen Ländern außer Großbritannien und Irland wurde der Mindesturlaub bereits in den 70er Jahren auf vier bzw. fünf Wochen weiter ausgedehnt.

Zusammengenommen bewirkten diese Maßnahmen, daß sich die Länge des normalen Arbeitslebens im Laufe des Jahrhunderts mehr als halbierte. Da gleichzeitig die Lebenserwartung um mindestens zehn Jahre anstieg, verringerte sich die zeitliche Belastung durch die Erwerbstätigkeit im Laufe eines Lebens noch mehr. Daß traditionelle Werte und Verhaltensweisen der sog. Arbeitsgesellschaft durch einen solchen grundlegenden Wandel der Arbeits- und Freizeit immer stärker in Frage gestellt werden, ist nicht weiter verwunderlich.

Abb. II. 3: Tatsächliche wöchentliche Arbeitszeit in der Industrie in verschiede-
nen Ländern 1920 – 1980 (in Stunden)

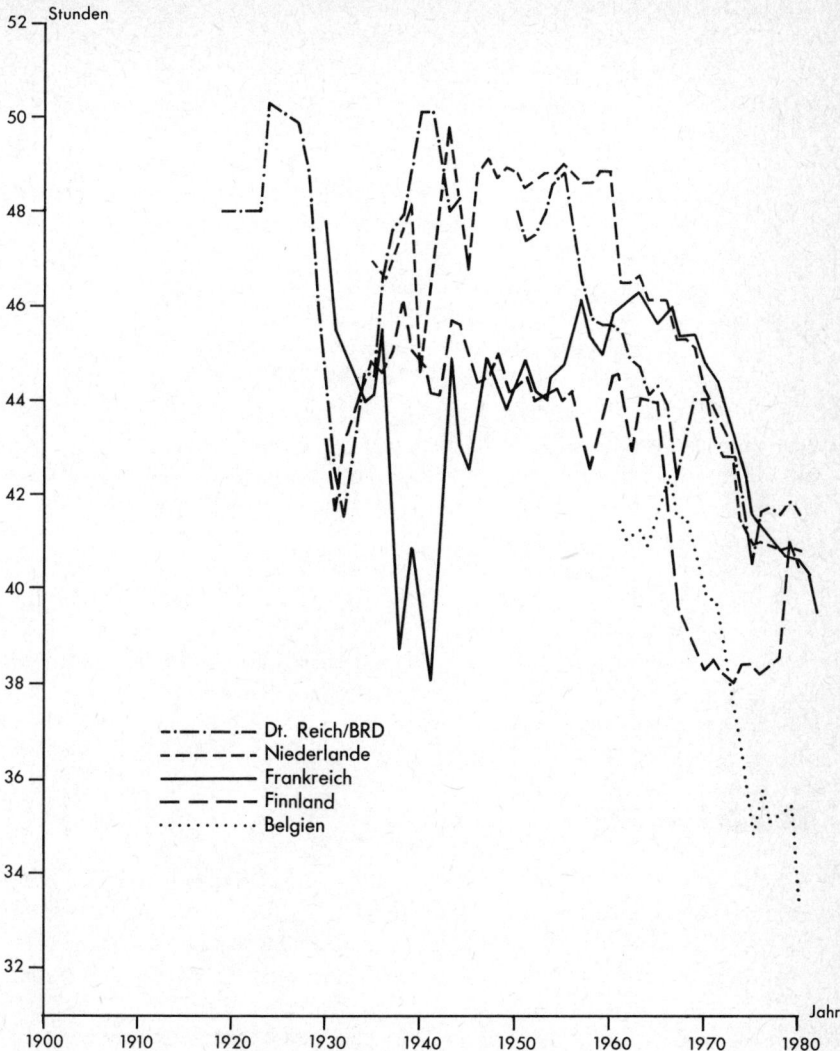

Quellen: OECD, *New Patterns for Working Time,* Paris 1973; A. A. Evans, *Hours of Work in Indu-*
strialised Countries, ILO, Genf 1975; League of Nations, *Yearbook of Labour Statistics 1935–38 ff.,*
Genf 1939 ff.; ILO, *Yearbook of Labour Statistics 1965 ff.,* Genf 1966 ff.

    Die Entwicklung der Erwerbstätigkeit der Frauen, d. h. die Beschäftigung
der Frauen außerhalb des Hauses, stellt sich komplexer dar. Es gab relativ
starke Unterschiede zwischen den Ländern, die durch Kultur, Religion,
Niveau und Struktur der Produktivkräfte, Struktur und Wachstum der Be-

völkerung und durch die jeweilige Definition von Beschäftigung bedingt waren. Dennoch gibt es Gemeinsamkeiten. So ist überall, besonders seit dem Zweiten Weltkrieg, ein relativer und absoluter Anstieg der außerhäuslichen Frauenbeschäftigung zu beobachten; sie entwickelte sich damit entgegengesetzt zu der der Männer. Der Koeffizient der Ausnutzung des weiblichen Arbeitspotentials – die Zahl der weiblichen Erwerbspersonen auf hundert Frauen im Alter von 15 – 59 Jahren – erreichte 1920 nur selten 50 und bewegte sich meist um 40. 1980 dagegen betrug er in zehn Ländern 66 und lag nur in sechs unter 50. Während 1920 Frauen in nur neun Ländern ein Drittel oder mehr der insgesamt Beschäftigten ausmachten, war dies 1980 in 19 Ländern der Fall. Mit einem Koeffizienten von 30 und darunter lag die Frauenbeschäftigung in Südeuropa, Irland und – zumindest bis in die 70er Jahre hinein – in den Niederlanden, Belgien und Norwegen durchweg am niedrigsten. Die höchsten Koeffizienten mit Werten zwischen 60 und 70 besaß seit den 40er Jahren Osteuropa; dies war eine Folge des marxistischen Anspruchs auf die Gleichberechtigung der Frauen als auch des allgemein knappen Arbeitsmarktes und des besonderen Mangels an männlichen Arbeitskräften. In den osteuropäischen Ländern außer in Jugoslawien betrug der Anteil der Frauen an der Gesamtzahl der Arbeitskräfte seit Mitte der 60er Jahre ca. 45%.

In allen Ländern erklärt sich der Anstieg der weiblichen Erwerbstätigkeit in erster Linie aus der zunehmenden Zahl der verheirateten Frauen, die berufstätig sein wollen. In der ersten Hälfte des Jahrhunderts war die junge unverheiratete Frau die typische weibliche Arbeitskraft. Außer in Südeuropa war die Mehrzahl der alleinstehenden Frauen berufstätig. Die Heirat bedeutete in den meisten Fällen den Rückzug aus dem Berufsleben; ein Wiedereintritt erfolgte selten. Dies änderte sich in den letzten drei Jahrzehnten grundlegend, wobei als wichtigste Gründe dafür genannt werden können: die Verkürzung der Lebensphase, in der Kinder geboren werden, die Verbesserung der außerhäuslichen Kinderbetreuung, das breitere Arbeitsplatzangebot, vor allem von Teilzeitarbeit, die verbesserte Ausbildung und der Wunsch vieler Frauen, nicht mehr ausschließlich für die Familie dazusein. Dahinter steht natürlich der bereits angesprochene tiefgreifende Wandel soziokultureller bzw. gesellschaftlicher Normen hinsichtlich der Rolle der Frau in der Gesellschaft.

In Osteuropa, Skandinavien und Großbritannien waren die meisten Frauen nach dem Zweiten Weltkrieg berufstätig. In vielen anderen Ländern stieg der Anteil der erwerbstätigen an den verheirateten Frauen ebenfalls beträchtlich an, in der Bundesrepublik z.B. von 25% im Jahre 1950 auf 42% im Jahre 1980. Für immer mehr Frauen bekam die berufliche Laufbahn die gleiche Bedeutung wie für Männer. Wie Abb. II. 1 und 2 zeigen, glichen sich die altersspezifischen Beschäftigungskurven zwischen Männern und Frauen im Laufe der Zeit an. In Schweden, Polen und anderen Ländern Nord- und Osteuropas waren die Kurven für Männer und Frauen um 1980 praktisch identisch. Demgegenüber blieben in den südeuropäischen Ländern, in Irland, in Belgien und den Niederlanden die traditionellen Unterschiede in abgeschwächter Form bestehen. Die altersspezifische Kurve der weiblichen Beschäftigung nahm in der BRD, in Frankreich, Österreich, der Schweiz und Großbritannien einen mittleren Verlauf.

Sektorale Verteilung der Erwerbspersonen
Die Verteilung der Erwerbspersonen auf den primären Sektor (Land- und Forstwirtschaft), den sekundären Sektor (Bergbau, Energiewirtschaft, verarbeitendes Gewerbe, Bauwirtschaft) und den tertiären Sektor (Handel, Verkehr, Nachrichtenwesen, Kredit- und Versicherungsgewerbe, Gesundheitswesen, Wissenschaft und Bildung, öffentliche Verwaltung usw.) wird als einer der wichtigsten Indikatoren für den Entwicklungsstand eines Landes angesehen. Verkürzt, aber nicht ganz korrekt, spricht man von der Aufteilung auf Landwirtschaft, Industrie und Dienstleistungen. Die bedeutenden Veränderungen hinsichtlich des Niveaus und der Zusammensetzung der Beschäftigung, die im vorherigen Abschnitt besprochen wurden, hingen unmittelbar mit dem Wandel der sektoralen Beschäftigungsstruktur zusam-

Abb. II.4: Sektorale Verteilung der Erwerbspersonen nach Regionen 1910–1980 (in %)

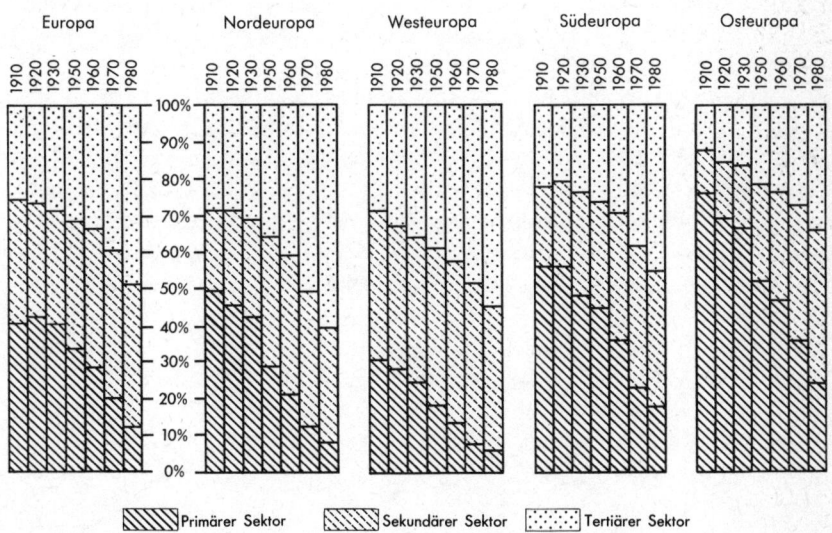

Quellen: T. Deldycke, et al., *The Working Population and its Structure*, Brüssel 1968, S. 27 ff.; ILO, *World Labour Report*, Bd. 1, Genf 1984, S. 89; ILO, *Yearbook af Labour Statistics 1938*, S. 5; *1970*, S. 126; The World Bank, *World Tables*, 3. Auflage, 2. Bd.: *Social Data*, Washington, D.C. 1983, S. 35, 76, 100, 112 ff.; Jürgen Hartmann, *Politik und Gesellschaft in Osteuropa*, Frankfurt 1983, S. 216.

men. Im allgemeinen durchliefen alle europäischen Länder – wenn auch zeitversetzt – das gleiche Entwicklungsmuster: Der Anteil der Landwirtschaft an allen Erwerbspersonen oder an der Gesamtbeschäftigung nahm in diesem Jahrhundert kontinuierlich ab, der der Industrie stieg zunächst an und ging dann wieder zurück, und der der Dienstleistungen stieg durchgängig an.

Abb. II. 4 faßt diese Entwicklung für die Hauptregionen in Europa zusammen. Besonders auffallend sind die Unterschiede zwischen Nord- und Westeuropa einerseits und Süd- und Osteuropa andererseits. Waren in Westeuropa 1910 nur noch 30% der Erwerbspersonen in der Landwirtschaft, bereits 41% in der Industrie und 29% bei den Dienstleistungen tätig, so betrugen diese Anteile für Osteuropa 80, 8 und 12%. Bis 1980 war der Anteil der Landwirtschaft in Westeuropa auf 6% gesunken, der der Industrie bis in die 60er Jahre auf über 45% gestiegen und dann auf 39% zurückgegangen, während der der Dienstleistungen mehr oder weniger kontinuierlich auf 55% anstieg. Demgegenüber waren zu dieser Zeit in Osteuropa immer noch 24% im Agrarbereich tätig, 42% in der Industrie und erst 34% im Tertiärsektor.

Vor diesem Hintergrund formulierten Jean Fourastié, Colin Clark und A. G. B. Fisher ihre berühmte Drei-Sektoren-Hypothese des zwangsläufigen Wandels von der Agrargesellschaft über die Industriegesellschaft zur Dienstleistungs- oder postindustriellen Gesellschaft und begründeten sie mit der inneren Logik des modernen Wirtschaftssystems:

(1) Die Nachfrage nach Lebensmitteln ist physisch begrenzt; mit steigendem Wohlstand verlagert sich also die Bedarfsstruktur der privaten Haushalte auf Industriegüter und Dienstleistungen.

(2) Die Mechanisierung und Zentralisierung vor allem der industriellen Produktion erfordern den Ausbau von Dienstleistungen des tertiären Sektors, etwa für den Verkauf und die Instandhaltung von Sekundärgütern.

(3) Während technischer Fortschritt die Produktivität im primären und im sekundären Sektor stark anhebt und daher Arbeitskräfte freisetzt, verläuft der Produktivitätsfortschritt im tertiären Sektor langsamer; eine steigende Nachfrage nach Tertiärgütern bewirkte bisher also einen Anstieg der Beschäftigtenzahl.

(4) Der tertiäre Sektor dient überwiegend der Versorgung des inländischen Marktes; seine Größe und Expansionsmöglichkeiten werden daher weniger durch den Weltmarkt und die Auslandskonkurrenz beeinflußt und begrenzt, als es beim primären und sekundären Sektor der Fall ist.

Tab. II. 1: Sektorale Verteilung der Erwerbspersonen nach Ländern 1910–1980 (in %)[a]

	1910 I	1910 II	1910 III	1930 I	1930 II	1930 III	1950 I	1950 II	1950 III	1960 I	1960 II	1960 III	1980 I	1980 II	1980 III
Nordeuropa															
Schweden	49	32	19	39	36	25	21	41	38	14	45	41	5	34	61
Dänemark	36	28	36	30	29	41	25	34	41	18	37	45	7	35	58
Finnland	80	12	8	71	16	13	47	28	25	36	32	33	11	35	54
Norwegen	39	25	36	36	27	37	26	37	37	20	37	44	7	37	56
Westeuropa															
Deutsches Reich / BRD	37[b]	41[b]	22[b]	29[c]	40[c]	31[c]	23	43	34	14	48	38	5	46	50
Großbritannien	9	52	40	6[d]	46[d]	48[d]	5	49	46	4	48	48	3	42	56
Frankreich	41	33	26	36	33	31	27[e]	36[e]	37[e]	22	39	39	8	39	53
Niederlande	29	33	38	21	36	43	20[f]	34[f]	46[f]	11	42	47	6	45	49
Belgien	23	45	32	17	48	35	13[f]	50[f]	37[f]	8	48	45	3	41	56
Österreich	32[g]	33[g]	35[g]	32[h]	33[h]	35[h]	33	37	30	24	46	30	9	37	54
Schweiz	27	46	28	21	45	34	17	47	37	11	50	39	7	46	49
Irland	51[i]	15[i]	34[i]	48[j]	16[j]	36[j]	40	24	35	36	25	40	18	37	45
Osteuropa															
Polen	77[k]	9[k]	14[k]	66	17	17	54	26	20	48	29	23	31	39	30
Jugoslawien	82[g]	11[g]	7[g]	78	11	11	71[l]	16[l]	13[l]	63	18	19	29	35	36
Rumänien	80	8	12	77	9	14	74	14	12	67	15	18	29	36	35
DDR	–	–	–	–	–	–	27	44	29	18	48	34	10	49	41
Tschechoslowakei	40[g]	37[g]	23[g]	37	37	26	39	36	25	26	46	28	11	48	41
Ungarn	58[g]	20[g]	22[g]	53	24	23	51	23	26	37	35	28	20	43	37
Bulgarien	82	8	10	80[h]	8[h]	12[h]	65[m]	19[m]	17[m]	56	25	19	37	39	24
Südeuropa															
Italien	55	27	18	47	31	22	42	32	26	31	40	29	11	45	44
Spanien	56	14	30[n]	–	–	–	50	26	25	42	31	27	14	40	46
Portugal	57	22	21	–	–	–	44	25	26	44	29	27	28	35	37
Griechenland	50[g]	16[g]	34[g]	54[o]	16[o]	30[o]	51	21	28	56	20	24	37	28	35

*) I: Land- und Forstwirtschaft, Fischerei; II: Produzierendes Gewerbe, Bau und Energiewirtschaft; III: Handel, Verkehr, Kredit, öffentliche Verwaltung usw.; b) 1907; c) 1933; d) ohne Nordirland; e) 1926; f) 1934; g) 1920; h) 1947; i) 1926; j) 1936; k) 1920 ohne Schlesien und einen Teil Wilno; l) 1953; m) 1956; n) enthält eine hohe Anzahl unspezifischer Berufe; o) 1928

Quellen: T. Deldycke et al., The Working Population and its Structure, Brüssel 1968, S. 27 ff; ILO, World Labour Report, Bd. 1, Genf 1984, S. 89; ILO, Yearbook of Labour Statistics 1938, S. 5; 1970, S. 126; The World Bank, World Tables, 3. Auflage, 2. Bd.: Social Data, Washington, D.C. 1983, S. 35, 76, 100, 112 ff; Jürgen Hartmann, Politik und Gesellschaft in Osteuropa, Frankfurt 1983, S. 216.

Die empirischen Daten scheinen diese These für Europa vorerst zu bestätigen, auch wenn die reale Entwicklung nicht ganz so modellgerecht verläuft. Ein internationaler Vergleich verdeutlicht die Bedeutung von geographischen und historischen Struktur- und Rahmenbedingungen sowie von nationalen Besonderheiten: In allen hochentwickelten Staaten außerhalb Europas – USA, Kanada, Japan, Australien – war der Anteil des Dienstleistungssektors bei den Erwerbspersonen trotz starker Industrialisierung immer größer als der der Industrie. In diesen Ländern fand ein direkter Übergang von der Agrargesellschaft zur Dienstleistungsgesellschaft statt. Selbst in Europa variierten Zeitpunkt und Ausmaß des Strukturwandels von Land zu Land. Die entsprechenden Daten finden sich in Tab. II. 1. In Großbritannien – dem Land, in dem die industrielle Revolution ihren Ausgang nahm – war er bereits vor dem Ersten Weltkrieg weit fortgeschritten. Mehr als die Hälfte der britischen Arbeitskräfte war in der Industrie beschäftigt und nur noch ein Zehntel in der Landwirtschaft. Während der Zwischenkriegszeit vollzog sich der Strukturwandel wesentlich langsamer und beschleunigte sich erst in den 50er Jahren wieder. Zwischen 1951 und 1980 sank der Anteil der Landwirtschaft an der Beschäftigung weiter auf 3% ab, der der Dienstleistungen stieg von 43% auf 59% an, während der der Industrie von 49 auf 38% zurückging. Obwohl im Deutschen Reich 1907 noch über ein Drittel der Erwerbstätigen in der Landwirtschaft arbeitete, waren mit gut 40% doch auch hier bereits die meisten Menschen anteilsmäßig in der Industrie beschäftigt. Danach fiel der agrarische Anteil langsamer als zuvor auf ein Viertel im Jahre 1939. 1950 beschäftigte die Landwirtschaft immer noch 22% der Arbeitskräfte in der Bundesrepublik; dieser Anteil ging dann aber sehr schnell auf 13% im Jahre 1961 und auf 6% im Jahre 1980 zurück. Während dieser Zeit stieg der industrielle Anteil weiter an, bevor er in den 60er Jahren stagnierte und in den 70er Jahren ebenfalls fiel. Die meisten der von der Landwirtschaft freigesetzten Arbeitskräfte wurden – teilweise über die Industrie – vom Dienstleistungssektor aufgenommen, dessen Anteil von einem Drittel im Jahre 1950 auf die Hälfte im Jahre 1980 zunahm. Eine dritte Variante des Fourastié-Modells verkörpert Frankreich, dessen Entwicklungsmuster auch für andere Länder typisch ist, zumindest typischer als das Großbritanniens und Deutschlands. 1911 machte der landwirtschaftliche Beschäftigungsanteil 40%, der industrielle und der tertiäre je 30% aus. An dieser Struktur änderte sich in der Zwischenkriegszeit nur wenig; Anfang der 50er Jahre betrug der Anteil jedes Sektors etwa ein Drittel. Im Zuge des wirtschaftlichen Booms vollzog sich dann ein tiefgreifender Strukturwandel. Bis Anfang der 80er Jahre waren so viele Menschen aus der Landwirtschaft abgewandert, daß ihr Beschäftigungsanteil nur noch 8% ausmachte, während der der Industrie etwas und der der Dienstleistungen in diesem Zeitraum stark anstieg. 1968 waren bereits 46% und 1980 sogar 53% im tertiären Sektor tätig.

Außerhalb Osteuropas entwickelte sich das Dienstleistungsgewerbe in diesem Zeitraum überall zum größten Arbeitgeber. In verschiedenen Ländern – Schweden, Belgien, der Schweiz, Großbritannien, der Bundesrepublik – ging die industrielle Beschäftigung in den 70er Jahren nicht nur relativ, sondern auch absolut zurück, wobei allerdings diese »Deindustrialisierung« teilweise durch die hohe Arbeitslosigkeit in der Industrie und nicht ausschließlich durch einen endgültigen intersektoralen Transfer bedingt war. Nur in Irland, Finnland und Südeuropa waren 1980 noch mehr als 10% in der Landwirtschaft beschäftigt. Somit vollzog sich in Frankreich, Irland, den nord- und südeuropäischen Ländern der Wandel von der Agrar- zur Dienstleistungsgesellschaft nach dem Zweiten Weltkrieg in weniger als einer Generation. Die Periode, in der die Industrie wirklich den höchsten Beschäftigungsanteil auf sich vereinigte, war extrem kurz. Die Kürze des Zeitraums industrieller Dominanz muß beachtet werden, wenn es darum geht, nationale Unterschiede in der Entwicklung der Arbeitsbedingungen, der Arbeitsverhältnisse und der Arbeiterbewegung herauszuarbeiten.

Osteuropa liefert eine weitere Variante der Drei-Sektoren-Hypothese. Zwar reduzierten sich die anfänglich sehr hohen Beschäftigungsquoten im Agrarbereich zwischen 1950 und 1980 um etwa 50%, doch war dies nicht nur eine Folge der Freisetzung von Arbeitskräften durch die erhöhte landwirtschaftliche Produktivität, sondern zu einem erheblichen Teil auch Folge der Abwanderung unterbeschäftigter überschüssiger Landarbeiter in die Städte, wo sie Vollzeitarbeit fanden und besser entlohnt wurden. Die forcierte Industrialisierungspolitik hatte gleichzeitig einen kräftigen Ausbau des sekundären Sektors zur Folge, so daß sein Beschäftigungsanteil bis Anfang der 80er Jahre bei den weniger entwickelten Ländern auf knapp 40% und bei den weiter entwickelten Ländern DDR und Tschechoslowakei auf knapp 50% anstieg. Durchschnittlich lag damit der industrielle Beschäftigungsanteil über dem in Westeuropa. Vor allem aber ging er in Osteuropa noch nicht zurück; bei einigen Ländern war allenfalls ein Abflachen des Anstiegs zu erkennen. Der Anteil des tertiären Sektors stieg zwar ebenfalls an, liegt heute aber noch deutlich unter dem in den westeuropäischen Ländern.

Selbstverständlich dürfen wiederum regionale Verschiedenheiten innerhalb der einzelnen Länder bei diesem Strukturwandel nicht übersehen werden. Große Unterschiede gab es weiterhin zwischen Stadt und Land, etwa zwischen Limousin und Groß-Paris, Kalabrien und Turin. Allerdings sollten solche Differenzen auch nicht überbetont werden, denn durch den Aufbau moderner Kommunikations- und Verkehrsmittel – Fernsehen, Telefon, Auto – wirkte sich die sog. Tertiärisierung der Gesellschaft letztlich überall aus.

Stellung im Beruf

Sozialer Wandel kann zwar auf einer formalen Ebene relativ einfach als eine sektorale Veränderung der Beschäftigungsstruktur erfaßt werden, man muß sich allerdings darüber klar sein, daß dabei die vielfältigen und komplexen

Folgen unberücksichtigt bleiben. So wandelten sich z. B. die Eigentumsverhältnisse und die Zusammensetzung der abhängig Beschäftigten grundlegend. Die Zahl der Arbeitgeber und Selbständigen ging stark zurück; ihr Anteil an den Arbeitskräften sank im Laufe des Jahrhunderts in den meisten Ländern um mehr als die Hälfte. 1907 machten sie im Deutschen Reich 20% der Erwerbstätigen aus, heute beträgt dieser Anteil in der BRD nur noch 9%. In Schweden fiel es von 21% im Jahre 1930 auf 7% im Jahre 1980, in Belgien von 35% um 1900 auf 12% im Jahre 1980, in Frankreich von 45% 1926 auf 15% 1980 und in Italien von über 40% 1931 auf 21% 1980. Nur in Spanien, Irland und Griechenland lag der Anteil 1980 noch genauso hoch wie in Italien. In fast allen Ländern beschleunigte sich diese Entwicklung seit 1950. In den osteuropäischen Ländern – außer in Jugoslawien und Polen – wurde das private Unternehmertum durch die Sozialisierungspolitik in den 50er und 60er Jahren fast vollständig beseitigt. Hier sollten entsprechend der marxistischen Ideologie mit der damit verbundenen Abschaffung des Privateigentums gleichzeitig die Klassengegensätze beseitigt werden. Aber auch in den westeuropäischen Ländern hatte der Bedeutungsverlust des privaten Unternehmertums weitreichende ökonomische und soziale Folgen.

Mit der abnehmenden Zahl der Selbständigen ging natürlich auch die der unbezahlt mithelfenden Familienangehörigen – in erster Linie die Frauen – zurück. In den 30er Jahren machte diese Gruppe in Westeuropa einschließlich Italien 10 bis 20% aller Arbeitskräfte aus und in einigen Ländern Ost- und Südeuropas sogar über ein Drittel. Diese Anteile halbierten sich bis in die 60er Jahre. Anfang der 80er Jahre war der Anteil der mithelfenden Familienangehörigen an der Gesamtbeschäftigtenzahl außer in Griechenland, Polen und Jugoslawien, wo er noch 10% ausmachte, in allen Ländern Europas auf 5% zurückgegangen.

Der Rückgang der Selbständigen und mithelfenden Familienangehörigen ist vor allem auf den Strukturwandel in der Landwirtschaft zurückzuführen. Die Abwanderung aus der Landwirtschaft bedeutete ja nicht nur den einfachen Transfer von Arbeitskräften von einem Sektor zum anderen, sondern den Niedergang einer unabhängigen Bauernschaft mit entsprechenden Anschauungen und Lebensformen. Zwischen 1945 und Anfang der 80er Jahre fiel die Zahl der unabhängigen Landwirte in Frankreich von 4 auf 1,5 Mio., in der BRD von 1,2 Mio. auf 533000, in Italien von 2,5 auf 1,4 Mio. In Spanien ging sie zwischen 1950 und 1979 von 2,5 auf eine Million, in Dänemark zwischen 1933 und 1981 von 215000 auf 100000 zurück. In Osteuropa verschwand mit der Kollektivierung nach dem zweiten Weltkrieg eine unabhängige Bauernschaft praktisch vollständig; nur Polen und Jugoslawien bildeten eine Ausnahme. Damit entwickelte sich in etwas mehr als einer Generation eine soziale Gruppe, die über Jahrhunderte die europäischen Gesellschaften geprägt hatte, zu einer Minderheit, die in manchen Ländern fast völlig an Bedeutung verlor. Das schließt nicht aus, daß agrarische Interessen in der Wirtschaftspolitik auch weiterhin eine große Rolle spielen. Für die

verbleibende Landbevölkerung bedeuten Mechanisierung und Kommerzialisierung der agrarischen Produktion und der sich ausbreitende Verstädterungsprozeß einen grundlegenden Wandel des alltäglichen Lebens und letztlich die Zerstörung bäuerlicher Lebensstile und -gewohnheiten.

Als Folge dieses Strukturwandels dominierten immer stärker die abhängig
Beschäftigten, deren Arbeitsverhältnisse durch (tarif)vertragliche Regelungen und Lohn- und Gehaltszahlungen gekennzeichnet sind. Der von Marx
angenommene Klassenantagonismus zwischen Kapitalisten und Proletariern
verschärfte sich dadurch allerdings nicht. Stattdessen entstand – entsprechend der sozialen Logik der Drei-Sektoren-Hypothese – die neue Gruppe
der Angestellten. Sie war Ausdruck der technischen und organisatorischen
Strukturveränderungen, die mit der Ausbreitung der Massenproduktion ein-
hergingen, und der Expansion des Dienstleistungssektors. Im Laufe des
Jahrhunderts stieg die Zahl der Manager, Büroangestellten, des technischen
und Verkaufspersonals stark an. Wie Abb. II. 5 zeigt, bildeten 1980 die Arbeitskräfte mit nicht-manueller Tätigkeit in den meisten europäischen Län-

Abb. II. 5: Nicht-manuelle Erwerbstätigkeit in verschiedenen Ländern 1910–1980
(in % der Erwerbspersonen)

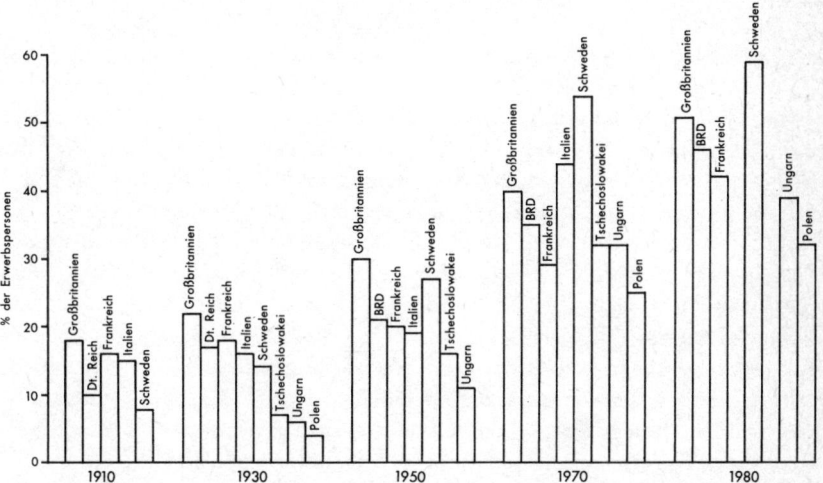

Quellen: A. H. Halsey, *Change in British Society*, Oxford 1978, S. 26; A. W. J. Thomson & L. C.
Hunter, Great Britain, in: John T. Dunlop & Walter Galenson (Hrsg.), *Labor in the Twentieth Century*, New York 1978, S. 93; Dietmar Petzina et al., *Sozialgeschichtliches Arbeitsbuch III*, München
1978, S. 55; Gerold Ambrosius, Das Wirtschaftssystem, in: Wolfgang Benz (Hrsg.), *Die Bundesrepublik
Deutschland*, Frankfurt 1983, Bd. 1, S. 258; Jean-Pierre Briand & Jean-Michel Chapouli, *Les Classes
sociales*, Paris 1980, S. 94; Corrado Barberis, *La Societa Italiana*, Milano 1976, S. 353 f.; K.-G. Hilde-
brand, The New Industrial Structure – The Scandinavian Experience, in: Bo Gustafsson (Hrsg.), *Post-
industrial Society*, London 1979, S. 61; P. M. Johnson, Changing Social Structure and the Political Role
of Manual Workers, in: Jan Triska & Charles Gati (Hrsg.), *Blue-collar Workers in Eastern Europe*,
London 1981, S. 30; Ivan T. Berend & György Ránki, *Underdevelopment and Economic Growth*,
Budapest 1979, S. 200; ILO, *Yearbook of Labour Statistics 1965*, S. 210 f.; *1977*, S. 266 f., *1982*, S. 178 f.

dern die größte Gruppe unter allen Erwerbstätigen. In Übereinstimmung mit seinem im Vergleich zum restlichen Europa hohen Entwicklungsniveau besaß Großbritannien 1910 mit 19% den höchsten Anteil an Angestellten unter seinen Erwerbspersonen; bis 1951 war er auf 30% gestiegen und erreichte 1980 40%. In der BRD nahm er zwischen 1950 und 1980 von 21 auf 46% zu, d. h., daß er sich mehr als verdoppelte.

In anderen Ländern verlief die Entwicklung ähnlich. In Frankreich stieg der Angestelltenanteil von 11% im Jahre 1906 über 18% im Jahre 1954 auf 41% im Jahre 1981. In Schweden machte er 1930 16%, 1950 27% und 1980 59% aus; damit erreichte Schweden den höchsten Stand in Europa. Die Verwendung anderer Bezeichnungen für die Gruppe der Angestellten in Osteuropa erschwert zwar einen genauen Vergleich zwischen Ost und West, doch zeichnet sich auch dort ein ähnlicher Trend ab. Generell bot der Dienstleistungssektor, insbesondere der öffentliche Dienst, die meisten Arbeitsplätze für Angestellte an. Allerdings stieg ihr Anteil auch in verschiedenen Industriezweigen beständig an, vor allem in denjenigen, die wie die Chemieindustrie oder der Maschinen- und Gerätebau in Bereichen fortgeschrittener Technologie mit hohem Forschungs- und Entwicklungsaufwand produzierten. Dieser Anstieg beschleunigte sich nach dem Zweiten Weltkrieg, und der Anteil der Angestellten an allen Arbeitskräften in diesen Branchen macht heute zwischen einem Viertel und einem Drittel aus.

Angestellte unterscheiden sich von Arbeitern durch Ausbildung und Qualifikation, Art und Höhe der Bezahlung – monatliche Bezüge gegenüber Tages- oder Stundenlohn –, Arbeitsverhältnis, Arbeitsbedingungen und Aufstiegschancen, um nur die wichtigsten Unterscheidungsmerkmale zu nennen. Bis heute blieben die Angestellten als spezifische Arbeitnehmergruppe unter sich und grenzten sich von den übrigen Arbeitern selbst in der gleichen Industrie und im gleichen Unternehmen ab. In der Betriebsorganisation und -hierarchie stehen sie zwar zwischen den Arbeitern und dem Management, Angestellte selbst ordneten sich aber ohne Zweifel eher dem Management zu. Die Verbindung zwischen unteren/mittleren und höheren Angestellten war in den öffentlichen Verwaltungen besonders eng, und die Angestellten in der Privatwirtschaft sahen hierin ein Vorbild, dem es hinsichtlich Bezahlung, Privilegien und Status – wie es der früher gebräuchliche Begriff des Privatbeamten ausdrückt – nachzueifern galt. Frühe Industriesoziologen waren schnell bereit, die Angestellten als spezifische soziale Gruppe, als neuen Mittelstand zu bezeichnen, im Unterschied zum alten Mittelstand von Handwerkern und Händlern, aber eben auch im Unterschied zum normalen Arbeiter.

Diese Interpretation ist sicherlich sinnvoll und hilfreich, besonders für die Zwischenkriegszeit. Nach dem Zweiten Weltkrieg nahm allerdings nicht nur die Zahl der Angestellten an sich, sondern auch die der verschiedenen Gruppen innerhalb der Angestelltenschaft zu; die innere Kohärenz dieser sozioökonomisch definierten, schichtenspezifischen Kategorie ging damit verloren.

Mit zunehmenden Betriebsgrößen wurden Organisation und Hierarchie immer mehr formalisiert, die Qualifikationen immer spezieller und die Trennlinien zwischen höherem Management, mittlerem Management und Büroangestellten immer schärfer. Dabei bildeten sich besonders Unterschiede zwischen den Geschlechtern heraus. Stellen mit Leitungsfunktionen werden auch heute noch fast ausschließlich mit Männern besetzt. 1980 hatten nur in Osteuropa die Frauen etwa ein Drittel solcher Positionen inne. Selbst in so «emanzipierten» Ländern wie Dänemark und Schweden machten Frauen nur ein Viertel der Manager aus, in Spanien gerade 3%. Bis in die 60er Jahre hinein dominierten die Männer auch bei den akademischen und technischen Angestellten; hier besteht heute allerdings in einigen Ländern eine Gleichverteilung zwischen Männern und Frauen. Auf der anderen Seite blieben die eigentlichen Büroarbeiten, d. h. die weniger qualifizierten, schlechter bezahlten und geringer angesehenen Stellen eine Domäne der Frauen; in diesem Tätigkeitsbereich kam auf zwei Frauen nur ein Mann. Eine Ausnahme machten Spanien, Griechenland und die Niederlande, wo die weibliche Erwerbsquote niedrig war; die Zahl der angestellten Männer übertraf die der Frauen selbst bei Bürotätigkeiten.

Die Faktoren, die die Stellung und Struktur der Angestelltenschaft veränderten, beeinflußten natürlich auch die der Arbeiterschaft. Ihr Anteil an der gesamten erwerbstätigen Bevölkerung sank seit den 1960er Jahren; in einigen Ländern fand sogar ein absoluter zahlenmäßiger Rückgang statt. 1910 waren in Großbritannien 71% der Erwerbspersonen Arbeiter, 1980 nur noch 38%. In Schweden ging ihr Anteil zwischen 1930 und 1965 von 69 auf 49% zurück, in der BRD zwischen 1950 und 1980 von 51% – der gleiche Anteil wie 1925 im Deutschen Reich – auf 41%. In Frankreich, das im Vergleich zu diesen beiden Ländern relativ schwach industrialisiert war und in dem die Landwirtschaft eine besondere Rolle spielte, stieg die Zahl der industriellen Arbeiter von 7,1 Mio. im Jahre 1921 auf 8,2 Mio. im Jahre 1975; ihr Anteil an den abhängig Beschäftigten fiel allerdings im gleichen Zeitraum von 49 auf 39%.

Die Struktur der Arbeiterschaft veränderte sich im Laufe des Jahrhunderts ebenfalls, allerdings weniger in der Art und Weise, die von Industriesoziologen in den ersten Jahrzehnten des Jahrhunderts prophezeit worden war: Sie hatten erwartet, daß Mechanisierung und Rationalisierung eine homogene Industriearbeiterschaft schaffen würde, eine proletarische Masse ohne berufsspezifische Differenzierung. Die Vorstellung vom unterschiedslosen, dequalifizierten Maschinenmenschen wurde durch Filme wie «Metropolis» und «Modern Times» weit verbreitet. Hinter diesem Klischee verbargen sich nicht nur äußerst komplexe Veränderungen in der Zusammensetzung der Arbeiterschaft, sondern eine geradezu gegensätzliche Wirklichkeit. Die Einschätzung der Berufsausbildung und Fachkenntnis der verschiedenen Gruppen von Arbeitern war stark zeitgebunden und teilweise diffus, die verfügbaren Daten zeigen aber, daß in allen Ländern der Anteil der ungelernten und nicht der gelernten Arbeiter sank. Ein wichtiger Grund für den Anstieg des allgemeinen Qualifikationsniveaus war der drastische Rückgang der ungelernten landwirtschaftlichen Arbeitskräfte. Die Zahl der unqualifizierten Landarbeiter fiel z. B. in Frankreich von fast drei Mio. im Jahre 1921 auf etwas über eine Million 1954 und schließlich auf 270000 im Jahre 1982. In Italien waren 1954 noch 2,5 Mio. ungelernte Landarbeiter beschäftigt, 1982 weniger als eine Million. In Spanien fiel dieser Rückgang noch stärker aus: von über drei Mio. 1950 auf unter 700000 im Jahre 1983.

Der gleichzeitige Abbau der technisch wenig anspruchsvollen Wirtschaftszweige wie der Textil- und Bekleidungsindustrie trug ebenfalls zur sinkenden Zahl der ungelernten Arbeiter bei. Insgesamt bewirkte die wachsende technologische Komplexität moderner Industriesysteme, daß sich die Schul- und Berufsausbildung im Laufe des Jahrhunderts stark verbesserte. In Frankreich hatte 1911 über ein Drittel der Arbeiter keine abgeschlossene Grundschulausbildung; nur 20% besuchten weiterführende Schulen. Bis 1931 hatten sich diese Anteile schon auf 15 bzw. 24% verschoben, und Anfang der 70er Jahre hatten weniger als 5% die Grundschule nicht abgeschlossen, und mehr als die Hälfte ging für zwei bis drei Jahre auf eine weiterführende Schule, um einen entsprechenden Abschluß zu erreichen. In Großbritannien stieg die Länge der durchschnittlichen Schulzeit der Arbeiter von sechs bis sieben Jahren 1910 auf über zehn Jahre 1960. Obwohl ein Vergleich der Ergebnisse durch Definitionsunterschiede erschwert wird, bestätigen letztlich die Berufszählungen die Schulstatistiken. So machte der Anteil der gelernten und angelernten Arbeiter in der BRD 1980 etwa 80% aus, 1925 im Deutschen Reich dagegen nur ca. 65%. Ein ähnlicher Anstieg des Qualifikationsniveaus läßt sich auch in anderen Ländern beobachten. In Italien, wo der Anteil der gelernten Arbeiter 1951 mit 58% relativ niedrig lag, stieg es in den folgenden Jahrzenten auf 70% an. Zwischen 1950 und 1970 verdoppelte sich in Spanien die Zahl der Facharbeiter und betrug schließlich 28%. Auch in Osteuropa wurden Schul- und Berufsausbildung gefördert. Fast zwei Drittel aller Beschäftigten in der DDR wiesen 1982 einen Facharbeiterabschluß auf, 1971 war es dagegen nur die Hälfte. Der Anteil der polnischen Arbeiter mit Berufsausbildung wuchs zwischen 1958 und 1979 von 8 auf 24% an. In der ungarischen Industriearbeiterschaft stieg der Anteil der gelernten Arbeiter im gleichen Zeitraum von 40 auf 50%, während der der ungelernten von 27 auf 12% fiel.

An dieser Verbesserung der Ausbildung partizipierten weder Frauen noch Immigranten im gleichen Ausmaß wie die heimischen männlichen Arbeitskräfte. Bei den Frauen blieb der Anteil der ungelernten Arbeiterinnen entweder wie in der BRD mit 55% und in Frankreich mit 36% relativ konstant, oder er stieg sogar wie in Italien von 40% 1951 auf 56% 1971 an. Ähnliche Unterschiede im Ausbildungsniveau zwischen Männern und Frauen gab es auch in den osteuropäischen Ländern. In der ungarischen Industrie hatten nur 22% der Arbeiterinnen eine abgeschlossene Berufsausbildung gegenüber

65% bei den Arbeitern. Die ausländischen Arbeitskräfte, die in den 60er und 70er Jahren in Nord- und Westeuropa Arbeit suchten, hatten meist keine Berufsausbildung. Schneller Arbeitswechsel und geringe Sprachkenntnisse verhinderten u. a., daß die Masse von ihnen im Zuwanderungsland volle Berufsausbildung erhielt. Sie besetzten daher ganz überwiegend Arbeitsplätze, an denen man ungelernt oder allenfalls angelernt tätig sein konnte, und verstärkten insofern die geschlechtsspezifische und nationale Differenzierung der Arbeiterschaft. 1970 waren unter den Arbeitern in der BRD 55% gelernte bzw. Facharbeiter und nur 20% ungelernte Arbeiter; bei den Arbeiterinnen waren die Anteile mit 12% gelernten und 54% ungelernten umgekehrt. Auch bei den ausländischen Arbeitskräften lag der Anteil der gelernten mit 22% deutlich unter dem der ungelernten mit 38%. In verschiedenen Ländern, besonders aber in Frankreich und der Bundesrepublik, verschärfte dies in jüngster Zeit den traditionellen Interessenkonflikt innerhalb der Arbeiterschaft zwischen gelernten und ungelernten Arbeitern, und das in in einer Phase, in der sie angesichts von Automatisierung, Deindustrialisierung und Arbeitslosigkeit vor schweren Problemen stehen.

2. Einkommen und Vermögen

Globale Einkommensverteilung

Die Verteilung von Einkommen und Vermögen innerhalb einer Gesellschaft ist wohl eines der zentralen und brisantesten Merkmale der sozialen Ungleichheit. Sie war daher häufig Anlaß von Konflikten, aber auch von Integrationsprozessen zwischen und innerhalb verschiedener gesellschaftlicher Interessengruppen. Aus einzelwirtschaftlicher Sicht ist sie für die Höhe des Lebensstandards mitentscheidend. Aus volkswirtschaftlicher Sicht spielt sie für das Konsumverhalten und damit für die Nachfragestruktur der Gesamtwirtschaft eine wichtige Rolle. Trotz ihrer zentralen Rolle bleibt ihre statistische Erfassung unzulänglich; Daten, die den Vergleich mit der Vergangenheit oder zwischen Ländern erlauben, sind noch seltener. Dennoch lassen sich aus dem vorhandenen Material gewisse Trends ableiten. Deutlich wird, daß insbesondere seit 1950 ein Nivellierungsprozeß stattfand. So läßt sich aus dem in allen europäischen Ländern kräftig wachsenden Sozialprodukt pro Kopf auf die Erhöhung des allgemeinen Wohlstands schließen. Analog dazu stiegen die Reallöhne – bei allem Vorbehalt hinsichtlich ihrer Berechnung – in Westeuropa: um das Dreifache, z. B. in Großbritannien, bis zum Sechsfachen, z. B. in Frankreich (vgl. Abb. II. 6). Auch die Lohnquote – der Anteil sämtlicher Einkommen aus unselbständiger Tätigkeit am Volkseinkommen – wuchs.

Allerdings besitzen solche aggregierten Daten nur einen sehr beschränkten Aussagewert als Verteilungsindikatoren. Besser geeignet sind Einkommensstatistiken, die jedoch auch Mängel aufweisen. Die Angaben werden aus

Abb.II.6: Entwicklung der Reallöhne in verschiedenen Ländern 1920 – 1982 (1913 = 100)

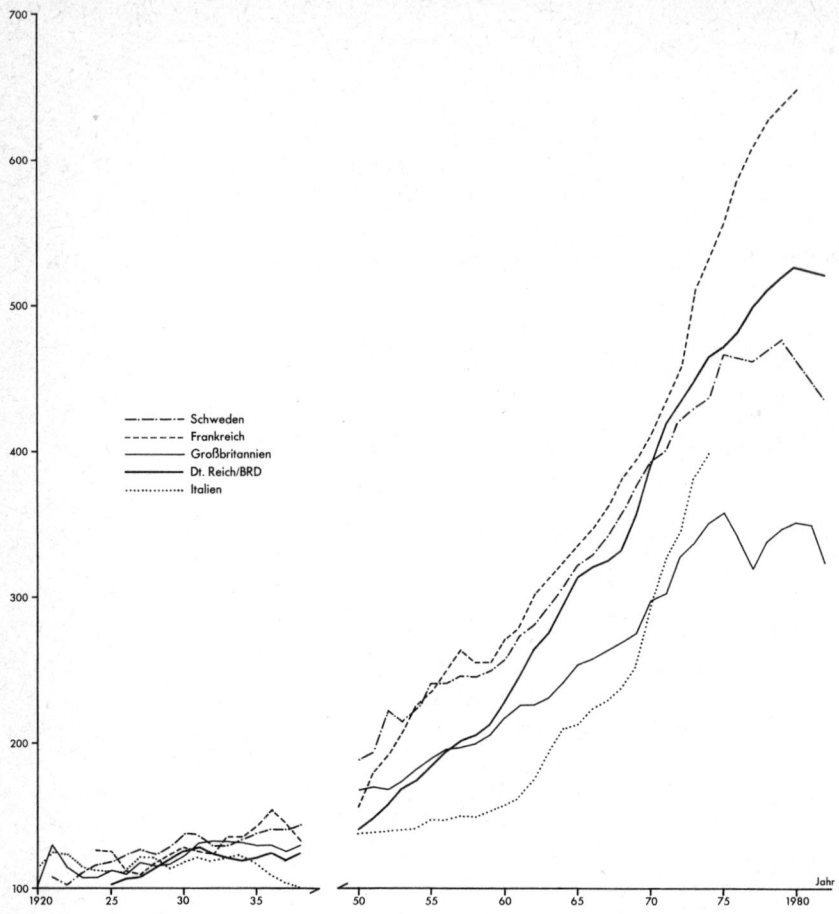

Quellen: E. H. Phelps Brown, Levels and Movements of Industrial Productivity and Real Wages Internationally Compared, 1860–1970, in: *The Economic Journal* 83 (1973), S. 68 ff.; Sergio Ricossa, Italy, in: Carlo M. Cipolla (Hrsg.), *The Fontana Economic History of Europe*, Bd. 6, Glasgow 1976, S. 274, 316; ILO, *Yearbook of Labour Statistics 1976*, S. 776 ff.; *1983*, S. 670 ff.

Einkommensteuererhebungen ermittelt, decken also je nach Steuergesetz unterschiedliche Teile der einkommenbeziehenden Bevölkerung ab und weisen unterschiedliche Hinterziehungsquoten auf. Außerdem muß man die Unterschiede zwischen Bruttoverteilung (vorsteuerlichem Einkommen) und Nettoverteilung (verfügbarem Einkommen nach Abzug der Steuern und Sozialversicherungsbeiträge) beachten. Mit gebotener Vorsicht kann man aus den vorhandenen Angaben eine leicht abnehmende Ungleichheit der Einkommensverteilung im Laufe des 20. Jahrhunderts ablesen.

In mehreren Ländern verringerte sich der Einkommensanteil der 10% der Bevölkerung, die die Reichsten waren, seit Anfang des Jahrhunderts von etwa 35 – 40% des gesamten persönlichen Einkommens auf ca. 24 – 31%, wobei in den 30er und 40er Jahren der stärkste Rückgang stattfand. Unter den entwickelten Staaten Westeuropas wiesen Schweden, Dänemark, Norwegen und Großbritannien die stärksten Nivellierungen auf: Der Einkommensanteil der reichsten Gruppe mit einem Bevölkerungsanteil von 10% sank zwischen 1935 und 1948 von 34 – 36% auf 27% und dann bis Anfang der 70er Jahre weiter auf 21 – 23%. In Italien, Frankreich, der BRD und den Niederlanden bewegte sich der Anteil dieser Gruppe dagegen seit 1950 um 29 – 30%. In Osteuropa fand ebenso wie in Nordeuropa ein relativ starker Abbau der Ungleichheit der Einkommensverteilung statt. In Ungarn fiel z. B. der Einkommensanteil der reichsten Gruppe mit einem Bevölkerungsanteil von 20% zwischen 1930 und 1962 von 59 auf 36%, in der Tschechoslowakei zwischen 1930 und 1965 von 47 auf 27%. Die Tschechoslowakei zeigte überhaupt das höchste Maß an Gleichverteilung in Europa; seit den 60er Jahren betrug der Anteil der reichsten Gruppe mit 10% an der Bevölkerung nur noch 14% am persönlichen Einkommen. Allerdings kam der Rückgang der Spitzeneinkommen in den verschiedenen Ländern nur bedingt den unteren Einkommensgruppen zugute. Der Einkommensanteil der ärmsten Gruppe mit 20% an der Bevölkerung stieg spürbar von unter 10% in den 30er Jahren auf 15 bis 20% seit den 60er Jahren nur in Skandinavien, Polen, in der Tschechoslowakei sowie in der DDR; in den anderen Ländern – auch in Großbritannien – änderte er sich seit den 60er Jahren nicht wesentlich und schwankte seit 1950 zwischen 10 und 12%.

Lohn- und Gehaltsdifferenzierungen

Anschaulicher als solche globalen Verteilungsgrößen sind Einkommensrelationen zwischen verschiedenen Gruppen. Auch die dazu vorliegenden Daten sind häufig unvollständig und manchmal irreführend, da sie meistens auf der Basis tariflicher Lohnsätze anstatt tatsächlich ausbezahlter Löhne errechnet werden. Wie Abb. II. 7 am Beispiel Großbritanniens zeigt, schrumpften die Lohnabstände zwischen den verschiedenen Kategorien abhängiger Arbeitnehmer zwischen 1913 und 1978 beträchtlich. Einerseits verminderten sich die qualifikationsbedingten Einkommensunterschiede innerhalb der Arbeiter- und Angestelltenschaft, andererseits rückten diese beiden Berufsgruppen insgesamt näher zusammen. Am Anfang des Jahrhunderts verdienten Facharbeiter und Werkmeister durchschnittlich 68 bzw. 98% mehr als ungelernte Arbeiter; Mitte der 50er Jahre betrug der Abstand 43 bzw. 80% und Ende der 70er Jahre nur noch 28 bzw. 38%. Unter den Angestellten verlief die Nivellierung langsamer. 1913/14 verdienten die höheren gegenüber den niederen Gehaltsgruppen das Dreifache und 1955/56 immer noch das Zweifache. Die Kluft zwischen niederen/mittleren und höheren Angestellten und Beamten wurde erst in den 60er und 70er Jahren auf 127 bzw. 55% abgebaut. Der Abstand zwischen niederen und mittleren Angestellten veränderte sich dagegen viel weniger; 1913/14 verdienten die mittleren Angestellten 58% mehr als die niederen, 1978 immer noch 46%.

Abb.II.7: Einkommensentwicklung nach der Stellung im Beruf: Männer in Groß-britannien 1913 − 1978 (100 = Durchschnittseinkommen eines ungelernten Arbeiters)

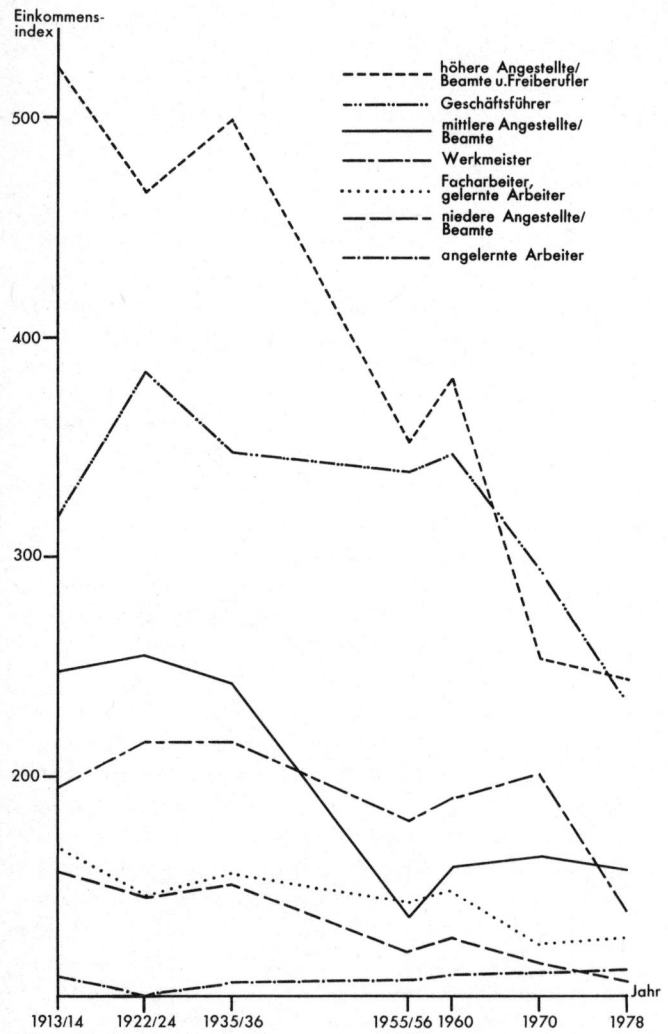

Quelle: Guy Routh, *Occupation and Pay in Great Britain 1906−1979*, London 1980, S. 127.

Da ähnliche Zeitreihen für andere Länder fehlen, läßt sich nicht sagen, ob das britische Muster allgemein gilt. Seit den 50er Jahren nahmen jedoch die Einkommensabstände der verschiedenen Berufsgruppen auch in anderen Ländern leicht ab. Dabei spiegeln die Lohn- und Gehaltsdifferenzen nicht nur die unterschiedliche Bewertung von Qualifikationen wider; sie drücken auch traditionelles Standesbewußtsein aus. So bestanden in den 70er Jahren in Frankreich und Italien größere Differenzen zwischen den Durchschnittseinkommen von Arbeitern und Angestellten/Beamten als in Belgien, der BRD, den Niederlanden und Großbritannien. Auch die Streuung innerhalb der einzelnen Berufsgruppen wies nationale Unterschiede auf; am größten war sie in Frankreich und Italien, am geringsten in der BRD. Die branchenmäßige Rangordnung der Arbeitnehmereinkommen blieb überall ziemlich stabil und hing im großen und ganzen mit dem technologischen Stand des jeweiligen Gewerbezweiges zusammen.

In Westeuropa spielen die Tarifverhandlungen zwischen Arbeitnehmern und Arbeitgebern die wichtigste Rolle bei der Gestaltung der Arbeitnehmereinkommen. In Osteuropa wird die Gehalts- und Lohnpolitik dagegen vom Staat zentral gelenkt. Diese Politik bezweckte keine allgemeine Egalisierung der Einkommen, sondern eine gesteuerte Differenzierung zur Förderung der Arbeitsleistung und der Rekrutierung bestimmter Berufe. Auch die osteuropäischen Facharbeiter erhielten in den 60er und 70er Jahren ca. 30 bis 40% höhere Löhne als ungelernte Arbeiter. Bis in die 70er Jahre wurden die Löhne im Agrarbereich mit knapp 80% des durchschnittlichen Industrielohns besonders niedrig gehalten, um den Wechsel der Arbeitskräfte von der Landwirtschaft zur Industrie zu fördern. Allerdings bauten die osteuropäischen Staaten die Einkommensunterschiede zwischen manueller und nichtmanueller Arbeit stark ab. In allen Ländern außer Polen lag das Durchschnittseinkommen der einfachen Angestellten unter dem der Arbeiter, in der Tschechoslowakei sogar bis zu 20%. Selbst das Einkommen der höheren Angestellten – der sog. Intelligenz – betrug 1970 durchschnittlich nur 40 – 50% (20% in der Tschechoslowakei) mehr als das durchschnittliche Arbeitereinkommen.

Das Geschlecht bildet ein weiteres zentrales Merkmal der Lohn- und Gehaltsdifferenzierung in europäischen Gesellschaften. Sowohl in Ost- als auch in Westeuropa verdienten weibliche Arbeitnehmer bis in die 70er Jahre im Durchschnitt bedeutend weniger – meist ein Drittel, in Großbritannien sogar die Hälfte – als ihre männlichen Arbeitskollegen. Geringere Qualifikation, kürzere Arbeitszeit, weniger Dienstjahre usw. spielten hier gewiß eine Rolle, doch sie änderten nichts daran, daß Männer als vermeintliche Hauptverdiener und Familienernährer stark bevorzugt wurden.

Globale Vermögensverteilung
Außer der Tatsache, daß Vermögen immer wesentlich ungleichmäßiger als Einkommen verteilt ist, lassen die wenigen verläßlichen Zahlen zur Streuung

des persönlichen Vermögens kaum differenzierte Aussagen zu. Jedoch spricht manches für einen gewissen Rückgang der Verteilungsungleichheit auch beim Vermögen. Die Einführung von Vermögensteuern, Inflationen und wirtschaftliche Zusammenbrüche, Kriegseinwirkungen und politisch bedingte Enteignungen wirkten ebenso in diese Richtung wie die Anhebung des allgemeinen Einkommensniveaus und der Rückgang der selbständigen Erwerbstätigkeit bzw. des Privateigentums an Produktivmitteln. Vor allem seit Anfang der 60er Jahre stieg der Besitz an langlebigen Konsumgütern wie Autos, Fernseher, Kühlschränke etc. (vgl. Abb. II. 9) und auch – vor allem in Westeuropa – an Wohnungen und Häusern.

Ein weiterer wichtiger Bestandteil der Vermögensbildung waren in der Nachkriegszeit die Anrechte auf Sozialleistungen wie Ruhegelder, Unterstützungen im Krankheitsfall usw. Während einerseits somit breitere Bevölkerungsschichten in bescheidenem Maße Vermögen bilden konnten, nahm andererseits die Bedeutung der Superreichen deutlich ab. So sank der Anteil der Reichsten, die nur ein Prozent der Bevölkerung ausmachten, am gesamten volkswirtschaftlichen Privatvermögen in Großbritannien und Frankreich von 70 bzw. 50% vor dem Ersten Weltkrieg auf 23 bzw. 15% Mitte der 70er Jahre (vgl. Abb. II. 8). Erweitert man die Gruppe der Reichsten auf 10 oder 15% an der Bevölkerung, so war der Anteilsschwund allerdings nicht

Abb. II. 8: Entwicklung der Vermögensverteilung in Großbritannien und Frankreich 1910 – 1975 (in % des gesamten Privatvermögens)

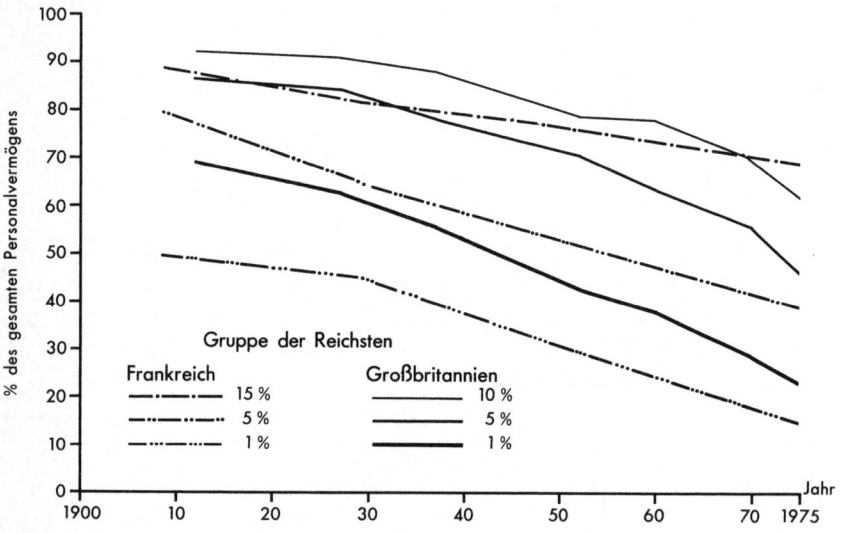

Quellen: G. P. Marshall, *Social Goals and Economic Perspectives*, Harmondsworth 1980, S. 95 f.; Adeline Daumard, L'éclatement de la bourgeoisie française, in: Fernand Braudel & Ernest Labrousse (Hrsg.), *Histoire économique et sociale de la France*, Bd. 4, 3. Teil, Paris 1982, S. 1500.

mehr so stark; sie verfügte 1975 immer noch über 60 bis 70% des gesamten Privatvermögens.

Ähnliche Anteile wiesen die Schätzungen zur Vermögensverteilung in der BRD für dieselbe Zeit aus. Die Aufgliederung des Vermögensbesitzes nach Berufsgruppen in Frankreich und in der BRD zeigte, daß Mitte der 70er Jahre der Anteil der Arbeiter am Vermögen wesentlich kleiner war als der an der Bevölkerung. Umgekehrt betrugen die Vermögensanteile der Selbständigen sowie der höheren Angestellten und Beamten bedeutend mehr als ihre jeweiligen Bevölkerungsanteile. Insgesamt kann man festhalten, daß es im Laufe des 20. Jahrhunderts zu einer etwas breiteren Vermögensstreuung in den westeuropäischen Ländern kam, womit die Ungleichverteilung aber nicht wirklich beseitigt wurde.

3. Lebensstile

Wie äußerte sich die Gliederung der Gesellschaft nach Beruf, Einkommen und Vermögen in der Lebensführung der sozialen Schichten? Wiederum sind repräsentative Untersuchungen – etwa über Konsumverhalten und Haushaltsausstattung – leider weder für größere Zeiträume noch für alle Schichten oder Länder vorhanden. Insbesondere für die Zwischenkriegszeit gibt es nur wenig Informationen. Wie in den vorangegangenen Abschnitten lassen die verfügbaren Daten dennoch einige plausible Feststellungen zu.

Bis in die 50er Jahre gab es beträchtliche Unterschiede in der Lebensführung. Hauptmerkmal war der sehr niedrige Lebensstandard der Mehrheit der städtischen und ländlichen Bevölkerung. Selbst in «guten» Jahren bedeutete dies, daß der überwiegende Teil der Haushaltsausgaben – häufig über 75% – der Deckung des eigentlichen Grundbedarfs – Nahrung, Kleidung, Wohnung und Heizung – diente. Nach Abzug von Steuern und Sozialabgaben blieb weniger als ein Fünftel des Einkommens zur «freien» Verfügung, d. h. für Konsumgüter des gehobenen Bedarfs, für Freizeit, für das Sparen usw. Bei Angestellten- und Beamtenhaushalten betrug dagegen der frei verfügbare Teil schon über ein Viertel, und dies bei einem höheren und vor allem festen Einkommen. Bei Arbeitern drohten ja permanent Verdienstausfälle durch Krankheit oder Arbeitslosigkeit die sowieso schon prekäre Lage weiter zu verschlechtern. Im Zuge der Massenarbeitslosigkeit (vgl. Abb. II. 14) ab 1929 kam es in ganz Europa zu einer breiten Verelendung, die sich in das Bewußtsein der Betroffenen eindringlich einprägte und Konsequenzen für die sozial- und wirtschaftspolitische Entwicklung nach dem Zweiten Weltkrieg haben sollte (vgl. Kap. II. E. 2 und III. D. 5).

Diejenigen, die regelmäßig arbeiteten, und das war immerhin – selbst in Krisenjahren – die Mehrheit der Arbeitskräfte, erreichten in der Zwischenzeit eine gewisse Verbesserung des Lebensstandards, da die Reallöhne in den meisten Ländern spürbar, wenn auch unstetig, stiegen (vgl. Abb. II. 6). Die

Nahrung wurde reichhaltiger und vielfältiger. Elektrische Beleuchtung und Rundfunkgeräte gehörten zunehmend zur Standardausstattung eines Haushalts. Vor allem in Großbritannien und Frankreich war 1938 das Auto nicht mehr nur den Reichen vorbehalten. In Deutschland träumten immerhin Millionen von einem «Volkswagen» und sparten auf ihn. In West- und Nordeuropa entwickelten sich in diesen Jahren erste Ansätze einer Massenkonsumgesellschaft: Markenprodukte, Abzahlungssysteme, Billigwarenhäuser, Versandhäuser, Werbung etc. breiteten sich aus.

Das nach dem Zweiten Weltkrieg fast drei Jahrzente lang anhaltende Wirtschaftswachstum brachte dann – zumindest Nord- und Westeuropa – den endgültigen Durchbruch zu der Gesellschaft des Massenkonsums. Die damit verbundene allgemeine Wohlstandssteigerung baute viele traditionelle materiell bedingte Ungleichheiten der Lebensstile in den europäischen Gesellschaften ab. Mit Vollbeschäftigung und kontinuierlich ansteigenden Reallöhnen verbesserte sich vor allem für die unteren Schichten das Konsumniveau und damit der allgemeine Lebensstandard. Der für den Grundbedarf benötigte Anteil am Haushaltseinkommen sank ab 1960 auf etwa die Hälfte, was beträchtlich mehr Mittel für sonstige Konsumgüter, Dienstleistungen oder Spareinlagen freisetzte. Vor allem aber reduzierte der Ausbau der staatlichen Sozialleistungen (vgl. Kap. II. E. 2) die konjunkturellen und lebenszyklisch bedingten Schwankungen des Lohneinkommens.

Abb. II. 9 verdeutlicht die skizzierte Angleichung der Konsumniveaus am Beispiel von drei sozialen Gruppen in Frankreich, deren Lebensstile traditionell weit auseinanderlagen: leitende Angestellte, Landwirte und Arbeiter. In ihrer allgemeinen Tendenz gelten die Kurven auch für die anderen europäischen Länder, wobei das Konsumniveau sich selbstverständlich in entlegeneren und unterentwickelteren Regionen und Gebieten langsamer anglich. Besonders rasch verlief der Nivellierungsprozeß in Nord- und Westeuropa in den 60er Jahren, in Ost- und Südeuropa erst in den 70er Jahren. Überdies blieb die «Demokratisierung» des Wohlstands in den südeuropäischen Ländern vorerst bruchstückhaft. Außer in Italien und Spanien liegt auch heute noch in Süd- und Osteuropa die Besitzhäufigkeit des symbolträchtigsten Konsumguts – des Personenkraftwagens – auf einem nur halb so hohen Niveau wie in West- und Nordeuropa (vgl. Tab. III. 15 und Abb. III. 21).

Die Annäherung der verschiedenen Konsumniveaus bedeutet natürlich nicht, daß die Unterschiede schichtenspezifischer Lebensführung völlig abgebaut wurden. Es soll nur an das in Kapitel I erwähnte abweichende demographische Verhalten – Heiratsalter, Kinderzahl, Lebenserwartung u. a. – erinnert werden. Aber auch bei der materiellen Ausstattung mit Konsumgütern des gehobenen Bedarfs – Geschirrspüler, Wohnwagen, Videorecorder, Heimcomputer u. a. – gab es in Westeuropa weiterhin eine durch preisbedingte Qualitätsunterschiede hervorgerufene Differenzierung nach sozialen Gruppen. In Osteuropa kennzeichnete der privilegierte Zugang zum häufig knappen Angebot konsumspezifische «Klassenunterschiede».

Abb.II.9: Bestand an dauerhaften Konsumgütern in Frankreich 1954 – 1983 (in % der Haushalte der jeweiligen Berufsstellung)

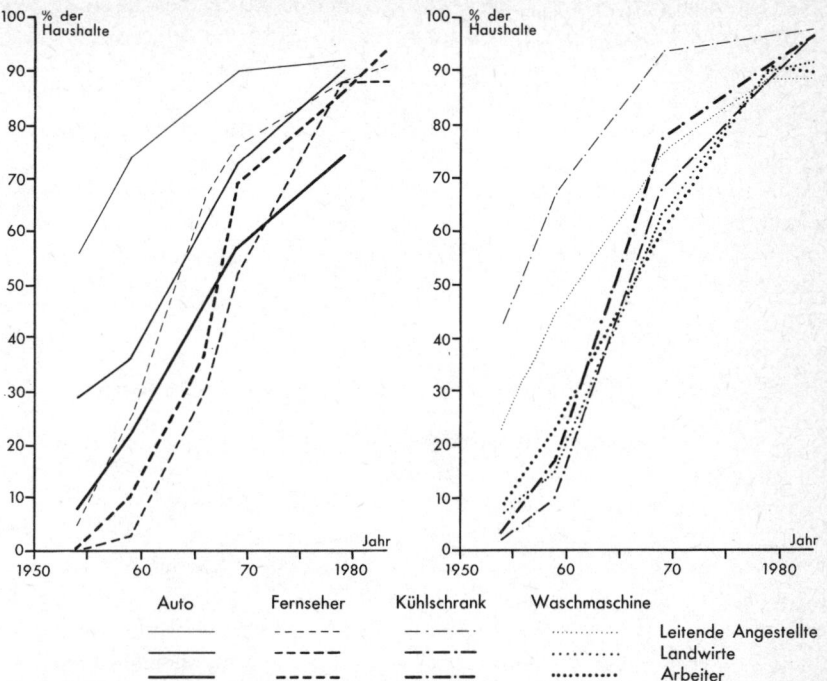

Auto   Fernseher   Kühlschrank   Waschmaschine

Leitende Angestellte
Landwirte
Arbeiter

Quellen: Jean-Pierre Rioux, *La France de la Quatrième République*, 2. Bd., Paris 1983, S. 243; Jean-Daniel Reynaud & Yves Grafmeyer (Hrsg.), *Français, qui êtes-vous?* Paris 1981, S. 1981; Roger Girod, *Les Inégalités sociales*, Paris 1984, S. 63; Institut National de la Statistique et des Etudes Economiques, *Tableaux de l'économie française 1970*, Paris 1970, S. 302; *1985*, S. 77.

Zu Beginn der 1980er Jahre war die Dauer der Freizeit für die meisten nichtselbständigen Erwerbstätigen in etwa gleich. Die Art und Weise der Freizeitgestaltung wies dagegen Merkmale sozialer Ungleichheit auf. Belastende Arbeitsbedingungen – hohe Konzentrationsanforderungen, Eintönigkeit, Schichtarbeit – engten für viele Arbeiter die Freizeitmöglichkeit stark ein. Ein normaler Arbeitstag und eine körperlich weniger anstrengende Tätigkeit ermöglichten demgegenüber eine kreativere Gestaltung der arbeitsfreien Zeit. Ein wichtiger Faktor bei der Freizeitgestaltung war im übrigen der Ausbildungsstand. Trotz der seit den 60er Jahren einsetzenden Bildungsexplosion existierten auch in den 80er Jahren noch erhebliche Bildungsdifferenzen zwischen sozialen Gruppen, vor allem was die allgemeine Bildung anbetrifft. Daraus resultierte unterschiedliches Freizeitverhalten, vor allem hinsichtlich des gehobenen Kulturkonsums: Leseverhalten, Konzert- und Theaterbesuche u. s. w. In bezug auf die «große Freizeit» – den

Urlaub – gibt es auch heute noch auffällige Benachteiligungen. Während sich fast drei Viertel der Angestellten- und Beamtenhaushalte in Westeuropa Sommerurlaubsreisen leisten können, ist dies nur bei der Hälfte der Arbeiterhaushalte der Fall. Berufsbedingt liegen hier die Landwirte weit zurück. Winterurlaube sind selbst unter den besser verdienenden Schichten nur bei einer Minderheit üblich.

Zusammenfassend kann man feststellen, daß sich seit den 60er Jahren ein sozialgeschichtlicher Kontinuitätsbruch in Europa vollzog. Lebensstandard und Lebensstil werden zwar bis heute wesentlich vom Beruf und Einkommen bestimmt, diese haben aber viel von ihrer ehemals umfassenden, verhaltensprägenden Kraft eingebüßt. Die materielle Ungleichheit ist deutlich abgebaut worden.

4. Mobilität

Eine weitere wichtige Dimension der Schichtung und Differenzierung ist die soziale Mobilität oder Immobilität einer Gesellschaft. Idealtypisch unterscheidet man zwischen einem Zuweisungsprinzip der Vererbung und einem Erarbeitungsprinzip der Eigenleistung; nach dem einen entstünde eine immobile Gesellschaft, nach dem anderen eine mobile. Obwohl der Grad der Mobilität wenig über das eigentliche Ausmaß der Ungleichheit einer gesellschaftlichen Schichtung aussagt, kann die Geschlossenheit oder Offenheit der sozialen Gruppen doch die Konfliktträchtigkeit dieser Ungleichheit ver- oder entschärfen. Außerdem bestimmt die Stabilität der Gruppen ganz wesentlich den Charakter sozialer Beziehungen, die Bildung sozialer Identität und solidarischen Verhaltens.

Mehrere Faktoren beeinflußten die Entwicklung der sozialen Mobilität im 20. Jahrhundert:

(1) das sozial differenzierte demographische Verhalten – Fruchtbarkeit, Lebenserwartung etc.,

(2) der durch Industrialisierung, Technologisierung und Bürokratisierung erfolgte Wandel der Berufs- und Wirtschaftsstruktur – Abbau der Landwirtschaft, sinkende Zahl der Selbständigen, Expansion der Dienstleistungen u. a.,

(3) die steigende Binnen- und Außenwanderung,

(4) die zunehmende Vergabe von Berufspositionen nach formalisierten, leistungsorientierten Qualifikationen,

(5) die wachsende sozial- und wirtschaftspolitische Intervention des Staates.

Theoretisch müßten diese Faktoren die soziale Mobilität erhöht haben. Der historische Trend kann aber nur recht vage aufgezeigt werden, da es bis in die Nachkriegszeit an systematischen Untersuchungen über Zusammensetzung und Veränderungen sozialer Schichten nach Herkunfts- und Zielgruppen mangelt. Erst für die frühen 70er Jahre gibt es genaue Erhebungen, die mehrere nach international vergleichbaren Kriterien gebildete Berufsklassen unterscheiden, so daß relativ gesicherte Aussagen zur intergenerationellen Mobilität in verschiedenen Ländern gemacht werden können.

Aus der Sicht des Einzelnen ist der wichtigste Aspekt der Mobilität der Wechsel innerhalb der gesellschaftlichen Hierarchie von einer Position in eine andere; Positionswechsel werden meist als sozialer Auf- und Abstieg empfunden. Nach den verfügbaren Studien prägte im allgemeinen die «Stellenvererbung» das Mobilitätsmuster, wobei beachtet werden muß, daß es durch Zahl und Zusammensetzung der benutzten sozialen Kategorien stark beeinflußt wird. In Großbritannien, Frankreich, Schweden, der BRD, Ungarn, Polen und der Tschechoslowakei blieben durchschnittlich zwei Drittel der Arbeitersöhne in der Arbeiterschaft. Der Vererbungsgrad unter Söhnen an- und ungelernter Arbeiter war mit 70% merklich stärker als unter Söhnen gelernter Arbeiter mit 60%. Am anderen Ende der Gesellschaftspyramide «erbten» rund 60% der Söhne von mittleren, gehobenen und höheren Angestellten/Beamten sowie Akademikern und Freiberuflern/Unternehmern die Schichtenposition des Vaters. Wiederum ergibt eine Teilung dieser Gruppe einen deutlichen Unterschied im intergenerationellen Vererbungsgrad; bei den Akademikern sowie gehobenen und höheren Angestellten/Beamten betrug er fast 70%, bei den mittleren Angestellten/Beamten nur 55%. Stellenvererbung fand dagegen unter den Söhnen von Bauern und kleineren selbständigen Handels- und Gewerbetreibenden viel seltener statt; der Vererbungsgrad betrug jeweils nur 25%. In beiden Fällen handelte es sich um schrumpfende Wirtschaftszweige, in denen Mobilität geradezu «erzwungen» wurde. Am geringsten war der Vererbungsgrad mit nur 15% unter Söhnen von einfachen Angestellten/Beamten (vgl. Abb. II. 10). Obwohl es sich hierbei um keine abnehmenden Berufsgruppen handelte, dienten sie offenbar nur als Durchgangsposition, aus der die Söhne zu fast gleichen Teilen auf- oder abstiegen.

Grundsätzlich erfolgte der Auf- oder Abstieg meistens stufenweise über kurze soziale Distanzen. Die Hälfte der Bauern- und Landarbeitersöhne wechselten zur städtischen Arbeiterschaft, ein Drittel zu den an- und ungelernten Arbeitern. Der häufigste Wechsel der an- und ungelernten Arbeiter wurde mit 34% zur gelernten Arbeiterschaft vollzogen. Die Söhne der gelernten Arbeiter wiederum wechselten mit 21% meist zurück zu den an- und ungelernten; einer relativ großen Gruppe gelang allerdings der Sprung in die mittlere Angestelltenschaft. Für die Söhne von kleinen selbständigen Handels- und Gewerbetreibenden bedeutete Mobilität mit 23% vor allem den Abstieg in die gelernte Arbeiterschaft. Das galt mit 26% auch für die Söhne von unteren Angestellten, wobei allerdings fast genauso viele zu den mittleren Angestellten aufstiegen. Etwa ein Viertel der Söhne von Akademikern, Freiberuflern, Unternehmern sowie gehobenen und höheren Angestellten/Beamten wechselte zu den mittleren Angestellten/Beamten und umgekehrt.

Abb. II. 10: Intergenerationelle soziale Mobilität Anfang der 1970er Jahre (in%)

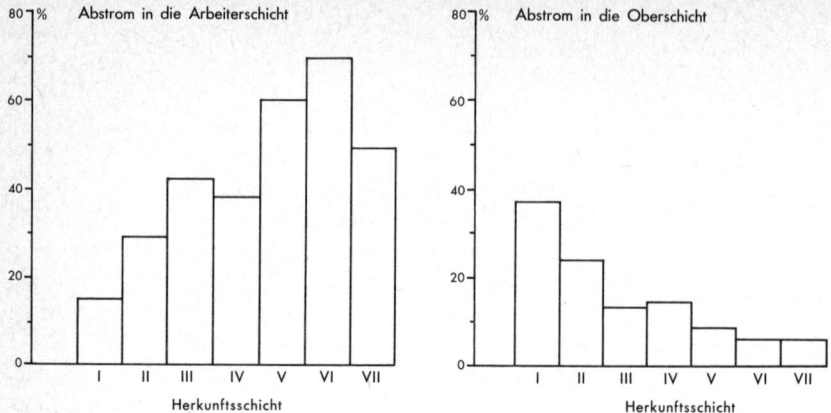

Anm.: Es handelt sich um einfache Durchschnitte der Werte von vier Ländern: England/Wales, Frankreich, Schweden und der BRD.

Soziale Kategorien: I = akademische, freie Berufe; gehobene und höhere Angestellte; höhere Beamte; Selbständige mit 10 und mehr Mitarbeitern. II = mittlere und gehobene Beamte; mittlere Angestellte. III = einfache Angestellte und Beamte; Facharbeiter im Dienstleistungssektor. IV = Landwirte; Selbständige bis 9 Mitarbeiter. V = Werkmeister; Meister; Vorarbeiter; Facharbeiter. VI = An- und Ungelernte Arbeiter. VII = Landwirte.
Die Arbeiterschicht erfaßt Gruppen V und VI, die Oberschicht erfaßt die Gruppe I.

Quellen: Robert Erikson, John Goldthorpe und Luciano Portocarero, Intergenerational Class Mobility in Three Western European Societies, in: *British Journal of Sociology* 30 (1979), S. 432; Karl Ulrich Mayer, Berufsstruktur und Mobilitätsprozeß, in: Joachim Hoffmann-Nowotny (Hrsg.), *Soziale Indikatoren im internationalen Vergleich*, Frankfurt/Main 1980, S. 125.

Ein anderer wesentlicher Aspekt der Mobilität betrifft die Homogenität bzw. Heterogenität der einzelnen Schichten. Hier stellt sich die Frage, aus welchen sozialen Herkunftsgruppen sich eine Schicht rekrutiert. Das Ausmaß der Selbstrekrutierung wird durch die Expansion oder die Kontraktion der betreffenden Schicht stark beeinflußt. Daher überrascht es nicht, daß die schnell wachsende Gruppe der einfachen Angestellten/Beamten sich nur zu 10% selbst rekrutierte. Die Expansion der Zahl der mittleren, gehobenen und höheren Angestellten/Beamten schwächte die Wirkung der an sich hohen Vererbungsquote ab; die Selbstrekrutierungsquote betrug in Westeuropa durchschnittlich ein Drittel, in Osteuropa sogar weniger als ein Fünftel. Unter den Arbeitern stimmte in Westeuropa der Grad der Selbstrekrutierung mit über 60% mit dem der Vererbung fast überein. In Osteuropa begrenzte das relativ späte Wachstum der industriellen Arbeiterschaft die Möglichkeit der Selbstrekrutierung, deren Quote daher nur 50% betrug. Sowohl in West- als auch in Osteuropa war die Selbstrekrutierung unter Bauern am stärksten; rund 90% der Landwirte waren Bauernsöhne.

Die Expansion der Dienstleistungen in Verbindung mit der stagnierenden oder gar rückläufigen Entwicklung der Arbeiterschaft bewirkte, daß die bisher bedeutendste soziale Grenze – die zwischen manueller und nichtmanueller Arbeit – durchlässiger wurde, und zwar sowohl nach oben als auch nach unten. Ein Drittel der Söhne gelernter und ein Viertel der Söhne an- und ungelernter Arbeiter schaffte den Wechsel zu den nichtmanuellen Berufsgruppen. Unter den einfachen und den mittleren Angestellten/Beamten machten diese Aufsteiger mehr als die Hälfte aus. Selbst unter den Akademikern/höheren Beamten etc. nahmen sie mehr als ein Viertel der Stellen ein. Abstieg in die Arbeiterschaft stellte zwar ein wesentliches Erfahrungsmoment für Söhne von einfachen und mittleren Angestellten/Beamten sowie von kleineren selbständigen Handels- und Gewerbetreibenden – 30 – 45% – dar, solche Absteiger repräsentieren jedoch weniger als ein Fünftel der Arbeiter. Auf die Frage, ob diese Übergänge materiell immer einen Abstieg bedeuten, kann hier nicht eingegangen werden.

Dieses Mobilitätsmuster galt für viele europäische Länder. Allerdings gab es auch nationale Besonderheiten, die durch die unterschiedlichen Entwicklungsstadien der Berufsstrukturen und durch «politische» Faktoren bestimmt wurden. Zum einen beeinflußte die Stärke des landwirtschaftlichen Sektors und die Geschwindigkeit, mit der er abgebaut wurde, den Homogenitätsgrad der Industriearbeiterschaft. Unter den westeuropäischen Ländern war die Homogenität in Großbritannien am ausgeprägtesten, wo sich die Arbeiterschaft Anfang der 70er Jahre zu 80% aus den eigenen Reihen rekrutierte; nur 5% kamen aus der Landwirtschaft. Im Gegensatz dazu stammte nur knapp die Hälfte der französischen und schwedischen Arbeiter aus Arbeiterfamilien, über ein Viertel wies ländliche Herkunft auf. In Osteuropa machte der Anteil der ländlichen «Aufsteiger» an der Arbeiterschaft zwischen einem Drittel in der Tschechoslowakei und der Hälfte in Polen aus. Ein zweites mobilitätsbestimmendes Strukturmerkmal ist die Stärke des Dienstleistungssektors. So trug seine rasche Ausweitung in Schweden dazu bei, daß der Übergang von den manuellen zu den nichtmanuellen Berufen dort weit häufiger war als in den übrigen westeuropäischen Ländern. Nahezu zwei Drittel der Beschäftigten mit nichtmanuellen Tätigkeiten stammten in Schweden aus Arbeiterfamilien; in den anderen westeuropäischen Ländern waren es weniger als die Hälfte.

Die «politischen» Determinanten beziehen sich vor allem auf die Struktur der beruflichen Qualifikation und den Demokratisierungsgrad des Bildungssystems. Dieses Thema wird später eingehend behandelt. In bezug auf soziale Mobilität wirkte sich dieser Faktor am stärksten in der sozialen Zusammensetzung der Oberschicht – akademischer Freiberufler, Unternehmer, gehobene und höhere Angestellte und Beamte – aus. Formelle Qualifikationsanforderungen wie das zweite Staatsexamen bei den Juristen in der BRD oder der Abschluß an einer der grandes écoles in Frankreich schränkten den Rekrutierungskreis deutlich ein. Anfang der 70er Jahre stammte etwas mehr als ein Viertel der Oberschicht in beiden Ländern aus Familien, in denen man einer manuellen Tätigkeit nachging, in Schweden und Großbritannien dagegen 44%. In dieser Beziehung bildeten die osteuropäischen Gesellschaften die größte Ausnahme. Infolge ihrer ideologisch bedingten Selektionsmechanismen nahmen dort Personen manueller und ländlicher Herkunft zwei Drittel bis drei Viertel der Positionen in den Oberschichten ein.

Abschließend sei hervorgehoben, daß dieses sog. halboffene Mobilitätsmuster immer noch ein hohes Maß an Chancenungleichheit beinhaltet. Die Chance eines Arbeitersohnes, in die Mittelschicht aufzusteigen, war knapp halb so groß wie die desjenigen, der dieser Schicht entstammte und dort bleiben wollte. Die Wahrscheinlichkeit, in die Oberschicht zu gelangen, war für ihn noch geringer; sie betrug ein Siebentel der eines Sohnes aus der Oberschicht, der weiterhin dazugehören wollte.

C. Integration und Konflikt

Soziale Unterschiede erzeugen – wie es der französische Soziologe Emile Durkheim am Anfang des Jahrhunderts formulierte – eine dauernde Spannung zwischen Integration und Konflikt sowohl in bezug auf die Gesamtgesellschaft als auch in bezug auf Individuen und Gruppen. Die damit verbundenen äußerst komplexen Zusammenhänge können hier im einzelnen nicht untersucht werden. Es soll nur auf ein, allerdings zentrales, ideologisches und institutionelles Element der sozialen Integration und des sozialen Konflikts eingegangen werden: auf die Staatsbürgerschaft und die mit ihr verbundenen Rechte. Aber selbst bei dieser eingeschränkten Perspektive kann die Untersuchung nur zwei besonders wichtige Aspekte der Staatsbürger im 20. Jahrhundert berücksichtigen, die Nationalität und die Partizipation am politischen und ökonomischen Entscheidungsprozeß.

1. Nationalstaat, Staatsvolk und nationale Minderheiten

Seit dem Ende des 18. Jahrhunderts stellt die Nation eine zentrale soziopolitische Kategorie in der europäischen Geschichte dar. Unabhängig davon, ob man sie als eine durch einheitliche Sprache und volkstümliche Tradition verbundene Kulturnation oder als eine durch eine gemeinsame politische Entwicklung geprägte Staatsnation versteht, wurde sie zum bestimmenden Faktor bei der Integration von Staat und Gesellschaft. Der demokratische Grundsatz der Volkssouveränität erhob die Nation zum einzig legitimen Prinzip der Staatenbildung und ordnete den Staat den Interessen der Nation unter. Daraus entwickelte sich der Anspruch der verschiedenen nationalen Gruppen auf politische Selbstbestimmung, meistens in Gestalt eines eigenen souveränen Nationalstaats, der Staatsgebiet und Volk vereinigte. Daraus leitete sich aber auch der Begriff des Staatsvolkes ab, das als Mehrheit die nationale Assimilierung von fremden, jedoch im Staatsverband wohnenden Volksgruppen verlangte. Der soziale Prozeß der Nationenbildung wirkte sich also widersprüchlich aus: einerseits emanzipatorisch, demokratisch und integrierend, andererseits repressiv, autoritär und konflikterzeugend.

Das Nationalitätsprinzip, d. h. die staatliche Selbständigkeit jedes Volkes, setzte sich gegen die aus den dynastischen Machtkämpfen entstandene Staatenordnung Europas bis zum Ende des 19. Jahrhunderts nur unvollkommen durch. Obwohl ein geeintes Deutschland und Italien geschaffen, ein unabhängiger belgischer, griechischer, bulgarischer, rumänischer und norwegischer Staat gegründet worden war, gab es am Anfang des 20. Jahrhunderts noch zahlreiche nationale Gruppen ohne eigenen Staat bzw. ohne Recht auf autonome Selbstbestimmung. Außer Italien umfaßten alle europäischen Großmächte vor 1914 mehr als eine ethnische Gruppe, und Auseinandersetzungen um nationale Interessen waren von zentraler innenpolitischer Bedeutung. Vor allem in Österreich-Ungarn wurde die politische Entwicklung durch den andauernden Nationalitätenstreit überschattet.

Der Erste Weltkrieg steigerte die Hoffnungen und Erwartungen, daß sich das Nationalitätsprinzip endgültig durchsetzen und damit die freiheitliche und friedliche Entwicklung Europas sichern würde. Unter der Wilsonschen Parole «Selbstbestimmungsrecht der Völker» gliederten denn auch die Friedensverträge von 1919–1921 ganz Europa in sprachlich einheitliche Nationalstaaten (vgl. Karte am Anfang des Bandes) auf. Nur die Basken, Katalanen, Bretonen und Waliser blieben ohne eigenen Staat. Die neuen Grenzen waren aber vielfach umstritten. In den ethnisch vermischten Gebieten Mittel- und Osteuropas war es kaum möglich, die nationalen, wirtschaftlichen und strategischen Bedürfnisse aller Völker in gleichem Maße zu berücksichtigen. Grenzkämpfe und -streitigkeiten brachen aus – zwischen Deutschen und Polen, Polen und Litauern, Slowaken und Ungarn, Ungarn und Rumänen, Italienern und Slowenen etc. – und konnten selbst nach demokratisch durchgeführten Volksabstimmungen nur mühsam und vorübergehend beigelegt werden.

Auch alle neugeschaffenen Staaten umfaßten mehrere Volksgruppen: In Polen und Rumänien machte das Staatsvolk knapp zwei Drittel der Einwohner aus. In der Tschechoslowakei und Jugoslawien – bis 1929 Königreich der Serben, Kroaten und Slowenen – herrschten ähnliche Mehrheitsverhältnisse mit dem Unterschied, daß dort selbst das Staatsvolk national gemischt war. Somit wurde die Frage der nationalen Integration bzw. die Minderheitenfrage in der Zwischenkriegszeit eines der schwierigsten und konflikträchtigsten Probleme der europäischen Gesellschaften. Es wurde weder durch das von den Friedensverträgen bestimmte und vom Völkerbund überwachte Recht auf Minderheitenschutz noch durch die Verständigungsbemühungen der internationalen Kongresse europäischer Nationalitäten gelöst. Viele Regierungen mißtrauten den ethnischen Minderheiten und betrieben eine repressive Assimilationspolitik. Allerdings verhielten sich manche Minderheiten – besonders die Volksdeutschen in der Tschechoslowakei und Polen – auch so, als ob die neuen Staaten Saisonschöpfungen ohne soziale und politische Legitimation seien.

Die meisten Völker gründeten ihre nationale Identität nicht nur auf eine gemeinsame Sprache. Die gesellschaftliche Anerkennung als vollwertiges Mitglied der Nation setzte häufig eine bestimmte ideologische Einstellung und religiöse Überzeugung voraus. Ein guter Ire, Pole oder Spanier konnte kaum Protestant sein; in Großbritannien, Skandinavien, den Niederlanden und im Deutschen Reich waren nationales Selbstbewußtsein und Katholizismus nicht ohne weiteres vereinbar. Juden oder auch Personen mit jüdischen Vorfahren wurden trotz formeller staatsbürgerlicher Gleichstellung fast überall diskriminiert. Vor allem in Mittel- und Osteuropa belastete die sog. Judenfrage den Prozeß der Nationenbildung. Auch die nationale Gesinnung von Sozialisten oder Pazifisten wurde in fast allen Staaten angezweifelt, und viele von ihnen waren Repressionen und Verfolgungen ausgesetzt.

Die faschistischen Bewegungen und vor allem der Nationalsozialismus in Deutschland markierten die endgültige Pervertierung des nationalen Gedankens als gesellschaftliches Ordnungsprinzip. Sie übernahmen die schon Ende des 19. Jahrhunderts entwickelte Unterscheidung der Nationen nach rassischen Merkmalen, wonach die natürliche Überlegenheit bestimmter Nationen erwiesen sei, und begründeten damit eine gewalttätige, nationalistische Expansionspolitik. Jeder Individualismus mußte sich den Interessen der rassisch verstandenen Volksgemeinschaft unterordnen. Der Zweite Weltkrieg wurde von den Nationalsozialisten als Kampf des Deutschen Volkes um Lebensraum geführt, der die Versklavung, Vertreibung und systematische Vernichtung rassisch «minderwertiger» Volksgruppen zum Ziel hatte.

Solche Exzesse stellten den Gedanken des Nationalstaates in Frage. Schon Ende der 40er Jahre entstanden die ersten supranationalen Einrichtungen, die sich aber unter dem Druck der wachsenden Ost-West-Spannungen von vornherein als west- und osteuropäische Organisationen gegründet wurden. Die Gründung der Europäischen Wirtschaftsgemeinschaft 1956/57 stellte den vorläufigen Höhepunkt der westeuropäischen Einigungsbewegung dar. Selbst wenn sie manche Hoffnungen enttäuschte, so förderte sie doch in erheblichem Maße die Zusammenarbeit, den Ausgleich und das Verständnis zwischen den Mitgliedsländern, was in krassem Gegensatz zum aggressiven feindseligen Nationalismus der Zwischenkriegszeit stand. Die Rückbesinnung auf «nationale» Interessen, die mit der Wirtschaftskrise der 70er Jahre aufkam, versuchte zumindest, den erreichten Grad der Integration aufrechtzuerhalten und nicht, wie früher, aggressiv den eigenen nationalen Vorteil auf Kosten anderer auszunutzen. In Osteuropa diente der Hinweis auf nationale Eigenarten gelegentlich dazu, eine vom sowjetischen Modell abweichende Politik zu betreiben. Nur Jugoslawien gelang es jedoch, einen eigenen nationalen Sozialismus zu entwickeln.

Nach dem Zweiten Weltkrieg wurde das Minderheitenproblem in Osteuropa durch gewaltsame Aussiedlung und Vertreibung theoretisch gelöst. Nur in Rumänien machten nationale Minderheiten 1960 noch 15% der Bevölkerung aus. Zudem garantierten alle kommunistischen Regierungen ihren Minderheiten Gleichberechtigung und kulturelle Autonomie. In der Tschechoslowakei und in Jugoslawien sichert die Verfassung die Zwei- bzw. Mehrsprachigkeit. Spannungen zwischen den Volksgruppen gab es dennoch auch weiterhin; sie tarnten sich allerdings häufig als Richtlinienkämpfe innerhalb der kommunistischen Parteien.

Auch in einigen Ländern Westeuropas gab es nach 1945 Probleme mit ethnisch-sprachlichen Minderheiten. Allerdings wurde nur in den beiden «klassischen» Fällen Nordirland und Südtirol ein zweiter Staat in den Konflikt mit einbezogen. 1970 erzielte man nach langjährigen, von gelegentlichen Terroranschlägen begleiteten Verhandlungen ein Abkommen, das die seit 1919 strittige Südtirolfrage beilegte. In den äußerst blutigen Auseinandersetzungen in Nordirland war dagegen auch Mitte der 80er Jahre noch kein Ende abzusehen. In anderen Ländern forderten minderheitliche Volksgruppen kulturelle Anerkennung und stärkere politische Selbstverwaltung, ohne allerdings den nationalstaatlichen Verbund grundsätzlich in Frage zu stellen: die Katalanen und Basken im Zuge der Auflösung des Franco-Regimes und der Einführung der Demokratie in Spanien, die Bretonen, Korsen und Elsässer in Frankreich, die Waliser und Schotten in Großbritannien oder die Slowenen in Österreich. Sie alle hegten den Wunsch nach Dezentralisierung, weil eine übergroße zentralisierte und anonyme Staatsbürokratie die Interessen bestimmter Volksgruppen ignorierte. Abgesehen von baskischen und korsischen Extremisten trugen diese Minderheiten ihr Anliegen mit friedlichen Mitteln vor; keine verfolgte eine wirkliche Destabilisierung der jeweiligen Gesellschaft. Seit Mitte der 70er Jahre entstand durch Millionen seßhaft gewordener ausländischer Arbeitnehmer und deren Familienmitglieder erneut das Problem der Integration und Assimilation von Minderheiten in die Gesellschaften der Industrieländer Nord- und Westeuropas, diesmal allerdings vor einem ganz anderen soziokulturellen und historischen Hintergrund.

2. Partizipation im politischen und wirtschaftlichen Bereich

Politischer Bereich
Das Prinzip der Volkssouveränität beinhaltet die Teilnahme der Staatsbürger am politischen Willensbildungs- und Entscheidungsprozeß, insbesondere um die Regierung zu bestimmen. Die beiden Grundpfeiler der Partizipation am politischen Geschehen – Parlamentarismus und demokratisches Wahlrecht – wurden bis zum Ersten Weltkrieg in den meisten Staaten nur unvollständig errichtet. Zwar hatten viele Staaten das allgemeine Wahlrecht für Männer eingeführt – Großbritannien allerdings noch nicht – und Parlamente

eingerichtet. Die politische Funktion dieser Parlamente blieb aber häufig – z. B. im Deutschen Reich, in Österreich-Ungarn, Italien und Schweden – sehr eingeschränkt.

Ähnlich wie bei der Entwicklung der Nationalstaaten bewirkte der Erste Weltkrieg auch bei der Parlamentarisierung und Demokratisierung der politischen Systeme den endgültigen Durchbruch. Der Krieg diskreditierte nicht nur die herrschenden Eliten, sondern entzog den aristokratisch-autoritären Herrschaftssystemen endgültig die Legitimation. Mit Ausnahme von Jugoslawien gaben sich die neuen Staaten, aber auch das Deutsche Reich republikanische Verfassungen. Alle Länder, die das allgemeine Wahlrecht für Männer noch nicht besessen hatten, führten es ein; auch das für Frauen wurde in den meisten Ländern – Ausnahmen bildeten Belgien, Frankreich, Griechenland, Italien, die Schweiz und Spanien – durchgesetzt. Die parlamentarische Regierungsform wurde dort, wo dies noch nicht der Fall war, in der Verfassung festgeschrieben, und damit wurde auch die verfassungsmäßige Grundlage für die demokratische Partizipation vieler gesellschaftlicher Interessen am politischen Entscheidungsprozeß geschaffen.

Solche Interessen artikulieren sich in der Regel durch politische Parteien. In den pluralistischen Systemen Europas, die sich infolge der Demokratisierung erst in den Jahren nach dem Ersten Weltkrieg voll entfalten konnten, läßt sich die Ausdifferenzierung der Parteien letztlich auf vier dominante gesellschaftliche Konfliktfelder zurückführen:

(1) ethnisch-sprachliche Konflikte,
(2) konfessionelle Konflikte,
(3) Konflikte zwischen Land und Stadt bzw. zwischen Landwirtschaft und Industrie,
(4) Konflikte zwischen Arbeitern und Unternehmern bzw. zwischen Lohnarbeit und Kapital.

Parteien, die sich ausschließlich als Interessenvertretung spezifischer Volksgruppen verstanden, gab es eigentlich nur in multi-ethnischen Ländern wie Belgien, Spanien, den mittelosteuropäischen, baltischen und den Balkanländern. Aus dem Streit um den laizistischen Staat entstanden in einer Reihe von Staaten konfessionelle, meist katholische Parteien, die vor allem darum kämpften, die religiöse Erziehung beizubehalten. Beispiele hierfür sind das deutsche Zentrum, die italienische Popolari-Partei, die österreichischen Christlichsozialen, die belgischen und niederländischen Katholischen Parteien oder die calvinistische Partei in den Niederlanden. Beispiele für Parteien, die sich im Konflikt zwischen Agrar- und Industrieinteressen bildeten, sind die Bauernparteien in den nord- und osteuropäischen Ländern, aber auch in Frankreich, Irland, der Schweiz und Bayern. Im Kampf zwischen Arbeit und Kapital entstanden die klassischen, meist marxistisch geprägten Arbeiterparteien. Natürlich waren die Konfliktfelder nicht in allen Ländern gleich stark ausgeprägt, so daß sich nicht überall entsprechende Parteien bildeten. Andererseits kann man die Konfliktfelder nicht scharf trennen, d. h., daß sich die Parteien nicht nur entlang einer Konfliktlinie gründeten. So gab es in der Tschechoslowakei verschiedene katholische Bauern- und Arbeiterparteien für Tschechen, Slowaken, Deutsche und Ungarn. Die ältesten Parteien – die Liberalen und Konservativen – waren in der Auseinandersetzung um das Ancien régime des 18. Jahrhunderts entstanden und damit keinem der vier klassischen Konfliktfelder zuzuordnen.

Die in der politischen Mobilisierungsphase nach dem Ersten Weltkrieg entstandene Parteienlandschaft änderte sich – mit einigen wichtigen Ausnahmen – bis in die 70er Jahre nicht. Der norwegische Politologe Stein Rokkan sprach in diesem Zusammenhang von einem «eingefrorenen» Parteiensystem. Abgesehen von kurzfristigen, oft krisenbedingten Schwankungen blieben selbst die Kräfteverhältnisse bei den Wahlen erstaunlich stabil. Dies zeigt sich besonders deutlich bei den nicht-kommunistischen Arbeiterparteien; zwischen dem Anfang der 20er und dem Ende der 60er Jahre konnten nur die norwegischen, schwedischen und britischen Parteien ihre Wählerbasis signifikant und dauerhaft erweitern. Auch die konservativen und christlichen Parteien entwickelten sich äußerst stabil; nur in Norwegen und Schweden gingen die Stimmenanteile der konservativen Parteien bis in die 40er Jahre deutlich zurück. Mit der Demokratisierung des Wahlrechts büßten die Liberalen in fast allen Ländern ihre bisherige Stellung ein; besondere Einbrüche mußten sie in Norwegen, Schweden und Großbritannien hinnehmen, wo sie auch in den 30er Jahren weiter an Boden verloren.

Die wichtigsten Ausnahmen hinsichtlich dieser Kontinuität stellten Länder dar, in denen faschistische bzw. kommunistische Parteien die Macht übernahmen. In einer Reihe von Ländern waren die nach dem Ersten Weltkrieg neu etablierten demokratischen Parteiensysteme nicht in der Lage, die sozialen, ökonomischen und politischen Krisen ihrer Zeit zu bewältigen; dies begünstigte das Aufkommen faschistischer und autoritärer Regime. In Ungarn, Italien, Polen, Portugal, Spanien und Jugoslawien wurde die Demokratie schon in den 20er Jahren wieder abgeschafft; das Deutsche Reich, Österreich und die restlichen Staaten Osteuropas mit Ausnahme der Tschechoslowakei folgten in den 30er Jahren. Soziale Konflikte erklärte man für illegitim bzw. nicht existent und erzwang stattdessen mit Gewalt die «Integration» der verschiedenen gesellschaftlichen Interessengruppen in eine nationale oder völkische Gemeinschaft. Nach dem Zweiten Weltkrieg ersetzten dann in den osteuropäischen Staaten die kommunistischen Regierungen die sich gerade neu konstituierenden pluralistischen Parteiensysteme durch das Monopol der auf dem Marxismus-Leninismus begründeten kommunistischen Parteien. In Bulgarien, der DDR, der Tschechoslowakei und in Polen existierten zwar einige Bauern- und Mittelstandsparteien weiter, eine wirkliche eigenständige Interessenvertretung durften sie allerdings nicht ausüben, vielmehr mußten sie die Hegemonie der kommunistischen Parteien anerkennen.

In den Staaten, in denen wieder Demokratien errichtet wurden – in Italien, der BRD und Österreich –, waren im allgemeinen die früheren Parteien der Rechten diskreditiert. Stattdessen gründete man christdemokratische Volksparteien, die den größten Teil der nicht-sozialistischen Wählerschaft integrierten. Dagegen bewahrten die Parteien der Linken grundsätzlich ihre Kontinuität. Eine Ausnahme bildete die Kommunistische Partei Deutschlands (KPD) in der BRD, die in den 50er Jahren verboten wurde und als neugegründete DKP nicht nur nicht an die Wahlerfolge der Weimarer Republik anknüpfen konnte, sondern bedeutungslos wurde. Die Sozialdemokratische Partei Deutschlands übernahm die Interessenvertretung des größten Teils des linken Wählerspektrums. In Italien waren es dagegen die Kommunisten, die sich zur größten Linkspartei entwickelten und die Sozialdemokraten deutlich in den Schatten stellten; ihr Stimmenanteil lag durchweg doppelt so hoch wie der der Sozialdemokraten. In Frankreich war das Kontinuitätsproblem noch komplexer. Die stark personenbezogene Gaullistische Partei führte in der Vierten und Fünften Republik zu einer national-konservativen Sammlungsbewegung im französischen Parteiensystem, die schließlich fast die gesamte Rechte in sich vereinigte.

Die relative Kontinuität des Wählerverhaltens und der Parteienstrukturen stand allerdings im Gegensatz zur Diskontinuität der politischen Kultur. In der Zwischenkriegszeit war sie durch erbitterte ideologische Auseinandersetzungen, harte Konfrontation und Polarisierung der politischen Kräfte gekennzeichnet. Überspitzt formuliert könnte man sagen, daß sich zwei politische Strömungen gegenüberstanden: eine konservative, die das demokratische System letztlich ablehnte und eine autoritäre Regierungsform und hierarchische Gesellschaftsordnung beibehalten bzw. wiederherstellen wollte, und eine revolutionäre, die die bürgerliche Demokratie ebenfalls umwälzen, allerdings eine sozialistische Gesellschaft – teilweise über die Diktatur des Proletariats – errichten wollte.

Die russische Revolution, die revolutionären Ansätze in anderen Staaten sowie die Errichtung der Komintern erzeugten bei bürgerlichen und bäuerlichen Schichten eine Aversion und auch Furcht gegenüber Kräften, die offensichtlich unter dem Banner des Sozialismus die Macht ergreifen wollten. Wahl- und Regierungsbündnisse gegen die Arbeiterbewegung wurden dadurch gefördert. Die Arbeiterparteien selbst waren über der Frage zerstritten, ob man eine revolutionäre oder reformistische Strategie verfolgen sollte. Sie taten sich schwer, Bewußtsein und Verhalten der jahrzehntelangen antikapitalistischen Opposition abzulegen und die für Koalitionsbildungen notwendige Kompromißbereitschaft zu entwickeln. Die meisten Arbeiterparteien spalteten sich daher in einen sozialdemokratischen und einen kommunistischen Flügel, die sich unversöhnlich gegenüberstanden. Besonders in Frankreich, Finnland, Italien, der Tschechoslowakei und im Deutschen Reich untergrub die Spaltung nicht nur die Solidarität der Arbeiterbewegung, sondern schwächte ihre Einflußmöglichkeiten ganz allgemein. Mit Ausnahme von Schweden, Dänemark und Norwegen, wo die bürgerlichen

Blöcke zerbrachen und die Arbeiterparteien einen klaren reformistischen Kurs steuerten, blieben die Parteien der Arbeiterbewegung in der Zwischenkriegszeit meist ideologisch und politisch isoliert. Unter diesen Umständen trugen die neuen Parteiensysteme nach dem Ersten Weltkrieg zum gesellschaftlichen, insbesondere politischen Konflikt häufiger bei als zum Konsens. Die unstabilen politischen Verhältnisse, d. h. kurzlebige Koalitionen und Minderheitenregierungen, erschwerten die Lösung der großen ökonomischen und sozialen Probleme wie allgemeine wirtschaftliche Instabilität, Inflation, hohe Arbeitslosigkeit, Weltwirtschaftskrise, soziale Ungleichheit oder sozioökonomische Rückständigkeit.

Der Zerfall der politischen Kultur und die unversöhnlichen politischen Auseinandersetzungen bis 1939 sowie die überparteiliche Zusammenarbeit in Exilregierungen und Widerstandsbewegungen während des Krieges schafften nach 1945 eine neue Grundlage für die politische Partizipation in Westeuropa. Der Demokratiegedanke wurde u. a. durch die Einführung des allgemeinen Frauenwahlrechts in Frankreich, Italien und Belgien sowie durch die Abschaffung der Monarchie in Italien nachdrücklich bestätigt. Die Dogmatisierung ideologischer Positionen wurde bei vielen Parteien zugunsten einer pragmatischen Toleranz abgebaut. Die nicht-kommunistischen Arbeiterparteien standen nicht mehr außerhalb des koalitionsfähigen Parteienspektrums, sondern beteiligten sich in fast allen Ländern – eine Ausnahme machte die Bundesrepublik – in den 40er und 50er Jahren an den Regierungen. Ein besonders gutes Beispiel bietet in dieser Hinsicht die zweite österreichische Republik. Die beiden wichtigsten politischen Gruppierungen, die Katholiken und die Sozialisten, hatten sich in der Ersten Republik in bürgerkriegsähnlichen Verhältnissen bekämpft; zwischen 1945 und 1966 stellten sie dann gemeinsam eine Regierung. Ein ähnlicher grundsätzlicher Wandel vollzog sich in Belgien und in den Niederlanden.

Theoretische Positionen und praktische Politiken wurden nach dem Zweiten Weltkrieg entideologisiert und bis zu einem gewissen Grad einander angeglichen. Die großen Parteien verstanden sich als «Volksparteien». Die Unterschiede zwischen ihnen wurden durch die Folgen des anhaltenden Wirtschaftswachstums – Wandel der beruflichen Struktur, steigender Wohlstand, erhöhte soziale Mobilität, Verstädterung, Abbau der Landwirtschaft, Zuzug von ausländischen Arbeitskräften etc. – weiter nivelliert: Die ehemals von Partei zu Partei recht unterschiedlichen, in sich aber sehr homogenen sozioökonomischen und soziokulturellen Wählergruppen lösten sich auf. Dadurch, daß in verschiedenen Ländern das Wahlalter auf 18 Jahre herabgesetzt wurde, nahm das demographische Gewicht von Wählern zu, die ihre politische Sozialisation erst nach 1945 erfahren hatten und deshalb nicht mehr in den extremen parteipolitisch fixierten Kategorien dachten, wie dies in der Zwischenkriegszeit der Fall gewesen war. Gegen Ende der 60er Jahre tauten dann die «eingefrorenen» Parteiensysteme auf. Die Identifikation mit einer Partei wurde schwächer, und die Fluktuation der Wähler nahm zu. So errangen die österreichischen Sozialdemokraten 1971 zum ersten Mal in ihrer Geschichte die absolute Mehrheit der Wählerstimmen, während die norwegischen, dänischen und schwedischen Sozialdemokraten starke Verluste hinnehmen mußten, wodurch sie zum ersten Mal seit Jahrzehnten die Regierungsverantwortung abgeben mußten. Zwischen 1963 und 1972 büßte die Katholische Partei in den Niederlanden, die seit 1918 praktisch alle katholischen Wähler auf sich vereinigen und dadurch einen Stimmenanteil von 30% erreichen konnte, sogar die Hälfte ihres Stimmenanteils ein; 1976 verbündete sie sich mit den zwei protestantischen Parteien des Landes und löste sich 1980 endgültig auf.

Parallel zur Auflockerung des traditionellen Wählerverhaltens entstanden neue Konflikte, die sich aus den gesellschaftlichen und politischen Strukturdefiziten des modernen Industriekapitalismus ergaben. Seit Anfang der 70er Jahre kamen in verschiedenen Ländern Protestbewegungen auf, die einerseits den Materialismus der bürokratisierten Wohlstandsgesellschaft kritisierten, andererseits die Monopolisierung der Interessenartikulation und der Entscheidungskompetenz durch die etablierten Parteien, Großverbände und staatliche Institutionen in Frage stellten. Die aus diesen Bewegungen entstandenen Parteien, deren Wählerschaft sich vor allem aus Mittelschichten mit höherer Bildung und Qualifikation zusammensetzen, verfolgen insbesondere nichtmaterialistische Ziele wie bessere Lebens- und Umweltqualität und mehr politische Partizipation der einzelnen Bürger durch Dezentralisierung der politischen Willensbildungs- und Entscheidungsprozesse. Bis Anfang der 80er Jahre erzielten diese Umwelt- und Protestparteien hauptsächlich bei Regional- und Gemeindewahlen Erfolge; seither konnten sie in Dänemark, Belgien und in der BRD auch Sitze in den nationalen Parlamenten gewinnen.

Von Beginn an räumten die Verfassungen der osteuropäischen Länder nach 1945 allen Staatsbürgern ab dem 18. Lebensjahr volle Partizipationsrechte ein. Wahlen fanden zwar regelmäßig unter hoher Beteiligung statt, da jedoch mit wenigen Ausnahmen in der DDR, Polen und Ungarn nur Mitglieder der kommunistischen Parteien kandidieren durften und auch nur ein Kandidat pro Amt, handelte es sich nicht um demokratische Wahlen im bürgerlichen Sinn. Die Partizipation wurde für die Wähler zum Ritual, das vorhandene Macht- und Herrschaftsverhältnisse nur bestätigte, nicht aber veränderte.

Wirtschaftlicher Bereich

Wie im politischen, so hängt die Partizipation auch im wirtschaftlichen Bereich von der Erweiterung politischer und sozialer Bürgerrechte ab. Darüber hinaus wird sie hauptsächlich von ökonomischen Faktoren – von der Arbeitsmarktlage, dem Stand der Technik, dem spezifischen Wirtschaftszweig, von Konjunkturen und Krisen, Betriebsgrößen, Unternehmenskonzentration und nicht zuletzt vom Organisationsgrad der Arbeiter – beeinflußt.

Denn die Mitbestimmung in der Wirtschaft ist vor allem von den Gewerkschaften gefordert und vorangetrieben worden.

Bereits zu Beginn des 20. Jahrhunderts erreichten die Gewerkschaften eine beachtliche Organisationsstärke. In der Regel waren es Richtungsgewerkschaften, die sich relativ eng an eine politische Partei anlehnten. Ihr rechtlicher Status war nicht eindeutig definiert und damit unsicher. Regelungen wie das Abkommen zwischen dem Arbeitgeberverband und dem Gewerkschaftsbund in Dänemark von 1899 oder die Gesetze über Haftung bei Streiks und politischer Agitation in Großbritannien von 1906 bzw. 1913 blieben die Ausnahme. Dennoch waren Streikbereitschaft und -tätigkeit, um wirtschaftlichen und politischen Forderungen Nachdruck zu verleihen, hoch. Generalstreiks der belgischen Gewerkschaften erzwangen eine Erweiterung des Wahlrechts. 1909 veranstaltete der schwedische Gewerkschaftsbund einen einmonatigen Generalstreik, um Lohnerhöhungen durchzusetzen; der Streik blieb allerdings erfolglos. In den letzten Jahren vor Ausbruch des Ersten Weltkriegs nahmen in ganz Europa die Arbeitskämpfe stark zu.

Im Krieg kam es dann zu einem Kompensationsgeschäft zwischen Gewerkschaften und Staat: Die Gewerkschaften unterstützten die Kriegswirtschaft, der Staat machte rechtliche und wirtschaftliche Zugeständnisse. Ein wirkliches Koalitionsrecht trat an die Stelle einer nur formalen Koalitionsfreiheit. Die Tariffähigkeit einer Gewerkschaft, d. h. das Recht, im Namen der Belegschaft kollektive Abmachungen über die Arbeitsbedingungen abzuschließen, wurde anerkannt. Die rechtliche Einklagbarkeit solcher Verträge wurde – außer in Großbritannien – in den meisten Ländern gesetzlich verankert. Im Deutschen Reich, in Österreich und in der Tschechoslowakei beschloß man die Einrichtung von gewählten Betriebsräten, die die Interessen der Arbeiter in betrieblichen Angelegenheiten vertreten und u. a. auch die korrekte Einhaltung des Kollektivvertrages beaufsichtigen sollten. In Österreich schuf man zudem eine öffentlich-rechtliche Kammer für Arbeiter und Angestellte, die zu Fragen, die das Wirtschafts- und Arbeitsleben betrafen, Stellung nehmen konnte; so sollten Arbeitnehmerinteressen gefördert werden. Viele Länder führten den Acht-Stunden-Tag ein. Die Gewerkschaften als legitime Interessenvertreter der Arbeitnehmer wurden durch die Gründung des Internationalen Arbeitsamtes im Jahre 1919 bestätigt.

Die revolutionäre Stimmung der unmittelbaren Nachkriegszeit war ein weiterer Grund dafür, daß die Gewerkschaften massenhaft Zulauf von neuen Mitgliedern hatten; in einigen Ländern erreichten sie in diesen Jahren den höchsten Mitgliederstand im ganzen Jahrhundert. Eine Streikwelle überrollte Europa, deren Ziele die Nationalisierung der Schwerindustrie, der Eisenbahnen, der Banken und des Bergbaus, höhere Löhne und bessere Arbeitsbedingungen waren. Unter Hinweis auf fallende Gewinne und die schwierigen wirtschaftlichen Verhältnisse reagierten die Arbeitgeber oft mit Normerhöhungen, Lohnkürzungen, Entlassungen und teilweise sogar – wie z. B. in Italien – mit gewalttätigen Einschüchterungsmaßnahmen.

Schon 1920 schlug das politische Klima um. Die Gewerkschaften befanden sich nicht mehr im Aufwind, sondern mußten im Gegenteil schwere Niederlagen hinnehmen. Die Folgen waren weitreichend; in fast allen Ländern gingen die Mitgliederzahlen zurück, gelegentlich um die Hälfte. Die Auseinandersetzungen der verschiedenen Gruppierungen innerhalb der Gewerkschaften sowie die hohe Arbeitslosigkeit schwächte die gewerkschaftliche Position weiter. Der größte Arbeitskampf der 20er Jahre – der britische Generalstreik in Verbindung mit einem Bergarbeiterstreik von 1926 – blieb erfolglos und hinterließ Frustration und Enttäuschung. Im Deutschen Reich versagte zunehmend die Tarifautonomie der Arbeitsmarktparteien; die 1923 während der Inflationskrise eingerichtete staatliche Zwangsschlichtung wurde immer häufiger angewandt. Die meisten französischen, belgischen und niederländischen Arbeitgeber weigerten sich, mit den Gewerkschaften Kollektivverträge abzuschließen. Mit Ausnahme der Tschechoslowakei mußten in den osteuropäischen Ländern die Gewerkschaften gegen staatliche Unterdrückung kämpfen. Dies war auch in Spanien der Fall. In Italien verhängte Mussolini, in Portugal Cormona-Salazar ab Mitte der 20er Jahre ein allgemeines Gewerkschaftsverbot.

In den 30er Jahren lähmte dann die extreme Arbeitslosigkeit die Widerstandskraft der Gewerkschaften gegen Senkung der Löhne und Verschlechterung der Arbeitsbedingungen. Infolge der nationalsozialistischen Machtübernahme 1933 sowie der Errichtung eines autoritären Regimes in Österreich 1934 wurden die bis dahin stärksten Gewerkschaften Europas zerschlagen und verboten. Mit Francos Sieg erfuhren die spanischen Gewerkschaften ein ähnliches Schicksal. In allen drei Ländern wurden – wie zuvor in Italien und Portugal – korporative Scheingewerkschaften mit Zwangsmitgliedschaft aller Arbeitnehmer geschaffen.

Andererseits gelang es den 1935 wiedervereinigten kommunistischen und nichtkommunistischen Gewerkschaften Frankreichs durch massive Streiks und Fabrikbesetzungen und die Vermittlung des gerade gewählten sozialistischen Ministerpräsidenten Blum, 1936 mit dem Arbeitgeberverband das Matignon-Abkommen zu vereinbaren, in dem die Arbeitgeber zum ersten Mal prinzipiell Kollektivverträge zugestanden. Es sah außerdem die Errichtung von gewählten Belegschaftsvertretungen (délégués du personnel) vor, die die Einhaltung von Lohn- und Arbeitsrechtsbestimmungen kontrollieren sollten. Ende 1936 wurde auch in Frankreich die Zwangsschlichtung eingeführt. Diese Erfolge, die den Gewerkschaften starken Zulauf brachten, hielten jedoch nicht lange an. 1938 brach Blums linke Koalitionsregierung auseinander. Ein Generalstreik gegen die nachfolgende Regierung Daladiers mißlang. Im Zusammenhang mit ihrer Politik der nationalen Erneuerung löste die Vichy-Regierung 1940 alle französischen Gewerkschaften auf.

Zu Beginn der 30er Jahre flammten auch in Norwegen und Schweden noch einmal Arbeitskämpfe auf. Durch die anschließenden Wahlerfolge konnten die Arbeiterparteien in beiden Ländern die Regierung bilden. Unter dem Eindruck der Weltwirtschaftskrise und der neuen innenpolitischen Lage mäßigten sowohl die Arbeitgeberverbände als auch die Gewerkschaftsbünde beider Länder ihre bisherige Politik. 1935 bzw. 1939 schlossen sie sozialpartnerschaftliche Grundsatzvereinbarungen ab, die seitdem den allgemeinen Rahmen von Kollektivverhandlungen bilden.

Nach Kriegsende begann eine neue Ära der partizipativen Einflußmöglichkeiten im wirtschaftlichen Bereich. Außer in Spanien und Portugal, wo die Gewerkschaften noch bis Mitte der 70er Jahre verboten blieben, sowie in Großbritannien, Schweden und der Schweiz, wo sie nie aufgelöst wurden, gründete man in allen Ländern neue Gewerkschaften. In Österreich und der BRD ersetzten Einheitsgewerkschaften die verschiedenen Richtungsgewerkschaften der Vorkriegszeit. In Frankreich, Italien, Belgien und den Niederlanden scheiterten dagegen solche Einigungsbemühungen; hier entstanden erneut politisch und konfessionell gebundene Gewerkschaften. Die Aufbruchstimmung der Nachkriegszeit verschaffte ihnen neue Mitglieder und stärkte ihr Selbstbewußtsein. In fast allen westeuropäischen Ländern kam es zu großen Streiks, mit denen die Gewerkschaften einerseits ihre wirtschafts- und gesellschaftspolitischen Vorstellungen beim Wiederaufbau durchzusetzen versuchten, mit denen sie andererseits gegen Versorgungsschwierigkeiten und Ungerechtigkeiten der überkommenen Zwangswirtschaft protestierten sowie Lohnerhöhungen und andere Verbesserungen erreichen wollten.

Im Gegensatz zum Klassenkampf der Zwischenkriegsjahre waren die Arbeitsbeziehungen nach 1945 zunehmend durch sozialpartnerschaftliches Verhalten und kooperative Konfliktregelung gekennzeichnet, wobei dies nicht für alle Länder im gleichen Maß zutraf. Die Ursachen für diese Entwicklung waren unterschiedlich: Auf ideologisch-politischer Ebene bewirkte die endgültige Integration der Arbeiterparteien in das etablierte politische System und die Übernahme des sozialstaatlichen Gedankens durch alle politischen Parteien, daß gesellschaftliche Partizipationsrechte generell stärker als bisher anerkannt wurden. Die zunehmende Unternehmenskonzentration entpersonalisierte das Arbeitsverhältnis und verlangte längerfristige Produktionsplanung; beides förderte die Institutionalisierung der Konfliktregelung und damit rationales und kooperatives Verhalten. Die fast drei Jahrzehnte anhaltende Prosperität schuf einen Ausgleich zwischen der Verhandlungsmacht der Arbeitgeber und der Arbeitnehmer. Der knappe Arbeitsmarkt stärkte die Position der Gewerkschaften, während die wachsende Produktivität und die günstige Konjunktur dazu beitrugen, daß die Arbeitgeber die steigenden Lohnkosten besser verkraften konnten. Schließlich spielte die Veränderung der Beschäftigungsstruktur insofern eine Rolle, als dadurch der Anteil der Angestellten und Beamten stieg, die – wenn überhaupt – nur schwach gewerkschaftlich organisiert waren und keine klassenkämpferische Traditionen besaßen.

Die in Abb. II. 11 wiedergegebenen Kurven des Streikverhaltens verdeutlichen den Kontinuitätsbruch. Es muß darauf geachtet werden, daß die den Kurven zugrundeliegenden Zahlen der verlorenen Arbeitstage die Gesamtzahl der Erwerbstätigen außer acht lassen; die einzelnen Länderkurven sind also nicht ohne weiteres miteinander zu vergleichen. Außerdem wurde ein logarithmischer Maßstab gewählt, was einen ersten vergleichenden Blick erschwert. Tatsächlich liegen die beiden Ländergruppen weit auseinander; der durchschnittliche Arbeitsverlust durch Streiks betrug in der unteren Gruppe nur 5–10% des der oberen Gruppe.

Abb. II.11: Streikentwicklung in verschiedenen Ländern 1920–1982 (verlorene Arbeitstage in 1000 im laufenden Dreijahresdurchschnitt)

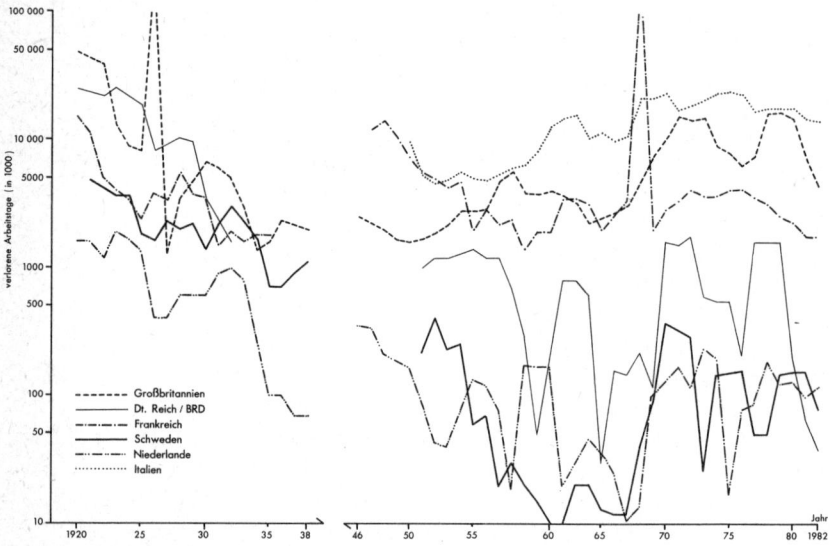

Deutsches Reich/BRD: Unter dem Nationalsozialismus waren Streiks verboten.
Italien: Unter der faschistischen Regierung waren Streiks verboten.
Großbritannien: Generalstreik 1926.
Frankreich: Generalstreik 1936, 1968.

Quellen: Brian R. Mitchell, *European Historical Statistics 1750–1970*, London 1975, S. 173ff.; ILO, *Yearbook of Labour Statistics 1979*, S. 596ff., *1984*, S. 828ff.

Das Streikverhalten entsprach im allgemeinen dem Stand und der Qualität der Mitbestimmung. Gleich in den ersten Nachkriegsjahren wurde in Belgien, den Niederlanden, in Österreich, der BRD, der Schweiz und den skandinavischen Ländern teils durch Gesetze, teils durch Vereinbarungen zwischen den Gewerkschaften und Arbeitgeberverbänden ein relativ breites Netz von Vertretungsinstanzen für die Arbeitnehmer geschaffen, wodurch die Bedeutung des Arbeitskampfes als Mittel zur Durchsetzung spezifischer Forderungen abnahm. Dazu gehörten Betriebsräte, die die Arbeitnehmerinteressen innerhalb der Unternehmen wahren sollten. Die belgischen und skandinavischen Gewerkschaften erreichten, daß gesonderte gewerkschaftliche Betriebsvertretungen eingerichtet wurden. Die Anfang der 50er Jahre verabschiedeten Mitbestimmungsgesetze, die die Entsendung stimmberechtigter Arbeitnehmervertreter in die Aufsichtsräte größerer Kapitalgesellschaften festlegten, blieben bis in die 70er Jahre eine Eigentümlichkeit der BRD. In anderen Ländern tauchten entsprechende Regelungen nur gelegentlich bei staatlichen Unternehmen auf. Allerdings wurden hier die partizipativen Rechte der Arbeitnehmer durch den Aufbau von korporativistisch besetzten Sozial- und Wirtschaftsräten gestärkt. Die zwei bekanntesten Beispiele – die Paritätische Kommission für Lohn- und Preisfragen in Österreich und der Nationale Arbeitsmarktrat in Schweden – entwickelten sich zu gesamtgesellschaftlichen Steuerungssystemen (vgl. Kap. III. D. 5). Der gewerkschaftliche Organisationsgrad war in diesen Ländern im allgemeinen sehr hoch. Mit Ausnahme der BRD, der Niederlande und der Schweiz waren bereits 1950 mehr als die Hälfte aller abhängig Beschäftigten Gewerkschaftsmitglieder; bis 1980 stieg der Anteil auf ungefähr zwei Drittel, in Schweden sogar auf über 90%. In den drei erstgenannten Staaten bewegte sich der Organisationsgrad ständig um ein Drittel.

In Italien und Frankreich waren die Verhältnisse grundsätzlich anders. Nach einer kurzen Phase der Einigung spaltete sich die Gewerkschaftsbewegung. Profilierungskonkurrenz zwischen anderen Gewerkschaften förderte die Streikbereitschaft. Da die jeweils größte Organisation von Kommunisten geführt wurde, beinhaltete der Kampf um Partizipationsrechte in diesen beiden Ländern ein systemüberwindendes Element, das in den anderen Ländern fehlte. Dies bestärkte die traditionell extrem gewerkschaftsfeindlichen patriarchalischen Arbeitgeber in ihrer Haltung. Kollektivverträge kamen hier durch Konfrontation statt Verhandlung zustande. Die seit den späten 40er Jahren gesetzlich vorgeschriebenen Belegschaftsvertretungen in den Betrieben fehlten häufig. Der Aufstand in Frankreich im Mai 1968 und der sog. heiße Herbst 1969 in Italien hatten eine bedeutende Ausweitung der Arbeitnehmerrechte zur Folge. Es entstand ein institutioneller Rahmen für Kollektivverhandlungen, betriebliche Gewerkschaftsvertretungen setzen sich endgültig durch, in Italien wurden gewählte Betriebsräte eingerichtet. Dennoch blieb die Streikhäufigkeit auch nach diesen Änderungen im Vergleich zu anderen Ländern relativ hoch. Da die gesamtgesellschaftliche Vertretung von Arbeitnehmerinteressen letztlich unzulänglich war, wurden Streiks auch weiterhin als Mittel zur Durchsetzung sozial- und wirtschaftspolitischer Forderungen eingesetzt. Unter diesen Umständen konnten sich sozialpartnerschaftliche Arbeitsbeziehungen schwer entwickeln. Selbst der sozialistische Wahlsieg in Frankreich im Jahre 1981 trug wenig dazu bei, die bestehenden Konflikte zu entschärfen.

In Großbritannien findet sich eine weitere Variante der Arbeitnehmerpartizipation, die sich eher konfliktträchtig als sozialpartnerschaftlich gestaltet.

Hier wird die hohe Streikhäufigkeit meistens auf die berufsständische Fragmentierung der Arbeitervertretungen und die extreme Dezentralisierung der Gewerkschaften zurückgeführt. Beides erschwert zweifellos die Formulierung gemeinsamer Forderungen und ihre Durchsetzung in gemeinsamen Verhandlungen. Außerdem nahmen schrumpfende Industriebranchen wie Bergbau, Schwerindustrie oder Schiffbau einen größeren Umfang in der Wirtschaft ein als in anderen Ländern; die sozialen Spannungen des Umstrukturierungsprozesses erhöhten sich dadurch.

Ende der 6oer/Anfang der 7oer Jahre erlebten nicht nur Frankreich und Italien, sondern fast alle Staaten Westeuropas Streikwellen. Es setzte nicht nur eine Diskussion zur Reform der Partizipationsstrukturen ein, in einigen Ländern kam es auch zu konkreten Veränderungen. So baute man in der BRD die Mitwirkungsrechte des Betriebsrates beträchtlich aus. 1976 wurden die Mitbestimmungsgesetze, die bis zur Drittelparität reichten, d. h. den Belegschaftsvertretern ein Drittel der Sitze in den Aufsichtsräten reservierten. In Belgien, Finnland, Frankreich und Großbritannien fanden ähnliche Vorschläge keine ausreichende Unterstützung, um gesetzlich verankert zu werden.

Nach dem Selbstverständnis der realsozialistischen Systeme in Osteuropa war mit der führenden Rolle der Partei der Arbeiterklasse und der Vergesellschaftung der Produktionsmittel gleichzeitig die umfassende Partizipation auch im wirtschaftlichen Bereich verwirklicht. Es gab zwar weiterhin Gewerkschaften, sie hatten aber eine ganz andere Stellung und Funktion als in den kapitalistischen Staaten Westeuropas. Sie waren an Parteiweisungen gebunden und sollten vornehmlich Produktionsinitiativen wie den sozialistischen Wettbewerb fördern. Sie erfaßten alle Werktätigen und unterlagen einem Streikverbot. Der Ende der 6oer Jahre in Ungarn eingeführte «Neue ökonomische Mechanismus» (vgl. Kap. III. D. 6) modifizierte die Rolle der Gewerkschaften, die nunmehr stärker als bisher die Beschäftigteninteressen gegenüber den Unternehmensleitungen vertraten.

In den anderen osteuropäischen Staaten stellten die Gewerkschaften keine wirklichen Partizipationsinstanzen dar. Nach den verfügbaren Daten wurde ihre Tätigkeit von den Arbeitern fast einhellig negativ beurteilt. Anfang der 8oer Jahre versuchte man daher in Polen eine parteiunabhängige Gewerkschaft aufzubauen. Ihr anfänglicher Erfolg verursachte eine Systemkrise, die Ende 1981 in die Verhängung des Belagerungszustandes mündete. Die jugoslawische kommunistische Partei entwickelte schon 1951 das Modell der Arbeiterselbstverwaltung. Von den Belegschaften gewählte Arbeiterräte bestimmten die Betriebsdirektoren und sollten an allen wichtigen Entscheidungen der Betriebsleitungen beteiligt werden. Bis zur endgültigen Aufgabe des zentral gelenkten Plansystems Mitte der 6oer Jahre blieben die Selbstverwaltungsorgane ohne wirklichen Einfluß. 1971 wurden sie weiter ausgebaut; die verschiedenen Beschäftigtengruppen innerhalb eines Betriebes bildeten autonome Einheiten, die in Verhandlungen untereinander die Grundlinien der Unternehmenspolitik bestimmten, deren Ausführung dann von gewählten Leitern überwacht wurde.

Im Laufe des 20. Jahrhunderts institutionalisierte man in allen europäischen Gesellschaften relativ weitreichende Mitwirkungsmöglichkeiten am politischen und ökonomischen Entscheidungsprozeß. Zumindest theoretisch mußte dies die Legitimität der in diesen Prozessen getroffenen Entscheidungen stärken, was den Grad der sozialen Integration und Kontrolle erhöhte, wenn nicht sogar den des sozialen Konflikts milderte. Überschaut man das gesamte 20. Jahrhundert, so war dies auch ohne Zweifel der Fall. Der Verlust des revolutionären Potentials der Arbeiterbewegung ist nur ein Beispiel hierfür. Die erweiterte soziale Legitimation des politischen Systems förderte außerdem den wachsenden Einfluß des Staates auf Wirtschaft und Gesellschaft (vgl. Kap. II. E). Allerdings brachte die institutionalisierte Mitwirkung auch politische und ökonomische Verpflichtungen mit sich. Dadurch, daß die Entscheidungsprozesse ganz wesentlich durch die großen Verbände beeinflußt wurden, kam es im übrigen erneut zu neo-korporativistischen Tendenzen, die der Idee einer pluralistischen Demokratie entgegenwirkten; die Repräsentanz unterschiedlicher Interessen wurde dadurch eingeschränkt und die öffentliche und politische Verantwortung von Entscheidungen begrenzt. Auch der Handlungsspielraum des Staates nahm – nicht nur im sozialen und ökonomischen Bereich – ab. Der im Rahmen gegebener sozioökonomischer Strukturen fest verankerte Einfluß spezifischer Interessengruppen diente dazu, sich einseitig besondere Vorteile zu verschaffen. Dies führte nicht selten zu einer ökonomisch ineffizienten und sozial ungerechten Politik.

D. Sozialisation

Das soziale Verhalten des Menschen orientiert sich maßgeblich an gesellschaftlichen und kulturellen Normen und Werten. Deren Vermittlung und die Einprägung der sich daraus ableitenden sozialen Rollen und Beziehungen wird als Sozialisation bezeichnet. Der Sozialisationsprozeß vollzieht sich durch die ständige Wechselwirkung zwischen dem Individuum und der gesellschaftlichen Umwelt und umfaßt alle Lebensbereiche und -abschnitte. Im allgemeinen unterscheidet man zwischen formellen und informellen Sozialisationsinstanzen, wobei auf die bewußte Wertsteuerung und die Verbindung mit dem politischen Entscheidungsprozeß abgezielt wird. Formelle Instanzen sind Schulen, politische Parteien, das Militär und andere soziopolitische Verbände wie Gewerkschaften. Familie, peer groups bzw. Gruppen von Gleichaltrigen, Arbeitswelt etc. werden zu den informellen Instanzen gerechnet. Kirchen und Massenkommunikationsmittel liegen dazwischen; je nach Zeit und Staat können sie als formelle oder als informelle Sozialisationsagenturen interpretiert werden. Der folgende Abschnitt beschränkt sich auf die vier wohl wichtigsten Werte- und Rollenvermittler in modernen europäischen Gesellschaften. Bei Familie und Kirche handelt es sich um althergebrachte gesellschaftliche Institutionen; Schulen und Massenmedien erlangten dagegen erst im Laufe des 19. Jahrhunderts zentrale Bedeutung. Idealtypisch werden die zwei Bereiche als entgegengesetzte Institutionen und Orientierungsfelder aufgefaßt, obwohl sich dieser Gegensatz in der Praxis kaum aufrechterhalten läßt.

1. Familie und Kirche

Familie
Die Familie stellt zweifellos die wichtigste Sozialisationsinstanz in europäischen Gesellschaften dar. Sie ist die Keimzelle der biologischen und sozialen Reproduktion. Sie verbindet die Generationen sowohl emotional als auch wirtschaftlich. Die Übertragung von Besitz und Status in der Gesellschaft erfolgt vielfach über die Familie. Sie nimmt also eine Schlüsselstellung im gesellschaftlichen Entwicklungsprozeß ein. Daraus erklärt sich die fortwährende Diskussion zur Familie.

In der traditionellen Gesellschaft nahm die Familie zumindest theoretisch viele zentrale gesellschaftliche Funktionen wahr: biologische Reproduktion, Fürsorge, Erziehung und Sozialisation, ökonomische Produktion etc. Die wirtschaftlichen, politischen, kulturellen und demographischen Entwicklungen seit dem 18. Jahrhundert bedingten und ermöglichten einen grundlegenden Wandel der gesellschaftlichen Rolle der Familie. Dieser Wandel wurde meistens als Funktionsverlust aufgefaßt. Die Industrialisierung löste zunehmend den Familienbetrieb auf; damit trennten sich Arbeits- und Wohnstätte. Das wachsende Angebot von Fertigwaren und Dienstleistungen in Verbindung mit steigenden Reallöhnen machte häusliche Eigenproduktion etwa bei Nahrungsmitteln und Bekleidung überflüssig. Nach und nach ging auch die Fürsorgepflicht von der Familie auf die Gesellschaft über. Der Staat übernahm eine zentrale Stellung in der Sozialisation und Ausbildung von Kindern und Jugendlichen. Der bereits beschriebene Wandel im sexualreproduktiven Verhalten und in der Berufstätigkeit der Frau begleitete diesen Funktionsverlust der Familie.

Anstatt diesen Wandel als Verfall der Familie anzusehen, wie dies in der konservativen Kritik an der modernen Gesellschaft häufig geschieht, scheint es angebrachter, ihn als einen Emanzipationsprozeß zu interpretieren. Mit der Funktionsentlastung konnte sich die traditionell herrschaftlich-patriarchalische Familienstruktur zu einer mehr partnerschaftlich-individuellen Gemeinschaftsform entwickeln. Der Durchsetzung des partnerschaftlichen Musters stand jedoch bis in die Zeit nach dem Zweiten Weltkrieg in den meisten Ländern die rechtliche Besserstellung des Ehemanns im Wege. Die weitverbreitete Einführung des Frauenwahlrechts kurz nach dem Ersten

Weltkrieg hatte vorerst keine Umwälzung des patriarchalischen Familien-
rechts zur Folge. Immerhin wurden in den 20er Jahren norwegische und
schwedische Ehefrauen in bezug auf Besitz- und Einkommensverwaltung,
Kindererziehung, Wohnortbestimmung, Anspruch auf Scheidung u. a. ihren
Ehemännern gleichgestellt. Großbritannien schaffte in den 30er Jahren die
noch verbleibende rechtliche Ungleichheit ab. Nach 1945 dominierte jedoch
eine restaurative Familienpolitik, die den «Wiederaufbau der Familie» nach
den kriegsbedingten Belastungen bezweckte. Abgesehen von vielverspre-
chenden Verfassungserklärungen zur Gleichheit der Geschlechter wurden
erst in den 60er und 70er Jahren in mehreren Ländern – darunter auch den
osteuropäischen – wichtige Novellen zum überkommenen Familienrecht
beschlossen. Auch wenn das Leitbild der partnerschaftlichen Familie dadurch nicht umfassend verwirklicht wurde, so zielten die neuen Richtlinien
doch in diese Richtung, indem sie jedem Familienmitglied – Erwachsenen
wie Kindern – zumindest vor dem Gesetz mehr Eigenständigkeit und Eigenverantwortung erteilten. Sie entsprachen damit dem gesamtgesellschaftlichen
Demokratisierungsprozeß dieser Jahre.

Funktionsentlastung muß im übrigen nicht Funktionslosigkeit bedeuten.
Wie bereits erwähnt, bestimmt der Familienhintergrund noch heute entscheidend das soziale Mobilitätsmuster. Wie viele Untersuchungen in verschiedenen Ländern nachweisen, beeinflußt das Familienleben den Bil-
dungsweg und Werdegang.

Dadurch, daß die Familie kleiner und die starren Autoritätsstrukturen
aufgelöst wurden, erhöhte sich ihre Intimität, gewann sie als emotionaler
Rückhalt und Ort persönlicher Entfaltung an Bedeutung. Diese Entwicklung führte jedoch nicht, wie einst in Anlehnung an die soziologischen
Thesen von Talcott Parsons vielfach angenommen und gefürchtet wurde, zu
einer allgemeinen sozialen Isolierung der Kernfamilie. Untersuchungen, die
in den 60er und 70er Jahren in mehreren Ländern durchgeführt wurden,
belegten recht intensive Beziehungen zwischen Verwandten. In einer Mehrheit der Fälle fanden allwöchentliche Kontakte zwischen erwachsenen Kindern und deren Eltern statt, wenigstens monatliche Kontakte zwischen Geschwistern waren weit verbreitet.

Kirche

Zur Verwirklichung eines entpatriarchalisierten Familienmodells bedurfte es
nicht nur Gesetzesänderungen, sondern auch eines Gesinnungswandels.
Von besonderer Bedeutung war in dieser Hinsicht die veränderte Stellung
der Kirche in den europäischen Gesellschaften, denn die christliche Sozial-
lehre vertritt das Dogma der Ehe als unauflösliches Sakrament, deren
Hauptzweck die Kinderzeugung ist; außerdem betonte sie die Autorität des
Mannes und Vaters. Obwohl viele Intellektuelle die Kirche seit der Aufklärung im 18. Jahrhundert kritisierten oder sogar ablehnten, nahm diese am
Anfang des 20. Jahrhunderts noch immer eine zentrale soziale, kulturelle

und politische Stellung ein. Mit wichtigen Ausnahmen wie Frankreich, Italien und ab 1910 Portugal, wo antiklerikale Regierungspolitik die Kirche dem Staat entfremdete, stützte sie die moralische Legitimität der Staatsautorität und der herrschenden Gesellschaftsstruktur. Dafür erhielt das kirchliche Wertsystem einen rechtlich privilegierten Status im Staat. In mehreren Ländern verband sich außerdem Religionszugehörigkeit mit Nationalbewußtsein.

Die politischen und sozioökonomischen Veränderungen und die damit verbundene Infragestellung überkommener Normen und Werte während und nach dem Ersten Weltkrieg erschütterte auch die Stellung der Kirchen in den europäischen Gesellschaften. Mit den demokratischen, republikanischen Revolutionen im Deutschen Reich und in den Nachfolgestaaten der österreichisch-ungarischen Monarchie zerbrach die alte Verbindung von Thron und Altar. Durch den Demokratisierungsprozeß rückten zwangsläufig die sozialen und wirtschaftlichen Probleme und Ansprüche der Wählermassen in den Vordergrund. Die Sonderstellung der Kirchen wurde als unberechtigtes Privileg, das kirchliche Wertsystem als irrelevant und reaktionär angegriffen. Vor allem vertraten die Arbeiterparteien eine dezidiert antiklerikale Haltung und kritisierten die Kirchen als bürgerliches Instrument zur Unterdrückung von Arbeiterinteressen. Die kirchlichen Wortführer standen ihrerseits der veränderten Lage meist hilf- und verständnislos gegenüber und lehnten die gesellschaftspolitischen Fortschritte ab. Außer in Großbritannien und Skandinavien betrachteten sie das demokratische System mit großer Skepsis oder gar Feindseligkeit. Nahezu alle – besonders stark die katholische Obrigkeit – hingen an den traditionellen Denk- und Machtstrukturen, verwarfen Materialismus und Klassenkampf, beharrten auf der Notwendigkeit einer kirchlich-religiösen Erziehung, wiesen Empfängnisverhütung und Ehescheidung als Sünde gegen das heilige Sakrament der Ehe zurück.

Die gesellschaftliche Bedeutung der Kirchen veränderte sich in den europäischen Gesellschaften weder gleichförmig noch gleichzeitig. In der Bevölkerung verloren sie zuerst bei den Städtern, den unteren Schichten, Männern und Jugendlichen die Unterstützung. Von den ländlichen Bevölkerungen, den gehobenen Schichten, Frauen und Alten erhielten sie dagegen stärkeren und längeren Rückhalt. Auf Länderebene lassen sich drei Gruppen unterscheiden:

(1) Länder, in denen die protestantische Kirche dominierte: Großbritannien und Skandinavien;

(2) Länder mit protestantischer Mehrheit und starker katholischer Minderheit: Deutsches Reich/BRD, Niederlande, die Schweiz und Nordirland;

(3) Länder mit einer überwiegend katholischen Bevölkerung: Frankreich, Italien, Spanien, Belgien, Österreich, Portugal und Irland;

(4) die osteuropäischen Länder bilden eine Gruppe für sich, zum Teil weil es dort auch andere Konfessionen gibt, zum Teil wegen des offiziellen Staatsatheismus nach 1945.

In der ersten Ländergruppe versuchte die protestantische Kirche nicht, Staat und Gesellschaft zu beherrschen. Daher vollzog sich die Säkularisierung über die Veränderung der individuellen Einstellung gegenüber Kirche und Glauben und weniger durch offene und politische Konflikte über kirchliche Institutionen. In der zweiten Ländergruppe gab es relativ geschlossene katholische und protestantische Kirchen mit den dazugehörigen Subkulturen und sozialen Netzwerken. Dazu kam seit Ende des 19. Jahrhunderts eine konfessionslose Gruppierung, die sich im Deutschen Reich hauptsächlich aus Anhängern der Sozialdemokratie zusammensetzte. Das Ergebnis war einerseits ein ständiger Streit um Konfessionsfragen, andererseits aber auch eine gesellschaftspolitische Pattsituation, die bewirkte, daß die bestehenden Konflikte nicht offen ausbrachen bzw. heruntergespielt wurden. In der dritten Ländergruppe bestand eine organische Einheit zwischen katholischer Kirche und Gesellschaft. Jeder Angriff auf die institutionelle Stellung der Kirche, auf das religiöse Wertsystem und die bestehende Gesellschaftsordnung rief massive Gegenwehr hervor. Die Spaltung zwischen Klerikalen und Antiklerikalen prägte die Geschichte der Dritten Republik Frankreichs. In Spanien, Portugal und Österreich mündete diese Polarisierung in den 30er Jahren in Bürgerkrieg und klerikalautoritäre bzw. faschistische Regime.

Die Schrecken des Krieges, das materielle und soziale Elend der Nachkriegsjahre, die Fragen von Schuld und Mitverantwortung an Massenverbrechen förderten erneut das Interesse an Religion und Kirche. Theologische Schriftsteller wie Karl Barth und Teilhard de Chardin fanden große Beachtung. Die Kirchen zogen insofern Lehren aus der Vergangenheit, als sie zumindest versuchten, den Wandel zu Volkskirchen zu vollziehen. Die Rolle der Laienorganisationen in der kirchlichen Verwaltung wurde gestärkt. Eine zeitgemäße Umgestaltung der seelsorgerischen Tätigkeit – in Frankreich arbeiteten einige hundert Priester in Fabriken – und der Doktrinen wurde angestrebt. Man führte ökumenische Gespräche, sogar Christen und Marxisten nahmen den Dialog auf. Herausragendes und entscheidendes Ereignis der kirchlichen Modernisierung war die Einberufung des Zweiten Vatikankonzils (1962 – 1965) durch Papst Johannes XXIII.

Doch diese Zeichen der Erneuerung genügten nicht, die durch Urbanisierung und wachsenden Wohlstand beschleunigte Säkularisierung der europäischen Gesellschaften aufzufangen. Der Kirchenbesuch ging fast überall stark zurück. Der Trend in der BRD spiegelte die gesamteuropäische Entwicklung wider: 1953 nahmen 60% der Katholiken und 18% der Protestanten regelmäßig am Gottesdienst teil, 1980 waren es nur noch 37 bzw. 5%. Auch in Italien und Spanien hörten Anfang der 80er Jahre nur noch knapp ein Drittel der Katholiken regelmäßig die Messe. Seit Anfang der 60er Jahre war der Nachwuchs von Priestern und Pfarrern nicht mehr gesichert. Die Zahl der Neuordinationen sank in Frankreich von 1028 im Jahre 1951 auf 501 im Jahre 1968 und weiter auf 99 im Jahre 1977, in den Niederlanden gingen sie von 345 im Jahre 1955 auf 32 im Jahre 1975 zurück.

Austritte aus der Kirche häuften sich. In den Niederlanden – allerdings ein extremes Beispiel – verdoppelte sich zwischen 1949 und 1977 der Anteil der Konfessionslosen an der Gesamtbevölkerung von 16 auf 35%. Gleichzeitig büßten kirchliche Ge- und Verbote zunehmend an Einfluß auf politisches Verhalten und persönliche Lebensführung ein. Am deutlichsten wurde dies bei der Geburtenregelung innerhalb der katholischen Bevölkerung Europas. Obwohl die Kurie sie wiederholt nachdrücklich ablehnte, breiteten sich entsprechende Praktiken doch rasch aus. Die Kirche mußte trotz massivem bischöflichen und päpstlichen Einsatzes Niederlagen in den italienischen Volksbefragungen über Ehescheidung und Abtreibung 1974 bzw. 1981 hinnehmen. Dies waren Anzeichen dafür, daß die Macht der katholischen Kirche selbst in ihren wichtigsten historischen Kernländern schwächer wurde.

Dieser Trend bedeutet jedoch nicht, daß die Kirche oder gar die Religion ihre soziale Bedeutung verloren hätte. Die Mehrheit der Europäer – auch der Osteuropäer – hält nach wie vor an kirchlichen Riten – vor allem der Taufe – fest. Zur Wohlfahrts- und Krankenpflege tragen die Kirchen auch heute noch Wesentliches bei. Konfessionelle Erziehung ist in einigen Ländern weiterhin die Regel. Der Aufruhr 1983/84 über eine geplante Statusveränderung der katholischen Schulen in Frankreich ist ein Beispiel für die weiterbestehende Brisanz der konfessionellen Schulfrage. Polen und Irland zeigen unter ganz unterschiedlichen Bedingungen, welche Bedeutung die Kirche weiterhin in Staat und Gesellschaft besitzt. In beiden Fällen ist die Religion aus historischen Gründen ein wichtiger Teil der nationalen Identität. In Polen spielt die Kirche außerdem, wie dies in geringerem Ausmaß auch in den anderen kommunistischen Staaten der Fall ist, die Rolle einer geistigen Opposition gegen die herrschende Staatsideologie.

2. Schule und Öffentlichkeit

Schule

Die Schule als Bildungsstätte zur Vermittlung elementarer Grundkenntnisse und als Institution der Sozialisation breiter Bevölkerungsschichten wurde schon seit dem 16. Jahrhundert von der protestantischen Kirche gefördert; sie diente jedoch vornehmlich religiösen Zwecken. Im 18. Jahrhundert wandelte der absolutistische Staat dieses Erziehungsziel in das einer allgemeinen, stark säkularisierten Volksschulbildung um: Der Staat und nicht die Kirche sollte die Oberaufsicht über das Schulwesen übernehmen; der Schulunterricht sollte politischen Interessen – etwa Loyalität gegenüber dem Herrscherhaus – und wirtschaftlichen Erfordernissen – Lesen und Schreiben, aber auch Erziehung zu Fleiß und Tüchtigkeit – dienen. Die Bildungsideen der Aufklärung und des Liberalismus gaben diesen allgemeinen Zielen neue Impulse: Die Schule sollte zur umfassenden Persönlichkeitsentfaltung beitragen; in der schulischen Erziehung erkannte man einen wesentlichen Bestandteil des sozialen Emanzipationsprozesses. Mit der Verbreitung demo-kratischer Prinzipien wie Volkssouveränität, des Nationalstaats und der Par-tizipation am staatlichen Gemeinschaftswesen (z. B. Wahlrecht) kam dem Schulwesen erhöhte Bedeutung als Instrument der Nationenbildung, sozia-len Integration und politischen Bildung zu. Eine demokratische Staatsbür-gerschaft konnte bei weit verbreitetem Analphabetismus nicht entstehen; sie implizierte wenigstens eine allgemeine Grundschulbildung. Auch die wach-senden Ansprüche, die eine fortschreitende Technisierung an die Arbeits-kräfte stellte, förderte den Ausbau des Schulwesens.

Im Laufe des 19. Jahrhunderts führten fast alle europäischen Staaten eine gesetzliche Schulpflicht – meistens vom 6. bis zum 12./14. Lebensjahr – ein. Eine solche Institutionalisierung der staatlichen Autorität im Bildungswesen stellte die traditionelle Rolle der Kirche grundsätzlich in Frage; die daraus resultierenden Konflikte zwischen Kirche und Staat wurden in manchen Ländern erst nach langem, erbittertem Kampf beigelegt. In Preußen, Däne-mark, Schweden und Norwegen – Ländern mit protestantischen Staatskir-chen – wurde die allgemeine Schulpflicht schon vor der Mitte des 19. Jahr-hunderts verwirklicht. In den 1860er und 1870er Jahren folgten Spanien, Rumänien, Ungarn, Österreich, Schottland, die Schweiz, Italien und Eng-land-Wales mit entsprechender Gesetzgebung, wobei allerdings in einigen Ländern die praktische Durchführung der Gesetze deutlich später erfolgte. 1882 führte die französische Republik die allgemeine Schulpflicht ein und errichtete ein System säkularisierter staatlicher Volksschulen; trotzdem be-suchten mehr als ein Viertel der Schüler weiterhin private, katholische Volksschulen. In den 90er Jahren wurden dann auch in Irland und Finnland Gesetze zur allgemeinen Schulpflicht erlassen. Belgien und die Niederlande nahmen einen gesonderten Weg. Dort entwickelten sich aufgrund der ver-fassungsmäßig garantierten Erziehungsfreiheit getrennte konfessionelle Schulsysteme: ein öffentliches weltliches, ein «freies» katholisches und in den Niederlanden außerdem ein calvinistisches. In beiden Ländern entzün-dete sich ein langjähriger Streit über Fragen der Finanzierung und Gleich-stellung, der erst 1914 bzw. 1920 geschlichtet wurde. Infolge dieser Ausein-andersetzungen konnte ein Gesetz zur allgemeinen Schulpflicht in den Nie-derlanden und Belgien erst relativ spät – 1900 bzw. 1914 – verabschiedet werden.

Durch den Ausbau des Schulwesens genossen immer mehr Menschen eine elementare Bildung. 1910 besuchten zwei Drittel bis drei Viertel der Alters-gruppe von 5 bis 14 Jahren in den Ländern Nord- und Westeuropas die Grundschule. Die Analphabetismusrate unter Erwachsenen sank bis dahin auf unter 10%; im Deutschen Reich und in den skandinavischen Staaten gab es praktisch keine Analphabeten mehr. Ganz anders sah es jedoch in Süd-und Osteuropa aus. In Portugal, Spanien, Griechenland, Rumänien und Bulgarien konnten vor dem Ersten Weltkrieg fast zwei Drittel der Erwach-senen weder lesen noch schreiben. Außer unter Tschechen, Deutschen und

Ungarn war der Analphabetismus im Habsburger Reich ähnlich stark verbreitet. Wie bei fast allen sozioökonomischen Phänomenen verzeichnete auch das Niveau der Lese- und Schreibkundigkeit in Italien starke regionale Unterschiede. Nur 13% der Personen über sechs Jahren konnten in den Provinzen Piemont, Ligurien und Lombardei 1911 weder lesen noch schreiben, in Apulien dagegen 59% und in Kalabrien sogar 70%.

Im Prinzip war die allgemeine Schulpflicht demokratisch und egalitär, in der Praxis galt dies zunächst nur für die eigentliche Grundschule. In allen Ländern spaltete sie sich nach wenigen Jahren in zwei getrennte Schulzweige. Der weitaus größte Teil der Schüler blieb in weiterführenden Primarschulen mit praktischer Ausbildung und schied bereits mit 12/14 Jahren ins Arbeitsleben aus. Ein ganz kleiner Teil wechselte zu Sekundarschulen über, an denen eine anspruchsvolle Allgemeinbildung mit Betonung der klassischen Sprachen erworben wurde. Obwohl diese Schulen meistens auch vom Staat verwaltet wurden, waren sie doch nicht gebührenfrei. Der Schüler machte erst mit 18 oder 19 Jahren seinen Abschluß und war ohne eigentliche Berufsausbildung. Ein solcher Schulabschluß war jedoch Voraussetzung für viele Stellen im Staats- bzw. Kirchendienst sowie für das Hochschulstudium.

Mit diesem restriktiven, hierarchischen Aufbau festigte das verstaatlichte Schulsystem bestehende sozioökonomische Ungleichheiten und vertiefte die Kluft zwischen den sozialen Schichten. Die niedrige Quote der Sekundarschüler in der Altersgruppe von zehn bis 19 Jahren verdeutlicht deren Exklusivität: 1910 betrug sie nur in Dänemark, Schweden, Norwegen und im Deutschen Reich mehr als 3%. Die Quote der Hochschulstudenten in der Altersgruppe von 20 – 24 Jahren war noch kleiner: 1910 lag sie in keinem Land über 2 und in den meisten um 1%. Das soziale Umfeld, aus dem die Sekundarschüler und die Studenten stammten, war entsprechend eng; Arbeiterkinder kamen selten vor. Die Rekrutierung war außerdem stark geschlechtsdiskriminierend. 1910 betrug der Anteil der Mädchen unter den Sekundarschülern nur in Großbritannien und Finnland über 40%; in Dänemark, Norwegen, Irland und im Deutschen Reich lag er um 33%, in Belgien, Österreich, Italien und Schweden unter 10%. Unter den Hochschulstudenten machten Frauen in allen Ländern meist weniger als 10% aus.

Die Demokratisierungswelle im politischen Leben nach 1918 erfaßte auch das Bildungswesen. Viele Reformgruppen, darunter insbesondere die Arbeiterparteien, verlangten ein neues Erziehungssystem, das auf der Idee der Gleichheit der Bildungschancen aufbauen sollte. Die Durchsetzung eines solchen Gleichheitsprinzips implizierte vor allem die Abschaffung des dualistischen Schulsystems, d. h. die Vereinheitlichung der Sekundarstufe und deren institutionelle Verknüpfung mit der Primarstufe. Solche weitreichenden Pläne provozierten in fast allen Ländern sehr früh parteipolitischen, ideologischen und finanziellen Streit. Im Gegensatz etwa zum Problem der Arbeitslosigkeit konnten schulpolitische Probleme im übrigen relativ leicht verschoben werden. Großbritannien verabschiedete zwar 1918, 1926 und

1936 Reformgesetze, die sich jedoch aus Geldmangel nicht vollständig realisieren ließen. In Frankreich und im Deutschen Reich begründeten Gegner einer Umstrukturierung des Schulwesens ihre Ablehnung u. a. damit, daß mit dem Gymnasium ein zentraler Kulturträger verschwinde und damit die nationale Kultur an sich gefährdet sei. In den Niederlanden und Belgien hatte ein solcher Strukturwandel angesichts des fragilen Ausgleichs zwischen kirchlichem und staatlichem Schulwesen von vornherein keine Chance. Dagegen hatten Norwegen, Dänemark und Schweden schon vor 1918 den Schuldualismus weitgehend beseitigt. In den Zwischenkriegsjahren festigten die sozialdemokratischen Regierungen diese Integration: Nach der Volksschule kam eine mehrjährige allgemeine Mittelschule und dann erst die höhere Sekundarschule, etwa das Gymnasium.

Trotz der Stagnation der schulpolitischen Entwicklung verdoppelte sich zwischen 1920 und 1940 die Quote der Sekundarschüler in mehreren Ländern (vgl. Abb. II. 12). Insgesamt blieb sie aber nach wie vor sehr klein und betrug am Vorabend des Zweiten Weltkriegs nur in Dänemark, den Niederlanden und Großbritannien mehr als 8%. Allerdings besuchten mehr Mädchen die Sekundarschule als bisher; Mitte der 30er Jahre waren in allen west-

Abb. II. 12: Entwicklung der Schülerzahlen in Sekundarschulen in verschiedenen Ländern 1900 – 1975 (Anzahl der Schüler in % der Altersgruppe 10 – 19 Jahre)

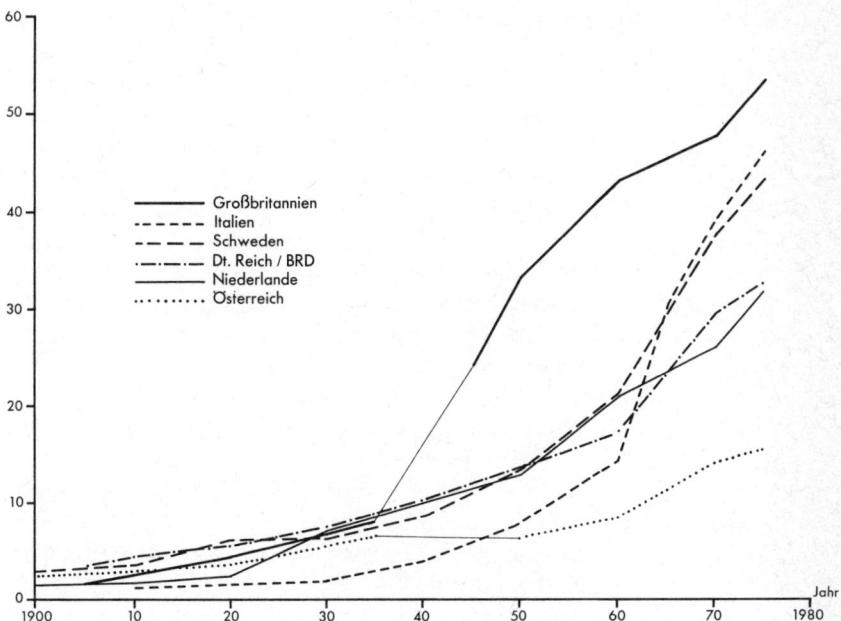

Quelle: Reinhart Schneider, Die Bildungsentwicklung in den westeuropäischen Staaten 1870–1975, in: *Zeitschrift für Soziologie* 11 (1982), S. 223.

und nordeuropäischen Ländern außer in Belgien und der Schweiz mindestens ein Drittel der Sekundarschüler Mädchen. Der Frauenanteil unter Hochschulstudenten stieg ähnlich an, wobei es aber von Land zu Land große Unterschiede gab. Ende der 30er Jahre stellten nur in Frankreich und Finnland Frauen ein Drittel der Hochschüler; in Großbritannien, Irland, Österreich und Schweden machten sie ein Viertel aus, während ihr Anteil sonst weniger als 15% betrug. Das niedrige Niveau im Deutschen Reich war teilweise durch die allgemeine Diskriminierung der Frau unter nationalsozialistischer Herrschaft bedingt.

Nach dem Zweiten Weltkrieg trug die Entwicklung des Wohlfahrtsstaates zur Expansion und Demokratisierung des Bildungswesens bei. Wie die soziale Sicherheit, so sollte auch die Bildung ein Bürgerrecht sein. Jeder sollte sein Bildungspotential voll entwickeln können. Strukturveränderungen auf dem Arbeitsmarkt – die weitere Technisierung vieler Industrieberufe, der Abbau der Landwirtschaft und des selbständigen Gewerbes, der stetige Ausbau des Verwaltungspersonals und des Dienstleistungssektors – förderten zudem den Bedarf nach mehr und besseren Schulen. Das betraf vor allem die Sekundar- und Hochschulbildung. Mit einer ganzen Reihe von Maßnahmen, insbesondere ab 1960, versuchte man diesem gestiegenen Bildungsbedarf nachzukommen. Verschiedene Länder verlängerten die Schulpflicht bis zum 16. Lebensjahr. Neue Schulen, vor allem Berufsfachschulen, wurden gebaut. In fast allen Ländern wurden neue Universitäten gegründet, zum Teil durch die Umwandlung früherer Lehrerbildungsanstalten. Die Schul- und Studiengebühren schaffte man ab oder milderte die durch sie entstehende Belastung durch großzügige staatliche Unterstützungen.

Wiederum wurde die Frage einer Demokratisierung des ganzen Bildungssystems aufgeworfen. Die skandinavischen Länder setzten nach dem Krieg ihre integrierende, egalisierende Schulpolitik konsequent fort. Schweden ersetzte 1962 alle Grund- und Mittelschulen durch Gesamtschulen, in denen alle Schüler die neunjährige Pflichtschulzeit gemeinsam verbrachten. Wenige Jahre danach übernahmen auch Finnland, Norwegen und Dänemark dieses Modell. Andere westeuropäische Länder gingen nicht so weit. In Großbritannien nannte man schon 1944 alle Schüler ab dem 11. Lebensjahr Sekundarschüler; eine eigentliche Gesamtschule, die die unterschiedlichen Schultypen integrierte, wurde aber erst seit 1965 gefördert, konnte jedoch infolge des dezentralisierten Bildungssystems nicht als einziger Schultyp angeordnet werden. In der BRD scheiterte eine grundlegende Umstrukturierung des Sekundarschulwesens im Sinne eines integrierten Gesamtschulkonzepts ebenfalls an der föderativen Kompetenzverteilung in der Bildungspolitik; bis 1980 erlangte die Gesamtschule nur in Bremen, West-Berlin, Hamburg und Hessen den Status einer Regelschule. Anfang der 60er Jahre errichteten Frankreich und Italien vierjährige Mittelschulen, die alle Schüler in der unteren Sekundarstufe integrierten, und bauten dadurch die Schranken beim Übergang zu den höheren Schulen und den Hochschulen ab.

Die kommunistischen Regierungen Osteuropas betrachteten das Schulwesen viel bewußter als Instrument der sozialen und wirtschaftlichen Mobilisierung. Das erste Ziel bestand nach 1945 – außer in der DDR und der Tschechoslowakei – darin, den Analphabetismus, besonders der ländlichen Bevölkerung, endgültig zu beseitigen. Zweitens wurden die Verbindungen zwischen Erziehungssystem und Arbeitsmarkt dadurch gestärkt, daß man vom Ideal einer möglichst breiten Allgemeinbildung abrückte. Nur die DDR und Bulgarien ersetzten allerdings die herkömmliche Struktur vollständig durch einen neuen polytechnischen Schultyp. In Polen, der Tschechoslowakei und Ungarn besuchte Mitte der 70er Jahre aber auch mehr als die Hälfte aller Sekundarschüler technisch orientierte Anstalten, deren Abschluß gleichzeitig zum Hochschulstudium berechtigte.

Als Ergebnis dieser Politik setzte in Europa eine einzigartige Bildungsexplosion ein. Zwischen 1950 und 1975 stieg die Zahl der Schüler stark an; in vielen Ländern verdreifachte sie sich, in einigen fand sogar eine Vervierfachung statt (vgl. Abb. II. 12). Zwischen einem Drittel und der Hälfte der Altersgruppe von 10 bis 19 Jahren besuchte 1975 eine Sekundarschule; nur in Österreich und der Schweiz fielen diese Quoten mit unter 15% deutlich niedriger aus. Noch rascher wuchs die Zahl der Studenten. 1950 waren in Westeuropa durchschnittlich unter 4% der Altersgruppe von 20 bis 24 Jahren an einer Hochschule eingeschrieben, 1960 waren es bereits 7%, 1970 über 14% und 1978 sogar 24%. Nur in der Schweiz, Portugal und Griechenland lag 1978 die Studentenquote etwas unter 20%. Die Spitze hielt Schweden mit 36%. Die Studentenzahlen stiegen in diesen Jahren auch in den osteuropäischen Ländern enorm an, obwohl dort aufgrund der stärkeren staatlichen Lenkung des Zugangs und der Ankoppelung an den Arbeitsmarkt die Quoten etwas niedriger ausfielen. 1978 variierten sie zwischen 10% (DDR) und 18% (Bulgarien und Polen).

Ganz besonders nahmen die Bildungschancen von Frauen zu – ein Zeichen des veränderten sozialen Rollenverständnisses, das sich auch in den steigenden außerhäuslichen Beschäftigungsraten äußerte. Der durchschnittliche Anteil der Studentinnen an allen Hochschülern verdoppelte sich in Westeuropa zwischen 1950 und 1975 von 22 auf 39%. Selbst in den Ländern mit den niedrigsten Frauenanteilen – den Niederlanden, der BRD und der Schweiz – betrug er 1975 über 30%. In den osteuropäischen Ländern war die Hochschulpolitik von Anfang an bewußt darauf angelegt, die Chancengleichheit der Geschlechter zu fördern. Dort betrug der Anteil der Studentinnen schon 1950 durchschnittlich 34%; 1975 lag er bei 48%.

Eine solche Expansion des Bildungssystems kostete natürlich viel Geld. Fast überall verdoppelte sich in den zweieinhalb Jahrzehnten nach 1950 der Anteil der Bildungsausgaben am Bruttosozialprodukt von gut 2 auf mehr als 5%. Die Schule entwickelte sich zu einer der wichtigsten Sozialisationsinstanzen, in der sozioökonomische, politische und kulturelle Normen vermittelt wurden. Für eine zunehmende Anzahl von Berufen erteilte sie die fachliche Qualifikation. Die Förderung fundamentaler wissenschaftlicher Kenntnisse blieb eine wesentliche Funktion des Hochschulwesens. Die Bewältigung dieses Aufgabenbündels war an sich schon schwierig; durch den großen Andrang von Schülern und Studenten entstanden weitere Probleme, die nicht alle gelöst werden konnten. Demographische Veränderungen wie Geburtenrückgang und starke Binnenwanderung erschwerten im übrigen die Bildungsplanung. Überfüllte Klassen, mangelnde Ausstattung, technische Rückständigkeit beruflicher Lehrgänge etc. gaben in praktisch allen Ländern Anlaß zur Kritik. Solche Mißstände verstärkten Auseinandersetzungen über Unterrichtsmethoden und -inhalte. Die Hoffnung, soziale Barrieren durch Bildungspolitik abbauen zu können, erwies sich als ziemlich trügerisch. Kinder aus unteren Schichten blieben in den höheren Schulen in allen Ländern – auch in den meisten osteuropäischen Staaten – deutlich unterrepräsentiert. Dadurch wurde das Ziel eines demokratischen Erziehungswesens, die soziale Mobilität zu erhöhen, nur bedingt erreicht. Die seit der zweiten Hälfte der 70er Jahre zunehmenden Schwierigkeiten der Hochschulabsolventen, einen ihrer Ausbildung angemessenen Arbeitsplatz zu finden, drohte im übrigen die Voraussetzung der Bildungsexpansion, die Aufnahme der erhöhten Zahl von Akademikern durch den Arbeitsmarkt, in Frage zu stellen.

Massenmedien

Die Bildungsexpansion des 20. Jahrhunderts trug sicherlich dazu bei, eine egalitärere, demokratischere Gesellschaft zu schaffen, in der sehr viel mehr Menschen eine gemeinsame Kultur entwickeln und an ihr teilhaben konnten. Das galt auch für die Ausbreitung der Massenkommunikation. In Frankreich bezeichnete man sie sogar als «école parallele». Der Einfluß der modernen Kommunikationsmedien auf Bewußtsein und Verhalten von Menschen ist gar nicht zu überschätzen. Wegen ihrer Bedeutung für die gesellschaftlichen, insbesondere politischen Willensbildungs- und Entscheidungsprozesse gab es von Anfang an einen Kampf um Einfluß und Kontrolle. In einigen Ländern wurden bzw. werden die Medien vom Staat beaufsichtigt, in anderen sogar direkt kontrolliert. Andererseits stand der freie Zugang zu ihnen, die Pressefreiheit, immer im Mittelpunkt der Auseinandersetzung um eine demokratischere Gesellschaft.

Im 20. Jahrhundert wurden die Kommunikationsmittel stark ausgebaut. Dies war einerseits ein Zeichen der Kommerzialisierung des Alltags, andererseits aber auch einer gewissen geistigen Mobilisierung größerer Bevölkerungskreise. Nach dem Ersten Weltkrieg entfiel die in vielen Ländern vorher praktizierte Zeitungszensur; das Pressewesen blühte auf. Neben der Gruppenpresse, die für bestimmte politische, soziale oder religiöse Kreise geschrieben wurde und teilweise sogar literarisches Niveau besaß, entstand eine Massenpresse, die besonders durch Sensationsmeldungen und Bebilderung hohe Auflagen zu erzielen suchte. In der Zwischenkriegszeit war diese

Entwicklung in Großbritannien und Frankreich am weitesten fortgeschritten; Anfang der 30er Jahre gab es in Großbritannien schon fünf Tageszeitungen mit Auflagen über einer Million, davon zwei – «Daily Mail» und «Daily Express» – mit einer über zwei Millionen, in Frankreich immerhin drei. Im Vergleich dazu lag der Verkauf der auflagenstärksten Tageszeitung im Deutschen Reich – der «Berliner Morgenpost» – mit 600000 deutlich darunter. Der Zerfall des demokratischen Parlamentarismus in einigen Ländern unterbrach diese positive Entwicklung des Pressewesens. Die faschistischen und autoritären Regierungen lösten viele Zeitungen auf und führten eine strenge Pressezensur ein.

Nach 1945 wurde in Westeuropa mit einigen Ausnahmen wie Portugal und Spanien die Pressefreiheit wieder eingeführt, und bis Anfang der 60er Jahre stiegen die Auflagen der Zeitungen fast überall. Vor allem entwickelte sich die Massenpresse: Zwei britische Boulevardblätter verkauften täglich über vier Millionen Exemplare, die in der BRD nach ähnlichem Konzept geführte «Bild-Zeitung» immerhin 2,5 Mio. Nicht alle Zeitungen konnten mithalten, denn die Kosten wuchsen, und der Konkurrenzkampf – auch durch Rundfunk und Fernsehen – wurde härter. Der einsetzende Rationalisierungsprozeß verstärkte die Konzentrationstendenzen zusätzlich. Die Zahl der Zeitungen nahm ab, und einige wenige Verleger wie Beaverbrook, Rothermere, Hersant oder Springer erlangten eine dominierende Stellung. Diese Umgestaltung des Pressemarktes ging meistens auf Kosten der vielfältigen Gruppenpresse; aufgrund der relativen Entpolarisierung der innenpolitischen Auseinandersetzungen verlor vor allem die eigentliche Parteipresse zunehmend ihre Abonnenten, und altehrwürdige Institutionen wie der «Vorwärts», die «Arbeiterzeitung» oder «L'Humanité» mußten ums Überleben kämpfen. Infolge dieser Schwierigkeiten stagnierte der Zeitungsmarkt in vielen westlichen Ländern seit Mitte der 60er Jahre; in Großbritannien, Frankreich, Belgien und Italien gingen die Auflagen deutlich zurück. Demgegenüber breitete sich zur gleichen Zeit die Presse in den osteuropäischen Staaten stark aus. Dies war zum einen eine Folge der Alphabetisierung der gesamten Bevölkerung, zum anderen eine Konsequenz der unterschiedlichen Funktionen der Presse als Instrument der Propaganda und der Tatsache, daß die Zeitungen in den osteuropäischen Ländern nicht auf Erfolg oder Mißerfolg auf dem Markt angewiesen waren.

Die vieldiskutierte «Kommunikationsrevolution» beruhte allerdings nicht auf der Verbreitung der Tagespresse, sondern auf neuen Medien wie Film, Rundfunk und Fernsehen. Sie begann mit dem Film; schon vor dem Ersten Weltkrieg wurden die ersten Lichtspieltheater eröffnet, und in den 30er Jahren entstanden in vielen Städten riesige Filmpaläste. Das Kino übernahm eine wichtige Funktion hinsichtlich sozialer Kontakte und Kommunikation. Die jährliche Besucherzahl in Großbritannien betrug zwischen 1934 und 1940 etwa eine Milliarde; im Deutschen Reich besuchte 1933 eine Viertelmilliarde Personen das Kino, 1942 eine ganze.

Daß Filme – wie auch Rundfunk und Fernsehen – besonders intensiv auf die Zuschauer wirken, ist ebenso evident wie schwer zu fassen. Die unmittelbare bildliche Darstellungsweise des Films – ab 1927 mit Ton – ist aber in jedem Fall ein ausgezeichnetes Medium, um den Zuschauer zu informieren, allerdings auch, um ihn zu manipulieren. Die Möglichkeit, Meinung und Verhalten zu prägen, wurde nicht nur von den privatwirtschaftlichen Produzenten, sondern auch von den Politikern schnell erkannt. Das berüchtigtste Beispiel des ideologischen Propagandafilms lieferte zweifellos das NS-Ministerium für Propaganda und Volksaufklärung mit seiner «Deutschen Wochenschau» und seinen diversen Spiel- und Dokumentarfilmen. Während des Krieges und der unmittelbaren Nachkriegszeit setzte man den Film verstärkt zu ideologischen Zwecken ein. Wirkliche Kassenerfolge wurden in der Nachkriegszeit aber wie schon zuvor der unpolitische, unkritische Krimi, das Musical oder der Wildwestfilm. Filme, die sich ernsthaft mit politischen und sozialen Fragen auseinandersetzten, fanden meistens bei den Kritikern größere Anerkennung als beim breiten Publikum. Den Höhepunkt erreichte das Kino gegen Ende der 50er Jahre, danach geriet die Branche in eine Dauerkrise. Die Anzahl der Kinobesucher ging kontinuierlich zurück, viele Kinos mußten schließen. 1980 gab es z. B. in der BRD nur noch halb so viele Kinos wie 1959, dem Jahr der stärksten Verbreitung. Die höchste Besucherzahl wurde 1956 mit 818 Mio. erreicht; 1980 betrug sie nur noch 144 Mio.

Während Presse und Film hauptsächlich privatwirtschaftlich organisiert waren, standen Rundfunk und Fernsehen von Anfang an unter starkem staatlichen Einfluß, wenn nicht direkter Kontrolle. Ab Mitte der 20er Jahre strahlten Rundfunkanstalten regelmäßige Programme aus. Innerhalb eines Jahrzehnts wurde der Rundfunk zu einem Massenmedium, das in manchen Ländern Mitte der 30er Jahre bereits zwei Drittel aller Haushalte erfaßte. Wiederum waren es vor allem die Nationalsozialisten, die den Hörfunk als ideologisches Instrument zur Manipulation der Bevölkerung einsetzten. Die direkte Übertragung von großen politischen Ereignissen oder einmaligen kulturellen oder sportlichen Veranstaltungen trug in den 30er Jahren auch in anderen Ländern zur nationalen Integration bei. Im Zweiten Weltkrieg entstand dann ein regelrechter psychologischer Krieg über die Rundfunkwellen, der nach 1945 zwischen dem kommunistischen und dem kapitalistischen Europa fortgesetzt wurde.

Mit seiner Kombination von Aktualität und Anschaulichkeit wirkt das Fernsehen im Vergleich zu den anderen Medien der Massenkommunikation wohl am unmittelbarsten. Wie Abb. II. 13 verdeutlicht, verbreitete es sich nach dem Zweiten Weltkrieg sehr schnell. Bereits 1970 besaß die Mehrheit der Haushalte in allen europäischen Ländern außer in Jugoslawien, Rumänien, Portugal und Griechenland ein Fernsehgerät. Das Fernsehen hatte weitreichende Auswirkungen auf das individuelle und gesellschaftliche Leben. Da es durchschnittlich zwei Stunden am Tag eingeschaltet war, verän-

derte es die Zeiteinteilung in bezug auf Besuchs-, Essens- und Schlafge-
wohnheiten. Man kritisierte daher die Beeinträchtigung des Familienlebens
und der Geselligkeit und warnte vor gesundheitlichen Schäden – Übermü-
dung, Überreizung, Nachahmungskriminalität etc. – insbesondere bei Kindern. Auch die schlechte Programmqualität wurde angegriffen: Das kulturelle Angebot sei niveaulos, unkritisch und zu sehr auf hohe Einschaltquoten
ausgerichtet. Das Werbefernsehen fördere eine Wohlstandspsychose und
eine noch stärkere Konsumorientierung. Die politische Berichterstattung
erweitere nur bedingt das allgemeine politische Bewußtsein; vor allem sei sie
zu kurz, oberflächlich und inhaltslos ohne tiefergreifenden Analysegehalt.
Das Verhalten der Politiker selbst sei zunehmend auf die Erfordernisse des
Fernsehens abgestimmt, was die Politik zu einem Medienspektakel verküm-
mern lasse.

*Abb. II. 13: Verbreitung des Fernsehens in verschiedenen Ländern 1950 – 1980
(Zahl der Geräte pro 1000 Einwohner)*

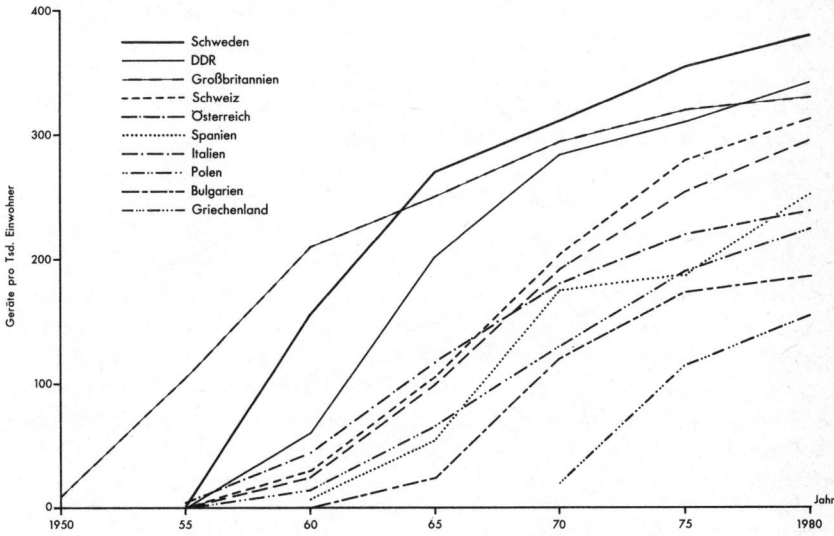

Quellen: A. S. Deaton, The Structure of Demand 1920–1970, in: Carlo M. Cipolla (Hrsg.), *The Fontana
Economic History of Europe*, Bd. 5, Glasgow 1976, S. 125; The World Bank, *World Tables*, 3. Ausgabe,
Band II: *Social Data*, Baltimore 1983, passim.

Trotz dieser teilweise berechtigten Kritik bereicherten sowohl Rundfunk
als auch Fernsehen das soziokulturelle und politische Leben. Die Übertragung von kulturellen Veranstaltungen sprengte ihren herkömmlich engen
Rahmen und verschaffte breiteren Bevölkerungskreisen Zutritt. In ähnlicher
Weise ergänzten Schulfunk und Schulfernsehen das Bildungsangebot nicht

nur für die Schulen selbst, sondern auch für den privaten Zuhörer bzw. Zuschauer. Die Erkenntnis, daß die Massenmedien einen Beitrag zur Demokratisierung der Bildung leisten könnten, führte 1969 zur Gründung einer Fernuniversität in Großbritannien – der «Open University»; einige andere Länder, darunter die BRD, folgten in den 70er Jahren diesem Beispiel. Auch die unmittelbare Präsenz des politischen Geschehens und der Politiker hatte sicherlich nicht nur negative Seiten. Ein großer Teil der Bevölkerung wurde mit mehr und aktuelleren Informationen versorgt und konnte sich besser als bisher eine eigene Meinung bilden. In dieser und anderer Weise leisteten die elektronischen Massenmedien einen grundlegenden Beitrag zur soziokulturellen und politischen Integration der europäischen Gesellschaften.

E. Protektion

Die Existenzsicherung ihrer Mitglieder in Notfällen stellt ein grundlegendes Problem jeder Gesellschaft dar. Bis weit ins 19. Jahrhundert hinein übten nicht-staatliche Institutionen wie Kirchen, Gemeinden oder Familienverbände diese wichtige Protektionsfunktion aus. Staatliche Verantwortung begnügte sich überwiegend mit Armengesetzgebung, die den rechtlichen und organisatorischen Rahmen dieser halb-privaten Versorgung festlegte. Trotz solcher gesetzlichen Regelung war das Fürsorgewesen überall durch administrative Willkür, unzulängliche Unterstützung und soziale Stigmatisierung der Empfänger gekennzeichnet; in allen Ländern brachte der Empfang von Armenunterstützung den Verlust bürgerlicher Rechte mit sich. Ab Mitte des 19. Jahrhunderts untergruben die industrielle und demokratische Revolution die sozialen, wirtschaftlichen und politischen Voraussetzungen dieser traditionellen Fürsorge. Infolgedessen übernahm der Staat selbst in zunehmendem Maße die Verantwortung für die Wohlfahrt seiner Bürger, die dadurch einen rechtlich abgesicherten Anspruch auf Existenzsicherung gewannen. Erst von diesem Zeitpunkt an kann man von einer wirklichen staatlichen Sozialpolitik sprechen.

1. Aufbau der staatlichen Sozialpolitik

Arbeiterversicherung
Traditionsgemäß wird als Anfang moderner Sozialpolitik die Bismarcksche Gesetzgebung der 1880er Jahre betrachtet. Zwischen 1883 und 1889 errichtete das Deutsche Reich den ersten staatlichen Versicherungsschutz gegen Krankheit, Arbeitsunfälle und Alter bzw. Invalidität. Wie aus Tab. II. 2 ersehen werden kann, folgten viele Staaten relativ schnell diesem Beispiel. Bis zur Jahrhundertwende hatten Italien, Dänemark, Belgien und das Habsburger Österreich Gesetze in mindestens zwei der drei Bereiche verabschie-

det; bis zum Ersten Weltkrieg traf das für alle europäischen Staaten außer Bulgarien, Finnland, Griechenland und Spanien zu. Es gab zwar keine einheitliche zeitliche Abfolge bei der Errichtung der drei Versicherungszweige, doch wurde im allgemeinen die Unfallversicherung zuerst eingeführt und erst danach die Kranken- und Altersversicherung. Zentrales Ziel war der Schutz gegen Einkommensverluste im Falle einer Arbeitsunfähigkeit. Da die verschiedenen Versicherungszweige nach dem Kausalitätsprinzip errichtet wurden, entstanden drei je nach der Ursache der Arbeitsunfähigkeit getrennte Systeme mit zum Teil recht unterschiedlichen Verwaltungs- und Unterstützungsprinzipien.

Die schnelle Ausbreitung staatlicher Sozialpolitik in fast allen europäischen Ländern war Ausdruck der allgemeinen Notwendigkeit, wirksamere

Tab. II.2: Erste Statutargesetze der Sozialversicherung und der staatlichen Wohlfahrt

	Unfall	Krankheit freiw. subven.	Pflicht	Alter freiw. subven.	Pflicht	Arbeitslosigkeit freiw. subven.	Pflicht	Familiengeld
Nordeuropa								
Schweden	1901	1891	1953		1913	1934		1947
Dänemark	1898	1892	1933		1891	1907		1952
Finnland	1917		1963		1937	1917		1943
Norwegen	1894		1909		1936	1906	1938	1946
Westeuropa								
DtR/BRD	1884		1883		1889		1927	1954
Großbritannien	1897		1911		1908		1911	1945
Frankreich	1898	1898	1930	1900	1910	1905	1967	1932
Niederlande	1901		1913		1913	1916	1949	1939
Belgien	1903	1894	1944	1900	1924	1920	1944	1930
Österreich	1887		1888		1927		1920	1948
Schweiz	1911	1911			1946	1924	1976	1952
Irland	1897		1911		1908		1911	1944
Osteuropa								
Polen	1921		1920		1927		1924	1947
Jugoslawien	1922		1922		1922		1927	1949
Rumänien	1912		1912		1912			1944
DDR	1884		1883		1889			1975
Tschechoslowakei	1919		1924		1924	1921		1945
Ungarn	1907		1907		1925		1957	1938
Bulgarien	1924		1924		1924		1925	1942
Südeuropa								
Italien	1898	1886	1928	1898	1919		1919	1936
Spanien	1922	1929			1919	1931	1954	1938
Portugal	1913		1919		1919			1942
Griechenland	1914		1926		1922		1945	1958

Quellen: Peter Flora, Jens Alber, Jürgen Kohl, Zur Entwicklung der westeuropäischen Wohlfahrtsstaaten, in: *Politische Vierteljahresschrift* 18 (1977), S. 767; ILO, *Studies and Reports, Series M (Social Insurance), No. 13: International Survey of Social Services 1933*, Geneva 1936; ILO, *Studies and Reports, New Series, No. 42: Unemployment Schemes*, Geneva 1955; Guy Perrin, Reflections on Fifty Years of Social Security, in: *International Labour Review* 99 (1969), S. 249–292.

Mittel gegen die Massenarmut zu ergreifen. Es fand eine gesamteuropäische Diskussion im Rahmen von Studienreisen, internationalen Fachzeitschriften und regelmäßigen Tagungen des schon 1889 gegründeten internationalen Kongresses für Sozialversicherungen statt. Diese Diskussionen behandelten sowohl verwaltungstechnische oder fiskalische Detailfragen als auch die entscheidenden Prinzipien des neuen Versicherungssystems: freiwillige oder Pflichtbeteiligung, Einschränkung auf Industriearbeiter oder Ausdehnung auf andere soziale Gruppen, für oder gegen eine staatliche Kostenbeteiligung. Mit der Beantwortung dieser Fragen wurden zugleich wichtige politische Entscheidungen getroffen, denn es ging dabei ja nicht «nur» um die Linderung von Armut, sondern auch um die Stellung der Arbeiter in der Gesellschaft, um das Verhältnis zwischen Staat und Individium. Den Kern der Diskussion bildete denn auch die unterschiedliche ideologische Begründung der Sozialpolitik entweder in Form einer öffentlichen Volksversicherung oder einer privaten Gruppenversicherung.

Hinter dem ersten Modell stand die Vorstellung, daß es die soziale Verantwortung einer Gemeinschaft sei, für ihre in Not geratenen Mitglieder zu sorgen; den Anspruch auf Unterstützung sollte jeder besitzen, d. h. der Versicherungsschutz sollte ein allgemeines soziales Bürgerrecht sein. Das zweite Modell betont dagegen die Eigenverantwortung jedes einzelnen und das Prinzip der Hilfe zur Selbsthilfe. Da die Gefahr von Armut in den verschiedenen Schichten sehr unterschiedlich war, sollte die Mitgliedschaft in den Versicherungen von der Art der Beschäftigung abhängen, die Unterstützung im Versicherungsfall an die Höhe der gezahlten Beiträge gebunden werden und auf Arbeiter beschränkt bleiben. Die Akzeptanz des ersten Ansatzes wurde deshalb geschmälert, weil dahinter relativ egalitäre Vorstellungen standen und die Errichtung eines solchen Versicherungssystems mit erheblichen Kosten und administrativen Schwierigkeiten verbunden war. Bis 1945 wurde es daher nur bei den Renten und der Sozialfürsorge und auch nur in Dänemark (1891), Großbritannien (1908) und Norwegen (1923) eingeführt.

In der Folgezeit wurde dieser Ansatz weiterentwickelt und weiter differenziert, wobei seine konkrete Ausgestaltung von sehr unterschiedlichen Faktoren abhing: von der parteipolitischen Zusammensetzung der Regierungen, von zentralen oder dezentralen Verwaltungsstrukturen, vom Grad der Selbstverwaltung bzw. Demokratisierung, von der Stärke der Arbeiterbewegung oder von der Stellung und Auffassung anderer sozialer Institutionen wie z. B. der Kirche. Die Liberalen zogen in der Regel ein Versicherungssystem auf der Basis freiwilliger Beteiligung der Betroffenen vor. Der staatliche Finanzierungsbeitrag sollte sich auf eine Subventionierung der Privatfonds beschränken. Somit wurden liberale Prinzipien wie Vertragsfreiheit, Eigenverantwortung, genossenschaftliche Selbsthilfe und auch Haftpflicht der Arbeitgeber bei Unfällen gewahrt, gleichzeitig wurde durch den Staatszuschuß aber die Vorstellung des sozialen Ausgleichs zwischen Besser- und Schlechterverdienenden zumindest ansatzweise verwirklicht. Eine

Pflichtversicherung, in der der Staat und unter Umständen die Arbeitgeber die finanzielle und administrative Verantwortung mit den Versicherten teilten, entsprach dagegen der konservativen, paternalistischen Tradition. Außerdem bot ein solcher Versicherungstyp die Möglichkeit, soziale Wohlfahrt als Herrschaftsinstrument gegen die politischen Ansprüche einer oppositionellen Arbeiterbewegung oder als Köder zur Gewinnung von Loyalität der Arbeiter gegenüber dem autoritären Staat einzusetzen.

Vor dem Ersten Weltkrieg wurde das Pflichtprinzip nur im Deutschen Reich, Österreich, Ungarn, Luxemburg, Norwegen und den Niederlanden auf alle eingeführten Versicherungszweige angewandt. In anderen Ländern bevorzugte man die Subventionierung freiwilliger Systeme, wobei allerdings beide Prinzipien häufig nebeneinander existierten. Die Versicherungen beschränkten sich überwiegend auf industrielle Lohnarbeiter. Nur in Österreich und im Deutschen Reich wurden ab 1906 bzw. 1911 Angestellte durch eigene Organisationen mit anderen Unterstützungsprinzipien in das Pflichtversicherungsnetz einbezogen. Vom Umfang her waren diese Versicherungen vor dem Ersten Weltkrieg noch recht bescheiden. Der Prozentsatz der darin erfaßten Erwerbsbevölkerung übertraf nur in vier Ländern – im Deutschen Reich (45%), Dänemark (26%), Belgien und Großbritannien (jeweils 18%) – die 15%-Marge. Leistungen konnte nur der versicherte Erwerbstätige beanspruchen; außer im Deutschen Reich verfiel der Rentenanspruch mit dem Tod des Versicherten. Außerdem war die Höhe der Leistungen am knappen Existenzminimum bemessen. Die gesamten Sozialversicherungsausgaben machten in keinem europäischen Land vor 1914 mehr als 2% des Bruttoinlandprodukts aus. Von einer merklichen Umverteilungsfunktion konnte also keine Rede sein.

Gegen die vierte Hauptursache des Verdienstausfalls – die Arbeitslosigkeit – führten bis 1914 nur fünf Länder ein staatliches Versicherungssystem ein. Diese Verzögerung hatte mehrere Gründe: An erster Stelle stand die wirtschaftsliberale und auch die paternalistische Überzeugung, daß Arbeitslosigkeit ein Ausdruck arbeitsscheuen Müßiggangs und nicht ökonomischer Zwänge ohne individuelle Schuld sei; nur im letzteren Fall hielt man eine öffentliche Verantwortung für angebracht. An zweiter Stelle wurden finanzielle Gründe gegen eine Arbeitslosenversicherung genannt; wegen der krisenbedingten großen Schwankungen der Arbeitslosenzahlen bereite eine Deckung dieses Risikos sehr komplizierte versicherungstechnische Probleme. Unklar war, wie man die Beiträge angemessen klein halten und dennoch die notwendigen Ressourcen für massenhafte Unterstützungen im Krisenfall sicherstellen konnte.

Die ersten Arbeitslosenkassen wurden in der zweiten Hälfte des 19. Jahrhunderts von den aufkommenden Gewerkschaftsbewegungen organisiert. Ab 1890 wurden sie zunehmend durch kommunale Hilfsprogramme ergänzt. Das bekannteste Unterstützungsprogramm begann 1901 in der belgischen Stadt Gent. Das «Genter Modell», das bald von mehreren Städten in ganz Europa übernommen wurde, bestand aus einer öffentlichen Zulage zu den durch die Gewerkschaftskassen ausgezahlten Arbeitslosengeldern. Das im Deutschen Reich vielerorts praktizierte «Kölner System» war ähnlich strukturiert. Als weitere Hilfsmaßnahmen entstanden um 1900 in einigen Ländern – in Frankreich, Deutschland, Österreich, Großbritannien, Belgien – öffentliche Arbeitsvermittlungsämter. Das System der Subventionierung der freiwilligen gewerkschaftlichen Arbeitslosenversicherungen wurde auf nationaler Ebene zuerst von Frankreich im Jahre 1905 und kurz danach von Norwegen, Dänemark, Belgien und den Niederlanden errichtet. Die Gewerkschaftsbewegungen in Frankreich und Norwegen sahen allerdings in der staatlichen Regelung eine Beeinträchtigung ihrer Unabhängigkeit und lehnten ihre Mitwirkung ab.

1911 forderte der Deutsche Städtetag die Schaffung einer reichseinheitlichen Arbeitslosenversicherung; die Bemühungen scheiterten aber an parteipolitischen Gegensätzen. Im selben Jahr vollzogen ausgerechnet die englischen Liberalen unter der sozialreformerischen Führung von Lloyd George und Churchill eine vollständige sozialpolitische Kehrtwende und verabschiedeten das erste nationale Arbeitslosenschutzgesetz, das die Versicherungspflicht bestimmte. Die Kosten trugen die Versicherten, die Arbeitgeber und der Staat zu gleichen Teilen; jeder Versicherte zahlte eine einheitliche Prämie. Wie bei den anderen Arbeiterversicherungen dieser Jahre überstiegen die Leistungssätze nicht das Niveau des Existenzminimums, und ihre Auszahlung setzte die Einhaltung diverser Kontrollen wie Mindestbeschäftigungsdauer, Mindestanzahl von Versicherungsbeiträgen, Wartezeit bis zum Beginn der Unterstützungszahlungen etc. voraus. Versichert waren außerdem nur Arbeiter von sieben von Arbeitslosigkeit besonders bedrohten Berufsgruppen – etwa 10% der gesamten Erwerbsbevölkerung. Dennoch erweiterte das Gesetz den sozialpolitischen Wirkungskreis des Staates entscheidend.

Soziale Sicherung
Nach dem Ersten Weltkrieg hatten sich die politischen und wirtschaftlichen Rahmenbedingungen der staatlichen Protektionsfunktion grundlegend verändert. Schon vor 1914 spielten die Arbeiterbewegungen eine wichtige Rolle in der staatlichen Sozialpolitik, wenn auch häufig nur als Objekt von Regierungsmaßnahmen. Im Laufe des Krieges, um die Loyalität der Bevölkerung aufrechtzuerhalten und deren Opfer zu rechtfertigen, versprachen dann viele Regierungen, nach Beendigung der Kämpfe umfangreiche Sozialprogramme einzuführen. Mit der Demokratisierung und Parlamentarisierung der politischen Systeme nach 1918 (vgl. Kap. II. D. 2) erlangten die Arbeiterparteien in vielen Ländern starken politischen Einfluß und konnten dadurch ihre sozialpolitischen Forderungen zumindest teilweise durchsetzen. Die Aufnahme von Paragraphen in die Weimarer Verfassung, in denen allgemein ein «umfassendes Versicherungswesen» und speziell die Unterstützung der Arbeits-

losen gefordert wurde, war ein Zeichen der neuen Denkart. Auf einer anderen Ebene drängte das im Rahmen des Völkerbundes gegründete Internationale Arbeitsamt seine Mitgliedstaaten zur Erweiterung des sozialpolitischen Versicherungsschutzes.

Zudem war der Problemdruck stark gestiegen. Millionen von Kriegsopfern – Invaliden, Witwen und Waisen – benötigten und verlangten Hilfe. Millionen von Soldaten wurden demobilisiert und suchten Arbeit; viele fanden sie nicht oder erst nach langer Zeit. Die Grippeepidemie, an der 1918/19 Hunderttausende starben, unterstrich die Notwendigkeit eines Ausbaus der Krankenversicherung. Die Inflation in den folgenden Jahren untergrub die bürgerliche Vorstellung, durch verantwortungsbewußtes privates Sparen die kleinen finanziellen Krisen des Lebens meistern zu können. Sie zeigte aber auch die finanzielle Unzulänglichkeit des freiwilligen Sozialversicherungsprinzips und unterstützte damit das Argument, nur eine Pflichtversicherung mit staatlicher Kostenbeteiligung könne ausreichende Ressourcen mobilisieren, um Unterstützungen in allen Fällen zu gewährleisten.

Die ersten Nachkriegsjahre erlebten eine rege gesetzgeberische Tätigkeit auf dem Gebiet der Sozialpolitik, besonders in den Nachzüglerstaaten Ost- und Südeuropas. In Osteuropa führten Polen, Jugoslawien und Bulgarien Pflichtversicherungen gegen die drei Standardrisiken – Unfall, Krankheit und Alter – ein. Die Tschechoslowakei erweiterte die vom Habsburger Staat übernommenen Unfall- und Krankenversicherungen und fügte 1924 eine Rentenversicherung für alle Arbeiter unter Kostenbeteiligung der Arbeitgeber hinzu. In Südeuropa wandelte Italien seine freiwillige Altersversicherung in eine Pflichtversicherung für Arbeiter und Angestellte bis zu einer bestimmten Einkommensgrenze um. Portugal und Griechenland, die mit dem Aufbau von Unfallversicherungen kurz vor dem Weltkrieg begonnen hatten, errichteten zwischen 1919 und 1926 Pflichtversicherungen gegen Krankheit und Alter. Auch Spanien baute in diesen Jahren ein staatliches Sozialversicherungsnetz auf. In manchen Ländern waren weder der einbezogene Personenkreis noch die erbrachten Leistungen ausreichend, doch allein die Errichtung eines solchen Versicherungsschutzes deutete ein neues Verhältnis zwischen Gesellschaft und Staat an.

In den sozialpolitisch besonders fortschrittlichen Staaten West- und Nordeuropas wandelte sich das System der Arbeiterversicherung allmählich zu einem der allgemeinen Sozialversicherung. Bis 1930 wurde in diesen Ländern die Unfallversicherung auch auf Landarbeiter ausgedehnt; sie entschädigte nicht mehr nur bei Betriebsunfällen, sondern auch bei Berufskrankheiten. In der Krankenversicherung wurde der Kreis der Pflichtversicherten erweitert, und manche Länder – Norwegen, das Deutsche Reich, Frankreich, Italien, die Niederlande – nahmen medizinische Versorgung von Familienangehörigen der Versicherten als Regelleistung in den Versicherungsschutz auf. So wurde 1925 in Großbritannien eine Pflichtversicherung eingeführt und in Frankreich 1928 das bis dahin auf Elsaß-Lothringen beschränkte deutsche Versicherungssystem der Vorkriegszeit auf das ganze Land ausgeweitet. Insgesamt stiegen die Mitgliederzahlen der drei Versicherungszweige zwischen 1910 und 1930 stark an: von durchschnittlich 31% der Erwerbsbevölkerung auf 51% bei der Unfallversicherung, von 15 auf 47% bei der Krankenversicherung und von 8 auf 44% bei der Rentenversicherung. Der Anteil der Sozialversicherungsausgaben am Bruttoinlandsprodukt blieb allerdings noch bescheiden; nur in vier Staaten – in Österreich (4,4%), Dänemark (2,6%), im Deutschen Reich (7,8%) und in Großbritannien (4,6%) – betrug er mehr als 2%. Die neuen Regelungen implizierten aber einen späteren Anstieg.

Staatliche Sozialpolitik beschränkte sich nach 1918 also nicht auf die Errichtung und Konsolidierung der traditionellen Sozialversicherung, sondern griff auf neue Bereiche über. Einer davon war der Wohnungsbau. Schon vor 1914 hatte man in verschiedenen Ländern das Problem des Wohnungselends und der Wohnungsnot untersucht. Der kriegsbedingte Baustopp verschlechterte die Lage auf dem Wohnungsmarkt weiter. Wie dringend das Wohnungsproblem bei Kriegsende war, wird u. a. daran deutlich, daß es explizit in der Weimarer Verfassung erwähnt wurde und es Lloyd George als Wahlkampfthema – «Homes Fit for Heroes» – diente. Durch eine Kombination von Mieterschutz und staatlicher Subventionierung der Baufinanzierungskosten bemühten sich viele Länder, wenn nicht dieses Problem zu lösen, so doch die Not zu lindern. Fast die Hälfte aller neugebauten Wohnungen im Deutschen Reich zwischen 1924 und 1931 wurden mit Zuschüssen aus den Mitteln der 1924 eingeführten Hauszinssteuer gebaut. In Großbritannien errichteten die Stadtgemeinden mit Hilfe staatlicher Gelder über ein Drittel aller während der 20er und 30er Jahre gebauten Wohnhäuser. Frankreich und Schweden führten großangelegte Bauförderungsprogramme durch. Die Wohnungsbaupolitik der bis 1934 von den Sozialdemokraten regierten Stadt Wien erlangte internationale Beachtung.

Eine auf das Bevölkerungswachstum ausgerichtete sozialpolitische Neuerung der Zwischenkriegszeit war das Familien- oder Kindergeld. Es wurde als staatliche Pflichtregelung zuerst in Belgien 1930 eingeführt, nachdem es dort schon in mehreren Industriezweigen auf der Basis privater Abmachungen zwischen Arbeitnehmern und -gebern gezahlt worden war. Frankreich folgte 1932 mit einem ähnlichen Gesetz. In beiden Ländern stand das Familiengeld in Verbindung mit anderen Maßnahmen, die das Bevölkerungswachstum fördern sollten. Da die Arbeitgeber die gesamten Kosten des Familiengeldes tragen mußten, hatte seine Einführung lohnpolitische Nebenwirkungen. Ganz deutlich wurde dies bei dem nach demselben Finanzierungsprinzip 1936 verabschiedeten Familiengeldgesetz in Italien; es wurde kurze Zeit nach einer allgemeinen Herabsetzung der Industrielöhne verabschiedet.

Das schwierigste und umstrittenste sozialpolitische Problem bleibt aber ohne Zweifel die Arbeitslosigkeit. Mit ihrer extremen Höhe prägte sie das

düstere Bild der sozialen Verhältnisse der Zwischenkriegsjahre. Wie Abb.
II. 14 zeigt, schnellte die Arbeitslosigkeit nach Auslaufen des Nachkriegs-
booms in vielen europäischen Ländern auf z. T. weit über 10% der Erwerbstätigen hoch und blieb auf diesem Niveau für den Rest der 20er Jahre. Dabei
ist zu beachten, daß die offiziellen Ziffern das tatsächliche Ausmaß der
Arbeitslosigkeit herunterspielten, da sie nur Gewerkschaftsmitglieder bzw.
bei Arbeitsämtern registrierte Arbeitslose erfaßten. Der Zusammenbruch
der Weltwirtschaft ab 1930 verschlechterte die Lage auf dem Arbeitsmarkt
dramatisch.

Abb. II. 14: Entwicklung der Arbeitslosigkeit in verschiedenen Ländern 1920–
1982 (in % der Erwerbstätigen)

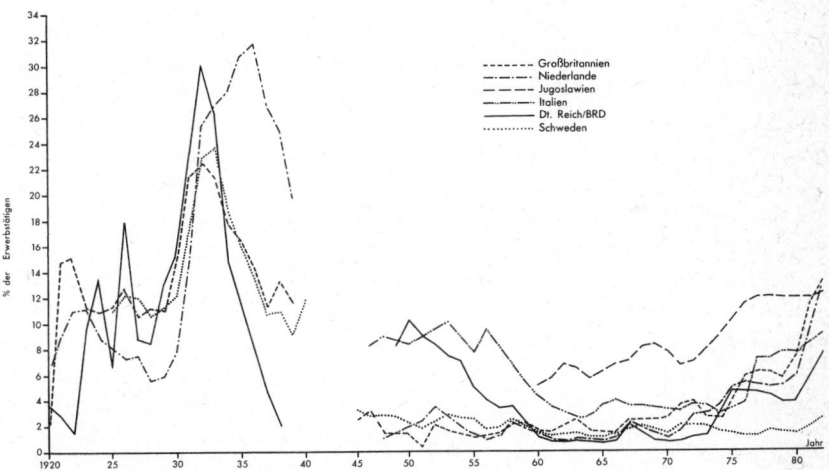

Anm.: Deutsches Reich/BRD: 1920–28 Arbeitslose Gewerkschaftsmitglieder als Prozent aller Mitglie-
der; ab 1929 angemeldete Arbeitslose bei den Arbeitsämtern.
Großbritannien: 1920–22: Arbeitslose Gewerkschaftsmitglieder als Prozent aller Mitglieder; ab 1923
angemeldete Arbeitslose bei den Arbeitsämtern.
Italien: Arbeitslose nach monatlichen Arbeitsmarktstichproben.
Jugoslawien: Angemeldete Arbeitslose bei den Arbeitsämtern.
Niederlande: Angemeldete Arbeitslose bei den Arbeitsämtern.
Schweden: 1925–55: Arbeitslose Gewerkschaftsmitglieder als Prozent aller Mitglieder; ab 1956 ange-
meldete Arbeitslose bei den Versicherungsanstalten.

Quellen: Brian R. Mitchell, *European Historical Statistics 1750–1970*, London 1975, S. 166 ff.; ILO,
Yearbook of Labour Statistics 1979, S. 240 ff.; *1983*, S. 414 ff.

Auf dem Höhepunkt der Krise 1932/33 war ein Viertel aller Erwerbstätigen in Schweden und Großbritannien ohne Arbeit; der Anteil der Arbeitslosen belief sich in den Niederlanden, im Deutschen Reich und in Norwegen
auf über 30%. In Polen waren 40% der Industriearbeiter arbeitslos. Außer
im Deutschen Reich, wo das Aufrüstungsprogramm der nationalsozialisti-

schen Regierung bald zur Vollbeschäftigung führte, ging die Arbeitslosigkeit bis 1940 nur langsam auf das an sich schon hohe Niveau der 20er Jahre zurück. In einigen Ländern wie den Niederlanden und Norwegen blieben dagegen die Arbeitslosenziffern in den 30er Jahren doppelt so hoch wie in den 20er Jahren.

Nicht nur die ungeheure Zahl der Arbeitslosen war ein neues Phänomen, sondern auch die Dauer der Arbeitslosigkeit. Ein bedeutender Teil der Arbeitslosen konzentrierte sich auf wenige Industriezweige – Bergbau, Textilindustrie, Schiffbau, Eisen- und Stahlerzeugung –, in denen sich infolge von Mechanisierung, Rationalisierung und geänderten Weltmarktbedingungen ein Umstrukturierungsprozeß vollzog (vgl. Kap. III. B. 3). Dazu kam, daß diese Industrien regional sehr konzentriert angesiedelt waren und in solchen Gebieten einen wesentlichen Teil der Arbeitsplätze stellten. Arbeitslose hatten daher kaum andere Verdienstmöglichkeiten.

Wie bereits erwähnt, gab es vor 1914 wenige nationale Versicherungssysteme gegen Arbeitslosigkeit, und lediglich das britische war wirklich effektiv. Sein Mitgliederkreis wurde 1920 dahingehend erweitert, daß nunmehr die Mehrheit der Arbeiter und kleineren Angestellten einbezogen war. Trotz einer Empfehlung des Internationalen Arbeitsamtes von 1919 übernahmen nur Italien, Österreich, Polen, Bulgarien, Jugoslawien und zuletzt das Deutsche Reich das Modell einer staatlichen Pflichtversicherung. Streitobjekt war überall die Frage einer Mitfinanzierung der Arbeitgeber, denn ein solcher Beitrag erhöhte nicht nur die Produktionskosten, er implizierte auch das Eingeständnis einer Mit«verschuldung» der Arbeitgeber an der Arbeitslosigkeit. Dennoch führte man die politisch «billigere» Lösung einer Subventionierung der freiwilligen Gewerkschaftskassen nur noch in der Tschechoslowakei, der Schweiz, in Spanien und Schweden neu ein.

Letztlich überforderte die extrem hohe Arbeitslosigkeit in der Zwischenkriegszeit die Schutzmaßnahmen in allen europäischen Ländern. Die niedrigen Leistungssätze – zwischen 25 und 35% des Bruttolohns – und die kurze Dauer der Unterstützungen – zwischen 15 und 26 Wochen – waren nicht geeignet, das Elend einer dauerhaften Massenarbeitslosigkeit wirklich zu mildern. Schon 1922 hatten so viele britische Arbeitslose ihren ordentlichen Unterstützungsanspruch aufgebraucht, daß die Regierung eine besondere Arbeitslosenfürsorge einrichten mußte. Die ursprüngliche versicherungstechnische Kalkulation ließ sich nicht aufrechterhalten; bereits Ende der 20er Jahre mußten Steuergelder zwei Drittel der Kosten decken. Außerdem führte man eine von den Arbeitern gehaßte Bedürftigkeitsprüfung ein. Auch in Deutschland konnten die in der Wirtschaftskrise enorm gestiegenen Ansprüche nicht finanziert werden. Da die Brüningsche Sparpolitik eine Staatshilfe nicht zuließ, mußte man die Leistungen drastisch kürzen. Mitte 1932 erhielt nur noch ein Viertel der deutschen Arbeitslosen Unterstützungen aus dem Versicherungsfonds, der Rest mußte sich mit der äußerst geringen Krisenhilfe oder gemeindlichen Erwerbslosenfürsorge begnügen. Das Trauma der Massenarbeitslosigkeit konnte schwerlich ohne politische Folgen bleiben. Einerseits trug es wesentlich zur Radikalisierung des politischen Klimas bei, andererseits zwang es zur Neuorientierung der staatlichen Protektionsfunktion, woraus sich der Wohlfahrtsstaat entwickelte.

2. Entwicklung des Wohlfahrtsstaates

Kapitalistisches Westeuropa
Der Zweite Weltkrieg mit seinen tiefgreifenden sozialen und gesellschaftlichen Folgen trieb diesen Prozeß der Neubesinnung weiter voran. Das Leitbild einer umfassenden sozialen Sicherheit für alle Bevölkerungsgruppen fand 1941 Eingang in die Atlantic Charta der alliierten Kriegsziele und 1948 in die Menschenrechtserklärung der Vereinten Nationen sowie in verschiedene nationale Verfassungen. Der Grundgedanke war, daß der Begriff der Staatsbürgerschaft nicht nur das Recht auf Teilnahme am politischen Entscheidungsprozeß beinhalten sollte, sondern auch auf Teilhabe am sozialen Wohlstand. Die Sozialpolitik sollte nicht auf ein Netz von Versicherungen beschränkt bleiben, das dem Erwerbstätigen lediglich das schuldlos entgangene Arbeitseinkommen ersetzte; sie sollte nicht nur reaktiven Schutz bieten. Jetzt ging es vielmehr darum, den traditionellen Versicherungsschutz zu einem System präventiver Sicherung auszubauen und so die allgemeine Wohlfahrt aller Bürger zu fördern.

Als erstes Land verwirklichte Großbritannien diese Gedanken. Zwischen 1946 und 1948 wandelte die am Kriegsende gewählte Labour-Regierung die Empfehlungen des 1942 von der britischen Bevölkerung mit Begeisterung begrüßten Beveridge-Plans in Gesetze um, die das Gesundheits-, Renten- und Armenwesen, die Arbeitslosenunterstützung sowie den Unfallschutz neu gestalteten. Außerdem wurde ein nach der Kinderzahl gestaffeltes Familiengeld eingeführt. Leitende Prinzipien dieser Form der Volksversicherung waren Universalität des Mitgliederkreises – im Grunde alle Staatsbürger –, umfassende Deckung der Risiken und Gleichheit der Abgaben und der Unterstützungen. Damit waren eine demokratische Erziehungspolitik, eine progressive Steuerpolitik, wohnungsbaufördernde Maßnahmen und vor allem eine interventionistische Wirtschaftspolitik verbunden, durch die in erster Linie Vollbeschäftigung erreicht und gesichert werden sollte (vgl. Kap. III. D. 5).

Eine solch konsequente staatliche Vorsorge «von der Wiege bis zum Grab» wurde sonst nur in den sozialistischen Staaten Osteuropas – allerdings dort mit einer ganz anderen ideologischen Zielsetzung – aufgebaut. Dem britischen Beispiel kamen die skandinavischen Länder am nächsten. Dort waren Volksversicherungen gegen Alter und Invalidität schon vor dem Zweiten Weltkrieg eingerichtet worden. Gleich nach dem Krieg führte man in allen vier Ländern Kindergeld ein und begann mit einer bewußten Politik der Einkommensumverteilung. Außerdem wurden in Norwegen und Schweden besondere Hypothekenanstalten gegründet, die bald die Mehrzahl der Wohnungsbauten subventionierten. 1953 führte Schweden das Prinzip der Volksversicherung auch im Gesundheitswesen ein, gefolgt von Norwegen (1956), Finnland (1963) und Dänemark (1971). Um diese erweiterten Leistungen finanzieren zu können und um dem sozialen Gleichheitsprinzip Nachdruck zu verleihen, wurde die Progression der Einkommensteuer kräftig erhöht. Den wichtigsten Unterschied im sonst einheitlichen Volksvorsorgemodell gab es bei der Arbeitslosenversicherung. In diesem Bereich blieben die Skandinavier, wohl infolge der Stärke der Gewerkschaftsbewegung, als einzige in Europa beim freiwilligen Prinzip mit staatlicher Subventionierung. Lediglich Norwegen führte 1938 eine staatliche Pflichtversicherung ein.

Obwohl nur noch die Schweiz 1946 und die Niederlande 1956 Volksrenten einrichteten, akzeptierten auch die anderen westeuropäischen Länder den Grundgedanken einer auf soziale Rechte gestützten Staatsbürgerschaft als sozialpolitisches Leitbild. Sozialpolitik war nicht mehr nur Mittel zur Herrschaftslegitimation oder zur Existenzsicherung der Arbeiter, sondern Ausdruck einer erweiterten Wohlfahrtspolitik, mit der ein breiter sozialer Ausgleich angestrebt wurde. Die umfassende Erweiterung der sozialen Sicherung in Frankreich 1946 entstammte z. B. einem Allparteien-Konsens im nationalen Widerstandsrat und sollte die Solidarität und Erneuerung der Gesellschaft fördern. Das Grundgesetz erklärte die BRD zum «sozialen Staat», die erste Bundesregierung das angestrebte Wirtschaftssystem zur «sozialen Marktwirtschaft». Anders als in Großbritannien und Skandinavien wurden jedoch die neuen Leistungen und der erweiterte Personenkreis vielfach auf vorgegebene oder restaurierte Strukturen übertragen. In vielen Fällen blieb trotz Ausdehnung auf Selbständige und Nichterwerbstätige eine berufsständische Fragmentierung Hauptmerkmal des Versicherungssystems. Der Erhalt der Statusdifferenzierung bestimmter sozialer Schichten bzw. Berufsgruppen ließ sich an der weiterbestehenden Eigenständigkeit von Versicherungsfonds erkennen, z. B. dem Nebeneinander von Arbeiter- und Angestelltenversicherungen.

Generell wurde in den 50er und 60er Jahren der Sozialstaat im westlichen Europa stark ausgebaut. 1950 übertraf der durchschnittliche Prozentsatz der in der Unfall-, Kranken-, Renten- und Arbeitslosenversicherung erfaßten Erwerbsbevölkerung nur in Dänemark, Großbritannien, Norwegen und Schweden 70%. 1975 lag er nur noch in Griechenland, Portugal und Spanien unter 70%. Dies deutet auf einen Konvergenzprozeß hin, der allerdings auf unterschiedliche Weise ablief. Am verbreitetsten war 1975 die Rentenversicherung mit Deckungsquoten zwischen 80 und 100% der Erwerbsbevölkerung; nur in Griechenland, Portugal und Spanien lagen sie darunter. Die Krankenversicherung erfaßte fast ebenso viele Menschen. 1978 gründete Italien nach dem britisch-skandinavischen Muster einen zum Teil aus Staatssteuern finanzierten Nationalen Gesundheitsdienst. Am wenigsten verbreitet und am stärksten differenziert war 1975 die Arbeitslosenversicherung. In neun Ländern – darunter Frankreich erst seit dem Gesetz zur Pflichtversicherung von 1967 – erfaßte sie zwei Drittel der Erwerbsbevölkerung, in Dänemark und der Schweiz dagegen unter 40%.

Das starke anhaltende Wirtschaftswachstum während dieser Jahre begünstigte den Ausbau der Sozialleistungen. Rentenzahlungen wurden überall – zuerst in der BRD 1957, zuletzt in Großbritannien 1975 – an die Lebenshaltungskosten gekoppelt. Manche Länder – Frankreich und Österreich 1956, Italien 1965, die BRD 1972 – ergänzten ihre bis dahin nur auf einkommensbezogener Basis berechneten Renten durch Mindestrenten. Schweden, Dänemark, Norwegen und Großbritannien, die seit der Errichtung der Volksversicherungen nur existenzminimumsichernde Einheitsrenten kannten, schufen dagegen Mitte der 6oer Jahre einkommensbezogene Ergänzungsleistungen und nahmen damit Elemente der Statussicherung auf. Der Familienlastenausgleich wurde einerseits durch Erhöhung des Kindergeldes und an die Kinderzahl gekoppelte Steuerermäßigungen ausgebaut, andererseits durch die Einführung zusätzlicher Leistungen wie Schwangerschaftsbeihilfe, Mutterschaftsgeld, Mutterschaftsurlaub, Kinderbetreuungszulage für alleinstehende Mütter, Subventionierung von Kindertagesstätten und Wohngeld gefördert.

Der zunehmende Staatsinterventionismus drückte sich also auch im Ausbau der Sozialleistungen aus (vgl. Kap. III. D. 1). In vielen Ländern übernahm der Staat deren Verwaltung in eigener Regie. An den Kosten beteiligte er sich dagegen nicht in gleicher Weise. Die Finanzlast aller Sozialversicherungen verteilte sich 1950 im westeuropäischen Durchschnitt auf Versicherte (30%), Arbeitgeber (37%) und Staat (29%) zu etwa gleichen Anteilen; bis 1974 änderte sich daran mit 29, 40 und 27% wenig. Beträchtliche Unterschiede in der Lastenverteilung und deren Entwicklung existierten allerdings je nach Versicherungszweig und Land. In Frankreich und Italien trugen die Arbeitgeber sowohl 1950 als auch 1974 mehr als die Hälfte der Versicherungskosten; sie kamen z. B. für das ganze Familiengeld auf. Bis 1974 stieg der Arbeitgeberanteil auch in Norwegen auf 50%, was einen Rückgang des Versichertenanteils von 48 auf 31% ermöglichte. In den Niederlanden ging die Umverteilung in die umgekehrte Richtung: Während Arbeitgeber und Staat ihre Kostenanteile von 46 bzw. 29 auf 34 bzw. 10% reduzierten, mußten die Versicherten statt 20 jetzt 51% der Versicherungsleistungen zahlen. In anderen Ländern stieg der Staatsanteil, wobei er jedoch nur in drei Ländern – Schweden, Irland und Dänemark – mehr als ein Drittel ausmachte; in Dänemark belief er sich 1974 sogar auf 88%.

Kommunistisches Osteuropa

Die Entwicklung des Wohlfahrtsstaats in Osteuropa nach 1945 basierte zwar auch auf dem Gedanken der Solidarhaftung der Gesellschaft und dem Prinzip der Einheitsversicherung, allerdings mit einer grundverschiedenen ideologischen und praktischen Zielsetzung. Es ging nicht darum, die Wohlfahrt der Staatsbürger als Individuen zu fördern, sondern menschliche Bedürfnisse und Interessen «nach dem Maßstab des gesellschaftlichen Gesamtinteresses» zu befriedigen. Die Sozialpolitik mußte sich daher in die Gesamtplanung der sozioökonomischen Entwicklung einfügen und durfte keine Eigendynamik entfalten. Sogar die Begriffe «Sozialpolitik» und «Wohlfahrtsstaat» waren anfänglich als Ausdrücke bürgerlicher Gesellschaftspolitik verpönt. Außer im föderalistischen Jugoslawien wurde die Sozialversicherung als Teil des Staatshaushalts zentral gesteuert, wenngleich in der DDR und der Tschechoslowakei die Gewerkschaftsorganisationen an der Verwaltung beteiligt waren. Der Staat und die Betriebe übernahmen in der Regel die gesamte Finanzierung. Nur in der DDR und in Ungarn zahlten die Versicherten selbst Beiträge, was allerdings nicht bedeutete, daß sie auch die Leistungen beeinflussen konnten. Außer Jugoslawien, Ungarn und Bulgarien schafften alle osteuropäischen Staaten – die DDR erst 1978 – den Versicherungsschutz gegen Arbeitslosigkeit ab, da es Arbeitslosigkeit im Sozialismus offiziell nicht gibt.

Anspruch auf Sozialleistungen hatte grundsätzlich nur derjenige, der sich aktiv am sozialistischen Aufbau der Gesellschaft beteiligte. Nur die Tschechoslowakei schuf 1948 ein von der Erwerbstätigkeit abgekoppeltes Versicherungssystem, das aber wegen Finanzierungsschwierigkeiten 1957 abgeschafft wurde. Die Bindung der sozialen Sicherung an diese Aufbaubeteiligung hatte zur Folge, daß Selbständige und vor allem Bauern außer in der DDR und der Tschechoslowakei mehrere Jahre nicht in den Versicherungsschutz einbezogen wurden. In Ungarn geschah dies erst Anfang der 6oer Jahre, und die polnischen Bauern mußten bis 1972 auf den Zugang zum freien nationalen Gesundheitsdienst warten; bis 1978 blieben sie vom Staatsrentensystem ausgeschlossen.

Die relativ starke Orientierung der sozialen Sicherungssysteme an der Produktion äußerte sich in der stiefmütterlichen Behandlung von Bereichen, die nicht unmittelbar produktionsrelevant waren, etwa der Altersrenten. Die Tschechoslowakei und Ungarn legten zwar ein relativ frühes Alter – 60 Jahre bei Männern, 55 Jahre bei Frauen – für den Rentenanspruch fest, allerdings bewegten sich – wie auch in den anderen osteuropäischen Ländern – die Rentenzahlungen am Rande des Existenzminimums. Bis in die 6oer Jahre betrugen die Altersrenten durchschnittlich kaum mehr als ein Viertel des normalen Bruttolohns. Seitdem wurden die Renten aber beträchtlich angehoben. Ab 1968 konnten Erwerbstätige in der DDR eine freiwillige Zusatzrente ansparen, und viele machten Gebrauch davon. Nirgends fand aber eine volle Dynamisierung der Renten wie in Westeuropa statt. Ungarn kam mit seiner Anordnung von 1972 zur automatischen jährlichen Aufstockung der Renten von 2% dem Modell der dynamischen Rente noch am nächsten. Hier setzte man auch – einmalig in Osteuropa – die normale

Rentenhöhe von 75% des ehemaligen Lohns fest, wobei sich diese Bestimmung allerdings nicht auf ältere Renten bezog. Das niedrige Niveau der Altersversorgung in Osteuropa hatte zur Folge, daß viele Menschen auch im rentenfähigen Alter noch einige Jahre weiter arbeiten mußten.

Seit Ende der 60er Jahre weiteten die osteuropäischen Staaten, z. T. als Reaktion auf den starken Geburtenrückgang in Zusammenhang mit einem zunehmenden Arbeitskräftemangel, ihre familienorientierten Sozialleistungen stark aus. Das Kindergeld wurde in einigen Ländern verdoppelt. Schwangerschaftsgeld und Kinderausstattungsbeihilfe wurden eingeführt. Eine großzügigere Regelung als in Westeuropa fand man vor allem beim bezahlten Mutterschaftsurlaub für berufstätige Frauen; er reicht von 16 Wochen in Polen bis über 26 Wochen in Bulgarien, der DDR und der Tschechoslowakei.

3. Krise des Wohlfahrtsstaates?

Dadurch, daß der Kreis der Unterstützungsberechtigten ausgedehnt und die Leistungen verbessert wurden, stiegen die Ausgaben für Sozialleistungen stark an. Im westeuropäischen Durchschnitt wuchsen sie von 9,4% des Bruttoinlandsprodukts im Jahre 1950 auf 13,4% im Jahre 1965 und weiter auf 22,4% im Jahre 1977. Abb. II. 15 verdeutlicht die nationale Vielfalt, wobei das Wachstumstempo eng mit dem Ausgangsniveau zusammenhängt. Anfang der 50er Jahre überstieg der Anteil der Sozialleistungen am Bruttoinlandsprodukt – die sog. Sozialquote – in Belgien, der BRD (mit 14,8% der höchste Anteil), Frankreich, Großbritannien und Österreich 10%. In diesen Ländern bewegten sich diese Anteilswerte bis Mitte der 60er Jahre wenig; danach stiegen sie an und hatten sich bis Ende der 70er Jahre fast, in Belgien und Frankreich sogar mehr als verdoppelt. Ein ähnliches Wachstum verzeichneten Irland und die Schweiz, während die Sozialquoten in den restlichen westeuropäischen Ländern bis 1977 auf das Dreifache, in den Niederlanden sogar auf das Vierfache kletterten. Mit einer Sozialquote von fast einem Drittel des Bruttoinlandsprodukts war Schweden 1977 der Spitzenreiter (vgl. Kap. III. D. 1).

Eine weitere Ursache des Ausgabenanstiegs bildete die im Kap. I dargestellte Veränderung der Altersstruktur der europäischen Bevölkerung; ein immer größerer Teil war im Rentenalter. Daraus ergab sich eine stärkere Inanspruchnahme der medizinischen Versorgung, die durch Technisierung und Medikamentisierung zu einer Kostenexplosion führte. Der Anteil der Ausgaben für Gesundheit am Bruttosozialprodukt stieg zwischen Mitte der 60er und Mitte der 70er Jahre in fast allen Staaten um das Zweifache. In manchen Ländern – darunter in Italien, den Niederlanden, Irland und Dänemark – überstiegen ab 1970 diese Ausgaben im Sozialbudget die der Renten.

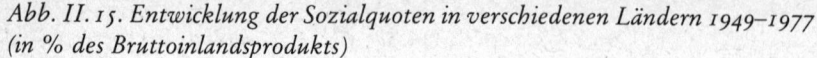

*Abb. II. 15. Entwicklung der Sozialquoten in verschiedenen Ländern 1949–1977
(in % des Bruttoinlandsprodukts)*

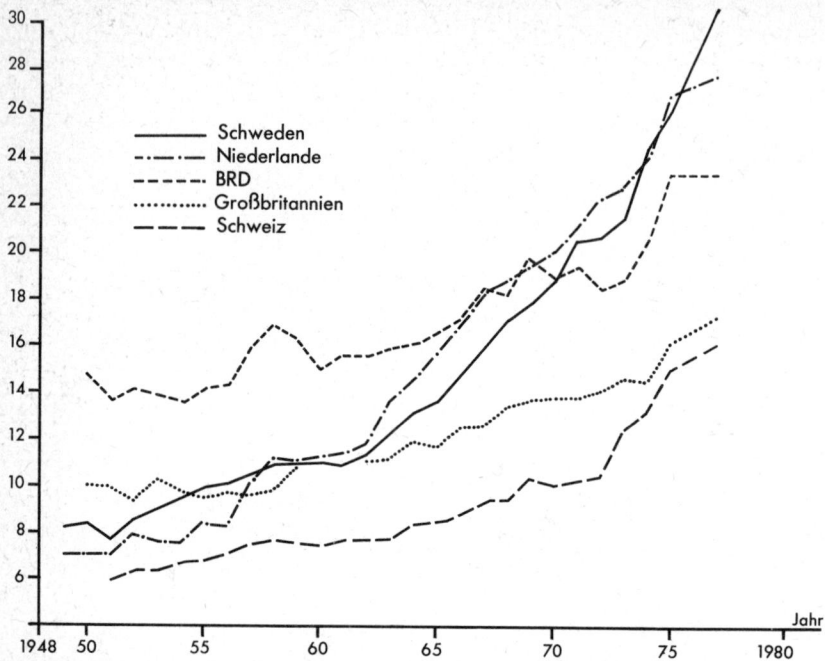

Nach der Definition des Internationalen Arbeitsamtes erfassen die Sozialleistungen die Sozialversicherung, das öffentliche Gesundheitswesen, das Familiengeld, die Sozialhilfe, die Sozialleistung für Beamte sowie die Kriegsopferversorgung.

Quellen: Peter Flora (Hrsg.), *State, Economy, and Society in Western Europe 1815–1975. A Data Handbook,* Bd. I, Frankfurt 1983, S. 453 ff.; Dieter Nohlen (Hrsg.), *Pipers Wörterbuch zur Politik,* Bd. 2: *Westliche Industriegesellschaften,* hrsg. von Manfred G. Schmidt, München 1983, S. 535.

Ab Mitte der 70er Jahre geriet der Wohlfahrtsstaat in eine Krise. Der enorme Kostenanstieg kollidierte mit dem abrupten Ende des langjährigen Wirtschaftswachstums. Kostendämpfungsmaßnahmen, andere Finanzierungstechniken und Leistungsstagnation oder auch -rückgang standen zunehmend im Mittelpunkt der sozialpolitischen Diskussion. Die erneute Massenarbeitslosigkeit in vielen Staaten – teils als Folge des Eintritts der Baby-Boom-Jahrgänge ins Erwerbsleben, teils als Folge konjunktureller und struktureller Probleme – erschwerte die Lage der sozialen Sicherungssysteme zusätzlich.

Unter diesen Umständen kam es zu einer grundsätzlichen Systemkritik am Wohlfahrtsstaat. Auf konservativer Seite behauptete man, daß er zu teuer und zu ineffizient sei, und forderte seinen Abbau; die Sozialleistungen sollten eingeschränkt und die sozialen Dienste privatisiert werden. Man griff generell die Verrechtlichung und Verbürokratisierung der Daseinsvorsorge an, die den Entfaltungsspielraum des einzelnen immer mehr eingeengt und damit die individuelle Leistungsbereitschaft geschwächt habe. Auch von „alternativer" Seite kam Kritik, allerdings mit einer ganz anderen Zielrichtung: Die ausschließliche Konsumorientierung, das vordringliche Streben nach materiellem Wohlstand hätten in den 5oer und 6oer Jahren die nicht-materiellen Bedürfnisse des Menschen völlig vernachlässigt und einen extremen Individualismus ohne Sinn für die Gemeinschaft gefördert.

F. Zusammenfassung

Die sozialen Strukturen und gesellschaftlichen Handlungsbereiche veränderten sich im Laufe dieses Jahrhunderts in allen europäischen Ländern tiefgreifend. Ein erster zentraler Wandel resultierte aus der sektoralen Verschiebung der Beschäftigungsstruktur, d. h. aus der Wanderung der Arbeitskräfte von der Landwirtschaft über die Industrie zu den Dienstleistungen. Diese sog. Tertiärisierung hatte weitreichende direkte und indirekte Folgen für die europäischen Gesellschaften. Zu den wichtigsten gehörte ohne Zweifel das faktische Verschwinden einer unabhängigen Kleinbauernschaft und damit einer der zentralen sozialen Gruppen der traditionellen Gesellschaft, deren Lebensführung und Mentalität sich wesentlich von der der städtisch-industriellen Zivilisation unterschied. Die Tertiärisierung stand aber auch hinter der steigenden Zahl und verbesserten Stellung der weiblichen Arbeitskräfte, wodurch generell der Wandel der Stellung der Frau in der Gesellschaft gefördert wurde. Sie trug außerdem zu den Veränderungen in bezug auf Quantität und Qualität der Arbeit bei, was sich wiederum auf den Wandel der Lebensformen und -stile im Zusammenhang mit dem neuen Verhältnis von Arbeitszeit und Freizeit und wichtigen Sozialisationsinstanzen wie Familie, Kirche und Massenmedien auswirkte. Dadurch, daß sich außerdem die Zusammensetzung und Stärke der wichtigsten sozioökonomischen Gruppen veränderte, beeinflußte die Tertiärisierung auch die Entwicklung der politischen Parteien und Interessengruppen.

Ein zweiter zentraler Wandel vollzog sich bei der Vergesellschaftung des Staates bzw. der Herausbildung des Wohlfahrtsstaates. Grundsätzlich übernahm der Staat im 20. Jahrhundert eine wichtige Rolle beim sozialen Wandel. Dies gilt besonders für Osteuropa nach dem Zweiten Weltkrieg, wo der Staat – als Instrument der kommunistischen Partei und im Hinblick auf das Ziel einer sozialistischen Gesellschaft – praktisch alle Bereiche des sozialen und wirtschaftlichen Lebens kontrollierte und lenkte. In Westeuropa blieben die Ziele zwar diffuser, aber auch hier sollte der Staat dazu beitragen, eine sozialere und gerechtere Gesellschaft zu schaffen. Seinen Niederschlag fand diese veränderte Funktion des Staates im Ausbau eines dichten Netzes sozialer Sicherungen gegen die Folgen von Krankheit, Arbeitslosigkeit, Invalidität, Alter etc. Die egalitären, redistributiven Impulse, die davon ausgingen, wurden durch entsprechende Ausgestaltung der Steuer- und Transferleistungssysteme verstärkt. Auch der Sinn und Zweck des staatlich geförderten Bildungswesens wurde zunehmend dahingehend interpretiert, die soziale Mobilität zu erhöhen und soziale Gleichheit zu schaffen. Der Staat übernahm außerdem die Förderung und Steuerung der Beschäftigung; dies geschah zum einen auf indirektem Weg durch entsprechende Finanzpolitik, zum anderen direkt durch den hohen Anteil der Beschäftigten, der in den öffentlichen Unternehmen arbeitete, denn öffentliche Produktionsmittel spielten selbst in den kapitalistischen Staaten Westeuropas eine immer größere Rolle.

Obwohl beide Wandlungsprozesse bereits im 19. Jahrhundert einsetzten, wirkten sie sich in vollem Umfang erst nach dem Zweiten Weltkrieg aus. Insgesamt erreichten die europäischen Gesellschaften dadurch ein Maß an Wohlstand, Integration und Gleichheit wie nie zuvor in ihrer Geschichte. Trotz dieser positiven Bilanz zeigte aber gerade das letzte Jahrzehnt, daß gesellschaftlicher Fortschritt weder automatisch noch kostenlos erreicht werden kann, daß er weder abgeschlossen noch irreversibel ist.

III. Kontinuität und
Wandel wirtschaftlicher Strukturen

Die systematische Gliederung dieses Kapitels folgt dem Aufbau der Volkswirtschaftlichen Gesamtrechnung, mit der die ökonomischen Transaktionen einer Volkswirtschaft für eine vergangene Periode zahlenmäßig erfaßt werden. In der Regel gliedert sich diese Rechnung nach Entstehung, Verwendung, Verteilung und Finanzierung des Sozialprodukts. In der Entstehungsrechnung wird dargelegt, in welchen Wirtschaftssektoren oder -zweigen das Sozialprodukt erwirtschaftet wurde. In der Verwendungsrechnung wird gezeigt, welche Teile des Sozialprodukts für Konsum und Investition, vom Staat und von Privaten verwendet wurden. In der Verteilungsrechnung geht es um die personelle Verteilung des Sozialprodukts nach Haushalten und Personen und um die funktionelle nach Einkommens- und Vermögensgruppen. Die Finanzierungsrechnung legt die Mittel dar, mit denen private Haushalte, Unternehmen und Staat ihre Käufe finanzierten. Die Volkswirtschaftliche Gesamtrechnung wird meist ergänzt durch eine genaue Darstellung der Produktionsverflechtungen der einzelnen Wirtschaftszweige in Form sog. Input-Output-Tabellen und durch die der wirtschaftlichen Verflechtungen mit dem Ausland in Form der Zahlungsbilanz.

Das folgende Kapitel folgt dieser Gliederung nicht in allen Punkten. In einem ersten Abschnitt soll zunächst ein allgemeiner Überblick über die Entwicklung des Sozialprodukts – über Produktion und Produktionsfaktoren – gegeben werden. Dann folgen wie in der Gesamtrechnung zwei Kapitel zur Entstehung und Verwendung des Sozialprodukts. Die Verteilung wurde bereits in Kap. II behandelt; an dieser Stelle soll daher nur auf die Abschnitte II. B. 2 und 3 verwiesen werden. Auf die außenwirtschaftlichen Beziehungen wird in einem Unterabschnitt in Kap. III. B. 3 eingegangen, der sich mit dem Außenhandel beschäftigt; auf ein eigenes Kapitel wurde daher verzichtet. Schließlich werden in Kap. III. D die Versuche dargestellt, das Sozialprodukt zu steuern. Anders als die vorangegangenen Abschnitte ist dieser nicht systematisch nach Politikbereichen gegliedert, sondern historisch nach Zeitabschnitten.

A. Entwicklung des Sozialprodukts

1. Entwicklung der Produktion

Wachstum des Sozialprodukts

Es ist ausgesprochen schwierig, die langfristige Entwicklung von Volkswirtschaften darzustellen. Zu komplex sind die wirtschaftlichen Zusammenhänge, als daß mit einem oder mehreren Indikatoren der Wachstumsprozeß auch nur annähernd «naturgetreu» abgebildet werden könnte. Daten zu Preisentwicklung, Arbeitslosigkeit, Industrieproduktion, Kapitalakkumulation etc. erfassen zwar wichtige Bereiche einer Wirtschaft, aber eben nur spezifische Ausschnitte. Angesichts dieser Schwierigkeit ist es üblich geworden, die gesamtwirtschaftliche Entwicklung anhand des Sozialprodukts aufzuzeigen. Das Sozialprodukt stellt die Summe aller erzeugten Güter und Dienstleistungen einer Volkswirtschaft während einer bestimmten Periode dar; es mißt somit die Wertschöpfung. Seine Berechnung ist mit zahlreichen Problemen verbunden und sein Aussagewert begrenzt. Dennoch gibt es zur Zeit keine sinnvolle Alternative. Die folgende Darstellung des Sozialprodukts der Volkswirtschaften kann daher nur ein erster Einstieg in das Thema sein.

Abb. III. 1: Entwicklung des Sozialprodukts Westeuropas 1880–1982 (1899/1901 = 100)

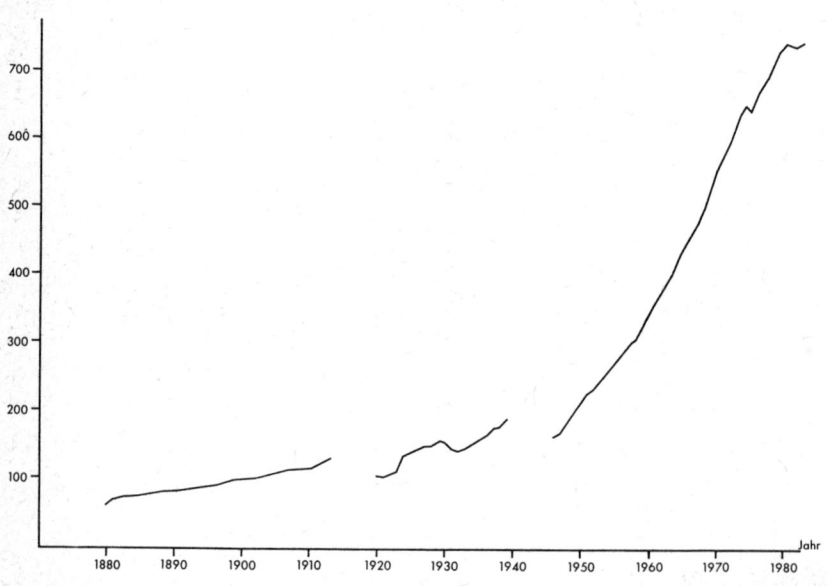

Abb. III. 1 gibt die Summe der Sozialprodukte der westeuropäischen – einschließlich der nord- und südeuropäischen – Länder wieder, wobei der Wert von 1899/1901 gleich 100 gesetzt wurde und die Werte der anderen Jahre dieser Basis preisbereinigt zugeordnet wurden. Die Kurve zeigt folgende charakteristische Phasen:

(1) das relativ gleichmäßige Wachstum bis zum Ersten Weltkrieg;

(2) die ungleichmäßige Entwicklung in der Zwischenkriegszeit, wobei besonders der Einbruch durch den Ersten Weltkrieg und der starke Rückgang in der Weltwirtschaftskrise Anfang der 30er Jahre auffällt;

(3) das enorme Wachstum in den 50er und 60er Jahren nach dem erneuten Einbruch, diesmal durch den Zweiten Weltkrieg;

(4) der verlangsamte Wachstumsprozeß seit Mitte der 70er Jahre.

Für die Kriegs- und unmittelbaren Nachkriegsjahre liegen keine Daten vor. Die Einbeziehung der osteuropäischen Länder würde das Bild nicht wesentlich verändern.

Abb. III.2: Entwicklung des Sozialprodukts Westeuropas 1880–1982
(1899/1901 = 100, log. Maßstab)

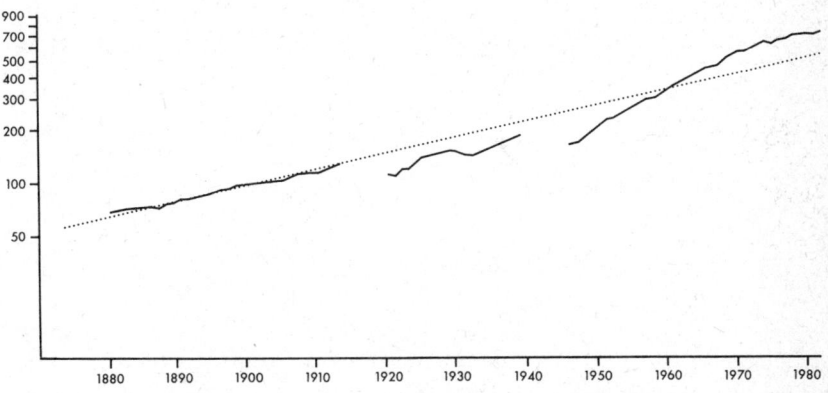

Abb. III. 2 liegen die gleichen Daten zugrunde, allerdings wurde ein logarithmischer Maßstab gewählt, d. h. die Kurve gibt die relativen Veränderungen des Sozialprodukts wieder. Gleiche Abstände auf der Ordinate bedeuten gleiche prozentuale und nicht absolute Veränderungen. Je flacher die Kurve verläuft, umso langsamer wuchs die Wirtschaft, je steiler sie verläuft, umso höher war das Wachstum. Die gepunktete Linie stellt einen möglichen langfristigen Trend dar. Auch in dieser Abbildung lassen sich die verschiedenen Phasen erkennen. Bis zum Ersten Weltkrieg folgte das westeuropäische Sozialprodukt dem Trend, in der Zwischenkriegszeit lag es darunter, in den beiden Jahrzehnten nach dem Zweiten Weltkrieg wuchs es deutlich schneller als der Trend und scheint sich seit den 70er Jahren diesem wieder zu nähern.

Abb. III.3: Veränderungsraten des Sozialprodukts Westeuropas und des Nationalprodukts Osteuropas 1880–1982 (in %)

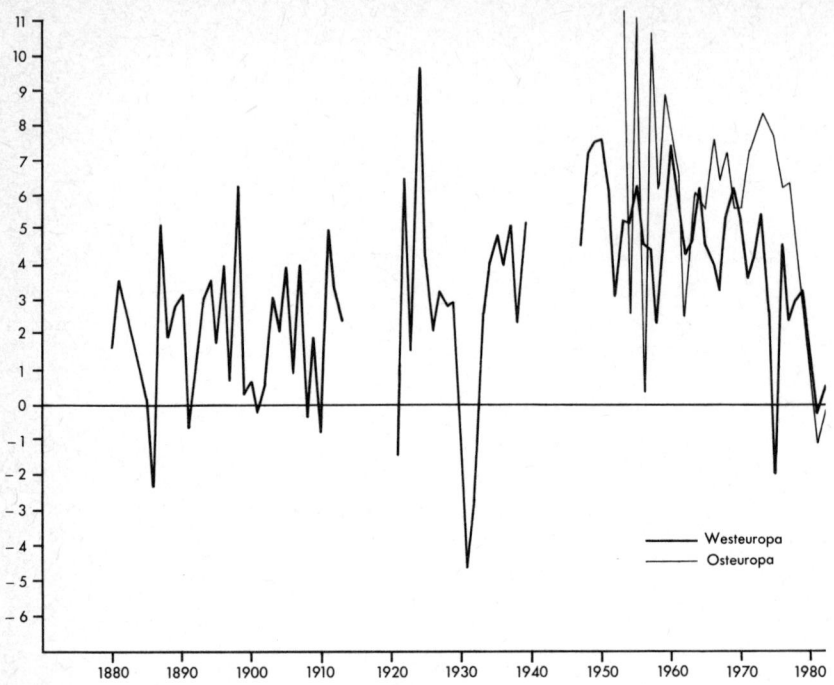

Quellen: Paul Bairoch, Europe's Gross National Product 1800–1975, in: *The Journal of European Economic History* 5 (1976), S. 314; OECD, *National Accounts. Main Aggregates,* Volume I, *1953–1982,* Paris 1984, S. 82; OECD, *Economic Outlook 1982,* Paris 1983, S. 154; United Nations (ECE), *Economic Survey for Europe in 1969,* Part I, New York 1970, S. 5ff.; *1982,* New York 1983, S. 104f.

   Schließlich sind in Abb. III. 3 noch einmal die Veränderungsraten des Sozialprodukts dargestellt. Wiederum fallen die unruhige Entwicklung in der Zwischenkriegszeit und die hohen, aber tendenziell abnehmenden Wachstumsraten in der Zeit nach dem Zweiten Weltkrieg auf.
   Wenn im folgenden genaue Wachstumsraten zur Entwicklung des europäischen Sozialprodukts und der der länderspezifischen Sozial- bzw. Nationalprodukte angegeben werden, die z. T. zwei Stellen hinter dem Komma aufweisen, so handelt es sich dabei um eine Scheingenauigkeit. Es wurden die Daten übernommen, die in einer der wenigen vorhandenen Berechnungen angeboten werden. Trotz ihrer Genauigkeit bleiben es Schätzungen, die nur Annäherungswerte darstellen. Danach sank das europäische Sozialprodukt in diesem Jahrhundert nur wenige Male absolut. Im Ersten Weltkrieg betrug der Rückgang etwa 30%, im Zweiten war er etwas geringer. Auch die Rekonstruktionsperiode war nach dem Zweiten Weltkrieg kürzer; während es nach 1918 fünf bis sechs Jahre dauerte, um das Vorkriegsniveau wieder zu

erreichen, waren es nach 1945 nur vier Jahre. Außer in den Kriegen ging das Sozialprodukt noch 1901, 1908, 1910, 1920/21, 1930/32, 1975 und 1981 absolut zurück.

Die Ursache für die hohe Instabilität und das niedrige Niveau des Wachstumsprozesses in der Zwischenkriegszeit liegt in der Weltwirtschaftskrise 1929/33 begründet. Ergibt sich für die Jahre 1920–1929 eine durchschnittliche Wachstumsrate von 3,9% und für 1929–1938 immerhin noch von 1,1%, so ging – sieht man einmal von den Kriegen ab – 1930/32 das einzige Mal im 20. Jahrhundert das europäische Sozialprodukt in drei Jahren hintereinander zurück: 1930 um 0,54%, 1931 um 3,34% und 1932 um 0,63%. Zu diesem im Vergleich zu den Kriegen relativ geringen Rückgang kam es deshalb, weil sich die Einbrüche in den einzelnen Ländern über mehrere Jahre verteilten und die Daten der bisherigen Abbildungen einen statistischen Durchschnitt wiedergeben. Wenn man eine durchschnittliche Veränderungsrate errechnet, die jeweils nur die schärfsten Rückgänge der einzelnen Länder in den Jahren zwischen 1929 und 1934 berücksichtigt, so ging das europäische Sozialprodukt – ohne die Sowjetunion – in der Weltwirtschaftskrise um 12,3%, das der industrialisierten Länder um 14,5% und das der industrialisierten Länder ohne Großbritannien sogar um 18,2% zurück. Es dauerte bis 1935, d. h. sechs Jahre, bis das Niveau von 1929 wieder erreicht worden war. Grundsätzlich muß festgehalten werden, daß der niedrige Durchschnittswert für das Wirtschaftswachstum von 0,6% in den Jahren zwischen 1913 und 1946 nur durch die Kriege und die Weltwirtschaftskrise zu erklären ist. In den 20er und in der zweiten Hälfte der 30er Jahre betrugen die durchschnittlichen Wachstumsraten etwa 4%. Sie lagen damit zwar nicht so hoch wie nach 1950, jedoch über denen des 19. Jahrhunderts und des ersten Jahrzehnts des 20. Jahrhunderts. Zwischen 1950 und 1973 stieg das europäische Sozialprodukt jährlich real um 4,9%, was über einen so langen Zeitraum seit Beginn der Industrialisierung noch nicht vorgekommen war. Dieser enorme Wachstumsprozeß brach erst Mitte der 70er Jahre ab. In dem Jahrzehnt zwischen 1975 und 1985 gingen die Wachstumsraten deutlich zurück, dennoch lagen sie noch über denen der Zwischenkriegszeit.

In Abb. III. 3 sind ab 1950 auch die Veränderungsraten des Nationalprodukts der osteuropäischen Länder ohne die Sowjetunion und Jugoslawien aufgenommen. Im Vergleich zu Westeuropa verlief die Wirtschaftsentwicklung in den 50er Jahren weniger kontinuierlich, wobei allerdings die Wachstumsraten höher lagen. Über den gesamten Zeitraum nach dem Zweiten Weltkrieg entwickelte sich das osteuropäische Nationalprodukt aber ähnlich wie das westeuropäische Sozialprodukt. Das gilt auch für das langsamere Wirtschaftswachstum seit der zweiten Hälfte der 70er Jahre. Beachtet werden muß aber, daß das westliche Sozialprodukt und das östliche Nationalprodukt nicht ohne weiteres vergleichbar sind. Es gibt wichtige Unterschiede. In den osteuropäischen Staaten wird zwischen den Bereichen der «materiellen Produktion» und der «nichtmateriellen Produktion» unterschieden.

Diese Trennung beeinflußt die Aussagefähigkeit aller gesamtwirtschaftlichen Größen. Das Nationalprodukt entspricht der «Summe der Nettoproduktionswerte» nur im Bereich der materiellen Produktion: Industrie einschließlich Bergbau und produzierendes Handwerk, Bauwirtschaft, Forst- und Landwirtschaft, Handel, Gaststätten und Beherbergungsgewerbe, Verkehr und Fernmeldewesen. Nicht erfaßt wird dagegen ein Großteil der «nicht-produktiven» Leistungen des Dienstleistungssektors, u. a. die Banken- und Versicherungswirtschaft, das Gesundheitswesen, die Staatsverwaltung, Wissenschaft, Bildung und Kunst. Ein Vergleich wird auch durch die staatlich kontrollierten, nach politischen Kriterien festgesetzten Preise und die häufigen Preisreformen erschwert. Dennoch gehen die Vereinten Nationen davon aus, daß das dem Nationalprodukt entsprechende Sozialprodukt in den osteuropäischen Ländern schneller wuchs als in den westeuropäischen.

Obwohl das Wachstum des Sozialprodukts in den europäischen Staaten bis zu einem gewissen Grad synchron verlief, weist doch jedes Land seine eigene Entwicklung auf. Die des europäischen Sozialprodukts, die natürlich sehr stark durch die großen Länder Frankreich, Deutschland, Großbritannien und Italien geprägt wird, kann daher nur als erste Orientierung dienen. Abb. III. 4 gibt sechs länderspezifische Entwicklungen wieder, die nach drei Gruppen geordnet sind. Als Auswahlkriterium diente das Niveau am Anfang des Jahrhunderts, gemessen am Industrialisierungsgrad, am Bruttosozialprodukt pro Kopf und am Anteil der in der Landwirtschaft Beschäftigten an der Gesamtbeschäftigung. Großbritannien und Belgien besaßen als die beiden klassischen Länder der Industrialisierung zusammen mit dem Deutschen Reich am Anfang des 20. Jahrhunderts das höchste Entwicklungsniveau, was sicherlich eine der Ursachen dafür war, daß ihr Sozialprodukt seither vergleichsweise langsam anstieg. Deutschland bildet in dieser Gruppe eine Ausnahme, da es sowohl in den 30er Jahren überdurchschnittliche Wachstumsraten erzielte als auch die beiden deutschen Staaten nach dem Zweiten Weltkrieg eine sehr günstige Entwicklung erlebten.

Die zweite Gruppe bilden Staaten, die am Anfang des Jahrhunderts ebenfalls relativ hoch entwickelt waren, allerdings gegenüber denen der ersten Gruppe einen deutlichen Rückstand hatten. Beispielhaft dafür sind Frankreich und die Tschechoslowakei, deren Entwicklung in den Kurven des Sozialprodukts wiedergegeben ist. Außerdem zählen die Niederlande, Dänemark, Österreich, Italien, Ungarn, Norwegen und Schweden dazu. Sie nehmen eine mittlere Position im Wachstumsprozeß der europäischen Volkswirtschaften ein. In einer dritten Gruppe werden die Länder zusammengefaßt, die um die Jahrhundertwende unterentwickelte Agrarstaaten waren. Hierzu gehören neben Finnland und Portugal, deren Sozialprodukt- entwicklungen abgebildet wurden, Griechenland, Bulgarien, Rumänien und Jugoslawien. Mit gewissen Einschränkungen könnte man auch Spanien zu dieser Gruppe rechnen. Auch Irland gehört grundsätzlich dazu, das keinen

Abb. III.4: Entwicklung des Sozialprodukts verschiedener europäischer Länder
1913 – 1982 (1913 = 100)

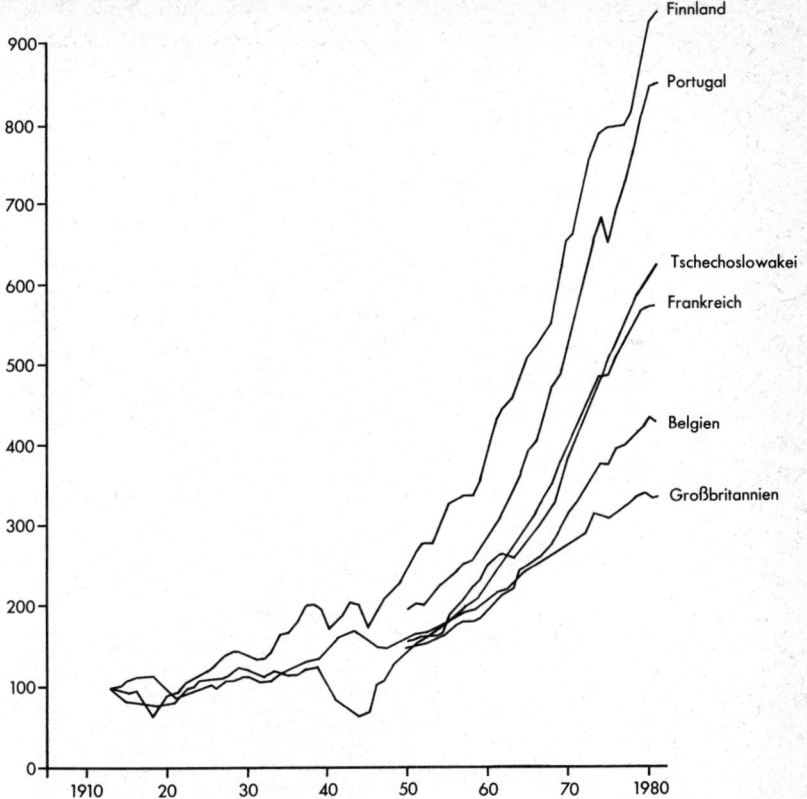

Quellen: Angus Maddison, Economic Policy and Performance in Europe 1913 – 1970, in: Carlo M. Cipolla (Hrsg.), *The Fontana Economic History of Europe*, Bd. 5, Glasgow 1976, S. 497 ff.; OECD, *Economic Outlook 1984*, Paris 1985.

vergleichbaren Wachstumsprozeß aufwies, sondern im Gegenteil eine der schwächsten Wirtschaftsentwicklungen in ganz Europa erlebte.

Nicht alle Länder lassen sich diesem Schema eindeutig zuordnen; eine gewisse Willkür ist die Folge. Das liegt zum einen daran, daß die Auswahl der Indikatoren sehr klein ist, zum anderen daran, daß die Indikatoren an sich nur einen begrenzten Aussagewert besitzen. Beachtet werden muß auch, daß es innerhalb der meisten Nationalwirtschaften ein starkes Entwicklungsgefälle gab und immer noch gibt. In Tab. III.1 finden sich für verschiedene Zeitabschnitte des 20. Jahrhunderts die länderspezifischen Wachstumsraten.

Tab. III. 1: Durchschnittliche jährliche Wachstumsraten des realen Sozialprodukts/Nationalprodukts 1913 – 1981 (in%)

	1913–1929	1920–1929	1929–1938	1950–1960	1962–1973[*]	1974–1981[*]
Belgien	1,5	3,5	0,0	2,9	5,0	2,0
Bulgarien	·	·	·	6,7	6,9	5,9
BRD	–	–	–	7,8	4,4	2,1
Dänemark	1,9	3,9	2,0	3,3	4,2	1,5
DDR	–	–	–	5,7	2,9	3,0
Deutsches Reich	1,1	4,5	3,9	–	–	–
Finnland	2,2	5,3	3,8	5,0	4,7	2,7
Frankreich	1,4	4,9	– 0,5	4,6	5,6	2,5
Griechenland	·	·	·	5,9	7,4	3,0
Großbritannien	0,7	1,9	1,9	2,7	3,1	0,6
Irland	·	·	·	1,7	4,0	3,4
Italien	1,7	3,0	1,4	5,8	5,1	2,5
Jugoslawien	2,1	4,5	1,3	5,7	4,7	3,2
Niederlande	3,4	4,2	0,3	4,7	5,2	1,8
Norwegen	2,8	2,7	2,9	3,2	4,1	3,6
Österreich	0,3	5,2	– 0,5	5,8	4,9	2,6
Polen	·	·	·	4,6	4,9	– 1,0
Portugal	·	·	·	3,9	7,0	3,1
Rumänien	·	·	·	5,8	6,3	6,5
Schweden	2,3	2,6	2,6	3,4	4,0	1,6
Schweiz	2,8	3,7	0,6	4,4	4,1	0,3
Sowjetunion	0,9	3,9	6,1	6,6	5,3	4,1
Spanien	2,2	1,6	– 3,0	5,2	6,9	2,0
Tschechoslowakei	2,7	6,0	– 0,2	4,9	3,2	3,0
Ungarn	1,2	5,2	1,1	4,6	4,6	3,0
Westeuropa	1,9	3,6	1,2	4,4	4,6	2,2
Osteuropa	1,7	6,3	2,1	5,6	4,9	3,5
Gesamteuropa (ohne Sowjetunion)	1,9	3,9	1,1	4,7	4,9	2,6

*) Für die osteuropäischen Länder 1960–1968/69 bzw. 1976–1981

Anm: Die Veränderungsraten des Nationalprodukts der osteuropäischen Länder ab 1950 sind weder mit den Veränderungsraten des Sozialprodukts der gleichen Länder vor 1950 noch mit denen der westeuropäischen Länder zu vergleichen.

Quellen: Angus Maddison, Economic Policy and Performance in Europe 1913 – 1970, in: Carlo M. Cipolla (Hrsg.), *The Fontana Economic History of Europe*, Bd. 5, Glasgow 1976, S. 451, 478; OECD, *Economic Outlook 1982*, Paris 1983, S. 154; United Nations (ECE), *Economic Survey of Europe in 1982*, New York 1983, S. 104.

Sozialprodukt pro Kopf.

Der Vergleich der länderspezifischen Entwicklungen des absoluten Sozialprodukts hat bereits gezeigt, daß im 20. Jahrhundert insofern ein Aufholprozeß stattfand, als die weniger entwickelten Länder höhere Wachstumsraten erzielten. Ob damit aber auch eine Angleichung des Lebensstandards, des Konsumniveaus oder des Wohlstands – um einige in diesem Zusammenhang benutzte Begriffe zu nennen – verbunden war, ist eine andere Frage. Auf makroökonomischer Ebene gibt das Sozialprodukt pro Kopf der Bevölkerung oder das Pro-Kopf-Einkommen Hinweise. Es kann allerdings nur als

ein sehr grober Indikator angesehen werden. Probleme der Einkommens-
und Vermögensverteilung und damit der Verteilung der Kaufkraft bleiben
dabei ebenso unberücksichtigt wie das System der sozialen Sicherung, der
Ausbildung oder der Infrastruktur (vgl. Kap. II. B. 2 und 3).

Zwischen 1880 und 1913 stieg das europäische Sozialprodukt pro Kopf im
Durchschnitt jährlich um 1,2%, zwischen 1913 und 1950 um 0,9% und
zwischen 1950 und 1975 um 4,5%. Insgesamt nahm es zwischen 1800 und
1948 um 225% zu, zwischen 1948 und 1975 dagegen um 250%. Das bedeutet, daß es in den 28 Jahren nach dem Zweiten Weltkrieg schneller stieg als in
den 148 Jahren davor. Dabei setzte sich der Prozeß der sich verstärkenden
Ungleichheiten zwischen den einzelnen europäischen Ländern während des
19. Jahrhunderts bis zum Zweiten Weltkrieg zwar fort, nach dem Ersten
schwächte er sich aber deutlich ab. Nach dem Zweiten Weltkrieg kehrte er
sich dann endgültig um; es fand eine gewisse Nivellierung der Pro-Kopf-
Einkommen statt. Drückt man die Variationsbreite zwischen den verschiedenen Pro-Kopf-Einkommen für 21 Länder mit Hilfe eines sog. Variations-
koeffizienten aus, so betrug dieser 1913 41,5%, 1948 43,5% und 1975 nur
noch etwa 30%.

In Tab. III. 2 sind für die verschiedenen Regionen Europas einige Länder
aufgenommen worden und ihr Sozialprodukt pro Kopf ins Verhältnis zu
dem Großbritanniens gesetzt. Wiederum muß kritisch vermerkt werden,
daß eine Reihe statistischer Probleme den Aussagewert solcher Verhältniszahlen beeinträchtigt. Die Daten bis 1950 stellen die auf Dollarbasis umge-
rechneten Sozialprodukte pro Kopf dar. Die Angaben für die zweite Zahl
1950 und für 1973 wurden von den Vereinten Nationen mit Hilfe zahlreicher physischer Indikatoren erstellt und geben die verschiedenen Lebensstandards sicherlich realistischer wieder. Im übrigen kommt es hier in erster
Linie auf den Trend an, und der wird durch beide Berechnungsarten deutlich.

*Tab. III. 2: Sozialprodukt pro Kopf in verschiedenen Ländern 1900 – 1973
(in %, jeweilige Gebietsgrenzen)*

	1900	1925	1950	1950	1973
Großbritannien	100	100	100	100	100
Frankreich	69	92	84	70	91
Deutsches Reich/BRD	73	73	69	72	103
Schweden	52	79	126	106	120
Finnland	48	59	76	63	98
Italien	38	49	44	48	72
Portugal	33	33	28	34	48
Polen	·	25	41	42	61
Rumänien	31	33	24	25	48

Quellen: Paul Bairoch, Europe's Gross National Product: 1800 –1975, in: *Journal of European Economic History* 5 (1976), S. 286 ff.; United Nations, *Economic Bulletin for Europe*, Vol. 31, Nr. 2, S. 28 ff.

Vor dem Ersten Weltkrieg standen Großbritannien, die Schweiz und Belgien an der Spitze. Portugal, das am Anfang des 19. Jahrhunderts noch zu den reichsten Ländern Europas gezählt hatte, war zu einem der ärmsten geworden. Während die Schweiz ihre Spitzenposition halten konnte, fielen Großbritannien und Belgien zurück. Sie wurden von Ländern wie dem Deutschen Reich/BRD, Frankreich, Schweden, Norwegen, Finnland, den Niederlanden und Österreich eingeholt oder gar überholt. Irland, Portugal, Spanien und Griechenland konnten den Abstand zwar verringern, sie sind aber auch heute noch weit abgeschlagen; ihr Pro-Kopf-Einkommen liegt wesentlich unter dem europäischen Durchschnitt.

Über das gesamte 20. Jahrhundert stieg das Sozialprodukt pro Kopf in den nordeuropäischen Ländern am schnellsten. Fast genauso schnell nahm es in Südeuropa zu. Westeuropa folgte mit deutlichem Abstand. Skandinavien nimmt deshalb die Spitzenposition ein, weil es dort auch in der Zwischenkriegszeit deutlich anstieg. Demgegenüber nahm es in den südeuropäischen Ländern in diesem Zeitabschnitt kaum zu, um sich dann aber in der Zeit nach dem Zweiten Weltkrieg mit den weitaus höchsten Wachstumsraten zu entwickeln. Dabei braucht das Sozialprodukt durchaus nicht nur im Inland erzeugt worden zu sein. Die hohen Zuwachsraten in den südeuropäischen Ländern sind auch auf die Überweisungen derjenigen zurückzuführen, die in anderen, vor allem westeuropäischen Ländern gearbeitet haben.

Ein Vergleich der Pro-Kopf-Einkommen zwischen West- und Osteuropa ist schwierig. Für die Zeit vor dem Zweiten Weltkrieg ist die Datenbasis äußerst begrenzt, für die danach ergeben sich wegen der unterschiedlichen volkswirtschaftlichen Gesamtrechnungen die üblichen Probleme. Eine der wenigen Berechnungen, die es gibt, stammt von Paul Bairoch, der zu dem Ergebnis kommt, daß das Pro-Kopf-Einkommen der osteuropäischen Länder in der Nachkriegszeit sogar noch etwas schneller gestiegen ist als in Südeuropa. Die Tatsache, daß dadurch auch innerhalb Osteuropas die Pro-Kopf-Einkommen nivelliert wurden, wird durch die Daten der Vereinten Nationen in Tab. III. 3 bestätigt.

Tab.III.3: Sozialprodukt pro Kopf in den osteuropäischen Ländern 1950 und 1973 (in Dollar, Zahlen in Klammern sind Prozentzahlen)

	1950	1973
Bulgarien	216 (43)	2507 (79)
DDR	530 (106)	3301 (104)
Jugoslawien	199 (40)	1801 (57)
Polen	339 (68)	2482 (79)
Rumänien	209 (42)	2082 (60)
Tschechoslowakei	515 (103)	2507 (99)
Ungarn	324 (65)	2433 (77)
Europäischer Durchschnitt	498 (100)	3160 (100)

Quelle: United Nations, *Economic Bulletin for Europe*, Vol. 31, Nr. 2, S. 28 ff.

Wiederum muß das teilweise starke regionale Entwicklungsgefälle innerhalb der nationalen Volkswirtschaften berücksichtigt werden. Das galt und
gilt nicht nur für die industrialisierten Regionen Nord- und die unterentwik-
kelten Gebiete Süditaliens. Das galt auch für das Rhein-Ruhr-Gebiet im
Westen und die agrarischen Gebiete im Osten Deutschlands vor 1945. In der

*Abb. III. 5: Bruttoinlandsprodukt pro Kopf in den verschiedenen Regionen West-
europas 1975 (westeuropäischer Durchschnitt = 100)*

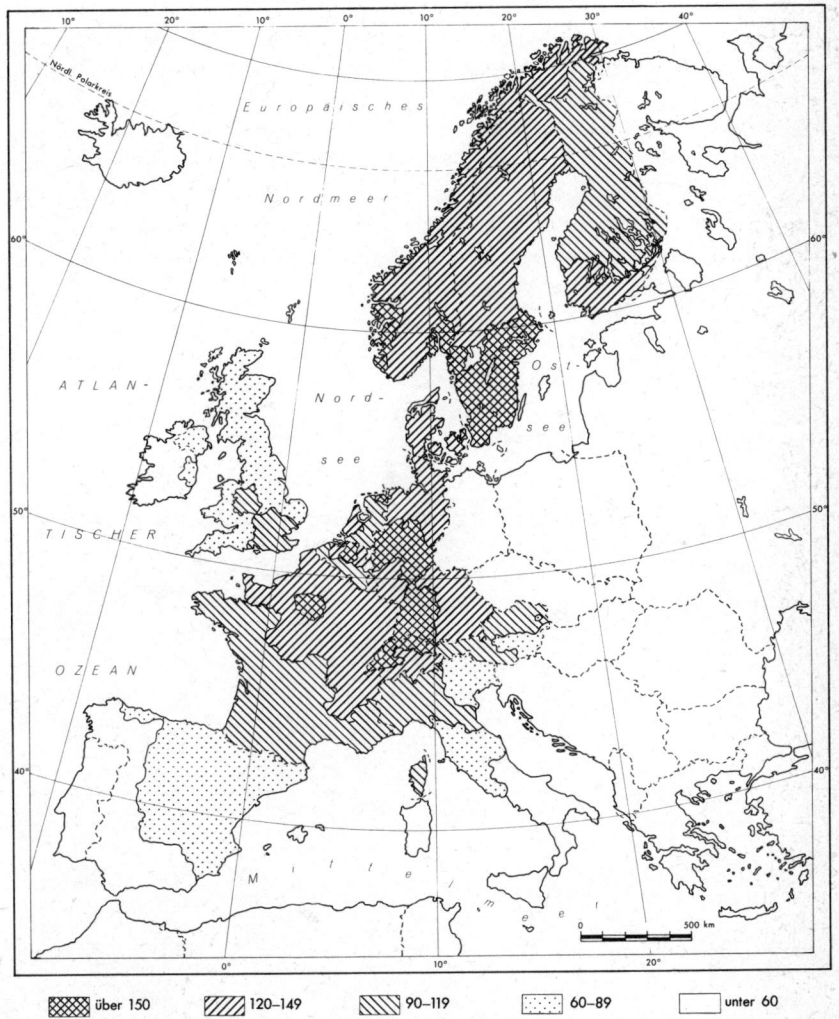

Quelle: William Nicol, Douglas Yuill, Regional Problems and Policy, in: A. Boltho (Hrsg.), *The
European Economy. Growth and Crisis*, Oxford 1982, S. 410.

Bundesrepublik könnte man z. B. die Unterschiede zwischen Ostfriesland und Städten wie Hamburg oder München nennen. Große Differenzen gab es bereits am Anfang des Jahrhunderts zwischen dem Baskenland und Andalusien in Spanien; sie bestehen immer noch. Selbst die Schweiz weist heute noch «arme» und «reiche» Regionen auf. Die Beispiele ließen sich beliebig fortsetzen. Die Tendenz der Entwicklung im 20. Jahrhundert ist allerdings auch bei dieser differenzierteren Betrachtung eindeutig: Die regionalen Unterschiede nahmen fast überall ab. In einigen Ländern vollzog sich dieser Prozeß schneller, in anderen langsamer, generell – Ausnahmen bestätigen die Regel – fand aber eine Nivellierung der Pro-Kopf-Einkommen statt. Sie resultierte allerdings nicht nur aus einer gleichmäßigeren Verteilung der wirtschaftlichen Aktivitäten, sondern aus einer immer ungleichmäßigeren Verteilung der Bevölkerung im Raum (vgl. Kap. I. A. 2).

In Abb. III. 5 wird ein grobes regionales Raster wiedergegeben. Deutlich wird, daß das Sozialprodukt pro Kopf zu den europäischen Peripherien hin abnimmt. Deutlich wird auch, daß der Durchschnittswert eines Landes nur bedingt etwas über die innere regionale Verteilung aussagt. Die nationalen Differenzen wären bei einer feineren regionalen Gliederung und Pro-Kopf-Klassifizierung noch wesentlich ausgeprägter.

Europa in der Welt
Zum Abschluß dieses ersten Überblicks sollen einige wenige Zahlen zur Stellung Europas in der Welt genannt werden. Sein Anteil am Sozialprodukt

Abb. III.6: Sozialproduktbezogene Weltkarte von 1984

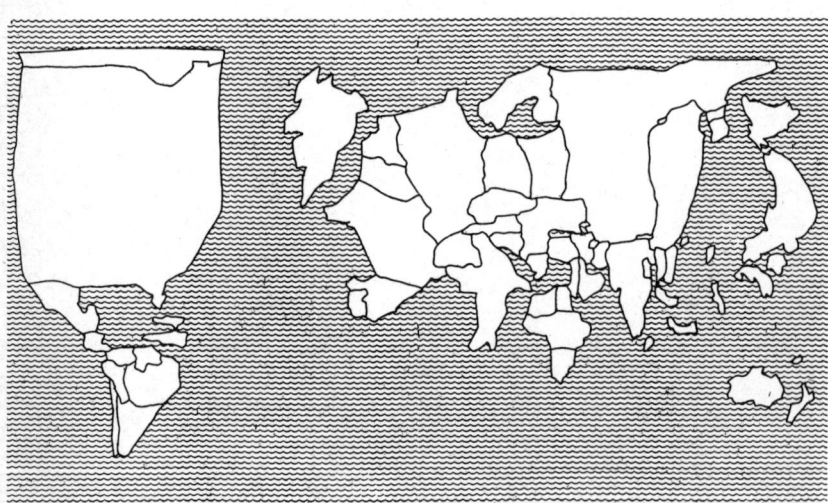

Quelle: The Globe and Mail (Toronto), 9. 12. 85.

der Welt dürfte am Anfang des Jahrhunderts über 50% betragen haben. Dies änderte sich in den folgenden Jahrzehnten. Bedingt durch zwei Weltkriege und die Weltwirtschaftskrise sank er bis 1950 auf 37%. Der enorme Wachstumsprozeß der 50er und 60er Jahre führte dazu, daß es bis Ende der 70er Jahre wieder auf knapp über 50% anstieg. Erinnert sei daran, daß der Anteil Europas an der Weltbevölkerung 1980 etwa 10% betrug. Auch der Anteil an der Industrieproduktion der Welt ging zurück. Ohne die Sowjetunion (Rußland) machte er 1913 knapp 50% aus, fiel in der Zwischenkriegszeit auf etwa 42% und betrug in den 60er Jahren ungefähr ein Drittel. 1980 lag er bei ca. 28%; bezieht man die Sowjetunion mit ein, so machte der europäische Anteil etwa 43% aus. Ähnlich hoch lag der Anteil Europas am Welthandel. Bei den Exporten betrug er 1913 knapp 60%, bei den Importen 65%. Nach den beiden Kriegen sank er jeweils ab und lag Anfang der 80er Jahre wieder bei 46% bzw. 48%. Insgesamt büßte Europa somit im Laufe des 20. Jahrhunderts seine dominierende Stellung in der Weltwirtschaft ein, ist aber nach wie vor neben den USA die wichtigste Wirtschaftsregion.

Dies macht auch Abb. III. 6 deutlich, in der die Länder nicht entsprechend ihrer geographischen Ausdehnung, sondern ihres Anteils am Sozialprodukt der Welt wiedergegeben werden.

2. Entwicklung der Produktionsfaktoren

Die Entwicklung des Sozialprodukts wird durch die der Produktionsfaktoren geprägt. Als klassische Produktionsfaktoren bezeichnet man Boden, Arbeit und Kapital. Da das Wachstum des Sozialprodukts nicht allein aus dem vermehrten Einsatz dieser Faktoren erklärt werden kann, sondern auch ihre effizientere Ausgestaltung und Kombination eine Rolle spielt, gilt der technische oder organisatorische Fortschritt als eigenständiger vierter Produktionsfaktor. Anders als in der vorindustriellen Zeit spielt dagegen der Boden in modernen Industriewirtschaften keine entscheidende Rolle mehr. Selbst für die Landwirtschaft hat seine Bedeutung abgenommen. Interpretiert man ihn dagegen im Sinne von Raumordnung, Umwelt, geographischer Lage oder natürlichen Ressourcen, so hat er nicht nur in der Vergangenheit erheblichen Einfluß auf die Wirtschaftsentwicklung ausgeübt, sondern tut dies auch heute noch. Dennoch soll sich der Überblick auf die drei Produktionsfaktoren Arbeit, Kapital und technischer Fortschritt beschränken. Auf spezifische Aspekte des Produktionsfaktors Boden wird bei der Untersuchung der Landwirtschaft in Kap. III. B. 2 noch genauer eingegangen werden.

Arbeit
Die wichtigsten Elemente, die das *Arbeitsvolumen* bestimmen, wurden bereits ausführlich besprochen: natürliches Bevölkerungswachstum und Wanderungen, andere demographische Faktoren wie Altersaufbau der Bevölke-

rung und Anteil der Frauen, Erwerbsquoten, Arbeitslosigkeit und Arbeitszeit (vgl. Kap. I und II). An dieser Stelle soll daher nur noch einmal auf die Entwicklung der beiden wichtigsten Komponenten des Arbeitsvolumens, die Zahl der Erwerbstätigen und die Arbeitszeit, eingegangen werden. Abb. III. 7 gibt die verschiedenen Entwicklungsverläufe auf idealtypische Weise wieder; auf den Trend kommt es an. Es soll deutlich werden, daß die Zahl der Erwerbstätigen in Europa ständig zugenommen hat. Allerdings verlief dieser Anstieg nicht stetig; die Weltkriege unterbrachen ihn zeitweilig, und seit den 70er Jahren flachte er deutlich ab. In manchen Ländern stagnierte die Zahl der Erwerbstätigen sogar. Ähnlich, wenn auch mit umgekehrten Vorzeichen, entwickelte sich die Arbeitszeit. Sie nahm beständig ab, wobei diese Abnahme in der Zwischenkriegszeit langsamer verlief, um sich seit den 60er Jahren wieder zu beschleunigen. Das Arbeitsvolumen als Produkt aus der Zahl der Erwerbstätigen und der Arbeitszeit veränderte sich im Verlauf des Jahrhunderts nur wenig. Während es seit dem Ende des 19. Jahrhunderts bis zum Ersten Weltkrieg leicht anstieg, nahm es seit den 60er Jahren leicht ab. Von dieser generellen Entwicklung gab es länderspezifische Abweichungen; dennoch dürfte sie für die überwiegende Zahl der westeuropäischen Länder zutreffen. In Abb. III. 7 wird außerdem die Entwicklung des westeuropäischen Sozialprodukts wiedergegeben, so daß ganz deutlich wird, wie stark trotz gleichbleibendem oder sogar sinkendem Arbeitsvolumen das erzeugte Produkt gestiegen ist. Das bedeutet aber, daß eine Arbeitseinheit immer mehr Sozialprodukt erstellt hat, d. h. daß die Arbeitsproduktivität im Laufe des Jahrhunderts erheblich zugenommen haben muß.

Mit der *Arbeitsproduktivität* mißt man das Verhältnis des Produktionsergebnisses zur aufgebrachten Arbeitsmenge, die z. B. in der Zahl der Arbeitskräfte oder der Arbeitsstunden ausgedrückt wird. In der Volkswirtschaftlichen Gesamtrechnung wird die Arbeitsproduktivität meist als Bruttoinlandsprodukt je Erwerbstätigenstunde gemessen. Die Arbeitsproduktivität ist von zentraler volkswirtschaftlicher Bedeutung. Die Arbeit – sieht man einmal vom Boden ab – ist der Produktionsfaktor, der sich nicht wie das Kapital beliebig vermehren läßt. Die Produktion kann daher nur dann erhöht werden, wenn es gelingt, die Leistungsfähigkeit der Menschen zu steigern. Dies geschieht auf unterschiedliche Weise. Auf betriebswirtschaftlicher Ebene hängt die Arbeitsproduktivität von der Ausbildung der Arbeitskräfte, der Ausnutzung der eingesetzten Produktionsfaktoren, der Effizienz der Arbeitsorganisation, vor allem aber vom technischen Stand der Maschinen ab. Auf volkswirtschaftlicher Ebene spielen letztlich die gleichen Faktoren eine Rolle, auch wenn sie eine andere Dimension besitzen. Langfristig wird die Arbeitsproduktivität durch das Arbeitsvolumen und die Qualität von Arbeit und Kapital bestimmt, kurzfristig vom Auslastungsgrad vorhandener Produktionskapazitäten. Generell stellt das Niveau der Arbeitsproduktivität einen der wichtigsten Indikatoren für den Entwicklungsstand einer Volkswirtschaft dar.

Abb. III. 7: Entwicklung des westeuropäischen Arbeitsvolumens 1880 – 1980
(1913 = 100)

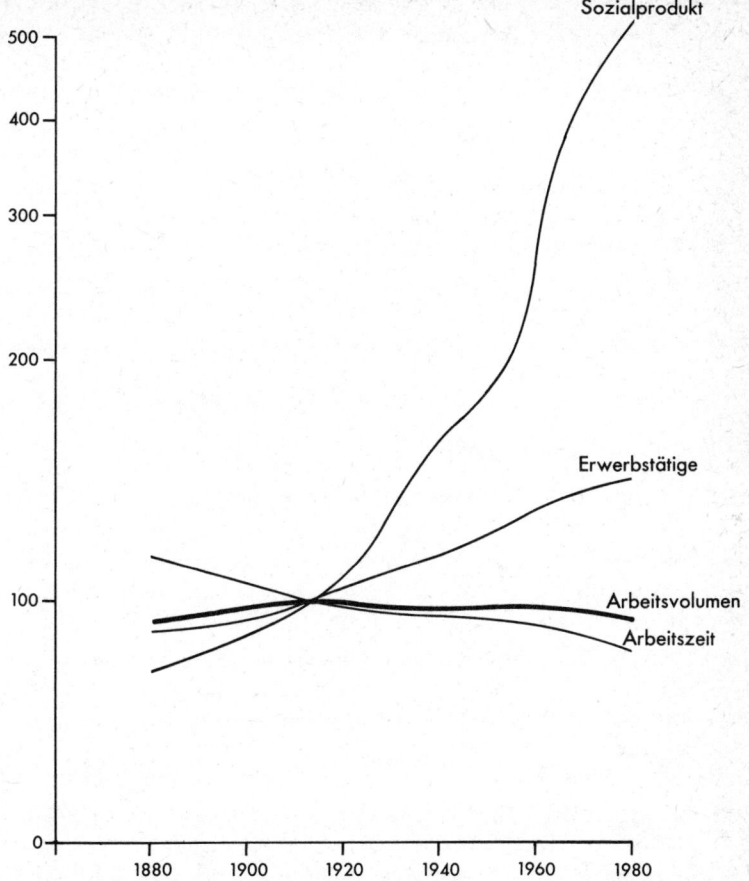

Quellen: Siehe Quellen zu Abb. II. 1 und Abb. III. 1–3; OECD, *New Patterns for Working Time*, Paris 1973; A. A. Evans, *Hours of Work in Industrialised Countries*, ILO, Genf 1975; League of Nations, *Yearbook of Labour Statistics 1935–38 ff.*, Genf 1939 ff.; ILO, *Yearbook of Labour Statistics 1965 ff.*, Genf 1966 ff.

Die Arbeitsproduktivität verbesserte sich in der Zwischenkriegszeit gegenüber den Jahren vor dem Ersten Weltkrieg kaum. Nach dem Zweiten Weltkrieg nahm sie jedoch stark zu, in 25 Jahren fast dreimal so schnell wie in den vorausgegangenen 80 Jahren. Allerdings verlangsamte sich ihr Anstieg wieder in den 70er Jahren. Dabei fand eine Angleichung der verschiedenen Produktivitätsniveaus statt. Besonders nach dem Zweiten Weltkrieg gelang es den ost- und südeuropäischen Ländern, einen Teil des Vorsprungs der nord- und westeuropäischen einzuholen, aber auch innerhalb der verschiedenen Regionen näherten sich die Produktivitätsniveaus der einzelnen Volkswirtschaften einander an. Dennoch gibt es auch heute noch erhebliche Unterschiede, und zwar nicht nur zwischen den Ländern, sondern innerhalb der Länder zwischen den verschiedenen Regionen. Das gilt ebenfalls für das Verhältnis Westeuropas zu den USA. Während das Produktivitätsniveau der USA unmittelbar nach dem Zweiten Weltkrieg noch mehr als doppelt so hoch war wie in Westeuropa, liegt es heute nur noch um etwa ein Drittel höher.

In den 1970er Jahren entstand unter beschäftigungspolitischer Perspektive eine besondere Situation. Steigende Arbeitsproduktivität bedeutet ja, daß die gleiche Produktionsmenge mit weniger Arbeitsvolumen – weniger Arbeitskräften und/oder kürzerer Arbeitszeit – produziert werden kann. Bei gleichbleibendem Arbeitsvolumen muß die Ausbringungsmenge wachsen, um bei steigender Arbeitsproduktivität alle Menschen beschäftigen zu können, und zwar mindestens so stark wie die Arbeitsproduktivität. Dies war im Laufe des Jahrhunderts – bei der hier vorgenommenen Einteilung in bestimmte Zeitabschnitte – auch immer der Fall. Erst in den 70er Jahren trat zum ersten Mal das Phänomen auf, daß die arbeitssparenden Produktivitätsfortschritte nicht mehr durch höhere Wachstumsraten des Sozialprodukts aufgefangen wurden. Selbst in der wachstumsschwachen Zwischenkriegszeit war das Sozialprodukt noch schneller gestiegen als die Produktivität. Eine Entkoppelung von Wachstum und Beschäftigung war die Folge. Die Konsequenzen für den Arbeitsmarkt waren umso tiefgreifender, als zum einen der technische Fortschritt stärker als bisher auf arbeitssparende Rationalisierung gerichtet war und zum anderen eine Kompensation durch die Abnahme des Arbeitsvolumens in geringerem Umfang als zuvor stattfand.

Ein Überblick über die Entwicklung der *sektoralen Struktur* der Beschäftigung wurde bereits gegeben (Kap. II. B. 1). Im folgenden sollen daher nur einige Aussagen zur Entwicklung der sektoralen Arbeitsproduktivitäten gemacht werden: Vergleicht man die Beschäftigungsstruktur eines Landes mit seiner Wertschöpfungsstruktur, dann kann man Aufschluß über die relativen Arbeitsproduktivitäten der Sektoren erhalten. Typisch für ihre historische Entwicklung ist, daß sie auf niedrigem Entwicklungsniveau einer Volkswirtschaft von Sektor zu Sektor recht unterschiedlich sind. Dies kann als Kennzeichen heterogener Wirtschaftsstrukturen interpretiert werden, bei denen u. a. die sektoralen Faktor- und Produktmärkte relativ wenig miteinander verflochten und die verwendeten Produktionstechnologien mit sehr unterschiedlichen Faktorintensitäten, d. h. mit einem sehr unterschiedlichen Einsatz von Kapital und Arbeit verbunden sind. Auffällig ist besonders, daß auf niedrigem Entwicklungsniveau die Landwirtschaft die niedrigste und die Industrie die höchste Produktivität besitzen. Im Zuge der Höherentwicklung nähern sich die Produktivitäten der einzelnen Wirtschaftssektoren dann an, da die Landwirtschaft und später auch die Dienstleistungen besondere Produktivitätsfortschritte erzielen. Dieses Entwicklungsmuster trifft auf alle europäischen Volkswirtschaften zu. Dabei beschleunigte sich die Produktivitätssteigerung nach dem Zweiten Weltkrieg in allen Sektoren. Im Unterschied zur ersten Hälfte des Jahrhunderts lag die Wachstumsrate der Produktivität in der Landwirtschaft jetzt aber deutlich über der der Industrie und der Dienstleistungen. Die Produktivitätssteigerung des tertiären Sektors bewegte sich ihrerseits durchgängig unter der der Landwirtschaft und der Industrie, holte nach dem Zweiten Weltkrieg gegenüber der Industrie aber auf.

Der Dienstleistungssektor besitzt heute im Durchschnitt das niedrigste Produktivitätsniveau, wobei allerdings auf die sehr unterschiedlichen Produktivitäten der einzelnen Branchen dieses Sektors – Banken und Versicherungen, staatliche und häusliche Dienste etc. – hingewiesen werden muß. Außerdem ist es sehr schwierig, die Produktivität von Dienstleistungen überhaupt zu messen, da bei vielen der Produktionswert nur indirekt ermittelt werden kann, weil viele Dienste keine Marktpreise besitzen bzw. kostenlos zur Verfügung gestellt werden.

Auch beim Zusammenhang von sektoralen Produktivitäten und sektoralen Beschäftigungsanteilen läßt sich ein gemeinsames Muster feststellen, das phasenverschoben nach dem Zweiten Weltkrieg zuerst die Entwicklung in Nord-/ West-, dann in Süd- und schließlich in Osteuropa bestimmte. Aufgrund des hohen Produktivitätswachstums in der Landwirtschaft fiel ihr Anteil an der Gesamtbeschäftigung schneller als der Anteil an der Produktion. Wegen der ebenfalls überdurchschnittlichen Produktivitätsentwicklung der Industrie stieg deren Anteil an der Beschäftigung langsamer als der Produktionsanteil. Andererseits nahm der Anteil der Dienstleistungen an der Beschäftigung schneller als der an der Produktion zu; der Grund lag auch in der unterdurchschnittlichen Produktivitätsentwicklung dieses Sektors. Allerdings ist die Beschäftigung im Dienstleistungscharakter weitaus enger mit der Nachfrage verbunden als mit der Produktivität. Die verschiedenen sektoralen Produktivitätsentwicklungen beeinflußten somit wesentlich die Verschiebungen der sektoralen Beschäftigungsstruktur: Es konnten nur deshalb so viele Arbeitskräfte nach dem Krieg aus der Landwirtschaft abwandern, weil die Landwirtschaft so große Produktivitätsfortschritte erzielte. Der Dienstleistungssektor nahm deshalb so viele Arbeitskräfte auf, weil seine Produktivität relativ langsam stieg. Insgesamt bestehen auch heute noch sektorale Produktivitätsunterschiede, obwohl eine deutliche Nivellierung stattgefunden hat.

Kapital
Neben dem Produktionsfaktor Arbeit übt der Produktionsfaktor Kapital entscheidenden Einfluß auf die wirtschaftliche Entwicklung aus. Investitionen können zusätzliche Arbeitsplätze schaffen; sie können allerdings auch vorhandene Arbeitsplätze vernichten. Durch Ersatzinvestitionen, die verbrauchtes durch neues Kapital ersetzen, und durch Zusatz- oder Erweite-

rungsinvestitionen, die den vorhandenen Kapitalstock tatsächlich vergrö-
ßern, werden meist neue Technologien in den Produktionsprozeß einge-
bracht. Als Folge davon steigen in der Regel die Produktion und die Produktivität der Produktionsfaktoren Arbeit und Kapital. Im Gegensatz zum
Produktionsfaktor Arbeit kann der Produktionsfaktor Kapital auch kurzfristig ausgeweitet werden. Kapitalanlagen und Investitionen bestimmen somit
nicht nur langfristige wirtschaftliche Wachstumsprozesse, sondern auch
kurzfristige konjunkturelle Schwankungen.

Wie beim Produktionsfaktor Arbeit soll zunächst auf die Entwicklung des
Kapitalvolumens eingegangen werden. Dies ist insofern nicht ganz einfach,
als es für die meisten europäischen Länder kaum zuverlässige Daten zur
langfristigen Entwicklung des Kapitalstocks bzw. der gesamtwirtschaftlichen Kapitalanlagen gibt. Immerhin liegen zumindest Berechnungen für die
größten westeuropäischen Länder vor. Danach weitete sich der Kapitalstock

*Abb. III. 8: Entwicklung des Bruttokapitalstocks pro Kopf (Kapitalintensität), des
Sozialprodukts pro Kopf (Arbeitsproduktivität) und des Arbeitseinsatzes pro Kopf
in verschiedenen Ländern 1880 – 1977 (1880 = 100)*

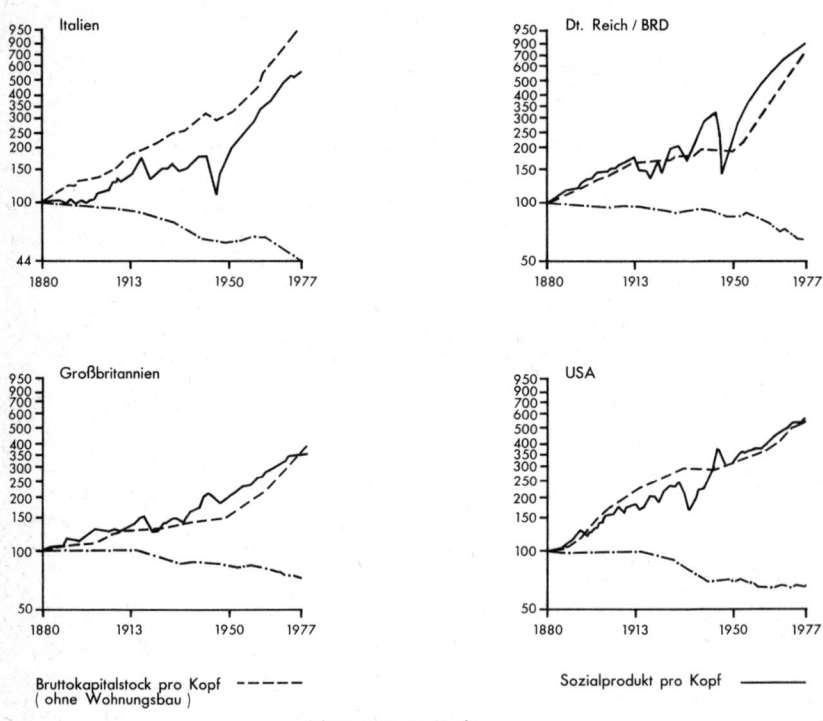

Quelle: Angus Maddison, *Phases of Capitalist Development*, Oxford 1984, S. 55.

in der Zwischenkriegszeit relativ langsam aus, in den Jahrzehnten nach dem Zweiten Weltkrieg sehr schnell – sogar schneller als in denen vor dem Ersten Weltkrieg – und seit Mitte der 70er Jahre deutlich langsamer, allerdings noch stärker als in der ersten Hälfte des Jahrhunderts. Die Entwicklung der Kapitalanlagen entspricht somit der des Sozialprodukts, was nicht verwundert, wenn man bedenkt, welche Bedeutung die Kapitalakkumulation für die gesamtwirtschaftliche Entwicklung besitzt. Die Entwicklung der Kapitalanlagen wird durch die der Investitionen bzw. Investitionsraten bestätigt (vgl. Kap. III. C. 4).

Eine weitere zentrale volkswirtschaftliche Größe ist die Kapitalintensität. Sie mißt das Verhältnis vom Kapital zur Arbeit bzw. des Kapitalstocks pro Beschäftigten oder pro Kopf der Bevölkerung. Generell kann man sagen, daß die Kapitalintensität umso höher ist, je weiter die Volkswirtschaften entwickelt sind. Menschen haben in der Vergangenheit immer versucht, sich ihre Arbeit durch Maschinen zu erleichtern oder ihre Leistungsfähigkeit durch sie zu steigern. Abb. III. 8 zeigt die langfristige Entwicklung der Kapitalintensität für verschiedene Länder, wobei außerdem die der Arbeitsproduktivität und des Arbeitseinsatzes pro Kopf abgebildet wurden.

Folgende Zusammenhänge werden deutlich:

(1) Kapitalintensität und Arbeitsproduktivität bzw. Kapital und Produktion bewegen sich innerhalb der einzelnen Länder relativ gleichförmig, besonders wenn man sie mit der Entwicklung des Arbeitseinsatzes vergleicht, die praktisch entgegengesetzt verlief; allerdings bestehen erhebliche Unterschiede zwischen den Ländern;

(2) der Kapitalstock bzw. die Kapitalintensität entwickelte sich wesentlich gleichmäßiger als das Sozialprodukt bzw. die Arbeitsproduktivität, deren Verlauf von Konjunkturschwankungen, der Weltwirtschaftskrise und den beiden Kriegen gekennzeichnet wird;

(3) zu beachten sind die unterschiedlichen Bewegungen von Kapitalintensität und Arbeitsproduktivität bzw. von Kapital und Produktion während der Depressionen, der Kriege und der Jahre danach. Ganz offensichtlich blieben die Kapazitäten des Kapitalstocks zeitweilig ungenutzt; diese Reserven ermöglichten dann in den Rekonstruktionsphasen das schnelle Wachstum des Sozialprodukts;

(4) es besteht bei einer groben Phaseneinteilung insofern ein internationaler Zusammenhang, als sich das Wachstum der Kapitalintensität und der Arbeitsproduktivität in der Zwischenkriegszeit verlangsamte und nach dem Zweiten Weltkrieg wieder beschleunigte;

(5) deutlich wird erneut der enge Zusammenhang zwischen Arbeitsproduktivität und Wirtschaftswachstum. Ein schneller Anstieg des Kapitalstocks ist eine notwendige, wenn auch keine hinreichende Bedingung für ein schnelles Wirtschaftswachstum.

Auch in den anderen europäischen Ländern beschleunigte sich die Zunahme der Kapitalintensität nach dem Zweiten Weltkrieg. Es gibt zwar nur für wenige Länder Daten für die erste Hälfte des Jahrhunderts, man kann angesichts des niedrigeren Industrialisierungsgrades aber annehmen, daß die Zunahme nach dem Zweiten Weltkrieg im Vergleich zur Zeit davor noch stärker ausfiel als in den weiter entwickelten Ländern Westeuropas.

Es wurde bereits darauf hingewiesen, daß Arbeitsproduktivität und *Kapitalproduktivität* eng miteinander verbunden sind. Ebenso, wie die Arbeitsproduktivität als Produktion pro Arbeitseinheit gemessen wird, wird die Kapitalproduktivität als Produktion je Kapitaleinheit ausgedrückt. Eine Kapitaleinheit kann z. B. eine Maschine darstellen. Da es aber sehr unterschiedliche Maschinen gibt und keinen so einheitlichen Nenner wie «Beschäftigte» oder «Arbeitsstunden», wird die Kapitalproduktivität in rein nominellen Größen gemessen: z. B. Produktionsergebnis pro 1000.– DM Bruttoanlagevermögen. Die Kapitalproduktivität erhöht sich in der Regel dadurch, daß der technische Fortschritt in immer effizienteren Maschinen zur Anwendung kommt. Dies geschieht nicht nur bei Maschinen, die den vorhandenen Kapitalstock erweitern, sondern auch bei denjenigen, die alte Maschinen ersetzen. Insofern fließt der Strom neuer Techniken durch die gesamte Bruttoinvestition in den vorhandenen Kapitalstock ein. Der technische Fortschritt ist langfristig sicherlich der entscheidende Faktor für eine Verbesserung der Kapitalproduktivität. Kurzfristig kann die Kapitalproduktivität aber auch einfach dadurch steigen oder sinken, daß vorhandene Produktionskapazitäten voll ausgenutzt oder brachgelegt werden. Die Kapitalproduktivität ist somit auch konjunkturabhängig.

Da es nur für wenige Länder Daten zur langfristigen Entwicklung des gesamtwirtschaftlichen Kapitalstocks gibt, benutzt man eine Hilfskonstruktion, um Aussagen zur Kapitalproduktivität machen zu können. Man setzt nicht den gesamten Kapitalstock ins Verhältnis zum gesamten Sozialprodukt, sondern nur die Investitionen ins Verhältnis zum Zuwachs des Sozialprodukts. Über die Entwicklung dieser sog. marginalen Kapitalproduktivität läßt sich folgendes sagen: Sie lag in der Zwischenkriegszeit unter der in der Zeit vor dem Ersten Weltkrieg, wobei es allerdings erhebliche länderspezifische Abweichungen vom Durchschnitt gab. Außerdem nahm sie sowohl in den 20er als auch in der zweiten Hälfte der 30er Jahren tendenziell ab. Nach dem Zweiten Weltkrieg verbesserte sie sich deutlich, ging aber in den 60er Jahren gegenüber den 50er Jahren leicht und in den 70er Jahren stark zurück. Wie bei anderen zentralen makroökonomischen Größen kann auch bei der Kapitalproduktivität ein Prozeß der Angleichung beobachtet werden, d. h. die ost- und südeuropäischen Länder holten gegenüber den west- und nordeuropäischen auf; Unterschiede bestehen allerdings auch heute noch.

Die Gründe für die säkulare Entwicklung der Kapitalproduktivität liegen im verringerten Wirtschaftswachstum und in unausgenutzten Kapazitäten, die die Kapitalproduktivität vor allem in der Zwischenkriegszeit und seit den 70er Jahren negativ beeinflußten. Generell besteht ein positiver Zusammenhang zwischen Wirtschaftswachstum und Produktivitätsfortschritt, was nicht verwundern kann, wenn man sich klar macht, daß Produktivitätssteigerungen meist nur mit Hilfe neuer Investitionen möglich sind, in denen die fortgeschrittenste Technologie zur Anwendung kommt. Das gilt für eine Volkswirtschaft insgesamt ebenso wie für die verschiedenen Wirtschaftszweige innerhalb einer Volkswirtschaft. Günstig wirkten sich die Kapazitätseffekte in den unmittelbaren Nachkriegsjahren aus, als wenige Investitionen genügten, um ganze Produktionsanlagen wieder in Gang zu setzen. Dann allerdings mußte ein immer größerer Teil der Investitionen für den Ersatz von verbrauchtem Kapital aufgewendet werden, und ein immer kleinerer diente der tatsächlichen Kapitalerweiterung und -vertiefung, was die Kapitalproduktivität tendenziell sinken ließ. Symptomatisch war, daß die Kapitalintensität schneller stieg als die Arbeitsproduktivität. Länderspezifische Unterschiede in der Entwicklung der Kapitalproduktivität können außerdem durch unterschiedliche Innovationsprozesse, bedingt u. a. durch die verschiedenartigen Fähigkeiten des betrieblichen Managements, durch unterschiedliche Wirtschaftssysteme und -politiken und andere Faktoren, erklärt werden.

Auch wenn es keine Daten zur *sektoralen Struktur* des volkswirtschaftlichen Kapitalbestandes gibt, so kann doch angenommen werden, daß sich diese Struktur zumindest in den weiterentwickelten Ländern Nord- und Westeuropas in der ersten Hälfte des Jahrhunderts deutlich zugunsten der Industrie verschob. Ein immer größerer Teil der Erweiterungs- und Ersatzinvestitionen floß in den industriellen Sektor, während der Teil, der der Landwirtschaft zugeführt wurde, abnahm. Nach dem Zweiten Weltkrieg änderte sich dies. Der Anteil der Investitionen im Agrarsektor nahm zwar weiter ab, jetzt aber auch der des Industriesektors. Stattdessen nahmen die Investitionen im Dienstleistungsbereich zu.

Für die südeuropäischen Länder liegen zwar selbst für die ersten Nachkriegsjahre keine verläßlichen Daten vor, man kann aber davon ausgehen, daß entsprechend dem starken Wachstum des industriellen Outputs auch der industrielle Anteil an den Investitionen stieg. Dieser Trend flachte – wie in Spanien und Portugal – erst in den 70er Jahren ab. In Griechenland stieg demgegenüber der Investitionsanteil der Dienstleistungen, insbesondere der Schiffahrt und des Tourismusgewerbes.

So wie die nord-, west- und südeuropäischen Länder wiesen auch die osteuropäischen ihr eigenes Entwicklungsmuster auf. Zwar nahm auch hier nach dem Zweiten Weltkrieg der Anteil der Landwirtschaft am Kapitalstock ab, allerdings auch der der Dienstleistungen. Entsprechend der entwicklungspolitischen Strategie dieser Länder flossen die Investitionen vor allem in die Industrie. In den 70er Jahren schwenkten dann aber auch die osteuropäischen Staaten auf das Entwicklungsmuster der westeuropäischen ein, d. h. der Anteil der Investitionen des industriellen Sektors ging zurück, und der des tertiären nahm zu. Letztlich spiegelt die sektorale Struktur der Investitionen bzw. des Kapitalstocks somit in allen Regionen Europas die sektorale Struktur der Produktion und der Beschäftigung wider.

Technischer Fortschritt

Als dritter eigenständiger Produktionsfaktor wurde der technische Fortschritt genannt. Für die wirtschaftliche Entwicklung ist es von entscheidender Bedeutung, ob es angesichts der natürlichen Beschränkung des Arbeitskräftepotentials und der abnehmenden Grenzerträge der Kapitalakkumulation andere Faktoren gibt, die die Grenzen des Wachstums hinausschieben können. Als Inbegriff aller dieser möglichen weiteren Determinanten, die neben den «traditionellen» Produktionsfaktoren Arbeit und Kapital das Wachstum des Sozialprodukts beeinflussen, steht der technische Fortschritt. Die Frage, was unter diesem recht vagen Begriff eigentlich zu verstehen ist, wurde besonders in der Zeit nach dem Zweiten Weltkrieg diskutiert als der technische Fortschritt als wichtigster und letzten Endes entscheidender Wachstumsfaktor in einer im übrigen voll ausgelasteten Wirtschaft noch bedeutsamer geworden war als zuvor.

Zunächst kann technischer Fortschritt einfach als Synonym für den Begriff der globalen Produktivitätssteigerung verwendet werden, also als eine Umschreibung dafür, daß sich der Produktionsausstoß überproportional zum rein quantitativen Einsatz der Produktionsfaktoren erhöht. Sofort stellt sich allerdings die Frage, wodurch diese Produktivitätssteigerung zustandekommt. Hier müßten eine Reihe von Ursachen genannt werden, die bereits bei der Behandlung der Arbeits- und Kapitalproduktivität erwähnt wurden und die nur bedingt etwas mit dem technischen Fortschritt i. e. S. zu tun haben. Dieser liegt vor, wenn die Effizienz des gesamten Faktorbestandes eines Betriebes – z. B. durch verbesserte betriebliche Organisation – oder eines Teils des Faktorbestandes – z. B. durch Einführung neuer Maschinen – erhöht wird. Die dazu notwendigen Erfindungen und die Umsetzung dieser Erfindungen in konkrete Produktionsanlagen – die sog. Inventionen und Innovationen – hängen von einer Vielzahl sehr unterschiedlicher Faktoren ab: vom allgemeinen Entwicklungsstand bzw. Bildungsniveau und damit -system eines Landes, von den vorhandenen Forschungseinrichtungen und den Erfahrungen im Bereich Forschung und Entwicklung, vom Ausmaß, in dem technisches Wissen zwischen Ländern ausgetauscht wird, von der Bereitschaft der Gesellschaft, den technologischen Wandel und seine Folgen zu tragen, und von anderen Faktoren. Generell kennzeichneten Arbeitsteilung, Spezialisierung und Diffusion die Entwicklung des technischen Fortschritts im 20. Jahrhundert.

Die vage Definition des technischen Fortschritts und die Vielzahl der Faktoren, die ihn bestimmen, lassen weder eine einfache oder gar quantitative Beschreibung seiner Entwicklung noch eine eindeutige Analyse von Ursachen und Wirkungen zu. Einige allgemeine Aussagen lassen sich dennoch machen. Die Inputseite des technischen Fortschritts zeigt, daß im Laufe des

20. Jahrhunderts in den meisten Ländern sowohl der Anteil derjenigen an der Gesamtbeschäftigung stieg, die in der Forschung und Entwicklung tätig waren, als auch der Anteil der für Forschung und Entwicklung bereitgestellten Ausgaben am Sozialprodukt. Dabei expandierte nicht nur die private Industrieforschung, sondern auch der Staat förderte in zunehmendem Maße Wissenschaft und Bildung. Von Land zu Land war dieser Forschungsinput zwar sehr unterschiedlich, grundsätzlich glichen die europäischen Länder seit dem Zweiten Weltkrieg – besonders seit den 6oer Jahren – ihre Forschungsausgaben aber an.

Der Output im Sinne von inventorischen und innovatorischen Leistungen wird meist an Ergebnissen der Grundlagenforschung in der wissenschaftlichen Literatur, der Anmeldung von Patenten – vor allem im Ausland – und dem Export von Lizenzen, häufig auch am Anteil der jeweils bei einem bestimmten Produkt bzw. Produktionsprozeß führenden Technologie an der gesamten Produktion oder an der Warenstruktur von Exporten und der Wettbewerbsfähigkeit einzelner Exportgüter gemessen. Langzeituntersuchungen über die auf diese Weise bestimmte Innovationskraft einzelner Länder gibt es nicht. Sehr allgemein soll daher nur folgendes festgehalten werden: Die Zahl der angemeldeten Patente nahm im Laufe des Jahrhunderts zu; das wissenschaftliche Niveau der industriellen Technologie stieg. Waren es am Ende des 19. Jahrhunderts vor allem die metallerzeugende und -verarbeitende, die elektrizitätserzeugende und die chemische Industrie, in denen es zu grundlegenden technischen Innovationen kam, so konzentrierte sich die Entwicklung in der Zwischenkriegszeit vor allem auf die petrochemische Industrie; nach dem Zweiten Weltkrieg waren besonders forschungsintensive und innovatorische Industrien die Luft- und Raumfahrt, die elektronische, pharmazeutische und chemische Industrie sowie bestimmte Bereiche des Werkzeug- und Instrumentenbaus.

Der marktwirtschaftliche Profitmechanismus zwang die Unternehmer in den kapitalistischen im Vergleich zu denen in den kommunistischen Ländern, sensibler auf technische Neuerungen zu reagieren, d. h. sie möglichst schnell im Produktionsprozeß einzusetzen. Der teure Produktionsfaktor Arbeit mußte so rasch wie möglich gegen den billigeren Produktionsfaktor Kapital ausgetauscht werden. Daß dieser Substitutionsprozeß oftmals zu einem Abbau von an sich noch produktiven, aber eben nicht mehr profitablen Produktionsanlagen führte, liegt ebenso auf der Hand wie die Tatsache, daß er hohe Anforderungen an die Leistungsfähigkeit der Menschen mit entsprechenden persönlichen und sozialen Auswirkungen stellte. Der langsamere Innovationsprozeß in staatssozialistischen Systemen war demgegenüber in erster Linie Ausdruck der Ineffizienz, in zweiter aber auch einer anderen Einstellung gegenüber technischem Fortschritt und seinen Folgen. Der trotz Kapitalkonzentration und Staatsinterventionismus in den kapitalistischen Systemen weitgehend marktgesteuerte Prozeß der «schöpferischen Zerstörung», der diese zu einem permanenten Strukturwandel trieb, wurde hier durch die Einbeziehung der politischen und sozialen Folgen einer ursprünglich nur technischen bzw. betriebswirtschaftlichen Veränderung gebremst. Dies soll nicht heißen, daß die technologische Fortschrittsgläubigkeit in den staatssozialistischen Ländern weniger verbreitet war. In beiden Systemen herrschte bis in die Gegenwart ein fast ungebrochener Optimismus hinsichtlich der Segnungen des technischen Fortschritts. Dieser erleichtert ohne Zweifel die menschliche Arbeit, befreit Menschen von bestimmten Zwängen und steigert den Wohlstand, schafft aber auch neue Zwänge, zerstört Arbeitsplätze und Umwelt. Die kritischen Folgen des technischen Fortschritts rückten – vor allem in Westeuropa – erst in jüngster Zeit wieder stärker ins Bewußtsein.

3. Erklärungsansätze zur gesamtwirtschaftlichen Entwicklung

Bisher wurde die Entwicklung der europäischen Volkswirtschaften nur beschrieben, nicht aber erklärt. Erklärungsansätze, die die gesamtwirtschaftliche europäische Entwicklung zu erfassen versuchen, argumentieren zwangsläufig auf einem sehr hohen Abstraktionsniveau, da sie sich von länder- oder regionenspezifischen Sonderentwicklungen frei machen müssen. Dies birgt zweifellos die Gefahr in sich, zu stark zu vereinfachen und selbst kontroverse Tatbestände in ein einheitliches Interpretationsmodell zu zwängen. Dennoch sollen zumindest einige Erklärungsansätze vorgestellt werden, damit trotz der Vielzahl der Fakten der Überblick über die gesamtwirtschaftliche Entwicklung nicht verloren geht.

Obwohl die wirtschaftliche, soziale und politische Geschichte Europas im 20. Jahrhundert nicht gerade kontinuierlich und stabil verlief, neigen besonders Ökonomen dazu, nach Gesetz- oder Regelmäßigkeiten zu suchen. Ein erster Ansatz interpretiert die industriewirtschaftliche Entwicklung seit dem 19. Jahrhundert als langfristigen Wachstumspfad, dem ein recht stabiler linearer Trend zugrundeliegt (siehe Abb. III. 2). Gemäß dieser *Trendhypothese* gab es zwar laufend konjunkturelle Schwankungen um den Trend, starke Abweichungen traten aber erst nach den exogenen Störungen der beiden Weltkriege auf, nach denen die Volkswirtschaften durch eine Rekonstruktionsphase mit besonders schnellem Wirtschaftswachstum den Trend wieder zu erreichen versuchten. Nach dem Ersten Weltkrieg gelang dies aufgrund zahlreicher widriger Umstände nicht. Das dynamische Wirtschaftswachstum nach dem Zweiten Weltkrieg stellt aber eine solche gelungene Rekonstruktionsperiode dar.

Eine geschlossene Trend- und Rekonstruktionstheorie wurde in den 60er Jahren von Franz Janossy entwickelt. Zum einen geht Janossy von der Annahme aus, daß der Wachstumstrend, der sich bei «normaler», d. h. krisenfreier Wirtschaftsentwicklung einstellt, im wesentlichen durch die Zahl und die Qualifikation der Arbeitskräfte bestimmt wird. Hier ergibt sich eine

Affinität zur neoklassischen Wachstumstheorie, nach der das Sozialprodukt im langfristigen Wachstumsgleichgewicht mit der gleichen Rate wächst wie Erwerbsbevölkerung und Arbeitsproduktivität. Mit der zweiten Annahme zur Erklärung der eigentlichen Rekonstruktionsperiode nähert sich Janossy der postkeynesianischen Wachstumstheorie, die die Schwankungen des Wirtschaftsprozesses um einen langfristigen Wachstumspfad analysiert, der durch das Bevölkerungswachstum und den technischen Fortschritt bestimmt wird. Bevölkerungswachstum und technischer Fortschritt setzen danach dem Wirtschaftswachstum zwar langfristig Obergrenzen, nicht aber kurzfristig. Janossy ist der Auffassung, daß am Beginn einer Rekonstruktionsperiode – nach so tiefen Einbrüchen wie Kriegen – das Arbeitskräftepotential, das in seiner Qualifikationsstruktur auch den für weiteres Wirtschaftswachstum entscheidenden technischen Fortschritt verkörpert, unverändert bereitsteht, es gleichzeitig aber an Kapital mangelt. In diesem Fall ist die Kapitalproduktivität relativ hoch; schon geringe Investitionen reichen aus, um überdurchschnittlich hohe Wachstumsraten zu erzielen. Die Kapitalproduktivität nimmt dann im Verlauf der Rekonstruktionsperiode aber immer mehr ab, bis schließlich das Ungleichgewicht zwischen Arbeitskräften, Qualifikationen und technischem Fortschritt einerseits und Kapital andererseits beseitigt worden ist und sich die Wirtschaft wieder auf den langfristigen Wachstumstrend eingependelt hat.

Die Trend- und Rekonstruktionshypothese ist von der Annahme eines linearen Wachstumstrends abhängig, der die langfristigen Entwicklungsmöglichkeiten der Wirtschaft beschreibt. Sie wird durch die relativ gleichmäßige Entwicklung der Bevölkerung und damit des Arbeitspotentials sowie des technischen Fortschritts – trotz zweier Weltkriege und scharfer Depressionen – bestätigt. Daß Ost- und Westeuropa nach 1945 bei ganz unterschiedlichen Wirtschafts- und Gesellschaftssystemen das gleiche starke Wachstum erlebten, paßt ebenfalls in dies Interpretationsmuster. Auch die Tatsache, daß die Wirtschaftsentwicklung in den Ländern, die nicht so stark von den Kriegen betroffen waren, zwar gleichmäßiger verlief, dafür aber auch in der Regel keine Phase so überdurchschnittlicher Dynamik erlebte, spricht für sie. Das gilt ebenfalls für die «Normalisierung» der Wirtschaftsentwicklung nach der außerordentlichen Rekonstruktionsperiode: Seit den 1970er Jahren wachsen die westlichen und östlichen Volkswirtschaften wieder mit ungefähr der gleichen Geschwindigkeit wie vor dem Ersten Weltkrieg.

Andererseits muß man sich fragen, warum die europäischen Volkswirtschaften auf ähnliche Störungen so unterschiedlich reagierten. Warum verfielen sie nach dem Ersten Weltkrieg in Stagnation, und warum produzierten sie nach dem Zweiten einen bis dahin nicht erlebten Wirtschaftsaufschwung, wenn es in beiden Fällen doch nur darum ging, zur «Normalität» zurückzukehren? Aufgrund methodischer Probleme scheint es im übrigen nicht möglich zu sein, die Behauptung von der Rückkehr zur wirtschaftlichen Normalität durch eine empirische Analyse der Existenz «natürlicher Wachstumsraten» zu überprüfen. Ganz abgesehen davon, daß der Trend entscheidend durch die Jahrzehnte vor dem Ersten Weltkrieg bestimmt wird, für die es keine genauen statistischen Daten gibt. Insofern haftet der Trendberechnung etwas Willkürliches an.

Seitdem sich in den 1970er Jahren eine spürbare Wachstumsschwäche in allen europäischen Volkswirtschaften abzeichnete, kam mit der *«Lange-Wellen-Hypothese»* ein Ansatz mit Tradition wieder in Mode. Er geht von der Idee aus, daß sich die Volkswirtschaften seit Beginn der Industrialisierung in langen Wachstumszyklen von 50– bis 60jähriger Dauer entwickeln; 20- bis 30jährige Aufschwungsphasen werden von 20- bis 30jährigen Abschwungsphasen abgelöst. Über die genaue Datierung, die Länge und den Charakter der Zyklen gibt es unterschiedliche Auffassungen; allenfalls wird von den meisten Autoren folgende Phaseneinteilung akzeptiert: 1780 – 1840, 1840 – 1890, 1890 – 1940, 1940 – ?. Besonders über die Datierung der Zyklen im 20. Jahrhundert gehen die Meinungen auseinander; eine eindeutige Bestimmung ist nicht möglich.

Ebenso werden ganz unterschiedliche Ursachen für das Entstehen dieser Wellenbewegung genannt. Die wohl bekannteste Erklärung stammt von Joseph A. Schumpeter, der in fundamentalen technischen Neuerungen mit den entsprechenden Innovationen den auslösenden Faktor von langen Aufschwungsphasen sieht. Die grundlegenden Innovationen stimulieren Produktion und Nachfrage, regen als Folge erhöhter Rentabilität Verbesserungsinnovationen an und führen so zu einer expansiven Entwicklung. Allerdings verliert dieser Prozeß kontinuierlich an Dynamik. Die zukunftsweisenden Basisinnovationen bleiben aus. Verbesserungsinnovationen und bloße Erweiterungsinnovationen führen letztlich zur Marktsättigung und Erschöpfung der Innovationskraft; der technische Fortschritt reduziert sich auf bloße Rationalisierung. Arbeitskräfte werden freigesetzt, die Nachfrage geht zurück, es setzt die Abschwungsphase ein. Der grundlegende Umschwung erfolgt erst, wenn neue Basisinnovationen das «technologische Patt» überwinden.

Folgt man dieser Interpretation, so könnte der erste Zyklus – der Beginn der eigentlichen Industrialisierung – von Textilmaschinen und der Dampfmaschine getragen worden sein, der zweite seit der Mitte des 19. Jahrhunderts von Eisen und Stahl, insbesondere von der Eisenbahn, der dritte seit dem Ende des 19. Jahrhunderts von der Chemie und Elektrotechnik und der vierte seit den 40er Jahren vom Straßen- und Luftfahrzeugbau, der Kunststoff- und Mineralölverarbeitung oder der Computertechnik. Eine Prognose über die Länge der rezessiven Phase, die in den 60er und 70er Jahren einsetzte, hängt stark von der subjektiven Einschätzung der einzelnen Autoren über die Entwicklungschancen hochindustrialisierter Länder ab. Optimisten glauben, in der Mikroelektronik, Gentechnologie, Biomassenverarbeitung, alternativen Energietechniken und sonstigen Ökotechnologien bereits die

Basisinnovationen für die Aufschwungsphase eines fünften Zyklus erkannt zu haben. Weitere Ansätze, die ebenfalls wie derjenige Schumpeters aus der Zwischenkriegszeit stammen, nennen andere Faktoren für die langen Wellen. Gemeinsam ist ihnen, daß sie von einem engen Zusammenhang zwischen langfristigem Wirtschaftswachstum und Investitionstätigkeit ausgehen, aber jeweils auf unterschiedliche Determinanten der Investitionen abstellen: Basisinnovationen, Zinsen bzw. Kapitalmarktverhältnisse, Nachfrageerwartungen, Gewinnerwartungen, Lohnniveau, wirtschaftspolitischer Ordnungsrahmen etc.

Eine kritische Betrachtung müßte sich der Argumentation jedes Ansatzes im einzelnen widmen. Skepsis ist aber wie bei der linearen Trendhypothese im Hinblick auf die statistischen Möglichkeiten angebracht, lange Zyklen empirisch überhaupt nachzuweisen. Damit aber steht und fällt der gesamte Ansatz. Speziell die Schumpetersche Variante wirft natürlich zahlreiche Fragen auf, die bisher noch nicht beantwortet werden konnten: Wie kommt es, daß angeblich die entscheidenden Innovationen schubweise auftreten? Was sind eigentlich Basisinnovationen, und wodurch unterscheiden sie sich von Nachfolgeinnovationen? Warum läßt die Innovationskraft überhaupt nach? Wie setzen sich technische Neuerungen in innovative Prozesse und damit in wirtschaftliches Wachstum um? Es wurde bereits darauf hingewiesen, daß die vage Interpretation des technischen Fortschritts eine exakte Definition und Messung bisher nicht zuläßt.

Während die bisherigen Ansätze sehr ökonomisch und bis zu einem gewissen Grad unhistorisch angelegt sind, versucht die *Strukturbruchhypothese* stärker historische Abläufe und damit auch Brüche in der Geschichte zu erfassen. Die Vertreter dieses Ansatzes gehen davon aus, daß es verschiedene Phasen, Stadien, Zeitabschnitte oder Epochen gibt, die jeweils ihre eigene Struktur besitzen und für die daher jeweils spezifische Erklärungen gefunden werden müssen. Eine sozioökonomische Struktur kann allgemein als das innere Gefüge gesellschaftlicher – politischer, sozialer und wirtschaftlicher – Zusammenhänge beschrieben werden, die damit stärker als bei den bisherigen Ansätzen Berücksichtigung finden. Es kann nicht verwundern, daß im 20. Jahrhundert für viele Autoren die beiden Weltkriege Strukturbrüche darstellen. Die Zwischenkriegszeit wird von der Zeit vor dem Ersten Weltkrieg ebenso abgegrenzt wie die Zeit nach dem Zweiten von der Zwischenkriegszeit. Tatsächlich haben die beiden Weltkriege tiefgreifende Veränderungen in demographischer, nationalstaatlicher, gesellschaftlicher bzw. sozialer, wirtschaftlicher und wirtschaftspolitischer Hinsicht bewirkt. Diese Veränderungen werden dahingehend interpretiert, daß mit den beiden Weltkriegen eine bestehende Struktur zusammenbrach und sich eine neue entwickelte, für die auch ein neues Interpretationsmuster gefunden werden muß. Außer den beiden Weltkriegen wird z. B. auch die Weltwirtschaftskrise Anfang der 30er Jahre als Strukturbruch in der ersten Hälfte des 20. Jahrhunderts angesehen, weil sich die Volkswirtschaften – u. a. aufgrund eines Paradigmawechsels in der Wirtschaftspolitik (vgl. Kap. III. D. 3) – von da an anders entwickelt hätten.

Besondere Schwierigkeiten bereitet die Einschätzung der Wirtschaftskrise seit Mitte der 70er Jahre. Handelt es sich dabei nur um eine besonders schwere Krise im Rahmen der nach dem Zweiten Weltkrieg entstandenen weltwirtschaftlichen und europäischen Strukturen, oder handelt es sich um einen grundsätzlichen Strukturbruch? Viele Autoren können sich noch nicht entscheiden. Es ist von Strukturverschiebungen, von «neuen» Strukturen oder einem partiellen Strukturwandel die Rede. Damit wird aber eine Schwäche dieses Ansatzes deutlich. Da alle Volkswirtschaften einem ständigen strukturellen Wandel unterliegen, ist es schwierig und bis zu einem gewissen Grad willkürlich, einen Strukturbruch zu bestimmen. Nicht von ungefähr werden Strukturbrüche in der Wirtschaftsgeschichte meist an exogene Faktoren wie Kriege gekoppelt. Eine Stärke des Konzepts liegt ohne Zweifel darin, daß es erhebliche Interpretationsfreiheit bietet und auch sehr spezielle Erklärungen zur gesamtwirtschaftlichen Entwicklung zuläßt.

Deshalb wird dieser dritte Ansatz der historischen Realität des 20. Jahrhunderts auch besonders gerecht. In einer Zeit, in der die ökonomische, soziale und politische Zusammenhänge so eng miteinander verbunden waren, in der gesellschaftliche Veränderungen so stark auf die wirtschaftlichen Strukturen und Prozesse einwirkten, greifen Modelle, die sich auf den ökonomischen Bereich konzentrieren, zu kurz. Der dritte Ansatz empfiehlt sich als Interpretationsmuster auch deshalb, weil sich die ersten beiden zumindest partiell in ihn integrieren lassen.

B. Entstehung des Sozialprodukts

1. Gesamtwirtschaftliche Entstehungsstruktur

Bisher wurde das Sozialprodukt als Indikator für die wirtschaftliche Entwicklung betrachtet. Im folgenden soll danach gefragt werden, in welchem Umfang der primäre, sekundäre und tertiäre Sektor zu seiner Entstehung beigetragen haben.

In den bereits am Anfang des Jahrhunderts stark industrialisierten Staaten Großbritannien, Belgien und Deutschland trug die Landwirtschaft schon vor dem Ersten Weltkrieg nur noch mit 15 bis 20% zur Entstehung des Sozialprodukts bei. Im Laufe dieses Jahrhunderts sank ihr Anteil dann bis Anfang der 80er Jahre auf 2%. Demgegenüber stieg der Anteil der Industrie bis zur Mitte des Jahrhunderts auf ca. 50% an und fiel seitdem auf unter 40%. Die Bundesrepublik bildete insofern eine Ausnahme, als ihr industrieller Anteil bis in die 60er Jahre auf über 50% anstieg und Anfang der 80er Jahre immer noch knapp 50% ausmachte. Der Anteil des Dienstleistungssektors stieg in allen Ländern an; machte er Mitte des Jahrhunderts bereits 45–50% aus, so lag er Anfang der 80er Jahre bei ca. 60%, in der BRD bei 50%.

Zu einer zweiten Gruppe, in der der Industrialisierungsprozeß später einsetzte und auch nicht so ausgeprägt verlief, gehören die skandinavischen Länder, die Niederlande, Frankreich, Österreich und die Tschechoslowakei. Der Anteil der Landwirtschaft lag hier am Anfang des Jahrhunderts etwas höher und machte in den 80er Jahren ca. 5% aus. Der industrielle Anteil nahm zwar auch kräftig zu, seinen höchsten Wert erreichte er nach dem Zweiten Weltkrieg aber mit nur 40%. Die Dienstleistungen stiegen ebenso wie bei der ersten Gruppe mehr oder weniger kontinuierlich an und tragen heute mit ungefähr 60% zum Sozialprodukt bei.

In den Ländern, die Anfang des Jahrhunderts noch ausgesprochene Agrarstaaten waren, verschoben sich die sektoralen Anteile wesentlich später. In Griechenland, Irland, Spanien und Portugal – aber auch in Rumänien, Bulgarien und Jugoslawien – dürften um die Jahrhundertwende 80–90% des Sozialprodukts in der Landwirtschaft erwirtschaftet worden sein. Heute liegt dieser Anteil in den südeuropäischen Staaten mit ca. 15% so hoch wie in Großbritannien vor knapp hundert Jahren. In diesen Ländern nimmt der Anteil der Industrie immer noch zu oder stagniert erst seit jüngster Zeit mit einem Anteil von 35–40%. Wie in den weiterentwickelten Ländern stieg der Anteil der Dienstleistungen an und liegt heute zwischen 40 und 50%; eine Ausnahme bildet Griechenland, wo er fast 60% ausmacht.

Eine konsequente Industrialisierungspolitik ließ den industriellen Anteil am Nationalprodukt in den osteuropäischen Ländern stark ansteigen. Im Durchschnitt wuchs er von einem Drittel in den frühen 50er Jahren auf weit über die Hälfte Anfang der 80er Jahre an. Dabei glichen sich die anfangs sehr unterschiedlichen Wirtschaftsstrukturen immer mehr an. Anfang der 50er Jahre variierte der industrielle Anteil zwischen gut 40% bei den am weitesten industrialisierten Staaten DDR und Tschechoslowakei und ca. 20% bei Agrarländern wie Bulgarien und Rumänien, wo noch über die Hälfte des Nationalprodukts in der Landwirtschaft erzeugt wurde. Anfang der 80er Jahre bewegte sich der Anteil der Industrie bei allen Ländern zwischen 60 und 75%, der der Landwirtschaft zwischen 7 und 16% und der der Dienstleistungen zwischen 16 und 24%. Auch in den osteuropäischen Staaten zeichnete sich in den 70er Jahren der Rückgang des industriellen Anteils ab. Demgegenüber nahm der des Tertiärsektors, der in den 50er und 60er Jahren gleich geblieben oder sogar leicht zurückgegangen war, überall zu. Eine Ausnahme bildete nur die DDR, die 1980 zusammen mit Rumänien den niedrigsten Anteil der Dienstleistungen verzeichnete. Das erstaunt insofern, als die DDR von ihrem allgemeinen Entwicklungsniveau her den höchsten haben müßte. Eine Erklärung wären unterschiedliche wirtschaftspolitische Zielsetzungen. Noch stärker als in den anderen osteuropäischen Ländern wurde der Dienstleistungssektor und seine Wertschöpfung – u. a. durch eine entsprechende Preispolitik – klein gehalten. Dies zeigt zugleich, daß die Entwicklung zur Dienstleistungswirtschaft zwar ein allgemeines Phänomen ist, aber durchaus wirtschaftspolitisch beeinflußt werden kann.

In Tab. III. 4 sind einige Daten zur sektoralen Verschiebung bei der Entstehung des Sozial- und Nationalprodukts zusammengefaßt. Zu beachten ist, daß die Zahlen für Osteuropa einerseits und die für West-/Nord- und Südeuropa andererseits nur bedingt miteinander verglichen werden können.

Tab. III. 4: Sektorale Entstehung des Sozialprodukts/Nationalprodukts 1950–1981 (in %)

	Sektorale Aufteilung											
	1950/52			1958/60			1967/69			1979/81		
	L	I	D	L	I	D	L	I	D	L	I	D
West-/Nordeuropa (mit Italien)	11	34	56	9	37	54	7	39	54	5	37	58
Südeuropa (ohne Italien, mit Jugoslawien)	38	25	37	30	32	38	24	37	39	15	38	47
Osteuropa (mit Sowjetunion, ohne Jugoslawien)	41	39	20	36	45	19	18	64	18	13	67	20

	Jährliche durchschnittliche Veränderungsraten							
	1950–1969				1973–1981			
	L	I	D	Insgesamt	L	I	D	Insgesamt
West-/Nordeuropa (mit Italien)	2,3	5,4	4,4	4,6	1,5	1,5	2,9	2,2
Südeuropa (ohne Italien, mit Jugoslawien)	3,2	8,6	5,8	6,0	1,9	2,8	3,6	3,4
Osteuropa (mit Sowjetunion, ohne Jugoslawien)	3,1	9,6	6,4	7,0	0,7	6,9	7,1	5,2

L = Landwirtschaft
I = Industrie
D = Dienstleistungen

Quellen: United Nations, (ECE), *Economic Survey of Europe in 1971*, Part 1, S. 8 ff.; *1981*, S. 127, 133 ff.; *1982*, S. 105; OECD, *Historical Statistics, 1960–1981*, Paris 1983, S. 45 ff.

2. Landwirtschaft

Menschen können nur deshalb existieren, weil die Landwirtschaft ihnen die notwendigen Nahrungsmittel zur Verfügung stellt. Das gilt grundsätzlich auch für Europa. Dennoch ist man geneigt, der Landwirtschaft in einer hoch industrialisierten Region wenig Beachtung zu schenken. Dabei zeigen wenige Zahlen, welche Bedeutung die Landwirtschaft auch im 20. Jahrhundert besaß und bis heute besitzt. Zwar stellte sie um 1900 nicht mehr wie um 1800 die Existenzgrundlage für drei Viertel der Bevölkerung dar, sie beschäftigte aber immer noch 40% der Erwerbspersonen, wobei dieser Anteil in Süd- und Osteuropa wesentlich höher und in Westeuropa nur geringfügig niedriger war. Bis Anfang der 1980er Jahre ging er zwar auf gut 10% zurück, absolut waren dies aber fast 30 Mio. Menschen. Die in der Landwirtschaft Beschäftigten waren und sind – sowohl als Produzenten als auch als Konsumenten – von zentraler Bedeutung für die Entwicklung der europäischen Volkswirtschaften.

Entwicklung der Agrarproduktion
Abb. III. 9 gibt die Entwicklung der Getreideproduktion – Weizen, Roggen, Gerste, Hafer, Mais – in Tonnen wieder. Die Getreideproduktion wurde deshalb gewählt, weil sie einer der wichtigsten landwirtschaftlichen Produktionszweige ist und sich die Erzeugung anderer Güter zumindest in der Tendenz ähnlich entwickelte.

Auf den ersten Blick gleicht die Kurve der des gesamteuropäischen Sozialprodukts. Mit dem Ersten Weltkrieg war ein tiefer Einbruch verbunden, der erst im Laufe der 20er Jahre ausgeglichen werden konnte. Die Weltwirtschaftskrise führte dazu, daß die Getreideproduktion bereits Anfang der 30er Jahre wieder sank, um im Zweiten Weltkrieg noch stärker zurückzugehen als im Ersten. Insgesamt war die Zwischenkriegszeit durch eine weltweite Agrarkrise gekennzeichnet, die die europäische Landwirtschaft besonders hart traf. Verstärkte außereuropäische Konkurrenz, Überproduktion und Preisverfall waren die Folgen, die für viele Landwirte hohe Verschuldung, erhebliche Einkommensverluste oder Konkurs bedeuteten. Die beiden Weltkriege bewirkten ein übriges, so daß in der ersten Hälfte des 20. Jahrhunderts kaum Fortschritte in der Agrarproduktion erzielt wurden. In der Zeit nach dem Zweiten Weltkrieg nahm die Getreideproduktion einen rasanten Aufstieg. Für diese Jahrzehnte gibt es einen Indikator der Food and Agricultural Organization (FAO) der United Nations für die gesamte Agrarproduktion. Abb. III. 9 zeigt ihre Entwicklung in Ost- und Westeuropa, wobei der Produktionsdurchschnitt der Jahre 1952/56, in denen das Vorkriegsniveau bereits wieder erreicht worden war, gleich 100 gesetzt wurde. Wie alle Daten zur Produktionsentwicklung zwischen Ost- und Westeuropa nach 1945 sind auch diese – obwohl es physische sind – nur bedingt vergleichbar. Dennoch kann davon ausgegangen werden, daß beide Teile Europas einen starken und relativ stetigen Produktionsanstieg erlebten, wobei er in Osteuropa später einsetzte, dann aber dynamischer verlief. Wie beim gesamten Sozialprodukt, so brachten auch bei der Agrarproduktion die 70er Jahre eine Abschwächung des Wachstums. Die Gründe für diese insgesamt dynamische Entwicklung liegen in der allgemein sehr günstigen wirt-

Abb. III. 9: Getreideproduktion in Europa 1899–1981 (in Mio t, ohne Rußland/Sowjetunion); gesamte Agrarproduktion West- und Osteuropas (mit Sowjetunion) 1950–1982 (1952/56 = 100)

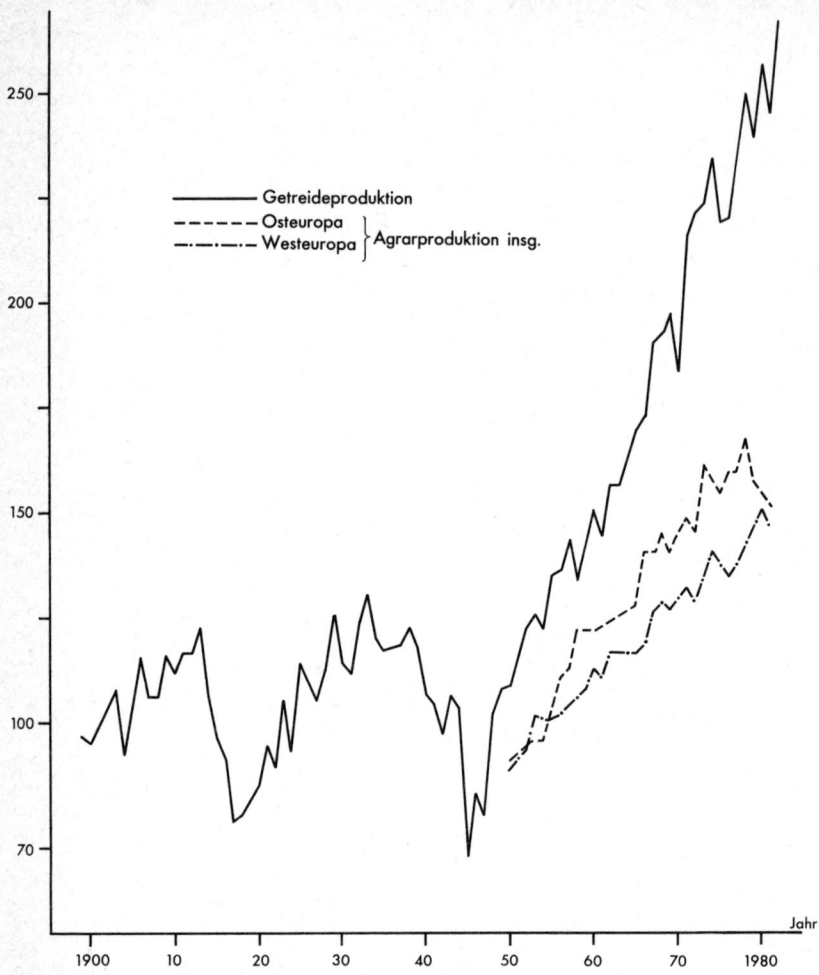

Quellen: *International Yearbook of Agricultural Statistics 1909 ff.*, hrsg. vom International Institute of Agriculture, Rom 1910 ff.; *Yearbook of Food and Agricultural Statistics*, später: *Production Yearbook 1955 ff.*, hrsg. von der Food and Agriculture Organization of the United Nations, Rom 1956 ff.

schaftlichen Entwicklung und damit zusammenhängend in der starken Veränderung der agrarischen Produktionsweise. Die modernen Formen der Mechanisierung, Düngung, Schädlings- und Seuchenbekämpfung, der Viehhaltung usw. erreichten nicht nur in den weiterentwickelten Staaten West- und Nordeuropas eine neue Qualität, sondern auch in denen Süd- und Osteuropas, in denen bis nach dem Zweiten Weltkrieg die traditionellen Methoden der landwirtschaftlichen Produktionsweisen dominierten.

Produktionsfaktoren

Der Produktionsfaktor *Boden*, d. h. die landwirtschaftlich genutzte Fläche, nahm in Europa im 20. Jahrhundert ab. Das schließt nicht aus, daß sie zeitweilig – in der Zwischenkriegszeit und nach dem Zweiten Weltkrieg – zunahm. Bei einer genaueren Betrachtung empfiehlt es sich, nur die für den Ackerbau genutzten Flächen zu vergleichen, da es hierbei weniger länderspezifische Definitionsunterschiede gibt. In Westeuropa ging diese Fläche ständig zurück. Die nordeuropäischen Länder dehnten ihre Ackerfläche bis in die 50er Jahre hinein leicht aus und schränkten sie danach relativ stark ein. Während Dänemark und Norwegen ihre Flächen aber nur wenig veränderten, gingen sie in Schweden nach dem Zweiten Weltkrieg erheblich zurück, nahmen dagegen in Finnland bis in die 60er Jahre hinein zu. Die südeuropäischen Länder erweiterten ihre Ackerfläche ebenfalls bis in die Gegenwart, nachdem sie in der Zwischenkriegszeit um fast 10% abgebaut worden war. Den stärksten Schwankungen war die Ackerfläche in Osteuropa ausgesetzt. Hier wurde sie in der Zwischenkriegszeit ausgebaut; besonders auf dem Balkan gab es noch viel Brachland. Der Zweite Weltkrieg brachte dann eine erhebliche Einschränkung. In den 50er und 60er Jahren stieg die Ackerfläche wiederum an und ging in den 70er Jahren etwas zurück. In Tab. III. 5 werden einige Flächenangaben wiedergegeben. Um zumindest die Gesamtentwicklung aufzeigen zu können, wurden das Deutsche Reich und Österreich in die Gebiete aufgeteilt, wie sie seit 1945 bestehen, und den entsprechenden Regionen zugeordnet. Zahlen für Gesamteuropa wurden wegen der Gebietsveränderungen zur Sowjetunion nicht angegeben, was natürlich auch die Zahlen für Osteuropa beeinträchtigt.

Tab. III. 5: Entwicklung der Ackerfläche Europas 1913–1981 (in Mio. Hektar)

	1913	1921	1939	1951	1965	1981
Westeuropa	44,64	43,02	41,98	41,41	40,45	37,89
Nordeuropa	8,89	9,53	9,58	9,74	9,34	8,82
Südeuropa	33,66	32,63	30,88	42,94	43,90	40,39
Osteuropa	52,74	55,55	59,84	52,43	54,79	52,90

Anm.: Die zugrundeliegenden Daten entsprechen nicht in allen Fällen genau den Stichjahren.

Quellen: *International Yearbook of Agricultural Statistics 1913 ff.*, hrsg. vom International Institute of Agriculture, Rom 1915 ff.; *Yearbook of Food and Agricultural Statistics*, später: *Production Yearbook*, hrsg. von der Food and Agriculture Organization of the United Nations, Rom 1956 ff.

Fast noch wichtiger für die Agrarproduktion als die absolute Ausdehnung der landwirtschaftlich genutzten Fläche ist ihre Aufteilung in betriebswirtschaftliche Einheiten. Der feudale Großgrundbesitz und der subsistenzwirtschaftlich geführte Zwerghof arbeiteten in der Vergangenheit im Gegensatz zum bäuerlichen Mittelbetrieb in der Regel unproduktiv. Latifundismus und Minifundismus bestimmten aber vor dem Ersten Weltkrieg die Eigentumsstrukturen vor allem der ost- und südeuropäischen Landwirtschaft. In den west- und nordeuropäischen Ländern dominierten dagegen kleine und mittlere Hofgrößen. Die politischen Umwälzungen im Zuge des Ersten Weltkrieges brachten zwar Veränderungen; in zwölf osteuropäischen Ländern wurden Agrarreformen durchgeführt und Millionen von Hektar neu verteilt. Effizientere Hofgrößen wurden dadurch – mit Ausnahme der baltischen Staaten – aber nicht geschaffen. Entweder standen sich weiter Großgrundbesitz und Parzellenwirtschaft gegenüber, oder die Zahl der sehr kleinen, kaum existenzfähigen Höfe wurde noch erweitert. In jedem Fall führten u. a. diese unökonomischen Betriebsstrukturen dazu, daß das Modernisierungspotential in der Landwirtschaft hier weniger als in West-/Nordeuropa genutzt wurde.

Die Jahre nach dem Zweiten Weltkrieg brachten dann radikale Veränderungen. In allen osteuropäischen Ländern entstanden durch Zwangskollektivierung und Verstaatlichung riesige genossenschaftlich organisierte Kollektivgüter und Staatsgüter. In den südeuropäischen Ländern blieb dagegen die jahrhundertealte Latifundienwirtschaft bis weit nach dem Zweiten Weltkrieg erhalten. Erst die Agrarreformen, die in Portugal und Spanien seit Mitte der 70er Jahre durchgeführt wurden, brachten eine gewisse Auflösung des extremen Latifundismus und Minifundismus. Wenn in diesen Ländern dennoch die Zahl der landwirtschaftlichen Betriebseinheiten zurückging, so war es eine Folge der Aufgabe von Kleinsthöfen, die schon zuvor oftmals nur als Nebenerwerbsbetriebe bewirtschaftet worden waren. Dies galt auch für die westeuropäischen Länder, in denen nach dem Zweiten Weltkrieg die Zahl der Höfe um mehr als ein Drittel abnahm. Die Politik der EG zielte im übrigen bewußt darauf ab, lebensfähige und rentable Mittelbetriebe zu schaffen. Insgesamt veränderte sich somit die Aufteilung der landwirtschaftlich genutzten Fläche in Europa im Laufe dieses Jahrhunderts relativ stark. Nach dem Ersten Weltkrieg nahm die Zahl der Betriebseinheiten zu; die durchschnittliche Hofgröße ging zurück. Nach dem Zweiten Weltkrieg nahm sie ab und damit die durchschnittliche Hofgröße zu.

Wesentlich stärker als der Produktionsfaktor Boden veränderte sich der Produktionsfaktor *Arbeit.* Vor dem Ersten Weltkrieg waren 67,5 Mio. Menschen in der europäischen Landwirtschaft beschäftigt (vgl. Tab. III.6). Ihre Zahl stagnierte in den Jahren des Ersten Weltkrieges, stieg dann aber in der Zwischenkriegszeit deutlich an und lag vor dem Zweiten Weltkrieg bei über 70 Mio. Die Zunahme ging allerdings fast ausschließlich auf das Konto der osteuropäischen Länder. In den west- und nordeuropäischen Staaten nahm die Zahl der in der Landwirtschaft beschäftigten Personen leicht ab. Der säkuläre Trend der Abnahme der absoluten Zahl der Agrarbeschäftigten in den hochentwickelten Industriestaaten wurde damit eingeleitet; der Anteil der Landwirtschaft an der Gesamtbeschäftigung war in den meisten Ländern dieser Region schon in den Jahrzehnten zuvor zurückgegangen. Kriegsbedingt sank die europäische Agrarbeschäftigung in den 40er Jahren und lag 1950 mit knapp 62 Mio. deutlich unter dem Niveau der Zwischenkriegszeit. In den folgenden drei Jahrzehnten wurde sie dann radikal abgebaut und machte 1980 nur noch gut 30 Mio. aus.

Tab. III.6: Anzahl der Beschäftigten in der europäischen Landwirtschaft 1913– 1980 (ohne Rußland/Sowjetunion, in Mio, Prozentwerte in Klammern)

	1913	1930	1950	1980
Westeuropa	19,25 (28,5)	19,15 (27,5)	14,93 (24,1)	5,12 (16,8)
Nordeuropa	3,12 (4,6)	3,12 (4,5)	2,50 (4,0)	0,85 (2,8)
Osteuropa	29,41 (43,5)	31,58 (45,3)	29,13 (47,0)	17,20 (56,7)
Südeuropa	15,76 (23,3)	15,89 (22,8)	15,39 (24,8)	7,15 (23,6)
	67,54 (100,0)	69,74 (100,0)	61,95 (100,0)	30,32 (100,0)

Quellen: A. Maddison, Economic Policy and Performance in Europe 1913–1970, in: Carlo M. Cipolla (Hrsg.), *The Fontana Economic History of Europe*, Bd. 5, Glasgow 1976, S. 496; United Nations, *Statistical Yearbook 1982*, New York 1983.

Vor allem die ost- und südeuropäischen Länder litten bis nach dem Zweiten Weltkrieg unter einer agrarischen Überbevölkerung, d. h. daß die große Zahl der Menschen, die in der Landwirtschaft ihren Lebensunterhalt suchten, von dieser kaum ernährt werden konnte. Auch heute noch ist die Landwirtschaft in diesen Ländern im Vergleich zu der der west- und nordeuropäischen Länder überbesetzt, was nicht ausschließt, daß es regional und saisonal zu Arbeitskräftemangel kommt. Stark abnehmende Agrarbeschäftigung nach dem Zweiten Weltkrieg und nur geringfügig veränderte Agrarfläche ließen das Verhältnis von Boden pro Arbeitskraft ansteigen; eine Person bearbeitete eine immer größere landwirtschaftliche Fläche. Dies war nur möglich, weil immer mehr Kapital eingesetzt wurde.

Die Produktionsfaktoren *Kapital* und *technischer Fortschritt* umfassen in der Landwirtschaft den gesamten Bereich der Mechanisierung und Anwendung chemischer Mittel, der pflanzlichen und tierischen Züchtung, der Anbaumethoden und Viehhaltung. Der Dampfpflug, die Dampfdreschmaschine oder die Sämaschine breiteten sich zwar in der zweiten Hälfte des 19. Jahrhunderts aus, dennoch blieb der Mechanisierungsgrad auch in der ersten Hälfte des 20. Jahrhunderts niedrig; allein in den west- und nordeuropäischen Ländern gewann der Traktor als Schlepper bzw. Zugmaschine an Bedeutung. Nach dem Zweiten Weltkrieg veränderten sich die Verhältnisse in kurzer Zeit radikal. Gab es 1939 in ganz Europa nur ca. 270000 Traktoren, so waren es Anfang der 80er Jahre über acht Mio. Dabei entwickelte sich der Traktor von einer Zugmaschine zu einer integrierten Arbeitsmaschine, die multifunktional eingesetzt werden kann und zu einem weitgehenden Ersatz von menschlicher und tierischer Arbeitskraft führte.

Traktoren, Sä-, Ernte- und Dreschmaschinen und eine ganze Reihe anderer landwirtschaftlicher Maschinen, die nicht nur den Ackerbau, sondern auch die Viehhaltung entscheidend veränderten, setzten sich vor und nach dem Zweiten Weltkrieg in allen Teilen Europas endgültig durch. Als vorläufig letzte Stufe der Mechanisierung fanden Mikroprozessoren zur vollautomatischen Steuerung bestimmter Arbeitsvorgänge Anwendung. Voraussetzung für diese Entwicklung war die umfassende Erschließung der agrarischen Gebiete mit Elektrizität.

Wenn die Mechanisierung in der einen oder anderen Form fast alle Gebiete Europas erreichte, so gab und gibt es dennoch große Unterschiede. Besonders weit entwickelt ist der Mechanisierungsprozeß in den west- und nordeuropäischen Staaten, während er in den ost- und südeuropäischen Ländern zwar ebenfalls große Fortschritte machte, aber auch Mitte der 8oer Jahre noch kein vergleichbares Niveau erreichte.

Im Zuge einer immer intensiveren Nutzung der Böden mußten diese künstlich mit Nährstoffen angereichert werden. Die Ergänzung des organischen durch mineralischen Dünger begann ebenfalls bereits im 19. Jahrhundert. Wie bei der Mechanisierung beschleunigte sich diese Entwicklung in den weiter fortgeschrittenen, vor allem kleineren Staaten Westeuropas, in denen die Landwirtschaft besonders intensiv betrieben wurde, während die größeren agrarischen Flächenstaaten Ost- und Südeuropas mit Abstand folgten. Erst in der Nachkriegszeit, letztlich erst seit den 6oer Jahren, stieg der Verbrauch mineralischer Dünger (Nitrate, Phosphate, Kalisalze) in Osteuropa stark und in Südeuropa mäßig an. Aber auch heute noch sind die regionalen Unterschiede groß. Bei einigen Ländern – Belgien, Niederlande, BRD, DDR – scheint die Versorgung des Ackerlandes einen gewissen Sättigungsgrad erreicht zu haben. Es kann bereits eine Überdüngung festgestellt werden, die die Gefahr einer chemischen Verseuchung der Lebensmittel immer bedrohlicher werden läßt. Daß in diesen Ländern der Verbrauch pro landwirtschaftlich genutzter Fläche weiter steigt, liegt an der verstärkten Düngung von Weiden und Wiesen.

Eine ähnliche Entwicklung wie beim Dünger vollzog sich bei den Pestiziden (Insektizide, Fungizide, Herbizide, Rodentizide). Nur durch die wirksame Kontrolle von Schädlingen und Seuchen konnte die landwirtschaftliche Produktion nachhaltig gesteigert werden. Auch ihre verstärkte Anwendung begann in den westeuropäischen Ländern und breitete sich erst nach dem Zweiten Weltkrieg in den anderen Regionen Europas aus. Dadurch gelang es, sowohl bestimmte Schädlingsarten wie den Kartoffelkäfer fast vollständig auszurotten, als auch bestimmte Seuchen wie die Maul-und-Klauen-Seuche unter Kontrolle zu bringen. Ebenso wie bei der Düngung droht in bestimmten europäischen Regionen durch eine extensive Anwendung von Pestiziden die zunehmende Vergiftung der agrarischen Produkte.

In der Mechanisierung und Anwendung chemischer Mittel kommt die enorme Steigerung des Kapitaleinsatzes in der Landwirtschaft sicherlich am

besten zum Ausdruck. Aber auch die Erforschung neuer Zucht- und Anbaumethoden verbraucht Kapital, das meist vom Staat bereitgestellt wurde.
Wenn man von einer zweiten Agrarrevolution nach dem Zweiten Weltkrieg
spricht, so ist damit gemeint, daß die genannten Faktoren die agrarische
Produktionsweise grundlegend veränderten.

Verstärkter Kapitaleinsatz bei rückläufiger Beschäftigung bedeutete, daß
die Kapitalintensität in der Landwirtschaft nach dem Zweiten Weltkrieg
stark anstieg. Sie übertraf diejenige weiter Bereiche von Industrie und Handwerk. Dadurch nahmen aber auch die Kapitalkosten im Verhältnis zum

*Tab. III.7: Anteil verschiedener Aufwendungen am landwirtschaftlichen Brutto-
produktionswert 1950–1982 (in %)*

	1950–52	1960–62	1970–72	1980–82
	Nord- und Westeuropa			
Futter, Saat, Vieh	9,4	15,8	19,9	21,5
Dünger	4,9	5,6	6,5	7,9
Pestizide	0,6	0,6	1,2	2,1
Brenn- und Schmierstoffe, Elektrizität	2,4	3,1	3,3	4,3
Wartung, Reparaturen	5,9	5,9	6,4	6,9
	23,2	31,0	37,3	42,6
	Südeuropa			
Futter, Saat, Vieh	3,4	7,1	13,3	15,3
Dünger	2,5	2,7	3,3	3,7
Pestizide	0,7	0,7	1,0	1,2
Brenn- und Schmierstoffe, Elektrizität	0,7	1,1	2,3	4,1
Wartung, Reparaturen	1,2	1,3	2,0	3,1
	8,5	12,9	21,9	27,4
	Ungarn			
Futter, Saat, Vieh	·	4,4	27,1	24,9
Dünger	·	2,5	5,0	5,5
Pestizide	·	1,7	0,9	1,9
Brenn- und Schmierstoffe, Elektrizität	·	2,8	2,2	3,1
Wartung, Reparaturen	·	4,5	3,2	4,1
		15,9	38,4	39,5
	Polen			
Futter, Saat, Vieh	·	1,9	12,5	18,3
Dünger	·	3,6	5,9	5,4
Pestizide	·	0,3	0,5	1,0
Brenn- und Schmierstoffe, Elektrizität	·	2,1	2,4	3,9
Wartung, Reparaturen	·	3,4	4,3	4,7
		11,3	25,6	33,3

Quellen: United Nations (ECE), *Economic Survey of Europe in 1971*, New York 1972 und *Econimic
Survey of Europe in 1983*, New York 1984; United Nations, *Economic Bulletin for Europe*, Vol. 35,
Nr. 2 (1983).

Produktionswert zu, d. h. daß die Landwirte bei der Erzeugung ihrer Produkte immer höhere Aufwendungen hatten.

Tab. III. 7 gibt die Entwicklung für die Nachkriegszeit wieder, wobei ein Vergleich zwischen Ungarn und Polen und den anderen Regionen Europas wegen unterschiedlicher Preisbemessungen nur bedingt möglich ist. Deutlich wird aber, daß die Kapitalkosten in Südeuropa Anfang der 80er Jahre am niedrigsten und in Westeuropa am höchsten lagen. In Osteuropa waren sie in den hochentwickelten Ländern wie der DDR und der Tschechoslowakei ebenfalls hoch, während sie in Ländern wie Polen oder Rumänien deutlich darunter lagen. Der Anteil der Kapitalkosten verdoppelte sich in der Nachkriegszeit in Nord- und Westeuropa; in Südeuropa nahm er um mehr als das Dreifache zu, und auch in Osteuropa dürfte er um mindestens das Dreifache gestiegen sein. Zu beachten ist, daß in Tab. III. 7 nur ein Teil der gesamten Produktionskosten erfaßt wird. Selbst die Kapitalkosten werden nicht vollständig wiedergegeben. Kapitalkosten und Abschreibungen machen fast überall 60% und mehr des landwirtschaftlichen Produktionswertes aus.

Die steigende Kapitalintensität förderte die Produktionsspezialisierung, da hochentwickelte Maschinen Spezialkosten verursachten, die nur durch Konzentration auf den Anbau bestimmter Pflanzenarten und die Haltung bestimmter Tierarten zu bewältigen waren. Im Körneranbau bildeten sich typische Fruchtfolgen heraus, weil diese bei hoher ökonomischer Effizienz vollmechanisierbar waren und eine hohe Arbeitsproduktivität erzielten. Auch beim Hackfrüchteanbau entwickelte man neue Fruchtfolgen, die den Intensitätsgrad der Ackernutzung steigerten und damit eine höhere Produktivität gewährleisteten. Ebenso wandelte sich unter dem wachsenden Rationalisierungs- und Kostendruck die Viehhaltung; auch hier setzte sich die Mechanisierung immer mehr durch.

Faktorproduktivitäten

Warum stieg die Agrarproduktion trotz der stagnativen Zwischenkriegszeit in den letzten 100 Jahren so stark an? Am rein quantitativ vermehrten Einsatz der Produktionsfaktoren kann es nicht gelegen haben. Im Gegenteil, der Produktionsfaktor Boden wurde leicht eingeschränkt, der Produktionsfaktor Arbeit nahm stark ab. Der Produktionsfaktor Kapital spielte zwar eine immer größere Rolle, auf die bloße Ausweitung seines Volumens lassen sich die hohen Produktionssteigerungen aber nicht allein zurückführen. Um sie zu erreichen, war vielmehr eine wesentliche Verbesserung der Faktorproduktivitäten notwendig, d. h. Boden und Arbeit mußten mit Hilfe des Kapitals pro eingesetzter Einheit mehr erzeugen.

Neben einer laufenden Verbesserung der Saat- und Viehzucht waren es in der zweiten Hälfte des 19. Jahrhunderts vor allem der verstärkte Einsatz von Kunstdünger und proteinreichen Futtermitteln, der zu verbesserten Produktionsergebnissen pro Hektar und Stück Vieh führte. Die Intensivierung der Bodenbearbeitung und die Änderung der Anbaumethoden – vor allem die

Ausdehnung des Hackfrüchteanbaus – spielten ebenfalls eine Rolle. In Ländern wie dem Deutschen Reich,den Niederlanden, Schweden, Belgien oder Dänemark stieg die Bodenproduktivität im jährlichen Durchschnitt zwischen 1880 und 1913 um 1–2%. Frankreich wies demgegenüber kaum Produktivitätsfortschritte auf. Für die meisten ost- und südeuropäischen Staaten gibt es keine verläßlichen Daten; die Bodenproduktivität dürfte hier aber langsamer gestiegen sein. Vor dem Ersten Weltkrieg wurden daher sehr unterschiedliche Hektarerträge erzielt. Sie lagen in den fortgeschrittenen Ländern West- und Nordeuropas doppelt so hoch wie in den rückständigen Ländern Ost- und Südeuropas.

Diese Unterschiede blieben auch in der Zwischenkriegszeit bestehen, in der die Hektarerträge allgemein nur langsam zunahmen oder sogar stagnierten. Die Gründe hierfür lagen in der Agrarkrise, die den Innovationsprozeß in der Landwirtschaft in jeder Beziehung ins Stocken brachte. Diese stagnative Entwicklung war umso bemerkenswerter, als gleichzeitig bei außereuropäischen Agrarproduzenten hohe Produktivitätsfortschritte erzielt wurden.

Die zweite Agrarrevolution führte dann nach dem Zweiten Weltkrieg zu einer enormen Steigerung der Bodenproduktivität. Sie dürfte sich zwischen 1950 und 1980 fast verdoppelt haben. Die Ursachen hierfür liegen in dem beschriebenen kombinierten Einsatz vermehrter und verbesserter Inputfaktoren. Generell verloren dabei die traditionellen und natürlichen Faktoren an Bedeutung. Dies wird in einer Schätzung – basierend auf den gleichen UN-Daten wie die Tab. III. 7 – deutlich, die die verschiedenen Elemente der Ertragssteigerung der Getreideproduktion in der Tschechoslowakei zwischen 1948 und 1978 beispielhaft zu erfassen versucht:

Einsatzfaktoren	1948	1978
Natürliche Bodenqualität	40	10
Klimatische Bedingungen	20	15
Bodenbearbeitung	20	10
Saatqualität/Anbaumethoden	5	20
Pflanzenschutz	5	15
Düngung	10	30
	100	100

Die Produktivität entwickelte sich in den verschiedenen Regionen Europas in diesem Zeitabschnitt durchaus ähnlich, nur in Südeuropa – mit Ausnahme Italiens – langsamer. Die osteuropäischen Staaten holten dabei bis zu einem gewissen Grad auf, ohne allerdings die hohe Produktivität der westeuropäischen Länder zu erreichen.

In Abb. III. 10 wird beispielhaft die Entwicklung der Weizenerträge für vier Länder mit unterschiedlichem Entwicklungsniveau aufgezeigt. Deutlich wird die Stagnation in der ersten Häfte des Jahrhunderts und der starke Ertragszuwachs nach dem Zweiten Weltkrieg. Es zeigt sich zugleich, daß sich die Hektarerträge in dieser Wachstumsphase anglichen, ohne daß es allerdings den ost- und südeuropäischen Ländern gelang, das west- und nordeuropäische Produktivitätsniveau zu erreichen.

Abb. III. 10: Weizenerträge in verschiedenen Ländern 1905–1982 (Doppelzentner pro Hektar)

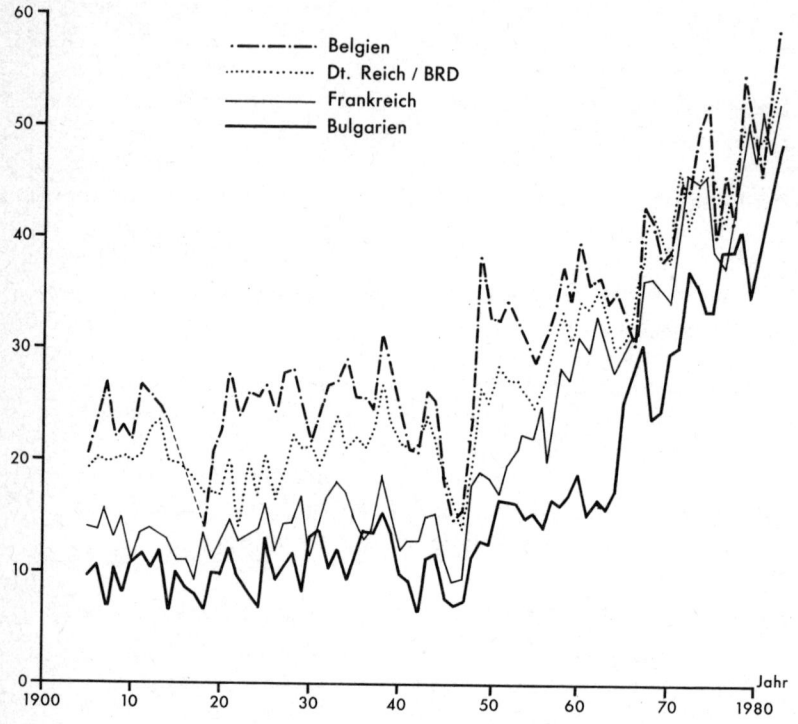

Quellen: *International Yearbook of Agricultural Statistics 1909ff.*, hrsg. vom International Institute of Agriculture, Rom 1910ff.; *Yearbook of Food and Agricultural Statistics*, später: *Production Yearbook 1955ff.*, hrsg. von der Food and Agriculture Organization of the United Nations, Rom 1956ff.

Eine ähnliche Produktivitätsentwicklung wie beim Getreide läßt sich bei anderen pflanzlichen Erzeugnissen und bei tierischen Produkten feststellen. Eine gewisse Stagnation tritt bisher allenfalls bei besonders hochgezüchteten Pflanzen und Tieren und in sehr intensiv bewirtschafteten Gebieten auf, deren Erträge aber weit über dem Durchschnitt liegen. Betrachtet man die gesamte europäische Agrarproduktion, so wirkt sich das Ertragsgesetz, nach dem von einem bestimmten Punkt an trotz der Steigerung und Verbesserung der Einsatzfaktoren keine Ertragssteigerung mehr möglich ist, noch nicht aus.

Die Tatsache, daß eine immer höhere Agrarproduktion von immer weniger Menschen produziert wurde, bedeutet, daß auch die Arbeitsproduktivität stark gestiegen ist. Um zwei Beispiele zu nennen: In Deutschland konnte am Anfang des Jahrhunderts eine Vollarbeitskraft die Nahrungsmittel für fünf, in der Mitte des Jahrhunderts für sechs und heute für mehr als 35 Menschen produzieren, wobei der Nahrungsmittelkonsum pro Person zunahm. In Großbritannien waren am Anfang des Jahrhunderts zur Weizenproduktion pro Hektar 120, in der Mitte 80 und heute weniger als 15 Arbeitsstunden notwendig, während der Ernteertrag pro Hektar gleichzeitig stark anstieg. Ebenso wie die Steigerung der Bodenproduktivität war die der Arbeitsproduktivität vom vermehrten und verbesserten Kapitaleinsatz abhängig. Zugleich spielte aber auch die Beseitigung der Unterbeschäftigung, d. h. der offenen oder versteckten Arbeitslosigkeit, eine Rolle. Diese beiden Faktoren bestimmten den starken Anstieg der Arbeitsproduktivität – in fast allen Ländern um das Fünf – bis Sechsfache – nach dem Zweiten Weltkrieg ganz allgemein und die dabei auftretende Zeitverschiebung zwischen den verschiedenen europäischen Regionen; in Nord- und Westeuropa nahm sie in den 50er, in Osteuropa in den 60er und in Südeuropa in den 70er Jahren besonders rasch zu.

Insgesamt wandelte sich somit der Charakter der landwirtschaftlichen Produktionsweise in diesem Jahrhundert stark – besonders nach dem Zweiten Weltkrieg. Mechanisierung, Anwendung chemischer Mittel, biologische Innovation, strukturelle und organisatorische Veränderungen und eine immer engere Verzahnung mit anderen Wirtschaftssektoren führten dazu, daß sich in bestimmten Produktionszweigen die Grenzen zwischen landwirtschaftlicher und nichtlandwirtschaftlicher Produktionsweise auflösten. Dieser grundsätzliche Trend darf allerdings nicht darüber hinwegtäuschen, daß selbst in Nord- und Westeuropa, vor allem aber in Ost- und Südeuropa die Landwirtschaft teilweise auch heute noch sehr traditionell betrieben wird.

Regionale Unterschiede in der Agrarproduktion

Der Übergang von der extensiven Agrarproduktion zur intensiven Veredelungswirtschaft, der sich im 20. Jahrhundert vollzog, setzte als erstes in den west- und nordeuropäischen Ländern ein. Dänemark und die Niederlande übernahmen dabei eine Schrittmacherrolle. Im Gegensatz zu den anderen Ländern dieser Region nutzten sie die Agrarkrise am Ende des 19. Jahrhunderts, um einen tiefgreifenden Strukturwandel einzuleiten, der darauf abzielte, agrarische Basisprodukte zu importieren und veredelte tierische und pflanzliche Erzeugnisse zu exportieren. Dänemark und die Niederlande erzielten am Anfang des Jahrhunderts die höchsten Produktivitäten in Europa. Die übrigen Länder reagierten schon auf diese erste Agrarkrise mit protektionistischen Maßnahmen, die in der Zwischenkriegszeit weiter verschärft wurden. Vorhandene Strukturen wurden dadurch erhalten und der notwendige Strukturwandel verzögert.

Der Modernisierungsschub, den alle europäischen Staaten nach dem Zweiten Weltkrieg erlebten, betraf vor allem die Produktionsweise. Das Produktionsmuster in bezug auf die angebauten Pflanzen und die gezüchteten und gehaltenen Tiere veränderte sich dagegen wesentlich langsamer. Man holte letztlich die Entwicklung zur Intensivierung des Pflanzenanbaus und der Viehzucht nach, die in den Niederlanden und in Dänemark schon wesentlich früher eingeleitet worden war. Einen besonderen Nachholbedarf hatten die ost- und südeuropäischen Landwirtschaften. In den osteuropäischen Ländern war die Produktivitätsstruktur traditionell durch den Ackerbau, insbesondere durch den Getreide- und Maisanbau, gekennzeichnet. Daneben spielte die extensiv betriebene Viehzucht eine gewisse Rolle. Hieran änderte sich bis zum Zweiten Weltkrieg wenig. Erst nach dem Krieg schränkte man die Getreideflächen ein und weitete die der Intensivkulturen wie Obst und Gemüse aus. Erst seit den 60er Jahren wurde die Tierhaltung mittels Großställen und Massentierhaltung stark ausgebaut.

Die Agrarmodernisierung machte große Fortschritte, obwohl der angestrebte agrar-industrielle Komplex noch längst nicht verwirklicht worden ist. Wie schwierig es ist, die landwirtschaftliche Produktionsweise zu verändern, zeigt sich auch daran, daß sich an der unterschiedlichen Intensität der Landbewirtschaftung in den einzelnen Ländern in diesem Jahrhundert kaum etwas geändert hat. Nach wie vor lassen sich drei Gruppen unterscheiden: die industriell am wenigsten entwickelten Balkanländer mit der niedrigsten und die hochindustrialisierten Gebiete der DDR und der Tschechoslowakei mit der höchsten Intensität; Ungarn und Polen nehmen eine Mittelstellung ein.

Einen noch größeren Rückstand gegenüber den west- und nordeuropäischen wiesen die südeuropäischen Länder auf. Bis in die Gegenwart machte der Getreideanbau fast die Hälfte der landwirtschaftlichen Nutzfläche aus. Daneben besaßen die typisch mediterranen Produkte eine große Bedeutung. Klimatische, topographische und historische Gemeinsamkeiten führten dazu, daß in allen Ländern – innerhalb Italiens gilt dies für den Mezzogiorno – sich nicht nur das Produktionsmuster extrem langsam veränderte, sondern auch die Produktionsweise – im Vergleich zu den anderen europäischen Regionen – wesentlich rückständiger blieb.

Ein Kennzeichen der landwirtschaftlichen Veredelungswirtschaft ist der steigende Anteil der tierischen Produktion an der gesamten agrarischen Wertschöpfung. In den westeuropäischen Ländern schwankte er nach dem Zweiten Weltkrieg zwischen 65 und 70%. In Frankreich lag er mit gut 50% am niedrigsten und in Irland mit über 80% am höchsten. Da Irland durchaus nicht über eine besonders fortschrittliche Landwirtschaft verfügt, zeigt der hohe Anteil in Irland, daß die Anteilwerte von tierischer und pflanzlicher Produktion auch durch die spezifische Produktionsstruktur bestimmt werden. In den osteuropäischen Ländern hatte sich der Anteil der tierischen an der gesamten Agrarproduktion bis in die 60er Jahre hinein nur mäßig oder gar nicht erhöht; heute liegt er bei gut 40%, wobei er in der DDR und der Tschechoslowakei 60% ausmacht. In den südeuropäischen Ländern ist er noch kleiner. Obwohl die landwirtschaftliche Erzeugung aufgrund unterschiedlicher Boden- und Klimabedingungen, sozialer und wirtschaftlicher Verhältnisse grundsätzlich einen weiten Spielraum für Produktionsspezialisierung bietet, bildeten sich solche besonders zweckmäßigen agrarischen Produktionssysteme zwischen Ländern und Regionen nur sehr langsam heraus. Bis zum Zweiten Weltkrieg wurde die Landwirtschaft sogar im Gegenteil in zunehmendem Maße auf nationaler Grundlage organisiert. Erst danach setzte im Zuge der west- und osteuropäischen Integration allmählich ein Prozeß der Spezialisierung ein.

Europa in der Welt
Genaue Daten zur Weltagrarproduktion vor dem Zweiten Weltkrieg gibt es nicht. Für die Jahre 1934/38 liegt eine Schätzung des International Institute of Agriculture vor, wonach Europa einen Anteil von knapp 30% besaß. Nach dem Krieg ging er auf etwa 20% zurück. Diese Globalzahlen sind nur bedingt sinnvoll, da die Produktionen der verschiedenen landwirtschaftlichen Produkte natürlich sehr unterschiedlich auf die Welt verteilt sind. Während z. B. nur ein Bruchteil der jährlichen Reisernte aus Europa stammt, wird ein großer Teil der Kartoffel hier produziert. Es sollen daher zumindest einige wenige Relationszahlen für bestimmte Erzeugnisse genannt werden: Während vor dem Ersten Weltkrieg etwa ein Drittel des Weizens der Weltproduktion in Europa ohne Rußland produziert wurde, waren es Anfang der 80er Jahre gut 20%. Der Anteil an der Roggenernte ging im gleichen Zeitraum von 56 auf 46% zurück, der an den Haferernte von über 80 auf 40%. Auch für andere pflanzliche und tierische Produkte ergibt sich eine Abnahme des europäischen Anteils an der Weltproduktion, so daß insgesamt die Bedeutung Europas als landwirtschaftlicher Produzent abgenommen hat. Das ändert allerdings nichts daran, daß Europa in bezug auf die Intensität der agrarischen Produktion weiterhin mit an der Spitze liegt. Nirgendwo sonst – außer in Nordamerika und wenigen anderen Regionen der Welt – wird mit so wenigen Arbeitskräften ein so hoher Ertrag erzielt, wobei – besonders in den kleineren Staaten – auch die Bodenproduktivität außerordentlich hoch liegt.

3. Industrie und Handwerk

Der Unterschied zwischen Industrie und Handwerk besteht im Grad der Mechanisierung, in der Produktionsmenge und der Stellung der Arbeiter im Betrieb. Es gibt Güter, die am Anfang des Jahrhunderts in kleingewerblich-handwerklicher Produktion hergestellt wurden und heute in großgewerblich-industrieller Produktion gefertigt werden. Es gibt Güter, die zur gleichen Zeit in einem Land handwerklich, in einem anderen Land industriell produziert werden. Die Übergänge zwischen Industrie und Handwerk sind somit fließend. Zumindest bei einem so knappen Überblick, wie er hier gegeben wird, ist eine präzise Unterscheidung zwischen Industrie und Handwerk nicht möglich. Wird der primäre Sektor verkürzt als Landwirtschaft bezeichnet, so wird der sekundäre Sektor häufig nur Industrie genannt. Diese Sprachregelung wird im folgenden übernommen, wobei allerdings beachtet werden muß, daß der sekundäre Sektor neben der verarbeitenden Industrie – Grundstoffindustrie, Produktions-, Investitions-, Verbrauchsgüterindustrie, Nahrungs- und Genußmittelindustrie – auch den Bergbau und die Erzeugung von Gas, Wasser und Elektrizität sowie die Bauwirtschaft umfaßt.

Gesamteuropäische Entwicklung

Entwicklung der Industrieproduktion

In einer so stark industrialisierten Region wie Europa wurde die Entwicklung der gesamten Wirtschaft entscheidend durch die der Industrie bestimmt. Die Länder, in denen die Landwirtschaft in diesem Jahrhundert noch eine besondere Bedeutung besaß, spielen bei einer gesamteuropäischen Betrachtung nur eine untergeordnete Rolle. Insofern verlief die Entwicklung der europäischen Industrieproduktion ähnlich der des Sozialprodukts; allerdings waren die Wachstums- und Konjunkturschwankungen ausgeprägter. In der ersten Hälfte des 19. Jahrhunderts verdoppelte sich die Industrieproduktion in Europa. In der zweiten Hälfte bis zum Ersten Weltkrieg stieg sie um das Vier- bis Fünffache, nachdem immer mehr Länder und Wirtschaftszweige vom Industrialisierungsprozeß erfaßt wurden. In den 40 Jahren zwischen 1913 und 1953 nahm sie trotz zweier Weltkriege und der Weltwirtschaftskrise um etwa das Doppelte zu, um dann in den folgenden drei Jahrzehnten noch einmal um mehr als das Dreifache zu steigen. Betrachtet man den Zeitraum der letzten 100 Jahre, so können wie beim Sozialprodukt drei Hauptphasen herausgearbeitet werden (vgl. Abb. III. 12). In der Zeit vor dem Ersten Weltkrieg stieg die Industrieproduktion relativ stetig an. In der Zeit zwischen den Kriegen verlief die Entwicklung ausgesprochen unruhig. Die Zeit nach dem Zweiten Weltkrieg wurde durch einen dynamischen Wachstumsprozeß gekennzeichnet, der sich zwar abschwächte, aber sich erst in der zweiten Hälfte der 70er Jahre deutlich verlangsamte.

Welche länderspezifischen Unterschiede lassen sich nun innerhalb Europas feststellen? In Abb. III. 11 ist die Entwicklung der Industrieproduktion verschiedener Länder wiedergegeben. Wie bei der Untersuchung des Sozialprodukts wird deutlich, daß alle hier behandelten Länder nach dem Zweiten Weltkrieg einen starken Industrialisierungsschub erlebten, allerdings mit unterschiedlicher Intensität. Wie dort sollen verschiedene Gruppen gebildet werden, die sich nach der Stärke des Wachstumsprozesses voneinander unterscheiden.

Abb. III. 11: Industrieproduktion verschiedener Länder 1901 – 1982 (1957 = 100)

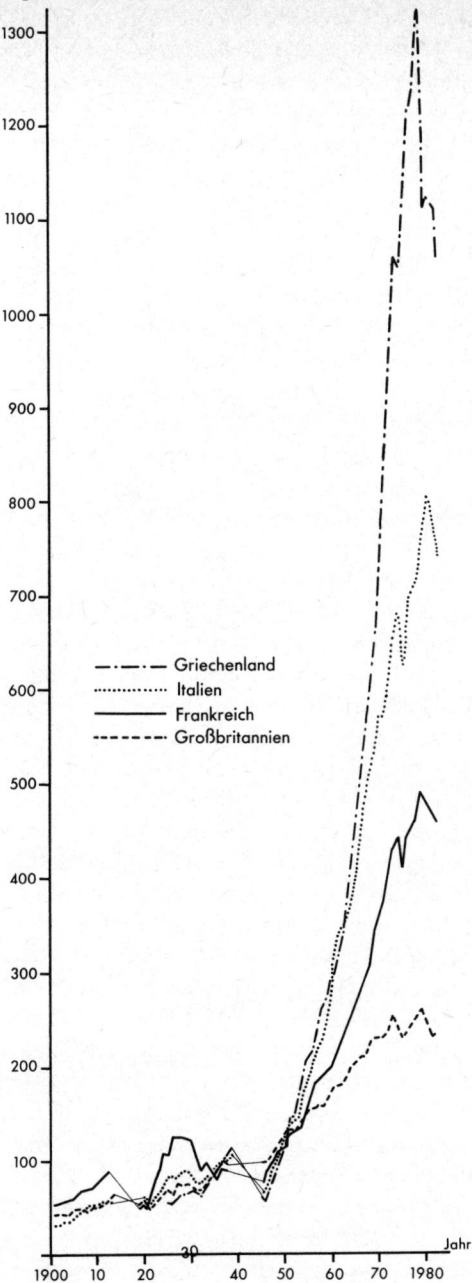

Quellen: OEEC, *Statistical Bulletins, Industrial Statistics 1900 – 1959*, Paris 1960, S. 9; United Nations, *Statistical Yearbook 1960ff.*, New York 1962 ff.

Die erste Gruppe bilden wiederum Belgien und Großbritannien, dessen Entwicklung der Industrieproduktion abgebildet worden ist. Diese beiden Länder, die schon am Anfang des Jahrhunderts hoch industrialisiert waren, erlebten seither ein relativ gemäßigtes Wachstum der industriellen Produktion. Eine zweite Gruppe besteht aus Frankreich, den Niederlanden, Norwegen, Österreich, der Schweiz und Schweden; beispielhaft wurde der Verlauf der französischen Industrieproduktion wiedergegeben. Es handelt sich dabei um Länder, deren Industrieproduktion zwar deutlich schneller stieg als die der ersten Gruppe, aber keinen so dynamischen Wachstumsprozeß erlebte wie die der dritten Gruppe, die sehr heterogen zusammengesetzt ist: BRD, Italien, Finnland, DDR, Tschechoslowakei und Ungarn. Die Gebiete der Bundesrepublik, der DDR und der Tschechoslowakei gehörten schon am Anfang des Jahrhunderts zu den am weitesten industrialisierten Regionen. Italien und Finnland waren dagegen in großen Teilen noch unterentwickelte Agrarstaaten. Einen noch stärkeren Industrialisierungsprozeß verzeichneten die Länder einer vierten Gruppe, die – von wenigen regionalen oder lokalen Schwerpunkten abgesehen – am Ende des 19. Jahrhunderts praktisch über keine Industrie verfügten: Griechenland, Spanien, Jugoslawien, Portugal. Die Kurve der griechischen Industrieproduktion in Abb. III. 11 liegt deutlich über der der anderen Länder. Schließlich sollen in einer fünften Gruppe die osteuropäischen Länder zusammengefaßt werden, deren Angaben zur Industrieproduktion, wie die der DDR und Ungarns, wegen der unterschiedlichen Berechnungsmethoden mit denen der westlichen Länder nur bedingt vergleichbar sind, die aber – folgt man den offiziellen Statistiken – exorbitante Steigerungsraten erlebten: Polen, Bulgarien, Rumänien und die Sowjetunion.

Es soll ausdrücklich darauf hingewiesen werden, daß in Abb. III. 11 die Industrieproduktion für jedes Land getrennt wiedergegeben wurde. Das gemeinsame Basisjahr 1957 bedeutet natürlich nicht, daß die absolute Industrieproduktion in diesem Jahr gleich gewesen wäre; sie war vielmehr extrem ungleich. Trotz des mäßigen Anstiegs der Industrieproduktion Großbritanniens war diese natürlich auch am Anfang der 80er Jahre absolut noch um ein Vielfaches höher als die Griechenlands, das ein sehr viel stärkeres Wachstum erlebte. Auf das Verhältnis der absoluten Industrieproduktionen der verschiedenen Länder wird weiter unten noch eingegangen.

Es muß wiederum kritisch angemerkt werden, daß eine Zuordnung zu den verschiedenen Gruppen bei einigen Ländern problematisch ist. An der Tendenz der Entwicklung ändert das allerdings nichts: Im 20. Jahrhundert fand ein Nivellierungsprozeß statt, d. h. die am Anfang des Jahrhunderts höher industrialisierten Länder erlebten eine relativ langsame Entwicklung der Industrieproduktion, während die weniger entwickelten Länder einen dynamischen Industrialisierungsprozeß besonders nach dem Zweiten Weltkrieg verzeichneten. Dadurch wurde sowohl das regionale Entwicklungsgefälle zwischen Nord-/West- und Süd-/Osteuropa eingeebnet als auch das zwischen einzelnen Ländern. Außerdem verschoben sich die Anteile an der gesamteuropäischen Industrieproduktion zugunsten der Randstaaten.

Tab. III. 8: Entwicklung der Industrieproduktion in den europäischen Ländern 1913 – 1980 (in %; Industrieproduktion Großbritanniens 1900 = 100)

	1913	1928	1938	1953	1963	1973	1980
Belgien	16	22	18	25	41	69	76
Bulgarien	1	2	3	6	11	21	28
BRD	–	–	–	180	330	550	590
Dänemark	2	5	7	16	24	42	44
DDR	–	–	–	44	86	125	157
Deutsches Reich	138	158	214	–	–	–	–
Finnland	2	4	5	5	17	34	43
Frankreich	57	82	74	98	194	328	362
Griechenland	1	3	4	3	7	20	26
Großbritannien	127	135	181	258	330	462	441
Irland	–	2	3	4	5	9	12
Italien	23	37	46	71	150	258	319
Jugoslawien	1	5	7	11	32	70	103
Niederlande	4	11	13	24	42	75	84
Norwegen	2	3	5	11	15	24	24
Österreich	–	9	10	15	26	49	59
Polen	–	16	19	31	66	129	169
Portugal	2	3	4	5	10	23	31
Rumänien	2	4	5	15	37	85	118
Schweden	9	12	21	28	48	80	83
Schweiz	8	9	9	20	37	57	54
Sowjetunion	–	72	152	328	760	1345	1630
Spanien	11	16	14	22	43	122	156
Tschechoslowakei	–	22	23	36	65	103	129
Ungarn	–	6	9	21	42	69	86

Quelle: Paul Bairoch, International Industrialization Levels from 1750 to 1980, in: *Journal of European Economic History* 11 (1982), S. 299, 331.

Damit kein falscher Eindruck entsteht, sollen in Tab. III. 8 noch einmal die absoluten Niveaus der Industrieproduktion untereinander verglichen werden. Dabei wurde die Industrieproduktion Großbritanniens von 1900 gleich 100 gesetzt und die der anderen Länder auf diese Basis bezogen. Trotz schwachen Wachstums blieb Großbritannien – von der Sowjetunion wird abgesehen – hinter der BRD die größte Industriemacht Europas, und trotz enormer Ausweitung der Industrieproduktion liegt sie in Rumänien heute so hoch wie in Großbritannien am Anfang des Jahrhunderts, in Bulgarien, Griechenland oder Portugal so hoch wie Mitte des 19. Jahrhunderts. Aber selbst bei diesen Zahlen ist eine gewisse Angleichung offensichtlich. 1913 lag beispielsweise die Industrieproduktion Großbritanniens 127mal so hoch wie die Griechenlands, 1980 nur noch 17mal. Auch bei dieser Tabelle ist wiederum eine erhebliche Skepsis hinsichtlich der statistischen Genauigkeit angebracht. Ob zum Beispiel die absolute Industrieproduktion Bulgariens im

Jahre 1913 1% von der Großbritanniens im Jahr 1900 oder nur 0,1% ausmachte, wird sich wohl kaum klären lassen.

Struktur der Industrieproduktion

Die Entwicklung der industriellen Struktur soll zunächst anhand der gesamten westeuropäischen Industrie untersucht werden. In Abb. III. 12 ist neben
der Entwicklung der Gesamtindustrie die der wichtigsten Zweige der verarbeitenden Industrie eingezeichnet: Chemie, Metallprodukte, Basismetalle,
Nahrungsmittel und Textilien.

Abb. III. 12: Struktur der westeuropäischen Industrieproduktion 1901 – 1980
(1901 = 100, log. Maßstab)

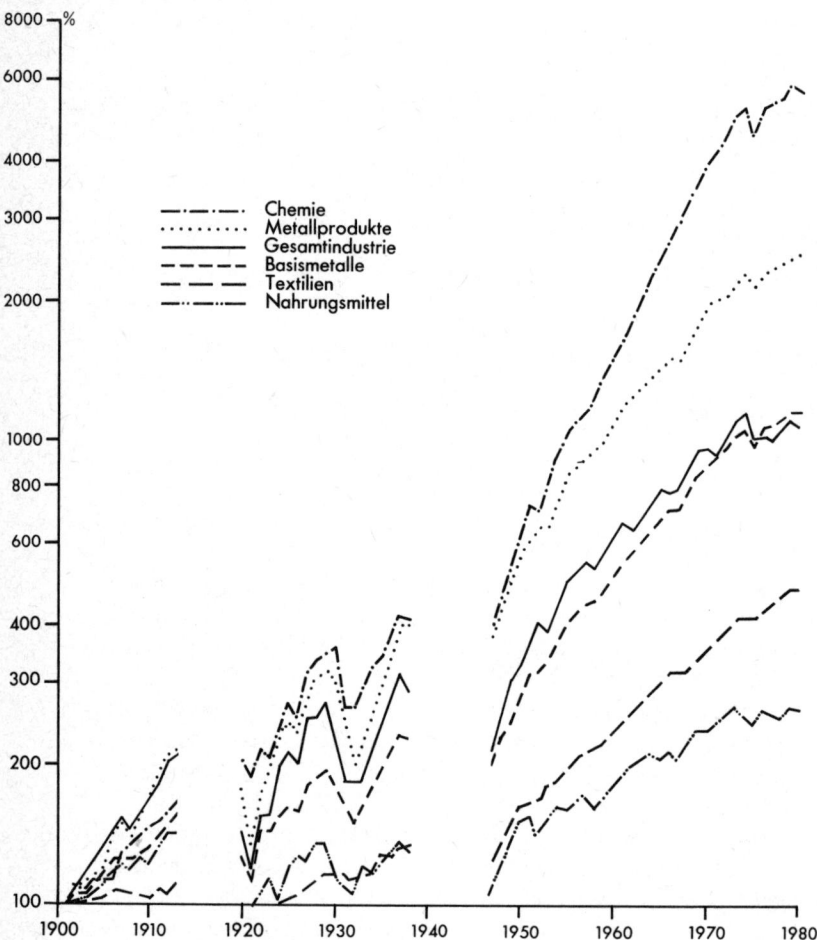

Quellen: United Nations, *Statistical Yearbook 1960ff.*, New York 1962 ff.; OEEC, *Statistical Bulletins,*
Industrial Statistics 1900 – 1959, Paris 1960, S. 8.

Besonders auffallend ist der starke Anstieg der Industrien der Chemie und Metallprodukte, deren Produktion durchweg schneller zunahm als die der gesamten Industrie. Dabei zählen zur Chemie auch die Gummi- und Plastikindustrie. Hinter der Bezeichnung Metallprodukte verbirgt sich ein Konglomerat unterschiedlicher Erzeugnisse bzw. Branchen: Maschinenbau, Fahrzeugbau, Elektrotechnik, elektrische Geräte, Schiff-, Luft- und Raumfahrzeugbau, Feinmechanik, Optik, Büromaschinen, Datenverarbeitungsgeräte etc. Bis zum Zweiten Weltkrieg hatte sich die Produktion dieser beiden Sektoren gegenüber dem Niveau am Anfang des Jahrhunderts vervierfacht. Bis 1980 vervierzehnfachte sich die chemische Produktion noch einmal; gegenüber 1900 war sie damit fast um das Sechzigfache gestiegen. Die der metallverarbeitenden Industrie stieg in diesen 80 Jahren um das Fünfundzwanzigfache. Während die Produktion der metallerzeugenden Industrie etwa im gleichen Umfang stieg wie die der gesamten Industrie – sie nahmen um gut das Zehnfache zu –, verlief das Wachstum der Nahrungsmittel- und Textilindustrie sehr viel gemäßigter. Ihre Produktion verfünf- bzw. verdreifachte sich. In Abb. III. 12 wurden nicht die Kurven für den Bergbau und die Gas- und Elektrizitätswirtschaft aufgenommen. Der Bergbau entwickelte sich ähnlich wie die Textilindustrie. Öl, Gas und Elektrizität wiesen einen noch höheren Produktionsanstieg auf als die Chemie. Innerhalb von 80 Jahren nahm die Gas- und Elektrizitätserzeugung um das Fünfundachtzigfache zu.

Dieses unterschiedliche Wachstum führte zu einer Veränderung der sektoralen Anteile an der Gesamtproduktion. Tab. III. 9 zeigt diese Veränderung für die verarbeitende Industrie. Hatten am Anfang des Jahrhunderts die Nahrungsmittel- und Textilindustrien noch fast 50% der Produktion erzeugt, so fiel ihr Anteil im Laufe der Zeit auf 17%. Demgegenüber schlug sich das schnellere Wachstum der chemischen und metallverarbeitenden Industrie in einem deutlichen Anstieg ihres Produktionsanteils nieder von zusammen 21% im Jahre 1901 auf 53% im Jahre 1975. Der Anteil der metallerzeugenden Industrie blieb etwa konstant.

Tab. III. 9: Sektorale Entwicklung der verarbeitenden Industrie in Westeuropa 1901 – 1975 (Anteile am Produktionswert in %)

	1901	1913	1929	1937	1953	1961	1975
Nahrungsmittel	27	19	16	15	14	13	12
Textilien	20	18	14	12	9	7	5
Metallerzeugung	7	10	10	10	8	8	8
Metallverarbeitung	16	24	27	28	33	35	38
Chemie	5	6	10	10	10	13	15
Andere Branchen	25	24	23	25	26	25	22

Quellen: V. Paretti, G. Bloch, Industrial Production in Western Europe and the United States, 1901 to 1955, in: *Banca Nazionale del Lavoro. Quarterly Review* 9 (1956), S. 205; United Nations, *Statistical Yearbook 1960ff.*, New York 1962ff.

Betrachtet man diese Veränderungen unter langfristiger Perspektive, so zeigt sich hier ein grundsätzlicher Wandel des Industrialisierungsprozesses. Die Industriezweige, die im 19. Jahrhundert im Mittelpunkt der Industrialisierung gestanden und diese getragen hatten – Bergbau, Textil- und Nahrungsmittelindustrien – verloren im Laufe des 20. Jahrhunderts immer mehr an Boden. Demgegenüber rückten mit den chemischen und metallverarbeitenden Industrien die Branchen in den Vordergrund, deren Bedeutung sich am Ende des 19. Jahrhunderts erst abzuzeichnen begonnen hatte, die aber heute den Kern einer modernen Industriestruktur darstellen. Dabei bestand ein Zusammenhang zwischen dem Strukturwandel und dem Produktionswachstum: Je schneller die Industrieproduktion stieg, umso rascher veränderten sich die Industriestrukturen. Am langsamsten vollzog sich der Strukturwandel in der Zwischenkriegszeit. Er beschleunigte sich nach dem Zweiten Weltkrieg und verlangsamte sich erst in den 70er Jahren wieder.

Bezieht man die osteuropäischen Staaten in die Betrachtung mit ein, so ändert sich am Entwicklungsmuster der gesamteuropäischen Industriestrukturen grundsätzlich nichts. Das bedeutet nicht, daß es zwischen Ost- und Westeuropa keine Unterschiede gab; auf sie wird noch eingegangen.

Europa in der Welt

Europa ist die Wiege der Industrialisierung. Sie begann im 18. Jahrhundert im Nordwesten, in England, und breitete sich dann in Richtung Südosten aus. Diesem Industrialisierungsprozeß konnte die übrige Welt mit Ausnahme der europäisch besiedelten Gebiete, vor allem Nordamerikas, nicht folgen. Der europäische Anteil an der weltweiten Industrieprodukion stieg bis zum Ersten Weltkrieg auf fast 60% an (vgl. Tab. III. 10). Allein das Deutsche Reich (14,8%), Frankreich (6,1%), Großbritannien (13,6%), Rußland (8,2%) und die USA (32,0%) konzentrierten drei Viertel der Weltindustrieproduktion auf sich. Durch den Ersten Weltkrieg verschoben sich die Relationen noch weiter zugunsten der USA; der Anteil Europas ging auf unter 50% zurück, stieg aber in der Zwischenkriegszeit trotz der Weltwirtschaftskrise wieder auf gut 50% an.

Der Zweite Weltkrieg hatte ähnliche Folgen wie der Erste. Man kann davon ausgehen, daß die USA am Ende der 40er Jahre fast die Hälfte der Weltindustrieproduktion im eigenen Land herstellten. Trotz des raschen Wiederaufbaus war der Anteil Europas Anfang der 50er Jahre auf gut 42% zurückgegangen. Er stieg dann bis in die 60er Jahre noch einmal auf 47% an – ein Anteilswert, der auch am Ende der 20er Jahre wieder erreicht worden war –, ging dann in den 70ern aber auf 44% zurück. Noch stärker verloren die USA an Boden. Demgegenüber konnten Japan und die Dritte-Welt-Länder ihre Position deutlich verbessern. Die Verteilung der Industrieproduktion in der Welt ist gleichmäßiger geworden. Anfang der 50er Jahre – auf dem Höhepunkt der Ungleichverteilung – erstellten 9% der Weltbevölkerung (USA, Großbritannien, Kanada, Schweiz und Schweden) 57% der Industrieproduktion, 1980 nur noch 36%. Dennoch hat sich an der Dominanz Europas und Nordamerikas im Laufe des 20. Jahrhunderts grundsätzlich nichts geändert.

Tab. III. 10: Anteile europäischer Länder an der Industrieproduktion der Welt 1913 – 1980 (in %)

	1913	1928	1938	1953	1963	1980
Belgien	1,8	1,7	1,1	0,8	0,8	0,7
BRD	–	–	–	5,9	6,4	5,3
Deutsches Reich	14,8	11,6	12,7	–	–	–
Frankreich	6,1	6,0	4,4	3,2	3,8	3,3
Großbritannien	13,6	9,9	10,7	8,4	6,4	4,0
Italien	2,4	2,7	2,8	2,3	2,9	2,9
Schweden	1,0	0,9	1,2	0,9	0,9	0,8
Spanien	1,2	1,1	0,8	0,7	0,8	1,4
Schweiz	0,9	0,7	0,5	0,7	0,7	0,5
Osteuropa (ohne Sowjetunion)	7,6	7,2	7,3	5,3	6,7	6,3
Rußland/Sowjetunion	8,2	5,3	9,0	10,7	14,2	14,8
Gesamteuropa	57,6	47,1	53,6	42,1	47,4	44,0
USA	32,0	39,3	31,4	44,7	35,1	31,5
Japan	2,7	3,3	5,2	2,9	5,1	9,1
Übrige Welt	7,5	7,2	7,2	6,5	8,5	12,0

Quelle: P. Bairoch, International Industrialization Levels from 1750 to 1980, in: *Journal of European Economic History* 11 (1982), S. 304.

Regional- und länderspezifische Entwicklung bis 1945

Westeuropäische Länder

In den westeuropäischen Ländern war der industrielle Sektor schon zu Beginn des 20. Jahrhunderts von herausragender Bedeutung. In Großbritannien waren zu dieser Zeit bereits über 50% aller Erwerbspersonen dort tätig, in Belgien und in der Schweiz waren es etwa 45% und im Deutschen Reich gut 40%. Deutlich geringer war der Anteil in Frankreich, den Niederlanden und in Österreich; dort betrug er etwa ein Drittel. Nur in Irland lag er mit etwa 15% auf dem Niveau der südeuropäischen Länder. Auffallend ist, daß sich diese Anteile bis zum Zweiten Weltkrieg im Vergleich zu den anderen Regionen Europas relativ wenig veränderten. Ein weiterer Unterschied bestand darin, daß die Industrieproduktion langsamer stieg. Nur in den Niederlanden gelang es in etwa, die Steigerungsraten zu erzielen, mit denen die Industrieproduktion in den meisten Staaten Nord-, Süd- und Osteuropas wuchs. Dabei muß natürlich berücksichtigt werden, daß das Niveau der Industrieproduktion in den westeuropäischen Ländern vor dem Krieg sehr viel höher lag und es leichter ist, von einem niedrigen Niveau aus hohe Wachstumsraten zu erzielen als von einem hohen.

Der Wachstumsprozeß vor dem Ersten Weltkrieg verlief in allen Ländern ähnlich. Den schwierigsten Start danach hatten Großbritannien, Deutschland und Österreich. Während sich aber in den beiden letzteren ebenso wie in Belgien und Frankreich das industrielle Wachstum in der zweiten Hälfte der 20er Jahre beschleunigte, war dies in Großbritannien nicht der Fall. Einer der wichtigsten Gründe für die Stagnation der britischen Wirtschaft lag in den veralteten Industriestrukturen. Ein großer Teil des Anlagevermögens und vier Fünftel der in der Industrie Beschäftigten konzentrierten sich auf den Kohlebergbau, den Schiffbau und die Textilindustrie, d. h. auf Branchen, die nicht nur im Rahmen des säkularen industriellen Strukturwandels an Bedeutung verloren, sondern die zudem exportorientiert waren und erhebliche Absatzprobleme auf dem Weltmarkt hatten. Der Handelsprotektionismus der Zwischenkriegszeit vergrößerte diese Probleme ebenso wie die geringen Produktivitätsfortschritte der britischen Industrie. Die Zwischenkriegszeit war für sie eine Phase des Übergangs von der alten Industriestruktur des 19. Jahrhunderts zu einer modernen Industriestruktur, wobei sich die Strukturveränderungen langsamer als in anderen Ländern vollzogen.

Ganz anders verlief die Entwicklung in Frankreich, das bis zum Ersten Weltkrieg nur in einzelnen Bereichen Fortschritte erzielt hatte. Der Krieg, der Erwerb Elsaß-Lothringens und der starke Anstieg der industriellen Produktion in den 20er Jahren bewirkten einen solchen Strukturwandel, daß von einer «zweiten Industriellen Revolution» die Rede war. Der Anteil der Produktions- und Investitionsgüterindustrien bzw. der metallverarbeitenden und chemischen Industrien expandierte, der der Konsumgüter- und Luxuswarenindustrien bzw. Nahrungsmittel- und Textilindustrien ging zurück. Die Anwendung neuester Technologien führte zu erheblichen Produktivitätssteigerungen. In der Weltwirtschaftskrise der 30er Jahre brach dann allerdings nicht nur die Industrieproduktion zusammen und stagnierte, auch der industrielle Strukturwandel verlangsamte sich, kam schließlich völlig zum Erliegen und wurde teilweise sogar rückgängig gemacht. Das war in Deutschland nicht der Fall. Hier setzte sich der Strukturwandel auch in den 30er Jahren fort. Die nationalsozialistische Aufrüstung führte dazu, daß erneut ein großer Teil der Investitionsmittel in die Produktions- und Investitionsgüterindustrien floß. Maschinenbau, Elektrotechnik, Chemieindustrie, Gerätebau und andere moderne Branchen profitierten von dieser bewußten Kapital- und Arbeitskräftelenkung. Das Deutsche Reich erlebte in der ersten Hälfte des Jahrhunderts zusammen mit den Niederlanden den stärksten industriellen Strukturwandel der westeuropäischen Staaten.

Nordeuropäische Länder

Die Bedeutung des sekundären Sektors für die Gesamtwirtschaft war in den nordeuropäischen Ländern – anders als in den westeuropäischen – nicht sehr unterschiedlich. Am Anfang des Jahrhunderts waren in Dänemark, Norwegen und Schweden zwischen 25 und 32% aller Erwerbstätigen in Industrie und Handwerk beschäftigt; bis zum Zweiten Weltkrieg stieg dieser Anteil nicht wesentlich. Deutlich niedriger lag er mit gut 10% nur in Finnland, stieg bis zum Zweiten Weltkrieg aber auf 20% an.

Ebenso wie die Agrarproduktion erlebte auch die Industrieproduktion mitten im Ersten Weltkrieg einen ersten Höhepunkt. Der Wiederaufschwung nach dem Krieg war mühsam, in den folgenden beiden Jahrzehnten konnten aber alle vier Länder Wachstumsraten der industriellen Produktion erzielen, die zum Teil beträchtlich über dem westeuropäischen Durchschnitt lagen. Von der Weltwirtschaftskrise wurden die skandinavischen Länder vergleichsweise gering getroffen. Eine besonders günstige industrielle Entwicklung erlebten Schweden und vor allem Finnland: Sie konnten die Produktion der verarbeitenden Industrie bis zum Zweiten Weltkrieg im Vergleich zu 1913 gut verdoppeln bzw. verdreifachen. Dänemark gelang dagegen nur eine knappe Verdoppelung, und in Norwegen stieg die Industrieproduktion lediglich um knapp 70%.

In allen Ländern nahm die Produktivität besonders in den 20er Jahren zu, während sie in den 10er und 30er Jahren nur mäßig anstieg oder sogar sank. Die Gründe waren die Einführung des Achtstundentags 1918/19 bei gleichzeitigen Lohnerhöhungen, sinkende Industriepreise und verstärkte Auslandskonkurrenz. Die Folge waren steigende Produktionskosten bzw. rückläufige Gewinne. Durch verstärkte Rationalisierungen, die die Produktionszuwächse der 20er Jahre brachten, sollte dieser Entwicklung entgegengewirkt werden. Während sich die industrielle Expansion der 20er Jahre auf die Exportindustrien konzentrierte, war das Wachstum der 30er Jahre mehr inlandsbezogen. Protektionismus mittels Devisenbewirtschaftung, Importrestriktionen etc. leiteten einen Prozeß der Importsubstitutionsindustrialisierung ein.

Der wichtigste Entwicklungstrend des industriellen Strukturwandels traf auch auf die nordeuropäischen Länder zu. Nahrungsmittel- und Textilindustrie nahmen anteilsmäßig ab, metallverarbeitende und chemische Industrie zu. Allerdings war die jeweilige Ausgangslage am Anfang des Jahrhunderts unterschiedlich. In Schweden standen sich um diese Zeit die beiden Hauptindustriegruppen mit jeweils 30% am Produktionswert der gesamten verarbeitenden Industrie etwa gleichberechtigt gegenüber. Bis zum Zweiten Weltkrieg expandierte dann vor allem die metallverarbeitende Industrie, insbesondere der Maschinenbau. Schweden gelang es in bestimmten Branchen, weltweit anerkannte und konkurrenzfähige Spitzentechnologie zu erzeugen. Zu den führenden Branchen zählte wie in allen skandinavischen Ländern außerdem die holzverarbeitende Industrie, in der sich ein Wandel von der einfachen Holzbearbeitung zur Papier- und Zelluloseerzeugung vollzog. Damit setzte sich innerhalb der Industrie der Prozeß der Produktionsumschichtung auf Bereiche mit höherem Veredelungsgrad fort. Schweden war nicht nur das am weitesten industrialisierte Land in Nordeuropa, es besaß in der Zwischenkriegszeit auch die am stärksten diversifizierte Industriestruktur mit dem höchsten Konzentrationsgrad.

In Norwegen war der Anteil der Nahrungsmittel- und Textilindustrie am Anfang des Jahrhunderts mit 40% noch doppelt so hoch wie der der Metall- und Chemieindustrie. Durch die Nutzung der reichlich vorhandenen Wasserkraft zur Elektrizitätserzeugung wurden günstige Voraussetzungen für bestimmte Industriezweige geschaffen: die Elektrochemie, Elektrometallurgie und Elektrotechnik. Die Metall und NE-Metallerzeugung expandierte wie die holzverarbeitende Industrie. Die Folge war, daß sich das Verhältnis der beiden Hauptindustriegruppen bis zum Zweiten Weltkrieg umkehrte.

In Dänemark betrug allein der Anteil der Nahrungsmittelindustrie am Anfang des Jahrhunderts über 50%. Agrarmodernisierung und der Übergang zur landwirtschaftlichen Veredelungswirtschaft hatten in der zweiten Hälfte des 19. Jahrhunderts einen Industrialisierungsprozeß ausgelöst, der um die Jahrhundertwende zu einem Industrialisierungsschub führte und besonders die Konsumgüterindustrie förderte. In den 20er Jahren expandierte dann die Investitionsgüterindustrie stärker, so daß sich die Produktionsanteile zu ihren Gunsten verschoben. Der dadurch hervorgerufene industrielle Strukturwandel schwächte sich aber bereits in den 30er Jahren wieder ab. Immerhin stieg auch in Dänemark der Anteil der Metall- und Chemieindustrie von der Jahrhundertwende bis zum Zweiten Weltkrieg von gut 10 auf 30% an.

In Finnland war eine eigenständige Industrie am Anfang des Jahrhunderts erst in Ansätzen erkennbar: Sägewerke, Zellulose-, Gummi-, Furnier- und Zementindustrien. Obwohl die finnische Industrie im Vergleich zu den anderen skandinavischen Ländern am stärksten expandierte, veränderte sich ihre Struktur nur wenig. Die arbeitsintensive und kleingewerblich strukturierte Konsumgüterindustrie blieb fast ausschließlich auf den Binnenmarkt angewiesen. Die auch in Finnland zu beobachtende Entwicklung von der einfachen Holzbearbeitung zu höheren Stufen der Holzverarbeitung war praktisch die einzige Strukturveränderung der finnischen Industrie während der Zwischenkriegszeit.

Südeuropäische Länder

Innerhalb der südeuropäischen Länder waren in Italien und Portugal am Anfang des Jahrhunderts 20 bzw. 25% aller Erwerbspersonen in Industrie und Handwerk tätig, in Spanien und Griechenland 14 bzw. 16%. Während dieser Anteil aber in Spanien bis in die 30er Jahre auf 26% und in Italien auf gut 30% anstieg, stagnierte er in Portugal und Griechenland. Daraus darf allerdings nicht einfach auf die Entwicklung der Industrieproduktion geschlossen werden. In Italien nahm die Industrieproduktion in den 20er Jahren rasch zu, ging dann in der Weltwirtschaftskrise stark zurück, so daß sie Ende der 30er kaum höher lag als Ende der 20er Jahre. Spaniens Industrie entwickelte sich demgegenüber langsamer, wurde von der Weltwirtschaftskrise zwar nicht so hart getroffen, erlebte dann aber im Bürgerkrieg ab 1936 einen so katastrophalen Einbruch, daß das Volumen der Industrieproduktion auf etwa die Hälfte des Jahres 1913 zurückfiel. Griechenlands Industrieproduktion stieg trotz des stagnierenden Anteils an den Erwerbspersonen bis zum Zweiten Weltkrieg relativ stark an. Für Portugal gibt es kaum Daten; die Industrieproduktion scheint sich aber eher mäßig entwickelt zu haben.

Im Vergleich zu den west- und nordeuropäischen Ländern war der sekundäre Sektor in den südeuropäischen am Ende des 19. Jahrhunderts überwiegend kleingewerblich-handwerklich strukturiert; von einer eigentlichen Industrie konnte nur bedingt die Rede sein. Nahrungsmittel- und Textilindustrie waren von überragender Bedeutung und blieben das auch. Während aber ihr Anteil am industriellen Produktionswert in Italien und Spanien von über 60% am Anfang des Jahrhunderts auf knapp 40% in der zweiten Hälfte der 30er Jahre absank, machte er in Griechenland und wohl auch in Portugal vor dem Zweiten Weltkrieg immer noch etwa zwei Drittel aus.

Italien und Spanien waren die Länder, die zumindest regional den endgültigen Durchbruch zur Industrialisierung erlebten. Industrielle Zentren bildeten sich in Norditalien, in Katalonien, um Madrid und im Baskenland. Strukturelle und regionale Heterogenität waren ein weiteres Kennzeichen der südeuropäischen Industrien. Als Initialzündung für die rasche Entwicklung der Metall- und Chemieindustrien in Italien wirkte der Erste Weltkrieg. Maschinen-, Automobil- und Schiffbau waren die am stärksten expandierenden Branchen. Die Produktion von Schwefelsäure, Phosphatdünger und Kunstfasern erreichte auch im Weltmaßstab einen beachtlichen Umfang. Trotz dieser Expansion der Produktions- und Investitionsgüterindustrien blieb die Textilindustrie der größte Wirtschaftszweig, und auch die Nahrungsmittelindustrie erwirtschaftete vor dem Zweiten Weltkrieg noch einen größeren Anteil am gesamten Produktionswert als die metallerzeugende Industrie.

In Spanien stagnierte im ersten Drittel des Jahrhunderts der Bergbau, während die verarbeitenden Industrien mäßig expandierten. Das bedeutete, daß die Ausfuhrindustrien fallende und die für den heimischen Markt arbeitenden Industrien steigende Tendenz zeigten. Lokomotiven-, Brücken- und Schiffbau, Landwirtschafts- und Werkzeugmaschinenherstellung waren die wichtigsten Zweige der Investitionsgüterindustrie. Die Nahrungsmittelindustrie, die Lederverarbeitung, die Papier- und Seifenerzeugung waren wichtige Zweige der Verbrauchsgüterindustrien. Die chemische Industrie produzierte vor allem Soda- und Ammoniumsalze, Anilinstoffe etc.

Demgegenüber beschränkte sich in Griechenland und Portugal der Industrialisierungsprozeß in der ersten Hälfte des Jahrhunderts auf rudimentäre Ansätze. Die Nahrungsmittelindustrie erreichte kaum höhere Produktionsstufen der Verarbeitung. Es blieb bei der einfachen Gewinnung von Öl, Wein und anderen alkoholischen Getränken, der Produktion von Mehl,

Süßwaren etc. Der zweitwichtigste Zweig des verarbeitenden Gewerbes war die Textilindustrie, die mit veralteten, unproduktiven Anlagen entweder, wie in Griechenland, ausschließlich den Binnenmarkt belieferte oder, wie in Portugal, ein Absatzmonopol in den Kolonien besaß. International wettbewerbsfähig war sie in beiden Ländern nicht. Daneben hatten noch die chemische Industrie – Herstellung von Seife, Gewinnung von Terpentinöl und Kolophonium –, die Leder-, Schuh-, Papier- und Druckindustrie sowie die Mühlen- und in Portugal die Korkindustrie eine gewisse Bedeutung. Eine Produktions- und Investitionsgüterindustrie gab es vor dem Zweiten Weltkrieg praktisch noch nicht.

Osteuropäische Länder
Wie die süd-, so waren auch die osteuropäischen Länder in industrieller Hinsicht extrem unterentwickelt. In Rumänien, Bulgarien, Jugoslawien und Polen waren am Anfang des Jahrhunderts nur 8 bis 10% der Erwerbstätigen in Industrie und Handwerk tätig, in Ungarn etwa 20%. In der Tschechoslowakei – dem am stärksten industrialisierten Gebiet – waren es immerhin gut ein Drittel. Diese Anteilswerte stiegen bis zum Zweiten Weltkrieg etwas an. Trotz Inflationskonjunktur und Abwertungen unmittelbar nach dem Krieg gelang es den meisten Ländern – eine Ausnahme bildeten Bulgarien und die Tschechoslowakei – erst in der zweiten Hälfte der 20er Jahre, das industrielle Produktionsniveau des Jahres 1913 wieder zu erreichen. Die Weltwirtschaftskrise traf die osteuropäischen Industrien unterschiedlich. In den Balkanländern hielten sich die Auswirkungen in Grenzen. In Rumänien ging die Industrieproduktion etwas zurück, in Bulgarien stieg sie sogar weiter an, vor allem, weil die Ölförderung gesteigert werden konnte. Jugoslawien war stärker betroffen, besonders aber litt die am weitesten industrialisierte Tschechoslowakei. Etwas weniger stark waren die Auswirkungen in Polen und Ungarn. In den gesamten 30er Jahren nahm die Industrieproduktion in Ost- aber stärker als in Westeuropa zu. Allerdings muß diese Expansion relativiert werden, wenn man berücksichtigt, daß Industrie in einer Reihe von Ländern erst in Ansätzen vorhanden war. So machte die industrielle Wertschöpfung in Bulgarien am Ende der 20er Jahre nur ein Fünftel der Ernten oder ein Zehntel der gesamten landwirtschaftlichen Produktion aus.
Trotz länderspezifischer Ausprägungen gab es gewisse Gemeinsamkeiten in der Industriestruktur. Die absolut dominierenden Wirtschaftszweige waren wie in Südeuropa die Nahrungsmittel- und Textilindustrie. Ihr Anteil an der gesamten industriellen Wertschöpfung lag in den meisten Ländern auch vor dem Zweiten Weltkrieg noch weit über 50%. Die Nahrungsmittelindustrie hatte besondere Bedeutung in den Agrarländern Jugoslawien, Rumänien und Bulgarien, wobei die Mühlen-, Zucker-, Tabak- und Spirituosenindustrie im Mittelpunkt stand. Das galt in etwas abgeschwächter Form auch für Ungarn, während in Polen und der Tschechoslowakei die Textilindustrie an erster Stelle stand. Den dritten Platz nahm die Roh- und Grundstoffindu-

strie ein. Besonders bei der Kohle- und Ölförderung, der Eisen- und Stahlerzeugung und der Industrie der Steine und Erden (Zement) wurden Fortschritte erzielt. Auch die Holzindustrie spielte eine nicht unwichtige Rolle,
vor allem in Jugoslawien, Rumänien und Polen. Sieht man einmal von Ausnahmen ab, so traten die übrigen Industriezweige dahinter an Bedeutung
zurück. Besonders wichtig im Hinblick auf einen eigenständigen Industrialisierungsprozeß war die Tatsache, daß die Produktion höher veredelter Industriegüter kaum entwickelt war. Das galt besonders für die metallverarbeitenden und chemischen Industrien. Selbstverständlich gab es Ausnahmen: In
Ungarn, wo der Maschinenbau und die Elektroindustrie eine gewisse Rolle
zu spielen begannen, war die Produktion landwirtschaftlicher Maschinen, in
Polen die von Textilmaschinen weit entwickelt. Läßt man einmal die Tschechoslowakei außer acht, so waren die Industrien der osteuropäischen Länder
insgesamt aber einseitig und unausgeglichen strukturiert. Es dominierte die
Fertigung von Konsumgütern auf einer niedrigen Produktionsstufe, während die von höherwertigen Investitionsgütern erst ansatzweise vorhanden
war. Zwar läßt sich auch für die osteuropäischen Länder der Trend zu
modernen Industriestrukturen erkennen, letztlich änderte sich bis zum
Zweiten Weltkrieg aber nur wenig.

Die Produktionsstrukturen der osteuropäischen Industrien waren noch in
anderer Hinsicht unausgeglichen. Wie in Südeuropa standen einer Vielzahl
handwerklicher, kleingewerblicher Betriebe wenige große Industriefabriken
gegenüber. An diesen dualen Strukturen, die die osteuropäischen Wirtschaften seit dem Ende des 19. Jahrhunderts prägten, änderte sich in der Zwischenkriegszeit kaum etwas. Die Kleinbetriebe blieben trotz ihrer geringen
Produktivität lebensfähig, da genügend billige Arbeitskräfte vorhanden waren, die vorhandene Industriestruktur Kleinbetriebe begünstigte und es den
großen Unternehmen nicht gelang, ihr Produktionspotential zu nutzen; Methoden moderner Massenfertigung waren kaum entwickelt; die meisten
Großunternehmen belieferten den sehr begrenzten inländischen Markt mit
vielen Produkten bei niedriger Stückzahl.

Die Tschechoslowakei kann auch in diesem Zusammenhang wiederum
nicht als «ost»europäisches Land bezeichnet werden, die anderen mittelosteuropäischen Staaten, Polen und Ungarn, nur bedingt. Große Gebiete der
Tschechoslowakei waren hochindustrialisiert. Maschinenbau und Elektroindustrie waren weitentwickelt, landwirtschaftliche Maschinen, Lokomotiven
und Rüstungsgüter wurden in großem Umfang hergestellt. Außerdem war
die Tschechoslowakei ein großer Produzent von Konsumgütern. Insofern
muß sie eher als mittel- bzw. «west»europäischer Staat angesehen werden.

Regional- und länderspezifische Entwicklung nach 1945

Die Darstellung der Entwicklung nach 1945 vergleicht West-/Nord-, Süd-
und Osteuropa. Sie greift dabei auf eine Untersuchung der United Nations

zurück, die diese drei Regionen gegenüberstellt. Beachtet werden muß, daß im folgenden Italien nicht zu Südeuropa gezählt wird, sondern zum industrialisierten Westeuropa, wozu auch Nordeuropa gehört.

Industrieproduktion

Die Industrieproduktion entwickelte sich in allen drei Regionen Europas ähnlich. Ihre Wachstumsrate lag in den 50er Jahren am höchsten und nahm dann ab. Eine Ausnahme machten die südeuropäischen Länder, die ihre industrielle Produktion in den 60er Jahren schneller steigern konnten als in den 50er Jahren. Über den gesamten Zeitraum wuchs sie in Osteuropa am schnellsten und in West-/Nordeuropa am langsamsten. Der Rückgang der Wachstumsraten verlief nicht kontinuierlich. Ein Bruch in der Entwicklung trat 1974/75 ein; er kommt in Tab. III. 11 nicht so stark zum Ausdruck, da der Zeitraum 1971 bis 1975 Jahre mit recht hohen und extrem niedrigen Wachstumsraten zusammenfaßt. Auch der Zuwachs der industriellen Beschäftigung nahm ab. Während sie aber in den 70er Jahren in Ost- und Südeuropa noch absolut anstieg, ging sie in West-/Nordeuropa bereits zurück.

Tab. III. 11: Entwicklung der industriellen Produktion und Beschäftigung in West-/Nord-, Ost- und Südeuropa 1949 – 1982 (arith. Durchschnitt der jährlichen durchschnittlichen Veränderungsraten, in %)

| | 1950–1960[a]) | | 1961–1970 | | 1971–1975 | | 1976–1982[b] | |
	Produktion	Beschäftigung	Produktion	Beschäftigung	Produktion	Beschäftigung	Produktion	Beschäftigung
West-/ Nordeuropa	5,6	1,6	5,5	0,7	2,7	− 0,5	1,3	− 1,4
Osteuropa	11,5	4,6	8,5	2,9	8,5	2,0	4,4	0,7
Südeuropa	6,5	2,0	9,4	2,0	6,2	1,6	2,8	0,3

[a]) West-/Nordeuropa und Südeuropa 1949 – 1959.
[b]) West-/Nordeuropa und Südeuropa 1975 – 1981.

Quellen: OECD, *Historical Statistics 1960 – 1981*, Paris 1983, S. 28, 45; United Nations (ECE), *Economic Survey of Europe in 1961*, Part 2, Chap. 3, New York 1962, S. 6; *1983*, New York 1984, S. 142 f.; United Nations, *Structure and Change in European Industry*, New York 1977, S. 250 ff.

Obwohl die Produktivität in den osteuropäischen Ländern in den 50er Jahren besonders rasch anstieg, wurde über den gesamten Zeitraum das Wachstum der industriellen Produktion in Westeuropa – einschließlich Nord- und Südeuropa – doch stärker von Produktivitätsfortschritten getragen als in Osteuropa. Das darf nicht darüber hinwegtäuschen, daß der Industrialisierungsprozeß grundsätzlich in allen Ländern in den 50er und 60er Jahren arbeits- und kapitalintensiv betrieben wurde. Die Kapitalintensivierung setzte zwar bereits in den 60er Jahren ein, zu einer breitenwirksamen Kapitalvertiefung, verbunden mit der Anwendung umwälzender Technologien, kam es aber erst seit den 70er Jahren. Die west-/nordeuropäischen Länder leiteten diesen Prozeß ein, die ost- und südeuropäischen folgten zögernd. Die europäische Industrie befindet sich seitdem in einem tiefgreifenden Strukturwandel, der stärker als zuvor vom technischen Fortschritt bestimmt wird.

Industriestruktur

Die Industriestruktur änderte sich der Tendenz nach in allen Ländern gleich: Der Anteil der Grundstoff-, Produktions- und Investitionsgüterindustrie – inbesondere der chemischen und metallverarbeitenden Industrie – nahm weiter zu und der der Verbrauchsgüterindustrien – insbesondere der der Nahrungsmittel-, Textil- und Bekleidungsindustrie – ab (vgl. Tab. III. 12). Der Strukturwandel vollzog sich dort am schnellsten, wo die Produktion

Tab. III. 12: Produktion und Beschäftigung der verarbeitenden Industrie nach Sektoren in Ost-, West-/Nord- und Südeuropa 1950 – 1978 (in %, gesamte verarbeitende Industrie = 100)

	1950/52 Produktion			1950/52 Beschäftigung			1958/60 Produktion			1958/60 Beschäftigung		
	OE	IWE	SE	OE	IWE	SE	OE	IWE	SE	OE	IWE	SE
Metallverarbeitung	18	34	16	32	32	17	25	36	23	34	35	24
Chemie	5	10	11	5	5	5	6	10	12	5	7	7
Textil- und Leichtindustrie	34	26	41	38	36	51	29	24	35	35	32	41
Nahrungsmittel	30	14	19	12	12	17	26	13	16	11	11	17
Metallerzeugung	10	8	5	7	6	4	10	8	6	7	7	4
Andere Branchen	3	9	7	6	9	7	4	9	8	8	9	9

	1967/69 Produktion			1967/69 Beschäftigung			1976/78 Produktion			1976/78 Beschäftigung		
	OE	IWE	SE	OE	IWE	SE	OE	IWE	SE	OE	IWE	SE
Metallverarbeitung	33	36	28	40	38	28	40	42	32	43	41	35
Chemie	8	14	14	6	8	7	11	14	15	7	10	8
Textil- und Leichtindustrie	23	22	28	30	28	38	19	19	23	25	26	33
Nahrungsmittel	21	12	13	11	10	14	14	11	13	10	10	12
Metallerzeugung	10	7	6	7	6	4	8	7	8	4	7	5
Andere Branchen	4	10	11	7	9	9	8	7	9	10	6	8

OE = Osteuropa
IWE = Industrialisiertes Westeuropa
SE = Südeuropa

Quellen: United Nations (ECE), *Economic Survey of Europe in 1971*, Part 1, New York 1972, S. 41 ff.; dgl., *Yearbook of Industrial Statistics*, verschiedene Jahrgänge; dgl., *The Growth of World Industry 1938 – 1961. International Analysis and Tables*, New York 1965, S. 244 ff.; dgl., *Economic Survey of Europe in 1980*, New York 1981, S. 228 ff.; dgl. *Handbook of Industrial Statistics*, New York 1982.

mit den höchsten Zuwachsraten stieg, was in den weniger entwickelten Ländern der Fall war. Dadurch glichen sich die industriellen Strukturen immer mehr an, sowohl zwischen den verschiedenen europäischen Regionen als auch zwischen den einzelnen Ländern.

Trotz dieses Konvergenzprozesses gab und gibt es Unterschiede. In den industrialisierten Staaten Westeuropas stieg lange Zeit eigentlich nur die Produktion der chemischen Industrie deutlich schneller als die der gesamten Industrie. Die der metallverarbeitenden Industrie lag dagegen nicht über dem Durchschnitt, obwohl es innerhalb dieser sehr heterogen zusammengesetzten Gruppen große Unterschiede gab. Überdurchschnittlich nahm die Produktion des Maschinen- und Fahrzeugbaus, der elektrischen und elektronischen Geräte zu. In Osteuropa lagen dagegen sowohl die Wachstumsraten der chemischen als auch der metallverarbeitenden Industrie über dem Durchschnitt. Das galt auch für Südeuropa. Unterschiedlich entwickelte sich auch die metallerzeugende Industrie, insbesondere Eisen und Stahl. Die Bemühungen in Ost- und in abgeschwächter Form auch in Südeuropa, eine eigene Schwerindustrie aufzubauen, führten zu ähnlichen Produktionssteigerungen wie die der Gesamtindustrie. In Nord-/Westeuropa lagen sie deutlich darunter. Das Wachstum der Textil- und Leichtindustrie und das der Nahrungsmittelverarbeitung lag in allen drei Regionen unter dem gesamtindustriellen Durchschnitt. Die Entwicklung der Beschäftigung verlief ähnlich, d. h. es ergaben sich die gleichen Unterschiede wie bei der Produktion; allenfalls waren sie aufgrund der unterschiedlichen Produktivitätsentwicklung nicht so ausgeprägt.

Beachtet werden muß, daß es sich bei diesem strukturellen Konvergenzprozeß um kein universelles Phänomen handelt, das bei jeder Art von Branchengliederung und zu jedem Zeitpunkt gilt. Dazu kommen die weiter bestehenden Unterschiede, die sich bei einer genaueren Definition der großen Sektoren ergeben. So entwickelte sich zwar in allen Ländern des industrialisierten Westeuropas das sog. OECD-Profil, das selbst bei einer relativ feinen Gliederung nach Wirtschaftszweigen von Land zu Land nur wenig Unterschiede aufweist, dennoch vergrößerten sich in den 6oer Jahren zeitweilig die Differenzen in der Produktionsstruktur beim Anteil der Chemie-, Maschinen- und Textilindustrie. Obwohl sich die Industriestrukturen der südeuropäischen Länder denen der west-/nordeuropäischen anglichen, fielen auch am Ende der 7oer Jahre noch der geringere Anteil der metallverarbeitenden und der höhere Anteil der Textil- und Leichtindustrien auf. Dabei sind heute die relativ wettbewerbsfähigsten Sektoren neben einzelnen Zweigen der chemischen und metallverarbeitenden Industrien gerade die Branchen, die in der EG als sensitive Bereiche eingestuft und entsprechenden Krisenregelungen unterworfen sind: Eisen und Stahl, Schiffbau, Textil und Bekleidung.

Ebenso führte der Konvergenzprozeß in den osteuropäischen Ländern zu keiner vollkommenen Identität der Industriestrukturen. Die länderspezifi-

sche Ausprägung der hochentwickelten Zweige der chemischen und metallverarbeitenden Industrie, Elektrotechnik und Elektronik spiegelt auch heute
noch den unterschiedlichen industriellen Entwicklungsstand wider; sie konzentrieren sich auf die DDR, die Tschechoslowakei und Ungarn. In den
osteuropäischen Ländern fand in den 70er Jahren im übrigen ein deutlicher
Wandel der Entwicklungsstrategie statt: Die Erzeugung von Konsumgütern,
die lange Zeit vernachlässigt worden war, erhielt eine höhere Priorität und
nahm stark zu, wodurch sich das Verhältnis der Wachstumsraten zwischen
Produktions- und Konsumgüterindustrie zugunsten der letzteren veränderte.

Im Zuge der Angleichung der Industriestrukturen nahm auch der interindustrielle Spezialisierungsgrad ab. Dennoch gibt es in den einzelnen Ländern
weiterhin Industriezweige, deren Anteile an der Produktion und der Beschäftigung – verglichen mit dem europäischen Durchschnitt – über oder
unterrepräsentiert sind. Allerdings sagt solche Spezialisierung weder etwas
über das absolute Gewicht bestimmter Industriezweige im europäischen
Maßstab noch etwas über die Spezialisierung bei einzelnen Produkten aus.
So entspricht zwar der Anteil der Chemieindustrie in der Bundesrepublik
dem europäischen Durchschnitt, zugleich ist die bundesdeutsche Chemieindustrie aber von überragender Bedeutung in Europa. In Finnland besitzt der
Maschinenbau einen eher unterdurchschnittlichen Anteil, er erzeugt bei
Schiffsturbinen aber weltweit anerkannte Spitzentechnologie. Die Beispiele
ließen sich beliebig fortsetzen. Auch in den osteuropäischen Ländern nahm
der interindustrielle Spezialisierungsgrad ab, zugleich förderte man aber seit
den 70er Jahren die Produktionsspezialisierung. So kommt es, daß heute in
allen RGW-Ländern ein großer Teil der Omnibusse aus Ungarn, der Diesel-
motoren aus Rumänien oder der Gas- und Dampfturbinen aus der Tschechoslowakei stammt.

Nach wie vor leiden die ost-, vor allem die südost- und die südeuropäischen Staaten unter der Heterogenität ihrer Industriestrukturen. Wenigen
modernen Großbetrieben stehen viele Klein- und Mittelbetriebe gegenüber,
die modernisierungsbedürftig sind. Der Anteil der traditionellen arbeitsintensiven Industrien nahm in der Nachkriegszeit zwar kontinuierlich ab, ist
in einzelnen Subsektoren und Regionen aber immer noch dominierend. Hier
besteht ein erhebliches Modernisierungsdefizit gegenüber den west- und
nordeuropäischen Ländern.

Allgemeines Entwicklungsmuster

Zum Abschluß soll noch einmal ein allgemeines Entwicklungsmuster der
Industriestrukturen umrissen werden. Dazu sollen die verschiedenen Industriezweige zu vier Gruppen zusammengefaßt werden. Zur ersten Gruppe
zählen die Industrien, die im 20. Jahrhundert durchgängig sinkende Beiträge
zur industriellen Wertschöpfung und sinkende Anteile an der Industriebe-

schäftigung zeigten. Es handelt sich um die Nahrungsmittel-, Getränke-, Tabak-, Textil- und Lederindustrie, die Herstellung von keramischen Erzeugnissen, die Industrie der Steine und Erden und die Glasindustrie. Dies sind Branchen, die den industriellen Wachstumsprozeß in der Frühphase trugen. Die Einkommenselastizität der Nachfrage nach diesen Gütern war auf niedriger Entwicklungsstufe überdurchschnittlich hoch. Die Einkommenselastizität setzt die Veränderung des Anteils des Einkommens, der für ein bestimmtes Gut ausgegeben wird, ins Verhältnis zur Veränderung des Einkommens insgesamt. Eine hohe Einkommenselastizität nach Nahrungsmitteln bedeutet, daß bei steigendem Einkommen ein höherer Anteil des Einkommens für Nahrungsmittel ausgegeben wird. Die hohe Einkommenselastizität nach den Gütern dieser ersten Gruppe nahm mit fortschreitender Entwicklung und steigendem Einkommen ab. Ihre Bedeutung ging zunächst relativ, dann absolut zurück.

Die zweite Gruppe umfaßt Branchen, deren Anteil an Wertschöpfung und Beschäftigung der verarbeitenden Industrie ebenfalls lange Zeit abnahm, sich aber in jüngster Zeit stabilisierte oder sogar zunahm. Dazu gehören bestimmte Bereiche der Nahrungsmittelindustrie, die Bekleidungs-, Schuh-, Möbel- und Papierindustrie sowie die Gruppe «Andere Industrien», die z. B. die Spiel- und Sportwarenindustrie oder die Herstellung von Musikinstrumenten einschließt. Produziert werden hier vor allem Konsumgüter des gehobenen Bedarfs. Die Einkommenselastizität der Güter dieser Branchen mit relativ hoher Arbeitsintensität wurde erst wieder größer, nachdem das Pro-Kopf-Einkommen einen hohen Standard erreicht hatte.

In der dritten Gruppe werden die Industrien zusammengefaßt, deren Anteile über Jahrzehnte anstiegen und erst in den letzten Jahren stagnierten oder sogar leicht an Bedeutung verloren. Dazu gehören die Gummiindustrie, Mineralölraffinerien und die Weiterverarbeitung von Mineralöl und Kohle. Die Entwicklung dieser Industriezweige kann allerdings nicht eindeutig beurteilt werden, da sie von Land zu Land recht unterschiedlich verläuft.

Zur vierten Gruppe schließlich gehören die Industriezweige, deren Anteil an Beschäftigung und Wertschöpfung durchgängig stieg: chemische Industrie und metallverarbeitende Industrien, d. h. Maschinen- und Gerätebau etc. Die Einkommenselastizität ihrer Produkte war durchgängig hoch.

Das Kriterium, mit dem das Entwicklungsniveau eines Landes gemessen und ihm damit eine bestimmte Industriestruktur zugeordnet wird, ist das Pro-Kopf-Einkommen. Nun wiesen nicht alle Länder mit etwa gleich hohem Pro-Kopf-Einkommen die gleiche Industriestruktur auf. Daneben gibt es andere erklärende Variable. So nahm z. B. mit steigendem Industrialisierungsgrad – gemessen am Anteil der in der Industrie Beschäftigten an der Gesamtbeschäftigung – die Bedeutung der chemischen Industrie, der Eisen- und Stahlindustrie oder der elektrotechnischen Industrie innerhalb der Gesamtindustrie zu. Offenbar begünstigten intraindustrielle Verflechtungen die Nachfrage nach Erzeugnissen dieser Branchen. Die relative Bedeutung der Nahrungsmittel- und Holzindustrie nahm dagegen mit steigendem Industrialisierungsgrad deutlich ab.

Eine andere Variable ist die Bevölkerungszahl; sie war positiv korreliert mit einer Reihe von Branchen, u. a. der Raffinerieindustrie, dem Maschinenbau, der Autoindustrie, der feinmechanischen, chemischen und optischen Industrie. Hier spielte offenbar die heimische Marktgröße eine Rolle. Generell besitzen Länder mit großer Bevölkerungszahl eine diversifiziertere Produktionsstruktur als Länder mit kleiner Bevölkerungszahl. Auch die Exportmöglichkeiten waren ein wichtiger Faktor. Für einige Länder war auch die Verteilung der natürlichen Ressourcen von Bedeutung, z. B. für die Holz- und Papierindustrie in den skandinavischen Ländern. Auch bestimmte handwerkliche Traditionen, Konsumneigungen und andere spezifische Elemente müßten berücksichtigt werden, wollte man die konkrete Entwicklung der Industriestruktur eines Landes differenziert erklären.

Das aufgezeigte Entwicklungsmuster bezieht sich auf die hochindustrialisierten Staaten West- und Nordeuropas. Trotz der Vielzahl der Erklärungsfaktoren scheinen aber die weniger entwickelten Länder Ost- und Südeuro-

Abb. III. 13: Strukturveränderung der verarbeitenden Industrie Westeuropas 1880–1980 (in %)

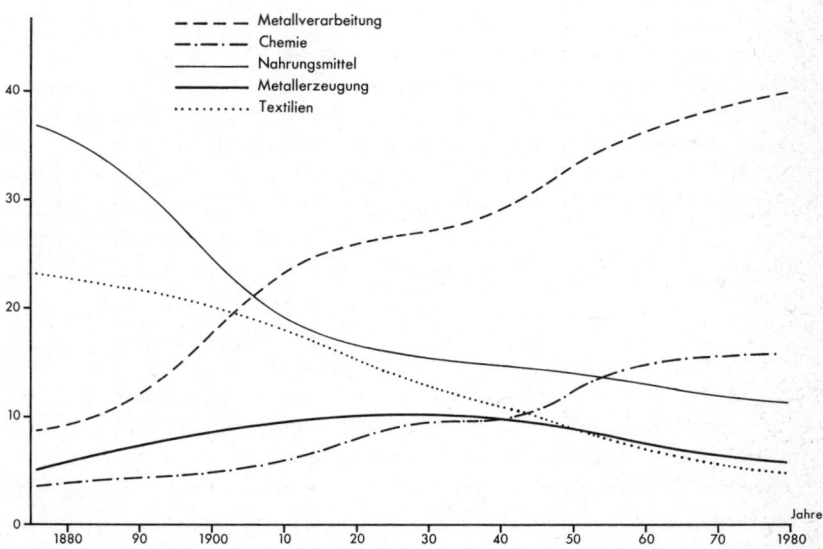

Quellen: United Nations, *Yearbook of Industrial Statistics 1960ff.*, New York 1962ff.; dgl., *The Growth of World Industry 1938–1961. International Analysis and Tables*, New York 1965, S. 244ff.; dgl., *Handbook of Industrial Statistics*, New York 1982; V. Paretti, G. Bloch, Industrial Production in Western Europe and the United States 1901 to 1955, in: *Banca Nazionale del Lavorno. Quarterly Review*, 9 (1956), S. 186ff.

pas deren Strukturveränderungen nachzuvollziehen. In allen Ländern gehörten in zeitlicher Hinsicht zur Gruppe der frühen Industrien die Wirtschaftszweige Nahrungsmittel, Getränke und Tabak, Leder, Textilien. Zur Gruppe der mittleren Industrien müssen die nichtmetallischen mineralischen Produkte, Gummierzeugnisse, Holz, chemische und Öl- und Kohleprodukte gerechnet werden. Zur Gruppe der späten Industrien zählen schließlich Kleidung, Papier und Druckerzeugnisse, Basismetalle und Metallprodukte. Für Westeuropa insgesamt ist dieser Strukturwandel noch einmal in Abb. III. 13 auf idealtypische Weise dargestellt, wobei die verarbeitende Industrie in die fünf traditionellen Industriegruppen aufgeteilt wurde.

4. Dienstleistungen

Der tertiäre Sektor, um den es hier geht, erzeugt keine realen Güter, sondern Dienstleistungen. Seine Bedeutung hat im Laufe dieses Jahrhunderts ständig zugenommen, so daß heute der größte Teil der Erwerbstätigen dort arbeitet. Er umfaßt so unterschiedliche Bereiche wie den Handel, den Transport und Verkehr, das Geld- und Kreditwesen, die gesamte öffentliche Verwaltung, öffentliche und private Versicherungen, Bildung, Wissenschaft, Gesundheit, Rechtsprechung, Kommunikation und eine Vielzahl anderer öffentlicher und privater Dienstleistungen. Die Auswahl der hier behandelten Bereiche ist bis zu einem gewissen Grad willkürlich. Beim Handel, Transport und Verkehr und dem Geld- und Kreditwesen handelt es sich eher um die traditionellen Subsektoren des tertiären Sektors, während z. B. die große Bedeutung des Kommunikationswesens für eine Volkswirtschaft eigentlich erst nach dem Zweiten Weltkrieg erkannt wurde. Ein weiterer Grund für die Auswahl ist die Tatsache, daß die hier behandelten Bereiche historisch am besten erforscht worden sind. Entscheidend ist aber, daß sie direkt mit der Wirtschaft verbunden und daher einer ökonomischen Interpretation unmittelbar zugänglich sind, was bei anderen Dienstleistungen nur bedingt der Fall ist.

Handel

Im folgenden Abschnitt geht es ausschließlich um den Außenhandel, in erster Linie um den Warenexport und -import. Der Waren- und Dienstleistungsverkehr macht zwar nur einen Teil der außenwirtschaftlichen Beziehungen aus, ist aber trotz der engen Verflechtung der nationalen Geld- und Kapitalmächte auch heute noch der wichtigste Indikator für die wirtschaftlichen Beziehungen zwischen Ländern. Das gilt ganz besonders für Europa, das – anders als die USA – wegen der begrenzten Größe seiner nationalen Volkswirtschaften auf den intensiven Warenaustausch zwischen den einzelnen Ländern angewiesen war und ist.

Entwicklung des Handelsvolumens

In Abb. III. 14 ist die Entwicklung der Exportvolumen Westeuropas und verschiedener europäischen Länder dargestellt. Es handelt sich um einen logarithmischen Maßstab, wobei als Basisjahr 1913 gewählt wurde. Von der Mitte des 19. Jahrhunderts bis zum Ersten Weltkrieg stieg das westeuropäische Handelsvolumen stark an. In der Zeit zwischen den 70er und 90er Jahren nahm sein Wachstum zwar etwas ab, beschleunigte sich dann aber wieder. Der Erste Weltkrieg führte zu einem tiefen Einbruch, so daß trotz eines erneuten Anstiegs das Handelsvolumen erst 1928 wieder den Vorkriegsstand erreichte. Im Zuge der Weltwirtschaftskrise kam es erneut zu

Abb. III. 14: Exportvolumen Westeuropas und verschiedener westeuropäischer Länder 1900–1982 (1913 = 100, log. Maßstab)

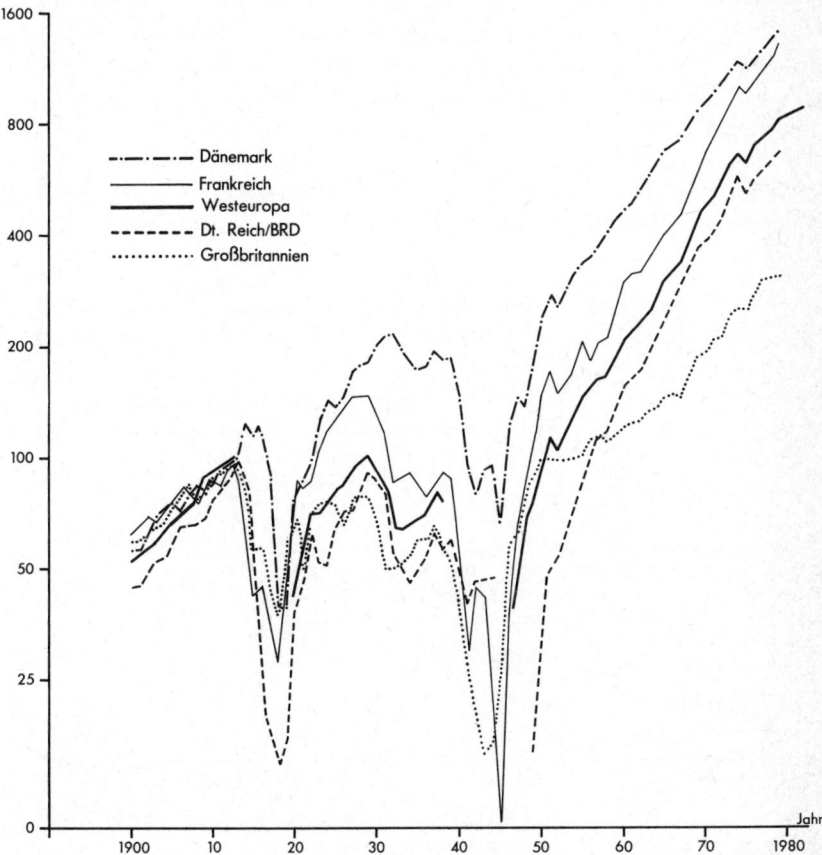

Quellen: Angus Maddison, *Phases of Capitalist Development*, Oxford 1984, S. 248 ff.; United Nations, *Yearbook of International Trade Statistics 1981 ff.*, New York 1982 ff.

einem starken Rückgang, der im Verlauf der 30er Jahre nicht mehr kompensiert werden konnte. Der westeuropäische Handel erreichte sein Vorkriegsvolumen somit in der ganzen Zwischenkriegszeit nur am Ende der 20er Jahre. Im Zweiten Weltkrieg nahm der Handel der europäischen Länder dann zum dritten Mal in wenigen Jahren stark ab. Seit dem Ende der 40er Jahre folgte aber ein ebenso steiler Anstieg, der nur wenige unbedeutende Rückschläge erlebte und bis heute – bei leicht abschwächender Tendenz seit den 70er Jahren – anhielt.

Von dieser allgemeinen Entwicklung gab es länderspezifische Abweichungen. Die in Abb. III. 13 aufgenommenen Länder zeigen aber bereits, daß sich der Außenhandel in den meisten Ländern durchaus ähnlich entwickelte.

Verflechtung und Entflechtung
Der enorme Anstieg des absoluten Handelsvolumens, der trotz der Zwischenkriegszeit über das gesamte 20. Jahrhundert verzeichnet werden kann, sagt noch nichts darüber aus, ob damit auch eine wachsende Verflechtung der europäischen Volkswirtschaften oder ihre Internationalisierung verbunden war. Wächst oder sinkt der Außenhandel mit der gleichen Rate wie das Sozialprodukt, so bleibt der Anteil der Waren und Dienstleistungen, der aus- oder eingeführt wird, an den insgesamt erzeugten Gütern und Dienstleistungen der gleiche. Die in diesem Sinne definierte Verflechtung hätte sich somit nicht verändert. Ihre Entwicklung kann in der Form dargestellt wer-

Abb. III. 15: Internationalisierungsgrad der westeuropäischen Volkswirtschaft 1900–1982 (1913 = 100)

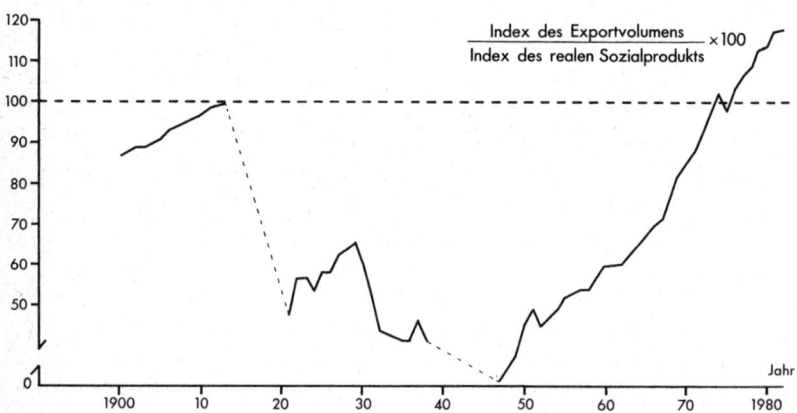

Quellen: United Nations (ECE), *Growth and Stagnation in the European Economy*, by I. Svennilson, Genf 1954, S. 292; United Nations, *Yearbook of International Trade Statistics 1964 ff.*, New York 1965 ff.; Paul Bairoch, Europe's Gross National Product 1800–1975, in: *The Journal of European History* 5 (1976), S. 314; OECD, *Economic Outlook 1982*, Paris 1983; OECD, *National Accounts. Main Aggregates*, Volume I, 1953–1982, Paris 1984, S. 82.

den, daß man den Index des Exportvolumens mit dem des Sozialprodukts ins Verhältnis setzt. Der Wert 100 bedeutet dann, daß sich der Verflechtungsgrad nicht verändert hat, während Werte über 100 einen höheren und Werte unter 100 einen niedrigeren Verflechtungs- und Internationalisierungsgrad anzeigen.

Die Kurve in Abb. III. 15 macht deutlich, wie sehr die Verflechtung der westeuropäischen Volkswirtschaften in der Zwischenkriegszeit gesunken war und daß trotz des steilen Anstiegs der Exporte nach dem Zweiten Weltkrieg erst in den 70er Jahren wieder ein mit der Zeit vor dem Ersten Weltkrieg vergleichbarer Verflechtungsgrad erreicht und dann auch übertroffen wurde. Das, was für Westeuropa insgesamt galt, traf grundsätzlich auch für die meisten europäischen Länder zu. Das soll nicht ausschließen, daß die Entwicklung in einigen Ländern von diesem Muster nicht abwich. Mißt man den Grad der Verflechtung mit Hilfe von Außenhandelsquoten – der Außenhandel wird ins Verhältnis zum Sozialprodukt gesetzt –, so werden die bisherigen Aussagen grundsätzlich bestätigt. Berücksichtigt man nur die Warenproduktion, so war der Verflechtungsgrad in den 70er Jahren sogar wesentlich höher, denn die Ex- und Importquoten beziehen sich auf ein Bruttosozialprodukt, in dem im Laufe des Jahrhunderts die Dienstleistungen einen immer größeren Anteil ausmachen. Dienstleistungen selbst können aber nur in geringem Umfang ex- oder importiert werden.

Verflechtung und Entflechtung im Außenhandel dürfen nicht mit Integration und Desintegration von Volkswirtschaften gleichgesetzt werden. Letztere beinhalten nicht nur den quantifizierbaren Austausch von Gütern und Dienstleistungen, sondern einen umfassenden sozioökonomischen Vergemeinschaftungsprozeß, wie er in West- und Osteuropa nach dem Zweiten Weltkrieg eingeleitet wurde (vgl. Kap. III. D. 5 und 6).

Geographische Verteilung

Aus welchen Ländern und Regionen stammten nun die europäischen Importe? Tab. III. 13 gibt einige Anteilswerte wieder.

Grundsätzlich kann festgehalten werden, daß sich im 20. Jahrhundert relativ wenig veränderte. Der Anteil Westeuropas ging zwar zurück, und der der anderen Regionen stieg an, es handelt sich dabei aber um keinen tiefgreifenden Strukturwandel. Das gilt auch für die Verteilung der Exporte auf einzelne Länder. Ausnahmen bilden allein Großbritannien und Italien. Großbritanniens Anteil halbierte sich, während Italiens sich fast verdoppelte. Auf diese beiden Länder ist es vor allem zurückzuführen, daß die Anteile West- und Südeuropas ab- bzw. zunahmen. Bei allen in Tab. III. 13 nicht erfaßten Ländern bewegten sich die Anteile unter 2%. Dabei macht es für Länder wie Bulgarien oder Portugal natürlich einen Unterschied aus, ob sie mit 0,2% wie 1913 oder mit 1,0% wie 1981 am europäischen Export beteiligt waren. Aus gesamteuropäischer Perspektive ist dies allerdings von zweitrangiger Bedeutung.

Tab. III. 13: Anteile verschiedener Regionen und Länder am gesamten europäischen Export 1913, 1938 und 1981 (in %)

	1913	1938	1981
Westeuropa	70,4	66,9	61,1
Nordeuropa	5,4	11,4	8,5
Südeuropa	7,1	7,6	11,5
Osteuropa	17,1	14,1	18,9
Deutsches Reich/BRD	22,8	20,6	19,9
Frankreich	12,6	8,4	11,1
Großbritannien	24,2	21,7	11,3
Italien	4,6	5,3	8,3
Sowjetunion	7,4	2,4	8,7
Belgien	6,5	6,9	6,1
Niederlande	4,6	5,4	7,6
Schweden	2,1	4,4	3,2
Schweiz	2,5	2,9	3,0

Quellen: C. Zacchia, International Trade and Capital Movements 1920–1970, in: Carlo M. Cipolla (Hrsg.), *The Fontana Economic History of Europe*, Bd. 5, Glasgow 1976, S. 596; United Nations, *Yearbook of International Trade Statistics 1981*, New York 1982.

Ebenso wie im inner-, so trat auch im außereuropäischen Handel keine grundlegende Strukturveränderung ein. Europa handelte im 20. Jahrhundert vor allem innerhalb seiner eigenen Grenzen, in zweiter Linie mit Nordamerika, Ozeanien und Japan und in weit geringerem Umfang mit Asien, Lateinamerika und Afrika. Bei den Exporten machte der innereuropäische Anteil vor dem Ersten Weltkrieg im arithmetischen Durchschnitt aller europäischen Ländern gut 70% aus, stieg in der Zwischenkriegszeit leicht an, ging im Zweiten Weltkrieg zurück und nahm im Laufe der Nachkriegszeit wieder zu, um heute bei knapp 75% zu liegen. Einen ähnlichen Verlauf nahm der innereuropäische Anteil an den Importen, allerdings lag er durchweg etwas niedriger als der der Exporte. Darin spiegelt sich die stärkere Abhängigkeit Europas von außereuropäischen Agrarprodukten und Rohstoffen wider. Grundsätzlich nahm also der intraeuropäische Anteil am Außenhandel der europäischen Länder im Laufe des 20. Jahrhunderts leicht zu. Bei den Ländern mit kolonialer Vergangenheit war diese Zunahme nach dem Zweiten Weltkrieg besonders ausgeprägt. Heute weichen eigentlich nur noch Großbritannien, Spanien und Portugal vom europäischen Durchschnitt ab. Sie exportierten Anfang der 80er Jahre immer noch 40 bis 50% in außereuropäische Länder und importierten von dort ebenfalls zwischen 40 und 50% ihrer Einfuhren. Ein grundlegender Strukturwandel trat somit im 20. Jahrhundert nicht ein.

Das galt auch für den innereuropäischen Handel: Etwa die Hälfte des Außenhandels wurde zwischen den zehn am weitesten industrialisierten Ländern abgewickelt. Innerhalb dieser Gruppe waren Frankreich, Deutschland und Großbritannien von überragender Bedeutung, die allerdings im Laufe der Zeit in dem Maße abnahm, in dem die der anderen sieben Länder zunahm. Der zweite große Teil – etwa 40% des gesamten innereuropäischen Handels – vollzog sich zwischen dieser Ländergruppe und den weniger entwickelten Staaten Ost- und Südeuropas. Zwischen diesen beiden Teilen fand insofern eine charakteristische Verschiebung statt, als in der Zwischenkriegszeit der Anteil des ersten ab- und der des zweiten zunahm, während der Handel der hochindustrialisierten Staaten West- und Nordeuropas nach dem Zweiten Weltkrieg wieder an Bedeutung gewann.

Der Handel zwischen den ost- und südeuropäischen Ländern betrug vor dem Zweiten Weltkrieg nur ca. 6%, verdreifachte sich in der Nachkriegszeit aber, da die osteuropäischen Staaten nach der politischen Spaltung Europas vor allem untereinander handelten. Heute macht der Anteil des Handels innerhalb Osteuropas ca. 13%, der innerhalb Westeuropas ca. 75% und der zwischen beiden ca. 10% aus, wobei der Ost-West-Handel für die osteuropäischen Länder eine größere Bedeutung besitzt als für die westeuropäischen. Der handelsumlenkende Prozeß der Ost-West-Spaltung nach 1945 darf nicht darüber hinwegtäuschen, daß die Handelsbeziehungen zwischen Regionen und Ländern in erster Linie langfristig gewachsen, strukturell und geographisch bedingt und erst in zweiter Linie die Folge einer gezielten Außenhandelspolitik waren.

Warenverteilung
Die Zusammensetzung des Außenhandels nach Gütergruppen, z. B. Nahrungsmitteln, Rohstoffen, Halbfabrikaten und Fertigwaren, hängt eng mit dem jeweiligen Entwicklungsstand eines Landes zusammen. Grundsätzlich gilt, daß die weniger entwickelten, agrarisch strukturierten Länder in der ersten Hälfte des Jahrhunderts vor allem Nahrungsmittel und Rohstoffe exportierten. Bei den Ländern, in denen die Industrialisierung weiter fortgeschritten war, verschoben sich die Anteile zugunsten von Halbfabrikaten und Fertigwaren. Die Länder, die bereits am Anfang des Jahrhunderts einen hohen Industrialisierungsgrad besaßen, exportierten bereits um die Jahrhundertwende den größten Teil ihrer Güter als Fertigwaren. Aus dem Zusammenhang von Entwicklungsniveau und Exportstruktur kann ein allgemeiner Trend abgeleitet werden: Bei allen Ländern nahm der Anteil der Nahrungsmittel und Rohstoffe ab und der der Halbfabrikate und Fertigwaren zu. Bei den rückständigen Ländern Südost- und Südeuropas setzte diese Strukturverschiebung in größerem Umfang erst nach dem Zweiten Weltkrieg ein. Heute dominieren aber in allen Ländern die verarbeiteten Produkte.

Betrachtet man die Struktur der weiterverarbeiteten Erzeugnisse genauer, so lassen sich auch innerhalb dieser Gruppe charakteristische Entwicklungen feststellen, die mit der Veränderung der Struktur des weiterverarbeitenden Gewerbes zusammenhängen (vgl. Tab. III. 14): Der Anteil der Warengruppen «Nahrungsmittel, Getränke und Tabak», Rohstoffverarbeitung, Metallerzeugung und Textilien nahm ab und der der Maschinen, Transportausrüstung und chemischer Produkte zu. Das zeigt, daß wenig verarbeitete Erzeugnisse oder Halbfabrikate, die auf unteren oder einfachen Produktionsstufen hergestellt wurden, an Bedeutung verloren und höher verarbeitete Produkte an Bedeutung gewannen. Am weitestgehenden vollzog sich dieser Wandel der Exportstrukturen in den Staaten West- und mit zeitlicher Verzögerung auch in denen Nordeuropas. Im Vergleich dazu blieben die traditionellen Exportstrukturen in einigen ost- und südeuropäischen Ländern sehr viel länger erhalten. Maschinen, Transportausrüstung und chemische Produkte machen in den südeuropäischen Ländern heute erst den Anteil an den gesamten Exporten aus, der von den am weitesten entwickelten Staaten Westeuropas bereits vor dem Ersten Weltkrieg erreicht wurde. Dennoch fand auch in der Struktur des Außenhandels ein Konvergenzprozeß statt, d. h. daß das Exportprofil der weniger entwickelten Länder sich dem der weiter entwickelten Länder anglich.

Tab. III. 14: Exportstruktur verarbeiteter Güter in West-, Ost- und Südeuropa 1913–1980 (in %)

	Intra-West				Intra-Ost		West-Ost		Ost-West		Intra-Süd	
	1913	1938	1965	1980	1965	1980	1965	1980	1965	1980	1965	1980
Nahrungsmittel,												
Getränke, Tabak	11,8	8,2	10,9	9,3	8,3	5,6	8,4	16,9	16,5	11,8	34,8	26,8
Rohstoffverarbeitung	17,9	16,9	10,8	4,1	16,5	26,0	7,2	9,4	34,5	29,6	4,1	6,8
Basismetalle	11,7	14,8	9,1	6,5	11,4	7,2	13,4	10,9	12,0	11,5	4,3	6,4
Maschinen,												
Transportausrüstung	9,8	20,3	32,7	41,6	38,4	35,6	37,3	28,2	9,9	13,9	6,5	13,2
Chemikalien	5,0	7,5	9,1	15,2	4,1	6,1	12,3	16,7	5,6	8,5	4,3	5,6
Textilien	25,0	14,6	5,9	3,6	3,1	1,9	4,7	4,1	2,1	3,1	31,2	24,4
Verschiedene Produkte	16,4	16,2	21,5	19,7	18,5	17,6	16,7	13,8	19,4	21,6	14,8	16,6

Anm.: 1913 und 1938: Großbritannien, Deutschland, Frankreich, Italien, Belgien, Schweiz, Schweden; 1965 und 1980 außerdem Finnland, Niederlande und Norwegen für Westeuropa. Osteuropa ohne Sowjetunion.

Quellen: I. Svennilson, *Growth and Stagnation in the European Economy*, Genf 1954; United Nations (ECE), *Economic Survey of Europe in 1967*, New York 1968; dgl., *Yearbook of International Trade Statistics 1965*, New York 1966 ff.; dgl., *Economic Bulletin for Europe 1965 ff.*, New York 1966 ff.

Ähnlich wie die Export- entwickelten sich auch die Importstrukturen. Über das gesamte Jahrhundert nahm der Anteil der Primärgüter – Agrarprodukte und Rohstoffe – ab und der der weiterverarbeiteten Erzeugnisse zu. Dieser langfristige Trend wurde allerdings zeitweilig unterbrochen.

Setzt man die geographische und die warenmäßige Verteilung in Bezug zueinander, so kann insgesamt festgestellt werden, daß sich im 20. Jahrhundert zunächst, d. h. vor, aber auch noch nach dem Ersten Weltkrieg, eine Tendenz fortsetzte, die schon zuvor den internationalen Handel gekennzeichnet hatte: Die Austauschbeziehungen verlagerten sich vom Handel der hochentwickelten Industrieländer untereinander auf den komplementären Handel zwischen den Industrieländern und den Agrar- und Rohstoffländern. Die Industrieländer exportierten anteilmäßig immer mehr Industrieprodukte, während sich ihre Importe immer weniger aus Industriegütern und immer mehr aus Agrarprodukten und Rohstoffen zusammensetzten. Der Handel verlagerte sich also von den industriellen Kernländern auf die sich industrialisierenden Randgebiete und agrarischen Peripherien. Dies zeigt sich sowohl am rückläufigen Anteil des Handels zwischen den Industrieländern an ihrem gesamten Handelsvolumen als auch an den sinkenden industriellen Importquoten. Die industrielle Eigenversorgung nahm zu. Diese Entwicklung kann u. a. auf eine abnehmende Produktionsdifferenzierung der großen Volkswirtschaften Deutschlands, Frankreichs und Großbritanniens zurückgeführt werden. Der Handel der kleinen europäischen Industrieländer gewann dagegen an Bedeutung, weil sie in geringerem Maße in der Lage waren, sich industriell selbst zu versorgen. Der weiterbestehende Warenaustausch zwischen den Industrieländern basierte auf wachsender Produktionsspezialisierung. Abnehmende Produktionsdifferenzierung und steigende Produktionsspezialisierung schlugen sich in einem sinkenden intraindustriellen und einen zunehmenden interindustriellen und komplementären Handelsanteil nieder. Mit intraindustriellem Handel sind die Austauschbeziehungen zwischen gleichen Industriezweigen gemeint, mit interindustriellem die zwischen unterschiedlichen.

Die Weltwirtschaftskrise 1929/32 bildet insofern eine Zäsur, als sich der Trend zur industriellen Selbstversorgung deutlich verstärkte, d. h. die Arbeitsteilung zwischen den Industrieländern weiter abgebaut wurde. Zugleich konzentrierte sich der restliche Außenhandel immer stärker auf den Tausch von Industriewaren gegen Agrarprodukte und Rohstoffe.

In der Nachkriegszeit kehrte sich dieser Trend um. Die Produktionsspezialisierung im Außenhandel nahm wieder ab, d. h. der Anteil des intraindustriellen Handels nahm zu. Dies war u. a. eine Folge des enormen Wirtschaftswachstums, der Tatsache, daß Primärgüter einen immer geringeren Anteil am internationalen Handel ausmachten, aber auch der sich ausweitenden Produktdifferenzierung oder Angebotsdiversifizierung, die die Preis- und Qualitätskonkurrenz als Wettbewerbselement teilweise ersetzte. Zugleich glich sich die Warenstruktur des Außenhandels – gemessen an den groben Warengruppen der Außenhandelsstatistik – zunehmend an. Geographisch rückten die Austauschbeziehungen zwischen den traditionellen Industrieländern erneut in den Mittelpunkt des europäischen Handels. Dabei basierte die Internationalisierung der europäischen Volkswirtschaften im Vergleich zur Zeit vor der Weltwirtschaftskrise stärker auf einem substitutiven Handel, der eine vergleichsweise weniger entwickelte internationale Arbeitsteilung zwischen den führenden Industrieländern zum Ausdruck brachte. Das soll nicht heißen, daß nicht auch weiterhin ein wesentlicher Teil des intraindustriellen Handels auf technologische Vorsprünge und Spezialisierungen zurückgeführt werden konnte, daß der interindustrielle Handel nicht auch weiterhin eine große Rolle spielte.

Europa in der Welt

Die regionale Verteilung des Welthandels spiegelt die Struktur der Weltwirtschaft wider. Die dominierende Rolle Europas – insbesondere natürlich West- und Nordeuropas – um die Jahrhundertwende wird darin deutlich, daß sich 60% der Weltexporte und 66% der Weltimporte auf Europa konzentrierten, wobei der Anteil beim Export von Fertigwaren über und der beim Import von Primärgütern fast 80% ausmachte. Zu den besonderen Merkmalen der Weltwirtschaft gehörte es, daß der Handel innerhalb ihres europäischen und nordamerikanischen Kerns und zwischen diesem und den europäischen und ozeanischen Randgebieten – Japan, Australien, Neuseeland – wesentlich intensiver war als zwischen dem Kern und der Peripherie. Der Erste Weltkrieg, die Weltwirtschaftskrise und die Phase der restriktiven Handels- und Zollpolitik in den 30er Jahren ließ den europäischen Anteil am Welthandel deutlich sinken. Der Zweite Weltkrieg hatte einen weiteren Rückgang zur Folge. Bereits im Laufe der 50er Jahre stieg der europäische Anteil wieder auf über 50% an. In den 70er Jahren mußte Europa, wie auch Nordamerika, erneut Prozentpunkte vor allem an Asien abgeben. Es wirkte sich nicht nur der allgemeine Industrialisierungsprozeß aus, der verstärkt auch andere Regionen der Welt erreichte, es machte sich inbesondere die Verteuerung der Rohstoffe und der Aufstieg Japans bemerkbar. Am Übergewicht Europas auf dem Weltmarkt änderte das allerdings nichts. Mit knapp 50% am Weltexport und -import machte sein Anteil Anfang der 80er Jahre noch fast so viel aus wie der des Restes der Welt. Europa, die europäisch besiedelten Gebiete in Übersee und Japan bildeten während des gesamten 20. Jahrhunderts das eigentliche Welthandelsnetz, an das sich andere Länder oder Regionen der Welt mit jeweils spezifischen Gütern und Dienstleistungen zwar anschließen, das sie aber nicht verändern konnten; ihre Anteile blieben letztlich unbedeutend.

Zusammenfassende Interpretation

Die Tatsache, daß vor dem Ersten Weltkrieg der Welthandel schneller anstieg als die Weltproduktion, hatte dazu geführt, daß die liberalen Ökonomen der damaligen Zeit darin eine gesetzmäßige Entwicklungstendenz der Weltwirtschaft und eine Grundvoraussetzung für weiteren wirtschaftlichen Fortschritt zu erkennen glaubten. Als nach dem Ersten Weltkrieg die Verflechtung abnahm, behauptete man das Gegenteil. Technischer Fortschritt, Industrialisierung, steigende Realeinkommen und andere Faktoren mußten demnach zwangsläufig zu einer Verminderung des internationalen Austauschs führen: Die fortschreitende Technik ermöglichte nach dieser These die Substitution von natürlichen durch synthetische, in Industrieländern hergestellte Rohstoffe und ihren sparsameren Verbrauch. Die Verbreitung der Industrialisierung verminderte die komparativen Kostenvorteile und setzte auch die Entwicklungsländer immer mehr in die Lage, Industriegüter selbst herzustellen. Die zunehmende Angleichung der Industriestrukturen und die innere Markterschließung in den Industrieländern führte ebenfalls zu einer wachsenden Selbstversorgung. Bei steigenden Einkommen wurde ein immer geringerer Prozentsatz des Einkommens für zu importierende Nahrungsmittel ausgegeben, dafür aber mehr für bestimmte Dienstleistungen, die meist in der Binnenwirtschaft produziert wurden. Auf der Grundlage dieser Annahmen neigten in der Zwischenkriegszeit wiederum viele Ökonomen dazu, in der Verminderung der Handelsquoten so etwas wie ein Naturgesetz zu sehen. Sie wurden in ihrer Auffassung insofern gestärkt, als die Zwischenzeit tatsächlich stärker durch nationalistische und autarkistische Bestrebungen gekennzeichnet war, nationale Monopole sich auf den heimischen Märkten ausbreiteten und internationale Kartelle den internationalen Handel hemmten. Die Austauschbeziehungen zwischen den Volkswirtschaften nahmen ab.

Obwohl ein Teil dieser Argumente auch in der Nachkriegszeit in der Diskussion blieb, zeigte der erneut steigende Internationalisierungsgrad doch, daß der Welthandel wieder zu einem wichtigen Antrieb der weltwirtschaftlichen und europäischen Expansion wurde. Kaum vorhersehbar war die enorme Produktdifferenzierung und die hohe Mobilität von Produktionsfaktoren und Produkten. Der Anteil der Transportkosten am Gesamtwert der international gehandelten Waren sank erheblich. Schon relativ geringe Produkt-, Preis- und Gewinndifferenzen hielten die internationalen Austauschbeziehungen in Gang und verstärkten sie sogar. Die internationale monopolistische Konkurrenz erreichte eine Intensität, die stärker war als in der ersten Hälfte des Jahrhunderts.

Mit dem einfachen Faktorproportionen-Theorem, das den internationalen Handel auf komplementäre oder interindustrielle Austauschbeziehungen reduziert, konnte der steigende Außenhandel nach dem Zweiten Weltkrieg jedenfalls nur bedingt erfaßt werden. Wiederum wurden unterschiedliche Interpretationen angeboten, um die wachsende Verflechtung der Nationalwirtschaften zu erklären. Das Modell des Produktionszyklus geht davon aus, daß neue Produkte und Produktionsmethoden in den hochentwickelten Ländern entstehen. Nachdem sie dort ausgereift sind, werden sie wegen der billigeren Arbeitskräfte von den weniger entwickelten Ländern übernommen und in die höherentwickelten reimportiert. Je enger die wirtschaftliche Verflechtung sich entwickelt, desto schneller werden Innovationen übertragen, was die Integration wiederum fördert. Damit könnte nicht nur der wachsende Außenhandel nach dem Krieg erklärt werden, sondern auch die säkulare Verschiebung der Anteile europäischer Länder oder Ländergruppen am gesamten Handelsvolumen. Gelingt es einem entwickelten Land nicht mehr, seinen technischen Vorsprung durch einen permanenten Inventions- und Innovationsprozeß zu halten, so verliert es an Bedeutung.

Transport und Verkehr

Europa erlebte seit der Mitte des 19. Jahrhunderts eine Verkehrsrevolution, die auch im 20. Jahrhundert anhielt. Der Begriff «Revolution» ist natürlich nur berechtigt, wenn man die Geschichte der Menschheit in sehr langen Zeiträumen betrachtet. Personen, Güter und Nachrichten erreichten eine bis dahin unbekannte Mobilität. Im 20. Jahrhundert entwickelten sich nicht nur die traditionellen Verkehrsmittel – von Tieren gezogene Wagen, Schiffe und Eisenbahnen – weiter, mit dem Auto trat vielmehr der Straßenverkehr um die Jahrhundertwende in eine neue Epoche ein, und mit dem Flugzeug wurde ein ganz neuer Verkehrsträger geschaffen. Trotz der Dynamik, mit der fast überall alte Verkehrssysteme modernisiert und neue geschaffen wurden, entwickelte sich das Transport- und Verkehrswesen von Land zu Land sehr unterschiedlich.

Eisenbahnen

Um charakteristische Entwicklungsmuster herausarbeiten zu können, empfiehlt es sich, das 19. Jahrhundert in die Betrachtung einzubeziehen. In den frühen Industrienationen setzte der Eisenbahnbau in vollem Umfang im zweiten Drittel des 19. Jahrhunderts ein und erreichte seine größte Entwicklungsdynamik in den folgenden Jahrzehnten (vgl. Abb. III. 16). Bereits am Ende des 19. Jahrhunderts nahm das Ausbautempo deutlich ab und strebte einem Sättigungspunkt zu, der im Ersten Weltkrieg oder kurz danach erreicht wurde. In der Zwischenkriegszeit wurde das Schienennetz entweder kaum noch erweitert, oder der Konkurrenzdruck des Straßenverkehrs führte bereits wieder zu einem geringfügigen Abbau, der dann nach dem Zweiten Weltkrieg forciert wurde.

In Großbritannien z. B. hatte das Streckennetz Mitte der 1980er Jahren etwa die gleiche Länge wie in den 1860er Jahren. Zu dieser Ländergruppe gehört neben Großbritannien das Deutsche Reich/BRD/DDR, Frankreich, Belgien und die Niederlande. In den Ländern, die sich später industrialisierten – Dänemark, Norwegen, Schweden, Italien, Österreich-Ungarn/Tschechoslowakei/Ungarn –, fand dieser Prozeß zeitverschoben statt. Selbst wenn die Anfänge ihres Eisenbahnbaus ebenfalls in den 1830er Jahren lagen, so entwickelte der Bahnbau seine eigentliche Dynamik doch später als in den Ländern der ersten Gruppe; der Sättigungspunkt lag ebenfalls später – in den 30er Jahren –, und der Abbau des Streckennetzes setzte erst in den 60er Jahren ein. In einer dritten Gruppe können die Länder zusammengefaßt werden, in denen der Auf- und Ausbau der Eisenbahnen um eine weitere Entwicklungsphase verschoben stattfand: Spanien, Portugal, Griechenland, Finnland, Bulgarien, Rumänien und Jugoslawien. In diesen Ländern begann der Abbau erst in jüngster Zeit, oder das Streckennetz wird, wie in Bulgarien, sogar noch leicht ausgebaut.

Die Länge des Streckennetzes sagt noch nichts über den Grad aus, mit

*Abb. III. 16: Länge des Eisenbahnnetzes verschiedener Länder 1840–1980
(1900 = 100)*

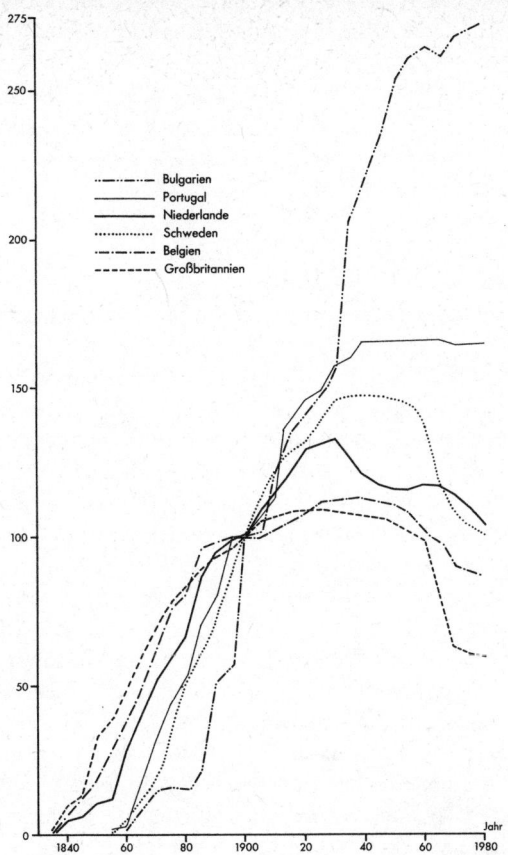

Quellen: B. R. Mitchell, *European Historical Statistics 1750–1970*, London 1975, S. 315 ff.; United Nations, *Annual Bulletin of Transport Statistics for Europe 1 (1949) ff.*, Genf später New York 1950 ff.; dgl. *Statistical Yearbook 1960 ff.*, New York 1962 ff.

dem das Land durch die Eisenbahn verkehrsmäßig erschlossen wurde. Mißt man die Dichte des Eisenbahnnetzes in Streckenkilometern pro Quadratkilometer, so zeigt sich, daß Belgien in der Zwischenkriegszeit über das dichteste Eisenbahnnetz verfügte, das jemals ein Land aufgebaut hat. Danach folgte Großbritannien, das Deutsche Reich/BRD/DDR, die Niederlande, Dänemark, Ungarn und die Tschechoslowakei; d. h. daß die mittelost- und westeuropäischen Staaten über dichte Eisenbahnnetze verfügten und noch verfügen. In den nord-, südost- und südeuropäischen Ländern waren die Eisenbahnnetze längst nicht so dicht. Finnland, Norwegen oder Griechenland wiesen z. B. 1980 eine Dichte auf, die in Großbritannien oder Belgien bereits um die Mitte des 19. Jahrhunderts bestand. Dabei werden ihre Strekkennetze bereits wieder abgebaut. Bei diesen länderspezifischen Durchschnitten müssen natürlich wiederum die Unterschiede zwischen den Regionen berücksichtigt werden. Selbst in so erschlossenen Ländern wie dem Deutschen Reich oder Großbritannien gab es Gebiete, die über die gleiche Dichte verfügten wie Finnland. In Finnland war wiederum das Netz im südlichen Teil am dichtesten und durchaus mit Westeuropa vergleichbar. Im Verhältnis zur Einwohnerzahl war es in der Zwischenkriegszeit sogar stärker entwickelt als in den meisten europäischen Ländern. Grundsätzlich kann sich die länderspezifische Reihenfolge in der Dichte der Eisenbahnnetze erheblich verändern, wenn man nicht die Anzahl der Quadratkilometer, sondern die der Einwohner als Bezugsgröße wählt.

Die Schematisierung nach Ländergruppen darf natürlich nicht dazu verleiten, den Aufbau des Eisenbahnnetzes ausschließlich im Zusammenhang mit dem sozioökonomischen Entwicklungsniveau eines Landes zu sehen. Geographische Gegebenheiten spielen ebenso eine Rolle wie die Verbreitung anderer Verkehrsträger oder die politischen Verhältnisse.

Das gilt auch für die Struktur der Eisenbahnnetze. Es entstanden Netze, die wie in Frankreich streng auf einen Mittelpunkt – meist die Hauptstadt – ausgerichtet sind, die in verhältnismäßig weitgehender Annäherung an Luftlinien die großen Städte miteinander verbinden, die wie in Deutschland viele Knotenpunkte aufweisen oder die mehrere Sternpunkte besitzen, von denen Stichbahnen wegführen. Besondere Probleme ergaben sich für die osteuropäischen Länder durch die Gebietsveränderungen. Sie mußten Eisenbahnnetze zusammenfügen, die ursprünglich anders konzipiert worden waren, oder ihre Netze wurden auseinandergerissen.

Abb. III. 17 zeigt die Entwicklung des Güter- und Personenverkehrs auf europäischen Eisenbahnen. Es wird deutlich, wie sehr die Verkehrsleistungen der Eisenbahn von der allgemeinen Wirtschaftsentwicklung abhingen, daß der Güterverkehr nach dem Zweiten Weltkrieg stärker anstieg als der Personenverkehr – hier machte sich die Konkurrenz des motorisierten Individualverkehrs besonders bemerkbar – und daß beide mit sinkenden Zuwachsraten zunahmen.

Straßenverkehr

Wenn vom Straßenverkehr gesprochen wird, so ist damit fast immer der motorisierte Straßenverkehr gemeint. Dabei spielte der von Tieren, meist Pferden, gezogene Wagen auch im 20. Jahrhundert noch eine bedeutende Rolle als Transportmittel. In den landwirtschaftlichen Gebieten der industriellen Kernländer galt dies bis zum Zweiten Weltkrieg. Selbst in so hoch industrialisierten Staaten wie der Bundesrepublik oder Belgien verschwanden Pferde und Rinder als Zugtiere erst in den 50er Jahren endgültig. In einigen ost-, insbesondere südost- und südeuropäischen Staaten sind Pferde und Esel auch heute noch relativ weitverbreitete Transportmittel. Die radi-

Abb. III. 17: Güter- und Personenverkehr auf europäischen Eisenbahnen 1900–
1980 (in Mrd. t bzw. Personenkilometern)

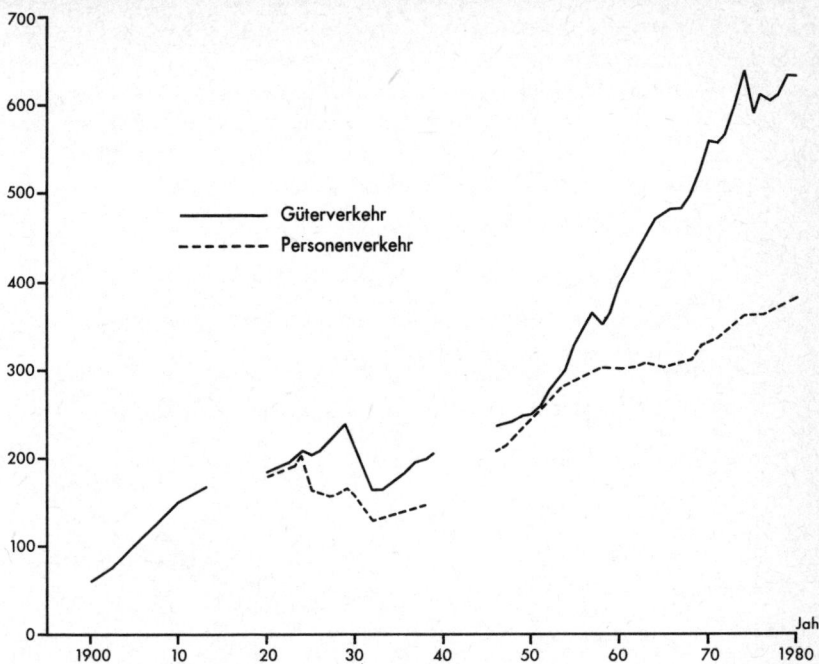

Quellen: B. R. Mitchell, *European Historical Statistics 1750–1970*, London 1975, S. 315 ff.; United Nations, *Statistical Yearbook 1970ff.*, New York 1972 ff.

kale Abnahme z. B. des europäischen Pferdebestands zeigt aber, daß auf gesamteuropäischer Ebene Tiere im Transport- und Verkehrswesen tatsächlich nur noch eine sehr begrenzte Rolle spielen. Insofern soll im folgenden nur auf die Ausbreitung des Autos eingegangen werden.

Die ersten Anfänge einer Motorisierung des Straßenverkehrs zeichneten sich am Ende des 19. Jahrhunderts ab, d. h. ein Dreivierteljahrhundert später als der Eisenbahnbau. Um die Jahrhundertwende waren Personenkraftwagen noch ausgesprochener Luxus, und bis zum Ersten Weltkrieg verbreiteten sie sich nur langsam. Lastkraftwagen wurden bis dahin nur in den hochentwickelten Industriestaaten von Unternehmen verwendet, die ungünstig zur nächsten Eisenbahnstation lagen. Meist wurden sie nur innerhalb der Städte und im Landverkehr auf kurzen Strecken eingesetzt, und zwar als Ergänzung zur Eisenbahn. Der Erste Weltkrieg gab der Motorisierung grundsätzlich Impulse, auch wenn bei der Verbreitung privater Personenkraftwagen eine gewisse Verzögerung eintrat. In den 20er Jahren stieg dann die Zahl der Kraftfahrzeuge stark an. In der Weltwirtschaftskrise war es wieder der Lastwagen, der von der verschärften Konkurrenz zwischen Schiene und Straße profitierte. Die Ausbreitung der Personenkraftwagen brach demgegenüber ab. In einigen Ländern, die von der Wirtschaftskrise der 30er Jahre besonders hart betroffen waren, stagnierte die Zahl der zugelassenen Personenkraftwagen oder ging sogar zurück. Nach dem Zweiten Weltkrieg nahm sie dann aber überall stark zu; in Europa begann das Zeitalter der Massenmotorisierung. Eine spürbare Abnahme des Wachstumstempos trat erst Ende der 60er Jahre ein. Von dieser groben Beschreibung der gesamteuropäischen Entwicklung gab es nicht unwichtige länderspezifische Abweichungen.

Abb. III. 18: Zugelassene Kraftfahrzeuge aller Art in verschiedenen Ländern 1906–1980 (1913 = 100, log. Maßstab)

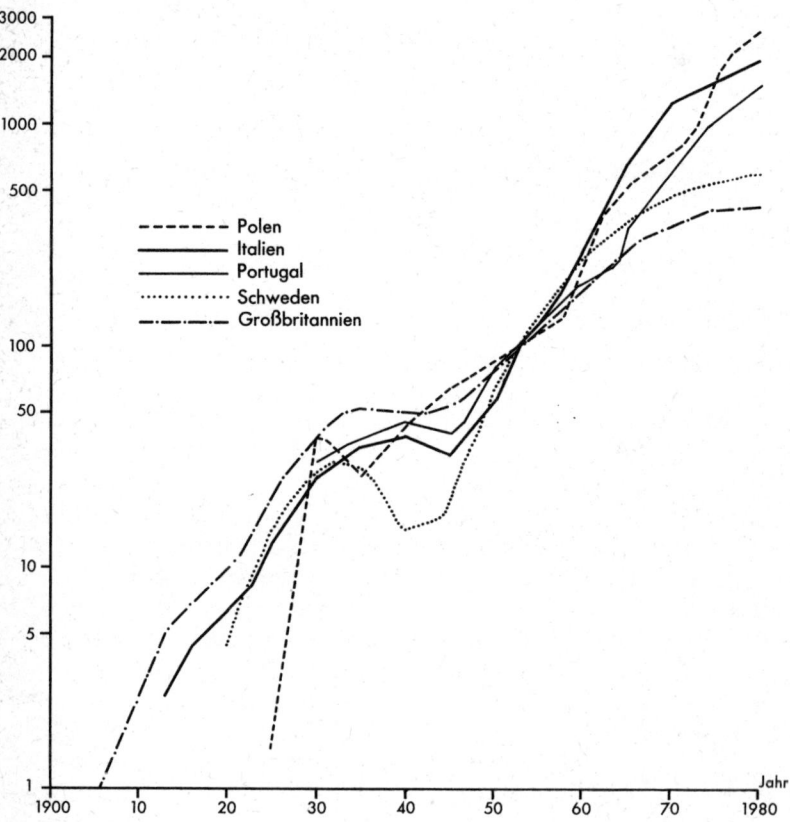

Quellen: B. R. Mitchell, *European Historical Statistics 1750–1970*, London 1975, S. 350 ff.; United Nations, *Statistical Yearbook 1975 ff.*, New York 1977 ff.

Ebenso wie bei den Eisenbahnen werden verschiedene Länder mit unterschiedlicher Entwicklung betrachtet. Abb. III. 18 gibt einige Verbreitungskurven wieder; diesmal wurde ein logarithmischer Maßstab gewählt, weil anders als bei den Eisenbahnen die Entwicklung nach dem Zweiten Weltkrieg so dynamisch verlief, daß bei einer arithmetischen Darstellung die Entwicklung davor kaum zu erkennen wäre.

Wie bei den Eisenbahnen soll zwischen drei Ländergruppen unterschieden werden. Zur ersten Gruppe gehören Großbritannien, Frankreich, Belgien, die Schweiz, Deutsches Reich/BRD/DDR, Schweden, Norwegen, Dänemark. In diesen Ländern begann sich das Auto im ersten Drittel des Jahrhunderts, besonders nach dem Ersten Weltkrieg, rasch auszubreiten. Die eigentliche Massenmotorisierung bzw. die Entwicklung des Autos zum selbstverständlichen Individualtransportmittel fand allerdings auch in diesen Ländern erst nach dem Zweiten Weltkrieg statt. Seit den späten 60er Jahren stieg die Zahl der zugelassenen Kraftfahrzeuge mit abnehmenden Wachstumsraten an und strebte damit offensichtlich einem gewissen Sättigungsgrad zu.

In einer zweiten Gruppe sollen Italien, Finnland, die Niederlande und mit Einschränkungen Spanien und die Tschechoslowakei zusammengefaßt werden. In ihnen begann die Motorisierung später und erreichte bis zum Zweiten Weltkrieg nicht das gleiche Niveau wie in der ersten Gruppe. Nach dem Zweiten Weltkrieg verlief der Anstieg dann allerdings steiler, und die Wachstumsraten nahmen später und langsamer ab.

Zu einer dritten Gruppe sollen die Länder gerechnet werden, in denen die Motorisierung noch später einsetzte, in denen die Zahl der Kraftfahrzeuge nach dem Zweiten Weltkrieg zwar ebenfalls schnell anstieg, die aber dennoch längst nicht das Niveau der Motorisierung der anderen Länder erreicht haben. Für Griechenland, Portugal, Bulgarien, Rumänien, Polen, Ungarn und Jugoslawien trifft das zu. Ein Sättigungsgrad ist bei ihnen noch nicht in Sicht.

Nun sagt die Entwicklung der absoluten Zahlen der Kraftfahrzeuge nur bedingt etwas über den Grad der Motorisierung aus. Für die Mobilität der Bevölkerung ist sicherlich die Dichte der Kraftfahrzeuge, in diesem Fall die Zahl der Personenkraftwagen pro Einwohner, aussagekräftiger. Tab. III. 15 gibt diese Relationszahlen wieder. Deutlich wird, daß z. B. in Schweden der steile Anstieg nach dem Zweiten Weltkrieg dazu geführt hat, daß die Dichte der Kraftfahrzeuge die vor dem Zweiten Weltkrieg unter der von Großbritannien lag, heute darüber liegt. Deutlich wird aber auch, daß die noch schnellere Zunahme der Autos in Portugal erst zu einer Dichte geführt hat, wie sie in Großbritannien bereits vor 20 Jahren bestand. Um die Extreme zu nennen: In Rumänien oder Bulgarien dürfte es heute so viele Personenkraftwagen pro Einwohner geben wie in Großbritannien am Anfang des Jahrhunderts.

Tab. III. 15: Entwicklung der Personenkraftwagen 1922–1980
(Anzahl pro 1000 Einwohner)

	1922	1930	1938	1950	1960	1970	1980
Nordeuropa							
Schweden	4	17	25	36	160	285	345[a]
Dänemark	5	22	29	28	89	218	278[a]
Finnland	.	6[b]	8	7	41	152	255
Norwegen	.	8[b]	19	20	63	193	300
Westeuropa							
Dt. Reich	1	8	21	–	–	–	–
BRD	–	–	–	13	81	277	376
Großbritannien	7	25	42	46	105	209	256[a]
Frankreich	5	26	48	37[c]	121	252	343
Niederlande	3	9	11	14	45	193	323
Belgien	4	13	17	32	82	213	319
Österreich	.	.	5[d]	7	57	162	300
Schweiz	.	12[b]	18	31	95	221	351
Irland	.	11[b]	18	31	62	34	199[a]
Osteuropa							
Polen	0,1	1	1	2[d]	4	15	52[a]
Jugoslawien	0,2	1	1	1[d]	3	35	85[a]
Rumänien	0,3	2	1	.	1	2	3
DDR	–	–	–	–	18	73	143[a]
Tschechoslowakei	1	4	5	.	20	57	149
Ungarn	0,4	2	2	.	4[e]	24	95
Südeuropa							
Italien	1	5	8	7	40	192	310
Spanien	.	.	.	3	9	70	202
Portugal	2	4	5	7	18	60	121[a]
Griechenland	.	.	1	1	5	26	90

[a]) 1978   [b]) 1928   [c]) 1937   [d]) 1955   [e]) 1962

Quellen: A. S. Deaton, The Structure of Demand 1920–1970, in: Carlo M. Cipolla (Hrsg.), *The Fontana Economic History of Europe*, Bd. 5, Glasgow 1976, S. 124; The World Bank, *World Tables*, 3. Ausgabe, 2. Band: *Social Data*, Baltimore 1983, passim; United Nations, *Statistical Yearbook 1981*, New York 1983, S. 1009f.

Binnenschiffahrt

Um die Mitte des 19. Jahrhunderts setzte ein Niedergang der Binnenschiff-fahrt ein. Transportkapazität und -geschwindigkeit der Kähne waren zu niedrig, als daß sie mit der Eisenbahn hätten konkurrieren können. Sie kam überall dort zum Erliegen, wo die Eisenbahn auf ein bisher noch wenig ausgebautes und wenig leistungsfähiges Binnenschiffahrtssystem stieß. Das galt insbesondere für Gebiete, in denen zwar viele, aber zu kleine Kanäle vorhanden waren und die auf ihnen verkehrenden Schiffe dementsprechend eine geringe Leistungsfähigkeit besaßen. In Gebieten, in denen große Kanäle ausgebaut worden oder von Natur aus leistungsfähige Wasserstraßen vor-handen waren, stellte sich die Situation anders dar. Durch die technische Entwicklung des Dampfschiffes, die zu großen und schnellen Schiffseinhei-ten führte, konnte die Binnenschiffahrt hier beim Transport verschiedener

Massengüter gegenüber der Eisenbahn konkurrenzfähig bleiben. Entwicklungsfähig war sie letztlich nur dort, wo die Schiffsgrößen erweitert und damit die Stückkosten gesenkt werden konnten. Hatte die Schiffahrt ein leistungsfähiges Rückgrat, wie z. B. in Deutschland den Rhein oder in Südosteuropa die Donau, kam es am Ende des 19. Jahrhunderts durchaus zu einer gewissen Renaissance der Binnenschiffahrt.

Dieser erneute Aufschwung ebbte in der Zwischenkriegszeit ab, belebte sich aber nach dem Zweiten Weltkrieg wieder. Zwar nahm die Länge der insgesamt schiffbaren Wasserwege weiter ab, ein Teil wurde aber modernisiert, erweitert und so für größere Schiffe nutzbar gemacht. Heute verfügen nach wie vor die Niederlande über das dichteste Wasserstraßennetz in Europa, danach kommt Belgien; alle anderen Staaten folgen mit großem Abstand. Trotz der rückläufigen Nutzung der Wasserwege stieg die Transportleistung der Binnenschiffahrt nach dem Zweiten Weltkrieg weiter an – im Vergleich zur Zwischenkriegszeit sogar beschleunigt. Insgesamt verlor sie im Laufe des 20. Jahrhunderts aber ständig an Bedeutung, wenn vielleicht auch in geringerem Maße als vermutet.

Flugverkehr
1903 führten die Brüder Wright den ersten erfolgreichen Motorflug durch. Die Erfahrungen der Militärluftfahrt während des Ersten Weltkrieges gaben dem neuen Verkehrsmittel in der Nachkriegszeit einen starken technischen und wirtschaftlichen Impuls. Um 1919 eröffneten zwei Gesellschaften einen regelmäßigen Flugdienst zwischen London und Paris. Auch in anderen europäischen Ländern entstanden in der Folgezeit zivile Luftfahrtgesellschaften, so daß Mitte der 20er Jahre die europäischen Großstädte im Flugverkehr miteinander verbunden waren. Frankreich, Großbritannien und Holland stellten Verbindungen zu außereuropäischen Ländern her, obwohl der Flugverkehr zu dieser Zeit grundsätzlich noch auf kürzere Strecken ausgelegt war. Im Laufe der 30er Jahre wurden dann die Strecken immer mehr erweitert. Beherrschend war der Passagierverkehr; von einem Massenverkehrsmittel war das Flugzeug aber noch weit entfernt. Für den Gütertransport kam es nur in Frage, wenn es darum ging, kleine, aber teure und leicht verderbliche Waren zu transportieren. Im Hinblick auf das gesamte Verkehrsaufkommen blieb der Flugverkehr vollkommen unbedeutend.

Wieder war es der Krieg, der in den 40er Jahren zu entscheidenden Fortschritten in der Luftfahrt führte. Aktionsradius und Tragfähigkeit der Flugzeuge wurden im Zweiten Weltkrieg wesentlich verbessert. Das Flugnetz, das Europa mit anderen Kontinenten verband, und das innereuropäische Flugnetz wurden enger, die Flugzeiten kürzer und die Flugpreise billiger. Zwar blieb das Flugzeug – anders als in Nordamerika – vor allem wegen der kürzeren Entfernungen in Europa als alltägliches Transportmittel von untergeordneter Bedeutung; im grenzüberschreitenden Tourismus spielte es dagegen seit den 60er Jahren die Rolle eines Massentransportmittels.

Umschichtung des Verkehrsaufkommens

In den weiterentwickelten Ländern nahm der Anteil der Eisenbahnen am gesamten Verkehrsaufkommen seit dem Ersten Weltkrieg trotz steigender Transportleistungen ab. In den weniger entwickelten Ländern stieg er bis zum Zweiten Weltkrieg zwar noch an, ging dann aber auch dort zurück. Demgegenüber vergrößerte sich der der Kraftfahrzeuge durchgängig. Beim Personenverkehr gewann außerdem das Flugzeug zunehmend an Bedeutung, beim Güterverkehr die Rohrfernleitungen. Es bestanden und bestehen auch heute noch bei der Aufteilung des Verkehrsaufkommens auf die verschiedenen Verkehrsträger erhebliche Unterschiede zwischen den Ländern. In Tab. III. 16 und 17 bleibt die Seeschiffahrt unberücksichtigt, obwohl sie für den binnenländischen Verkehr in Ländern wie Griechenland oder Norwegen von besonderer Bedeutung war. Die Niederlande blieben beim Güterverkehr auch im Zeitalter des Autos und der Eisenbahnen ein Land der Binnenschiffahrt. Das dominierende Phänomen ist aber ohne Zweifel die Umschichtung des Verkehrsaufkommens von der Schiene auf die Straße. Dabei zog der Straßenverkehr in den Ländern mit hoher Kraftfahrzeugdichte und gut ausgebautem Straßennetz den größten Teil des Verkehrsaufkommens auf sich.

In den Ländern, in denen der motorisierte Individualverkehr sich noch nicht so stark ausbreitete, blieb die Eisenbahn beim Güterverkehr das wichtigste Transportmittel. Dies gilt besonders für die osteuropäischen Länder. In Großbritannien oder der Bundesrepublik betrug der Anteil der Eisenbahn am Güterverkehr Anfang der 1980er Jahre 14 bzw. 24%, in Rumänien oder Polen 80 bzw. 66%. Daraus darf nun allerdings nicht ohne weiteres auf das Entwicklungsniveau oder die Modernität von Transport- und Verkehrssystemen geschlossen werden. Die Tatsache, daß im Deutschen Reich/BRD von der Zwischenkriegszeit bis 1980 der Anteil der Eisenbahn am Personenverkehr von über 50 auf knapp 6% sank, während er in den Niederlanden immer noch 50% ausmachte, kann u. a. auch darauf zurückgeführt werden, daß es in den Niederlanden im Vergleich zur Bundesrepublik besser gelungen ist, die Attraktivität der Eisenbahn, insbesondere des schienengebundenen Nahverkehrs, zu erhalten. Bei einem Vergleich zwischen der Bundesrepublik und Bulgarien trifft dies sicherlich nicht zu. Der viermal so hohe Anteil der Eisenbahn am Personenverkehr in Bulgarien ist vor allem eine Folge der geringen Motorisierung und der schlechten Straßen. Gerade in jüngster Zeit gelang es der Eisenbahn in den am weitesten entwickelten westeuropäischen Staaten, ihren Anteil an der gesamten Verkehrsleistung zu stabilisieren. Nachdem sie dort jahrzehntelang vernachlässigt wurde, bemüht man sich heute durch umfangreiche Modernisierungsprogramme, die Leistungs- und damit die Wettbewerbsfähigkeit der Eisenbahn wieder zu steigern. Auch die Tatsache, daß die Eisenbahn ein Verkehrsträger ist, der noch am ehesten mit den Forderungen nach einem verbesserten Umweltschutz in Einklang gebracht werden kann, spielt hierbei eine Rolle.

Tab. III. 16: Anteile der verschiedenen Verkehrsträger an den gesamten Verkehrsleistungen im Personenverkehr (Personenkilometer) in verschiedenen Ländern 1950–1981 (in %)

		Eisenbahn	Straßenverkehr	Luftverkehr
BRD	1950	37,7	62,2	0,1
	1980	5,8	92,5	1,7
Bulgarien	1963	28,4	71,5	0,1
	1981	22,7	76,6	0,7
Italien	1963	61,0	38,8	0,2
	1981	36,2	61,5	2,2
Niederlande	1963	57,2	42,7	0,1
	1981	50,3	49,3	0,3
Norwegen	1963	38,9	52,0	9,1
	1981	33,0	48,8	18,2
Portugal	1963	66,5	33,4	0,1
	1981	57,2	37,2	5,6

Quelle: United Nations, *Annual Bulletin of Transport Statistics for Europe 1 (1949)ff.*, Genf, später New York 1950ff.

Tab. III. 17: Anteile der verschiedenen Verkehrsträger an der gesamten Verkehrsleistung im Güterverkehr (Tonnenkilometer) in verschiedenen Ländern 1950–1981 (in %)

		Eisen-bahn	Straßen-verkehr	Binnen-schiffahrt	Rohrfern-leitungen
BRD	1950	56,0	20,3	23,7	–
	1980	25,8	48,9	20,2	5,1
Frankreich	1963	54,5	32,1	9,9	3,5
	1981	34,0	45,4	5,7	14,9
Niederlande	1963	12,6	23,0	60,8	3,6
	1981	5,3	36,4	50,7	7,6
Tschechoslowakei	1963	82,3	10,8	3,7	3,2
	1981	67,4	20,2	3,4	9,0
Polen	1963	94,9	3,9	1,1	–
	1981	66,7	22,2	1,2	9,9
Rumänien	1963	86,6	6,2	3,7	3,5
	1981	80,3	12,6	2,6	4,5

Quelle: United Nations, *Annual Bulletin of Transport Statistics for Europe 1 (1949)ff.*, Genf, später New York 1950ff.

Transport, Verkehr und Wirtschaftsentwicklung
Die Bedeutung des Transport- und Verkehrswesens für die Entwicklung von Wirtschaft und Gesellschaft kann nicht überschätzt werden. Mobilität ist von gesellschaftlicher, insbesondere von ökonomischer Bedeutung. Na-

tionale und internationale Arbeitsteilung und Verflechtung konnten sich nur in dem Maß entwickeln, wie es gelang, die Verkehrs- und Transportleistungen zu verbessern und deren Kosten zu senken. Die immer bessere Ausnutzung vorhandener Ressourcen, der immer intensivere Einsatz der Produktionsfaktoren und die laufende Erhöhung der Faktorproduktivitäten hing unmittelbar von der starken Leistungssteigerung des Transport- und Verkehrssystems ab. Die wirtschaftliche Entwicklung vollzog sich in den geographischen Räumen besonders rasch, die bereits am Anfang des Jahrhunderts über ein dichtes hochwertiges Verkehrsnetz verfügten, während sie dort behindert wurde, wo es weitmaschig und wenig effizient war. Wettbewerbsvorteile besaß in dieser Hinsicht Mittel- und Westeuropa, während die peripheren Räume an den Rändern Europas benachteiligt waren. Trotz der fortschreitenden Verbesserung wurden diese Gebiete – besonders die im hohen Norden, im Südosten und im äußersten Süden – bis in die Gegenwart durch ihr letztlich mangelhaftes Transport- und Verkehrssystem in ihrer Entwicklung behindert.

Geld und Kredit

Zum tertiären oder Dienstleistungssektor gehört auch das Geld- oder Kreditwesen. Wie in den vorangegangenen Abschnitten können nur wenige Aspekte behandelt werden: die nationalen Geld- und Bankensysteme, die internationalen Währungssysteme, der internationale Geld- und Kapitalverkehr und die Preisentwicklungen. Eine Einordnung in die vorgegebene Gliederung ist nur bedingt möglich. Bei den nationalen Geld- und internationalen Währungssystemen handelt es sich um staatlich fixierte Ordnungen, d. h. um wichtige Steuerungsformen, mit denen die Entwicklung des Sozialprodukts beeinflußt wird; sie müßten daher im Kapitel über die Steuerung behandelt werden. Die Preisentwicklungen könnten ebenso unter dem Abschnitt der gesamtwirtschaftlichen Entwicklung eingeordnet werden. Wenn diese Punkte dennoch gemeinsam an dieser Stelle behandelt werden, so deshalb, weil sie zentrale Aspekte des Themas Geld und Kredit darstellen und nicht auseinandergerissen werden sollen.

Nationale Geld - und Bankensysteme

In praktisch allen europäischen Ländern setzte sich in der zweiten Hälfte des 19. Jahrhunderts als *Geldsystem* die Goldumlaufwährung durch. In ihr wurden die nationalen Währungseinheiten mit einer durch Gesetz bestimmten Menge Feingold definiert. Dabei waren neben vollwertigen Goldmünzen auch Scheidemünzen und Banknoten im Umlauf. Die Banknote, die ursprünglich nur ein Geldersatzmittel – eine Forderung auf Geld – gewesen war, wurde mehr und mehr zum eigentlichen baren Geld. Bis zum ersten Weltkrieg war sie in allen Ländern zum gesetzlichen Zahlungsmittel erklärt worden. Die Koppelung des Notenumlaufs an das Gold erfolgte durch Dekkungsvorschriften, wonach die Notenbanken einen Teil der Noten als Gold in Reserve halten mußten. Dennoch waren sie zur vollen Einlösung ihrer Noten in Gold entsprechend der Goldparität verpflichtet. Diese sog. gemischte Goldumlaufwährung begünstigte den Industrialisierungsprozeß in der zweiten Hälfte des 19. Jahrhunderts insofern, als sie ein elastisches Geldangebot schuf, durch das die deflatorischen Tendenzen, die in dieser Zeit starken Sozialproduktwachstums von einer reinen Metallumlaufwährung ausgegangen wären, kompensiert wurden. Parallel dazu entwickelte sich mit dem bargeldlosen Zahlungsverkehr auch das Giralgeld und damit die Geldschöpfungsfähigkeit der Kreditbanken. Ohne Banknoten und Giralgeld wäre die Industrialisierung in eine Deflationskrise geraten.

Die gemischte Goldumlaufwährung veränderte sich im bzw. nach dem Ersten Weltkrieg. Die Goldeinlösungspflicht für Banknoten wurde aufgehoben, vollwertiges Münzgeld bzw. Goldmünzen aus dem Verkehr gezogen und eine Deckung bis auf einen kleinen Teil Gold nur noch in Devisen gehalten. Das neue Währungssystem bezeichnete man als Goldkernwährung. Damit begann sich die Funktion der Golddeckung grundsätzlich zu wandeln. Wurde sie im 19. Jahrhundert im wesentlichen als Sicherung des inneren Geldumlaufs betrachtet, so wertete man sie im 20. Jahrhundert vornehmlich als internationale Liquiditätsreserve. Dies war nur möglich, weil die Banknoten und unterwertigen Münzen endgültig als Zahlungsmittel akzeptiert worden waren. Gedeckt wird ihr Geld seitdem nicht mehr; es besitzt keinen Warencharakter mehr, und sein Wert resultiert allein aus seiner Kaufkraft. Man spricht daher auch von Kaufkraft- oder Papierwährung.

Ebenfalls in der zweiten Hälfte des 19. Jahrhunderts zeigte sich, daß die Zusammenfassung größerer Gebiete zu einem Wirtschaftsraum mit einheitlichem Geldsystem praktisch nur verwirklicht werden konnte, wenn das staatlich geordnete Münzsystem durch die monopolistische Zusammenfassung der Notenausgabe ergänzt wurde. Daher vollzog sich überall in Europa eine Zentralisierung des *Notenbanksystems*. Die Ausgabe von Banknoten wurde auf eine oder wenige Banken beschränkt, wobei es in zahlreichen Ländern bis in das 20. Jahrhundert hinein mehrere Banken mit diesem sog. Emissionsrecht gab. Obwohl die Notenbanken die Rechtsform der privaten Aktiengesellschaften besaßen, wandelten sie sich doch allmählich zu öffentlich-rechtlichen Institutionen. Sie wurden zwar mit besonderen Privilegien ausgestattet, hatten aber auch besondere Verpflichtungen und unterlagen besonderen Kontrollen.

Das Verhältnis der Notenbanken zur Regierung war von Land zu Land recht unterschiedlich. Es schwankte zwischen starker Abhängigkeit und weitgehender Unabhängigkeit. Daß den Notenbanken nach der Inflationsperiode des Ersten Weltkrieges allgemein größere Freiheit gewährt wurde, kam nicht von ungefähr. Damit sollte der Mißbrauch der Notenpresse, wie ihn die Regierungen einiger Länder im Krieg erzwungen hatten, verhindert werden. Auch heute noch gibt es große Unterschiede hinsichtlich der Stel-

lung der Notenbanken im Staatsgefüge. Es gibt Notenbanken, die nur eine
der Regierung untergeordnete Behörde darstellen, aber auch solche, die nur
an ein Mitwirkungs- und Mitspracherecht der Regierung gebunden sind
oder sogar weitestgehend unabhängig agieren können.

Beschränkten sich die Ziele der Notenbanken zur Zeit der Goldumlaufwährung darauf, die Einlösbarkeit der ausgegebenen Noten in Gold zu gewährleisten, so rückte nach dem Ersten Weltkrieg mit der Aufhebung der
Einlösepflicht, womit die Notenbanken unbegrenzt liquide geworden waren, die Stabilität des Geldwertes in den Mittelpunkt. Erst nach dem Zweiten
Weltkrieg kamen im Zuge der Ausbreitung des Keynesianismus konjunkturpolitische Ziele hinzu. Das Instrumentarium der Notenbanken zur Steuerung der Geld- und Kreditmenge wurde im 20. Jahrhundert im Zuge der
Ausweitung der Ziele differenzierter und effektiver.

Auch das moderne *Privatbankensystem* entstand im 19. Jahrhundert.
Trotz organisatorischer Unterschiede in den einzelnen Ländern hatten sich
fast überall einerseits große Universalbanken gebildet, die alle Arten des
Geld- und Kreditgeschäfts abwickelten, und andererseits nach funktionalen
und soziologischen Kriterien gegliederte Spezialbanken. Während sich das
Bankensystem in den west- und nordeuropäischen Ländern bis zum Ersten
Weltkrieg voll entfaltet hatte, litten die Volkswirtschaften in den ost- und
südeuropäischen Ländern auch in der Zwischenkriegszeit noch unter seiner
mangelhaften Ausgestaltung.

Neben der Auffächerung der Bankensysteme war seit dem ausgehenden
19. Jahrhundert die Konzentration ein wichtiges Strukturelement. In praktisch allen Ländern entstanden wenige Großbanken mit ausgedehnten Filial-
netzen, die einen hohen Anteil des Kreditvolumens auf sich vereinigten.
Dieser Konzentrationsprozeß setzte sich im Laufe des 20. Jahrhunderts bis
heute fort. Seit dem Zweiten Weltkrieg kam es außerdem zu einer verstärkten Internationalisierung, entweder durch Kooperation zwischen Banken
oder durch Filialgründungen im Ausland. Der zunehmende Einfluß des
Staates auf das Kreditwesen war ebenfalls kennzeichnend für die Entwicklung in diesem Jahrhundert. Er äußerte sich darin, daß die Bankgesetzge-
bung umfangreicher und differenzierter wurde, man die Bankenaufsicht als
Intrument des Staatsinterventionismus einrichtete und der Staat durch die
Ausdehnung des öffentlichen Sektors im Kreditwesen – Gründung staatlicher oder öffentlich-rechtlicher Kreditinstitute bzw. Übernahme privater –
verstärkt Einfluß nahm. Als drittes Strukturelement kann schließlich die sich
im Laufe des 20. Jahrhunderts vollziehende neue Vermischung der Spezialbanken festgehalten werden. Sie umfaßte sowohl die funktionelle Vermischung in dem Sinne, daß Banken Aufgaben übernahmen, für die sie ursprünglich nicht geschaffen worden waren, als auch eine soziologische Vermischung in dem Sinne, daß der Kundenkreis immer weniger deutlich getrennt werden konnte.

Internationale Währungssysteme

Mit dem Ersten Weltkrieg brach das Währungssystem der Vorkriegszeit, der sog. Goldstandard, zusammen. Angesichts der unsicheren wirtschafts-, insbesondere währungspolitischen Verhältnisse nach dem Krieg wollte man möglichst schnell zu diesem System zurückkehren, da es vor dem Krieg einen liberalen Welthandel bei gleichzeitiger Stabilität der Wechselkurse gesichert zu haben schien. Dennoch dauerte es bis zum Ende der 20er Jahre, bis der Goldstandard in etwa wiederhergestellt worden war. Die Gründe dafür, daß er bereits 1931 wieder auseinanderbrach, waren unterschiedlich.

Zum einen hatte der Goldstandard vor dem Krieg nur unter ganz besonderen, ihn begünstigenden Verhältnissen – stabile Weltwirtschaftsordnung und wirtschaftliches Wachstum – funktioniert, die nach dem Krieg nicht mehr existierten. Zum zweiten wurde nicht der reine Goldstandard, sondern ein Golddevisenstandard eingeführt, d.h. daß die wichtigsten Währungen – Dollar, Pfund Sterling, teilweise auch Reichsmark und französischer Franc – neben Gold als Währungsreserven dienten. Das aber brachte eine gewisse Unstabilität in das gesamte System. Drittens legte man die Wechselkurse nicht nach einem geordneten Plan und währungspolitischen Erfordernissen fest, sondern nach innenpolitischen Kriterien, Prestigegründen oder spekulativen Motiven. Es bestand der Ehrgeiz, die Wechselkurse der Vorkriegszeit wieder einzuführen. Bei den in Abb. III. 19 gezeigten Beispielen gelang dies. Die Währungen waren über- oder unterbewertet, und es war Zufall, wenn eine Parität tatsächlich den wirtschaftlichen Gegebenheiten entsprach (vgl. Kap. III. D. 2).

Abb. III. 19: Entwicklung der Wechselkurse des britischen Pfundes, der Deutschen Mark und des Schweizer Franken gegenüber dem US-Dollar 1900–1983 (in Cent, log. Maßstab)

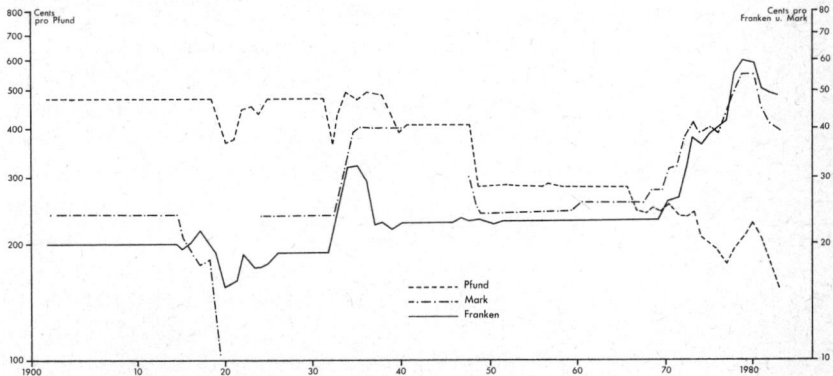

Quellen: International Monetary Fund, *International Financial Statistics*, Vol. 31 ff., Washington D. C. 1978 ff.; United Nations, Department of Economic Affairs, *Public Debt 1914–1946*, Lake Success N. Y. 1948; F. Hirsch, P. Oppenheimer, The Trial of Managed Money: Currency, Credit and Prices 1920–1970, in: Carlo M. Cipolla (Hrsg.), *The Fontana Economic History of Europe*, Bd. 5, Glasgow 1976, S. 641.

Viertens war mit der Aufgabe der Goldumlaufwährung und des reinen Goldstandards der enge Zusammenhang zwischen nationalem Geldsystem und internationalem Währungssystem auseinandergebrochen. Da die Geldschöpfung der Geschäftsbanken unter dem Goldstandard von der Versorgung mit Notenbankgeld und die Geldschöpfung der Notenbanken von der Entwicklung ihrer Goldreserven abhing, waren die nationale Geldordnung und die internationale Währungsordnung so stark integriert, daß sie praktisch eine Einheit darstellten. Nach dem Krieg wären zur Korrektur der falschen Wechselkurse binnenwirtschaftliche Anpassungsvorgänge notwendig gewesen, die die erreichte relative Stabilität erneut in Frage gestellt hätten. Anders als vor dem Krieg war man jetzt aber nicht mehr bereit, die Binnenwirtschaften mit solchen Anpassungsprozessen zu belasten; der Funktionsmechanismus des alten Goldstandards wurde dadurch außer Kraft gesetzt, daß die Zentralbanken sich bemühten, die Goldbewegungen durch Devisenan- und -verkäufe zu neutralisieren.

Fünftens waren währungspolitische Entscheidungen stärker als zuvor zugleich allgemein wirtschaftliche und letztlich politische Entscheidungen, was zweifellos eine den ökonomischen Verhältnissen angemessene Währungspolitik erschwerte. Obwohl der unzureichend restaurierte Gold(devisen)standard die nationale Geldpolitik nicht mehr in gleichem Maße unter die Kuratel der außenwirtschaftlich bedingten Anpassungsprozesse stellte, waren die fixen und meist falschen Währungsparitäten nicht lange aufrechtzuerhalten. Die Finanzkrise im Jahre 1931 brachte den Kollaps; im September gab Großbritannien den Goldstandard auf; die Einlösepflicht in Gold wurde aufgehoben und das Pfund abgewertet. Zahlreiche Länder folgten kurze Zeit später.

Mit dem Zerfall des Golddevisenstandards entstanden verschiedene Währungsunionen. Dazu schlossen sich mehrere Länder zusammen, um ihre gleichartigen Währungssysteme aufrechtzuerhalten. Der Sterling-Block wurde 1931 gebildet; er vereinte neben den Commonwealth-Ländern Irland, Portugal, die skandinavischen Staaten, Estland und Lettland. Während die Sterling-Area längere Zeit existierte, bestand der 1933 gebildete Gold-Block – Frankreich, Belgien, Italien, Schweiz, Polen und die Niederlande – nur wenige Jahre. Der Versuch, die alten Goldparitäten aufrechtzuerhalten, scheiterte nach kurzer Zeit. Zum Dollar-Block gehörten keine europäischen Länder. Als Reichsmark-Block könnte man jenes Gebiet Mittel- und Südosteuropas bezeichnen, in dem das Deutsche Reich durch die nationalsozialistische Expansionspolitik in den 30er Jahren zur dominierenden Wirtschaftsmacht wurde und die Reichsmark eine entsprechend starke Stellung einnahm. Die entstehenden Währungsblöcke waren Ausdruck der ungeordneten Verhältnisse – eingeschränkte Konvertibilität, willkürliche Wechselkursmanipulationen bei flexiblen Wechselkursen, Devisenbewirtschaftung etc. – der 30er Jahre; ein allgemein anerkanntes Weltwährungssystem gab es nicht mehr.

Bereits in den 30er Jahren setzten Verhandlungen ein, um die Grundlage für ein neues internationales Währungssystem zu schaffen. Sie wurden im Krieg wieder aufgegriffen und führten 1944 zu den Vereinbarungen von Bretton Woods: Die Währungen wurden wiederum in Gold ausgedrückt, es wurden feste Wechselkurse geschaffen (vgl. Abb. III. 19) und die Konvertibilität gesichert. Wie nach dem Ersten Weltkrieg wurden neben Gold auch «harte» Währungen – vor allem der Dollar – als Währungsreserven akzeptiert. Es entstand der Internationale Währungsfonds (IWF), der als multilaterale Stabilisierungsinstitution die Aufgabe hatte, den Mitgliedern, die in Zahlungsbilanzschwierigkeiten gerieten, mit Devisen auszuhelfen. Nur bei «fundamentalen» außenwirtschaftlichen Ungleichgewichten durften die Länder – nach Absprache mit dem Fonds, ihre Wechselkurse ändern. Ansonsten mußten die Notenbanken durch Devisenan- und -verkäufe dafür sorgen, daß die Kurse nur um 2% um die ursprünglich festgelegte Parität schwankten. Das neue System stellte somit einen Kompromiß zwischen dem zu starren Goldstandard und den zu unsicheren Währungsverhältnissen der 30er Jahre dar. Es akzeptierte zwar die Verfolgung binnenwirtschaftlicher Ziele, verhinderte aber eine willkürliche Manipulation der Wechselkurse im Dienst dieser Ziele.

Die schwierigen Nachkriegsverhältnisse verhinderten, daß das Abkommen von Bretton Woods unmittelbar nach dem Krieg in Kraft trat. Anfang der 50er Jahre hatte man mit der Gründung der Europäischen Zahlungsunion (EZU) zwar die Voraussetzungen für einen multilateralen Zahlungsverkehr in Europa geschaffen, aber erst am Ende der 50er Jahre, als die westeuropäischen Staaten zur vollen Konvertibilität zurückkehrten, erreichte es seine volle Funktionsfähigkeit. Auch ihm war nur eine kurze Lebensdauer beschieden; bereits 1971 brach es mit dem Übergang zu flexiblen Wechselkursen auseinander. Der wichtigste Grund für sein Scheitern lag darin, daß sich die weltwirtschaftlichen Kräfte allmählich zuungunsten der USA verschoben und der Dollar seine starke Stellung einbüßte. Als Folge davon sanken die amerikanischen Goldreserven, so daß aus dem Golddollarstandard ein «Papierdollarstandard» wurde. 1968 mußten die USA die Konvertibilität des Dollars zum offiziellen Preis von 35 Dollar je Feinunze Gold auf Transaktionen zwischen Notenbanken beschränken, 1971 wurde die Konvertibilität ganz aufgehoben. Es begann eine Zeit, in der die Währungen «floateten», d. h. sich gegenüber dem Dollar und untereinander frei bewegten (vgl. Abb. III. 19).

Das Währungssystem, das seither existiert, ist kein originäres «System» mehr, entscheidende systemkonstituierende Bauelemente sind ambivalent oder fehlen ganz: Es gibt keine verbindlichen Verhaltensregeln für Wechselkursveränderungen mehr. Statt eines ausschließlichen Reserveelementes existieren mit den wichtigsten Währungen, Gold und IWF-Sonderziehungsrechten zahlreiche Reserveelemente. Substantielle Verpflichtungen zu einer offiziellen Konvertibilität bestehen nicht mehr. Außerdem fehlen stringente

Anpassungsregeln zur Bewahrung oder Erreichung des außenwirtschaftlichen Gleichgewichts.

Um die Unsicherheiten flexibler Wechselkurse einzuengen, grenzte ein Teil der westeuropäischen Länder die Schwankungsbreiten ihrer Währungen untereinander seit Anfang der 70er Jahre ein. Im «Blockfloating» bewegte sich der sog. europäische Währungsverbund gegenüber dem Dollar; man sprach von einer «Währungsschlange». Dem Ziel der Stabilisierung der währungspolitischen Verhältnisse diente auch der 1979 gemachte Versuch, ein Europäisches Währungssystem (EWS) einzurichten. Die währungspolitische Vereinigung Westeuropas wurde durch das neue System kaum gefördert; es war vielmehr Ausdruck einer neuen Regionalisierung Europas beim Aufbau eines neuen Weltwährungssystems.

Internationaler Geld- und Kapitalverkehr
Der Erste Weltkrieg veränderte die internationalen Geld- und Kapitalbeziehungen von Grund auf. Hatten sie bis dahin eine relativ große Stabilität besessen, so waren sie danach unsicher und spekulativ. Es entstanden zahlreiche Schwachstellen im System des internationalen Geld- und Kapitalverkehrs, die die europäische und die Weltwirtschaft ganz allgemein belasteten. Dazu gehörten die hohen Reparationen und Kriegsschulden, deren Regelung letztendlich nicht gelang, die Schuldner aber hart traf, ohne den Gläubigern wirklich zu nutzen. Sie waren ihrerseits nur Ausdruck einer grundsätzlichen Umkehrung der internationalen Kapitalströme: Vor dem Ersten Weltkrieg war Europa – insbesondere Großbritannien, Frankreich und Deutschland – der größte Nettogläubiger der Welt gewesen, die USA dagegen ein Nettoschuldner. Nach dem Krieg war es umgekehrt. Die USA waren jetzt der Nettogläubiger, Großbritannien erreichte erst 1930 wieder das Anlageniveau der Vorkriegszeit, Frankreich nur die Hälfte, und Deutschland war als höchstverschuldetes Land der Welt zum Nettokapitalimporteur geworden.

Zur Destabilisierung trugen weiterhin die umfangreichen spekulativen Geld- und Kapitalbewegungen bei, die u. a. als Folge der während und nach dem Krieg gestiegenen Liquidität zwischen den großen Finanzzentren London, New York, Paris und Berlin hin und her bewegt wurden. Generell war der Anteil des kurzfristigen Kapitals am gesamten Kapitalverkehr relativ hoch. Auch dies trug zur Unstabilität bei, denn das kurzfristig angelegte Kapital reagierte äußerst sensibel auf wirtschaftliche und politische Krisensituationen. Dies war besonders problematisch, weil in den Schuldnerländern – neben Deutschland und Österreich vor allem die osteuropäischen Staaten – die Banken kurzfristige ausländische Kredite in langfristige inländische Anleihen umwandelten; bei einem plötzlichen Abzug der Kredite mußten Liquiditätsprobleme entstehen. In den späten 20er Jahren zahlten viele Schuldnerländer schließlich mehr Zinsen, Dividenden und Tilgungsbeträge an ausländische Gläubiger, als sie in Form langfristiger Kredite erhielten. Um die

Zahlungsfähigkeit überhaupt aufrechterhalten zu können, mußten weitere kurzfristige Schulden gemacht werden, wodurch sich die Instabilität der gesamten Situation weiter erhöhte.

Die Probleme lagen aber nicht nur im monetären, sondern auch im güterwirtschaftlichen Bereich. Einerseits machte man den Schuldnerländern den Vorwurf, das ausländische Kapital nur bedingt produktiv anzulegen, wodurch allein die Voraussetzungen der Rückzahlung hätten geschaffen werden können; die Tilgung der Schulden mußte ja real erwirtschaftet werden. Andererseits erschwerten jedoch die Gläubigerstaaten – allen voran die USA – selbst nicht unwesentlich diese Voraussetzungen durch Importrestriktionen.

Im Sommer 1931, auf dem Höhepunkt der Weltwirtschaftskrise, brach der internationale Geld- und Zahlungsverkehr zusammen. Der Kapitalexport aus den Gläubigerländern versiegte. Die Volkswirtschaften der Schuldnerländer wurden davon schwer getroffen: Investitionen konnten nicht mehr getätigt werden, nur begrenzt vorhandene Gold- und Devisenreserven schrumpften dramatisch, Banken brachen zusammen und zogen weitere Unternehmen mit in den Konkurs. Der Kollaps des internationalen Geld- und Kapitalmarktes war zugleich Folge der Weltwirtschaftskrise und Ursache für ihre Vertiefung. Von da an war er für fast ein Vierteljahrhundert schwer gestört. Das Kapital, das weiterhin die Grenzen passierte, bewegte sich vor allem innerhalb der gegebenen oder sich herausbildenden Währungs- und Wirtschaftsräume. Von London floß es in andere Länder des Commonwealth, von Schweden in andere skandinavische Länder, von Belgien, den Niederlanden und der Schweiz nach Frankreich, das seinerseits wiederum die anderen Länder des Goldblocks bevorzugte. Insgesamt wurde Kapital nicht mehr in Schuldnerländern, sondern in anderen Gläubigerländern, weniger in Europa und mehr in den USA, stärker nach politischen und weniger nach Rentabilitätsüberlegungen angelegt.

Obwohl die Ausgangslage nach dem Zweiten wesentlich günstiger als nach dem Ersten Weltkrieg war – Verzicht auf Reparationen und Kriegsschuldzahlungen, Kapitalzustrom durch den Marshallplan –, erlangte der europäische Geld- und Kapitalmarkt seine volle Funktionsfähigkeit erst am Ende der 50er Jahre wieder, nachdem die Konvertibilität der Währungen wiederhergestellt worden war. Von einem niedrigen Niveau aus nahmen die Kapitalexporte der westeuropäischen Länder im Laufe der Zeit zwar stark zu, sie erreichten aber nicht mehr ganz die Bedeutung, die sie vor dem Ersten Weltkrieg besessen hatten. Auch ihre Struktur veränderte sich. Der Anteil der Direktinvestitionen an den langfristigen Kapitalexporten stieg von 10% vor 1914 über 25% in der Zwischenkriegszeit auf 50% in den 70er Jahren. Unter gesamtwirtschaftlichen Perspektiven spielten diese Direktinvestitionen zwar nur eine untergeordnete Rolle. An Gewicht gewinnen sie allerdings, wenn man die dadurch erzeugte Auslandsproduktion mit dem gesamten Sozialprodukt vergleicht. So betrug die Auslandsproduktion westeuropäischer Konzerne am gesamten Sozialprodukt Westeuropas 1975 ein Viertel. Was die regionale Verteilung der Kapitalexporte anbelangt, so nahm die Verflechtung der hochindustrialisierten Länder immer mehr zu. Das Kapital floß nicht mehr zwischen Agrar-/Rohstoff- und Industrieländern und auch nicht mehr zwischen Kapitalüberschuß- und Kapitalmangelländern, wie dies vor dem Zweiten Weltkrieg der Fall gewesen war, sondern vor allem innerhalb dieser relativ homogenen Ländergruppe. Die Triebkräfte lagen – zumindest bei den Direktinvestitionen – ähnlich wie beim intraindustriellen Handel in der Konkurrenz zwischen den hochentwickelten Industrien. Schließlich muß auch der wachsende staatliche Einfluß und Anteil am internationalen Kapitalverkehr erwähnt werden. Marshallplangelder, Entwicklungshilfe, staatliche Bürgschaften, Europäischer Entwicklungsfonds und andere EG-Gemeinschaftsfonds, zwischenstaatliche Projekte etc. sind Stichworte, mit denen dieser Trend umschrieben werden kann.

Grundsätzlich wies der internationale und europäische Geld- und Kapitalverkehr eine größere Stabilität auf als in der Zwischenkriegszeit. Ein Element der Unstabilität entstand durch den sog. Euro-Dollar- oder Euro-Geldmarkt, auf dem große Mengen Geld und kurzfristiges Kapital zwischen den europäischen Banken hin- und hergeschoben wurde, um das internationale Zinsgefälle auszunutzen und an den Spekulationen um Auf- und Abwertung zu profitieren. Ein weiteres Element der Unstabilität trat Anfang der 8oer Jahre auf, als viele Entwicklungsländer – aber auch Polen, Rumänien und Jugoslawien – nicht mehr in der Lage waren, ihre bei westlichen Banken aufgenommenen Schulden ordnungsgemäß zu verzinsen und zu tilgen. Nur durch Moratorien, Umschuldungsaktionen und staatliche Bürgschaften konnte bisher ein Zusammenbruch der Schuldnerländer verhindert werden, von dem auch europäische Banken betroffen wären.

Preisentwicklung
Überschaut man die letzten 100 Jahre, so bietet sich hinsichtlich der Entwicklung der Preise eine grobe Dreiteilung an (vgl. Abb. III. 20). Vor 1914 blieben die Preise jahrzehntelang relativ stabil. In der Zwischenkriegszeit entwickelten sie sich sehr unruhig und gingen eher zurück. In der Nachkriegszeit stiegen sie an, wobei sich dieser Anstieg in den 7oer Jahren beschleunigte und sich erst in jüngster Zeit wieder verlangsamte.

Diese drei Perioden wurden durch die Weltkriege und die unmittelbaren Nachkriegsjahre getrennt, in denen die Preise in praktisch allen Ländern stark anstiegen. Entweder konnte der Preisauftrieb, der in den Kriegsjahren stattgefunden hatte, nach dem Krieg gebremst werden, oder es fand eine Hyperinflation statt, die jeder Kontrolle entglitt, so daß das Geldsystem nur mittels einer Währungsreform wieder in geordnete Bahnen gelenkt werden konnte. Nach dem Ersten Weltkrieg erlebten Österreich, Ungarn, Polen und Deutschland solche Hyperinflationen, im und nach dem Zweiten Griechenland, Ungarn und Rumänien. Andere Länder konnten den Preisauftrieb

Abb. III.20: Entwicklung der Großhandelspreise in verschiedenen Ländern 1913–1980 (1950 = 100, log. Maßstab)

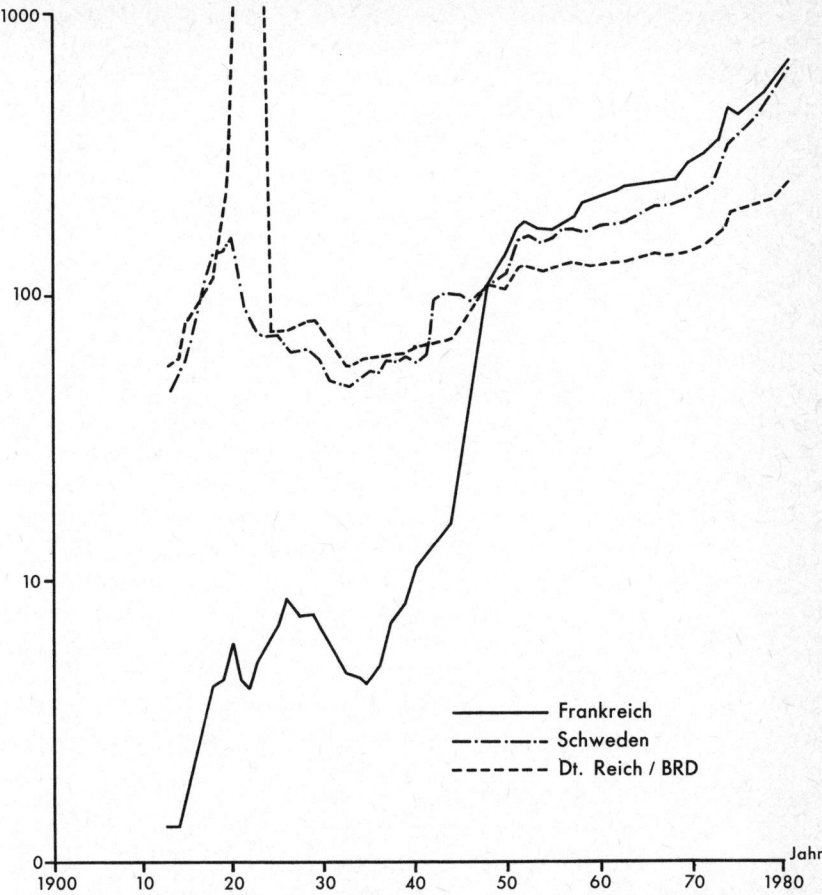

Quellen: B. R. Mitchell, Statistischer Anhang 1920–1970, in: *Europäische Wirtschaftsgeschichte*, Bd. 5: *Die europäischen Volkswirtschaften im zwanzigsten Jahrhundert*, hrsg. von C. M. Cipolla, K. Borchardt, Stuttgart, New York 1980, S. 470ff.; *Jahresgutachten 1983/84 des Sachverständigenrates zur Begutachtung der gesamtwirtschaftlichen Entwicklung*, Wiesbaden 1983, S. 288.

zwar durch Preiskontrollen in Grenzen halten, mußten aber, um offene Inflationen zu verhindern, ebenfalls Währungsreformen durchführen oder währungsreformähnliche Maßnahmen ergreifen: Westdeutschland, Belgien, Österreich, Frankreich, die Niederlande, Norwegen und Dänemark. In den osteuropäischen Ländern führte man ebenfalls Geldreformen durch und baute das System der administrierten Preissetzung zu einem wichtigen Instrument der Zentralverwaltungswirtschaft aus.

Zumindest bei dieser Phaseneinteilung entsprach der Zusammenhang zwischen Preis- und Wirtschaftsentwicklung dem traditionellen Konjunkturmuster, das bei einem Aufschwung steigende und bei einem Abschwung fallende Preise vorsieht. Untersucht man die Perioden genauer, so wich die Entwicklung der Preise allerdings stärker von diesem Muster ab. Bereits in der zweiten Hälfte der 20er Jahre fielen die Preise langsam, obwohl die Wirtschaft expandierte. Diese «strukturelle Deflation» hatte unterschiedliche Ursachen: Der insgesamt schwache Aufschwung, die weiterbestehende hohe Arbeitslosigkeit, die Überproduktion bei Nahrungsmitteln, die Überkapazitäten in einzelnen Industriezweigen, die restriktiven Verhältnisse auf den Geld- und Kapitalmärkten u. a. Nach dem Zweiten Weltkrieg begannen dann die Preise permanent zu steigen, unabhängig von konjunkturellen Schwankungen. Besonders als die europäische Wirtschaft in den 70er Jahren in eine Krise geriet, beschleunigte sich der Preisauftrieb. Zahlreiche Ursachen wurden für das neue Phänomen von Stagnation und Inflation – «Stagflation» – genannt: psychologische und rationale Verhaltensänderungen oder Inflationsmentalität, Expansion der internationalen und nationalen Liquidität, schnelles Wachstum der Geldmenge, Defizite der öffentlichen Haushalte, Ölpreiserhöhungen, weiterhin hohe Lohnforderungen trotz steigender Arbeitslosigkeit, administrierte Preise der Großkonzerne, durch das Sozialsystem unabhängig von konjunkturellen Schwankungen gesicherte Einkommen etc. Erst in den 80er Jahren gingen die Inflationsraten wieder zurück. Der Zusammenhang von Deflation und Rezession, der bis in die 30er Jahre hinein bestanden hatte, stellte sich aber nicht wieder ein.

C. Verwendung des Sozialprodukts

1. Gesamtwirtschaftliche Verwendungsstruktur

Nachdem beschrieben worden ist, wo und wie das Sozialprodukt entstand, soll nun geklärt werden, wie es verwendet wurde. Dabei ergeben sich drei grundsätzliche Probleme: Zum einen stellt sich die Frage, in welcher Relation das Sozialprodukt durch Inlands- und Auslandsnachfrage absorbiert wird. Übersteigen die Exporte die Importe, so kann das Inland weniger konsumieren und investieren, als eigentlich produziert worden ist. Sind die Importe größer als die Exporte, so gilt das Umgekehrte. Halten solche Ungleichgewichte langfristig an, können sich daraus Probleme für die Wirtschaft eines Landes ergeben. Das Ziel des außenwirtschaftlichen Gleichgewichts wird daher allgemein angestrebt. Hierauf soll nicht weiter eingegangen werden. Zum zweiten ergibt sich das Problem der Verwendungsart. Welcher Anteil des Sozialprodukts wird dem Inlandsverbrauch (privat oder staatlich) und welcher den Inlandsinvestitionen (privat oder staatlich) zuge-

führt? Diese Frage ist von erheblicher wachstums- und beschäftigungspolitischer Bedeutung. Über das richtige Verhältnis von Konsumtion und Investition wird ebenso kontrovers diskutiert wie über die Frage, welche der beiden makroökonomischen Größen besonders gefördert werden soll. Zum
dritten ergibt sich das Problem der Verwendungsträger. Welcher Anteil wird
vom privaten und welcher vom öffentlichen Bereich konsumiert und inve-

Tab. III. 18: Verwendung des Sozialprodukts in verschiedenen Ländern
1901 – 1980 (in %)

	1901/10	1911/20	1921/30	1931/40	1941/50	1951/60	1961/70	1971/80
Dänemark								
PV	79	81	80	79	72	68	62	56
SV	7	7	9	9	11	13	16	24
BI	14	12	11	12	17	19	22	22
Großbritannien								
PV	82	·	82	80	·	67	64	61
SV	9	·	9	11	·	17	19	20
BI	9	·	9	9	·	16	17	19
Italien								
PV	82	·	79	74	·	68	64	64
SV	4	·	6	9	·	12	13	15
BI	15	·	16	17	·	20	23	22
Norwegen								
PV	78	71	72	70	57	52	52	53
SV	6	6	8	8	9	11	13	18
BI	17	23	20	22	33	37	35	32
Österreich								
PV	·	·	76	82	·	63	59	55
SV	·	·	10	13	·	13	14	17
BI	·	·	14	5	·	24	28	29
Schweden								
PV	82	80	79	74	69	65	60	53
SV	6	6	8	9	11	12	15	26
BI	12	14	13	17	20	23	25	21
Portugal								
PV	·	·	·	·	·	77	73	71
SV	·	·	·	·	·	11	14	15
BI	·	·	·	·	·	12	13	14
Griechenland								
PV	·	·	·	·	·	77	71	67
SV	·	·	·	·	·	12	12	15
BI	·	·	·	·	·	11	17	18

PV = Privatverbrauch
SV = Staatsverbrauch
BI = Bruttoinvestitionen

Anm.: Die Angaben entsprechen nicht in allen Fällen genau den Referenzperioden.

Quellen: O. Krantz, *Die skandinavischen Länder. Schweden, Norwegen, Dänemark und Finnland von
1914 bis 1970*, Stuttgart 1980, S. 42; A. S. Deaton, The Structure of Demand 1920–1970, in: Carlo M.
Cipolla (Hrsg.), *The Fontana Economic History of Europe*, Bd. 5, Glasgow 1976, S. 93f.; OECD,
Historical Statistics 1960–1981, Paris 1983; A. Maddison, *Economic Growth in the West. Comparative
Experience in Europe and North America*, New York 1967, S. 76ff.

stiert? Auch über diese Frage gibt es eine intensive Diskussion, weil sie ebenso wie die zweite von entscheidender wirtschafts- und allgemeinpolitischer Bedeutung ist. Letztlich geht es also um die Beziehungen zwischen jeweils zwei makroökonomischen Größen: Konsumtion – Investition, Privatverbrauch – Staatsverbrauch. Im folgenden werden daher der private Verbrauch, der staatliche Verbrauch und die Investitionen näher untersucht.

In Tab. III. 18 sind für einige Länder Daten zur Entwicklung der Verwendungsstruktur des Sozialprodukts wiedergegeben. Auffallend ist das Sinken der Anteile des Privatverbrauchs bei gleichzeitigem Anstieg der Anteile des Staatsverbrauchs und der Investitionen. Während sich der Anteil des Staatsverbrauchs im Laufe des Jahrhunderts verdreifachte, verdoppelte sich der der Investitionen. Der Anteil des Privatverbrauchs am Sozialprodukt ging dagegen um ein Drittel zurück, d. h. von 75–80% auf 50–60%. Dieser Strukturwandel vollzog sich nicht kontinuierlich; er beschleunigte sich nach dem Zweiten Weltkrieg und verlangsamte sich in den 70er Jahren wieder etwas. Beachtet werden muß, daß es sich um nominale Größen handelt. Da die Preise des Staatsverbrauchs stärker stiegen als die des Privatverbrauchs, beruht der schnellere Anstieg des Staatsverbrauchs – und damit sein steigender Anteil – teilweise auf der unterschiedlichen Preisentwicklung. Real änderte sich an der Verwendungsstruktur des Sozialprodukts nach dem Zweiten Weltkrieg nur wenig. Außerdem muß man berücksichtigen, daß im Laufe des Jahrhunderts ein nicht unerheblicher Teil des Privatverbrauchs nur auf den Staatsverbrauch verlagert worden ist. So machen die Ausgaben für Bildung und Gesundheit, die am Anfang des Jahrhunderts noch weitgehend privat getragen werden mußten, einen großen Teil des Staatsverbrauchs aus. Das alles ändert aber nichts daran, daß im Laufe des Jahrhunderts ein immer größerer Teil des Sozialprodukts vom Staat verwendet wurde und die Investitionen in diesem Zeitraum ihren Anteil praktisch verdoppelten.

Ein direkter Vergleich zwischen den ost- und westeuropäischen Staaten nach dem Zweiten Weltkrieg ist wegen der unterschiedlichen Berechnungsmethoden der Volkswirtschaftlichen Gesamtrechnung und der unterschiedlichen Interpretation der hier relevanten makroökonomischen Größen zwar nur bedingt möglich, letztlich fand in den osteuropäischen Staaten aber die gleiche Entwicklung statt. Der Anteil des sog. «persönlichen Verbrauchs» nahm ab und der des «gesellschaftlichen Verbrauchs» und der «Akkumulation» zu.

2. Privater Verbrauch

Der private Verbrauch stellt, wie soeben gesehen, trotz des Rückgangs überall das wichtigste Aggregat der Inlandsnachfrage dar. Seine Struktur, d. h. die Zusammensetzung nach Produkten und Leistungen, ist gleichzeitig eine Triebkraft und ein Ergebnis der wirtschaftlichen Entwicklung. Außerdem spiegelt sie den allgemeinen Lebensstandard einer Gesellschaft wider. In Verbindung mit dem enormen Wachstum des Sozialprodukts und der Reallöhne im Laufe dieses Jahrhunderts verschob sich diese Struktur grundlegend. Der Anteil des Grundbedarfs – Nahrung und Genußmittel, Kleidung und Schuhe – ging stark zurück. Dagegen wuchs der Anteil des sekundären Bedarfs an Gebrauchsgütern – vor allem an langlebigen Konsumgütern und Dienstleistungen – beträchtlich. Diese Entwicklung brachte einerseits eine beispiellose Erhöhung des materiellen Lebensstandards mit sich, andererseits vergrößerte sich dadurch das Ausmaß des konjunkturbedingten Konsumverhaltens mit entsprechenden Folgen für den gesamtwirtschaftlichen Prozeß. Dies wird indirekt auch durch den Aufbau einer ganz neuen Branche – der Werbung –, die den privaten Konsum anregen und lenken soll, bestätigt. Wie schon in Kap. II. B. 3 angedeutet, ergaben sich bei der Veränderung des Konsumverhaltens auch schichtenspezifische Unterschiede.

Die Abb. III. 21, die den Anteil der Ausgaben für Nahrungs- und Genußmittel am Privatkonsum in mehreren Ländern zeigt, vermittelt eine zeitliche und geographische Differenzierung.

Einerseits weist die Zwischenkriegszeit eine relative Stabilität oder auch Unbeweglichkeit auf, die mit dem langsamen Anwachsen der Reallöhne zusammenhing (vgl. Abb. II. 6). Zwischen 1950 und 1980 sank der Anteil der Nahrungs- und Genußmittel am Privatkonsum fast überall kontinuierlich um mehr als ein Drittel. Andererseits gab es ein ständiges Gefälle zwischen Nord/Westeuropa und Süd/Osteuropa. Bereits in den 20er und 30er Jahren bestand in den Ländern Nord/Westeuropas nur noch die Hälfte des Privatkonsums aus Nahrungs- und Genußmitteln; in Skandinavien und den Niederlanden machten sie sogar weniger als 40% aus. Bis 1980 ging der Anteil in allen Ländern dieser Regionen auf etwa 25% zurück. In Süd- und Osteuropa dagegen beanspruchte dieser primäre Bedarf noch in den 50er Jahren nahezu 60% des Privatkonsums. 1980 lag die Quote nur in Italien und Spanien unter 40%. Nach den verfügbaren Daten über den Nahrungsmittelkonsum in den osteuropäischen Ländern – kontinuierliche und vergleichbare Angaben sind nicht vorhanden – betrugen die entsprechenden Quoten Mitte der 70er Jahre in Ungarn, Polen, der Tschechoslowakei und der DDR um 42–46%.

Die sinkenden relativen Kosten des Grundbedarfs bewirkten eine Steigerung der Vielfältigkeit und Qualität des Lebensmittelkonsums. Infolge der länderspezifischen Eßgewohnheiten war das Ausmaß dieses Wandels unterschiedlich, doch die Tendenz war überall eindeutig: Abnahme des Konsums von Brot, Getreide, Milch und Milchprodukten zugunsten von Fleisch, Gemüse und Früchten. Veränderte Produktionsstrukturen in der Landwirtschaft, bessere Handelsbedingungen für verderbliche Waren – Verpackung, Verschickung, Aufbewahrung –, aber auch eine durch Fremdenverkehr und Ausbreitung ausländischer Restaurants aufkommende Erweiterung des Angebots und des Geschmacks trugen zu dieser Veränderung bei.

Der Rückgang der relativen Kosten des Grundbedarfs ermöglichte seit

Abb. III.21: Nahrungs- und Genußmittelausgaben in verschiedenen Ländern 1922–1982 (in % der gesamten Haushaltsausgaben)

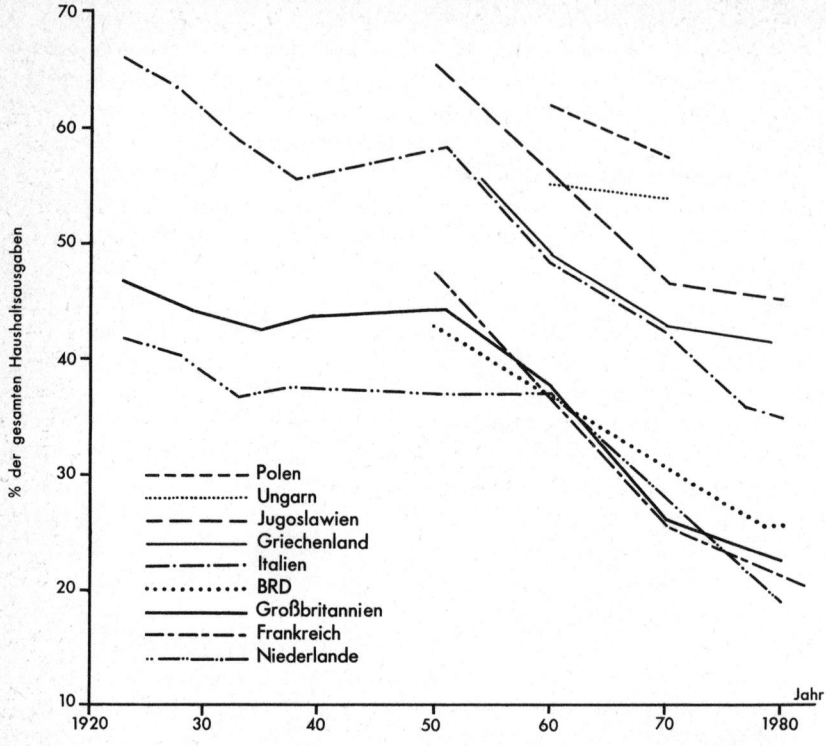

Quellen: A. S. Deaton, The Structure of Demand 1920–1970, in: Carlo M. Cipolla (Hrsg.), *The Fontana Economic History of Europe*, Bd. 5, Glasgow 1976, S. 104; United Nations, *Yearbook of National Accounts Statistics 1957 ff.*, New York 1959 ff.; François Caron, *An Economic History of Modern France*, New York 1979, S. 214; V. Cao Pinna, S. S. Shatalin, *Consumption Patterns in Eastern and Western Europe*, Oxford 1979, S. 50 ff.

dem Zweiten Weltkrieg immer mehr Europäern, größere Aufwendungen für andere Bedürfnisse und neue Produkte zu machen. Eine durch Kriegseinwirkungen und starkes Bevölkerungswachstum erhöhte Wohnraumknappheit bewirkte in fast allen Staaten außerhalb Osteuropas einen Anstieg des Anteils der Mietkosten am privaten Verbrauch, häufig von rund 10% im Jahr 1950 auf über 15%, in einigen Ländern auf 30% im Jahr 1980. In den osteuropäischen Staaten machte dieser Anteil wegen der strikten Mietpreisbindung dagegen nur 4–5% aus. Dabei darf allerdings nicht übersehen werden, daß eine umfassende Verbesserung der Wohnqualität stattfand. Bis in die 50er Jahre waren Wohnungen mit fließendem Wasser, eigenem WC, Elektrizität und Zentralheizung vielerorts in der Minderheit. Ab etwa 1960 wurde in Westeuropa und ab etwa 1970 in Süd- und Osteuropa eine solche Ausstattung der Regelfall. Außerdem nahm das Eigentum an Privathäusern zu; 1963 waren 41% der Haushalte Großbritanniens Eigentümer ihres Wohnraums, 1980 54%.

Doch das eindeutigste Zeichen des Aufkommens einer Massenkonsumgesellschaft war die seit Anfang der 60er Jahre erfolgte Universalisierung des Besitzes an langlebigen Gütern wie Radios, Fernsehern, Waschmaschinen, Kühlschränken und natürlich Personenkraftwagen. Vor allem die Anschaffungs- und Benutzungskosten von Transport- und Kommunikationsmitteln einschließlich Telefon stellten einen historisch relativ neuen Verbrauchsposten dar, dessen Anteil am gesamten Privatverbrauch sich in vielen Ländern zwischen 1950 und 1980 von etwa 5% auf etwa 15% verdreifachte. Abb. III. 22 verdeutlicht die Entwicklung dieser Konsumgüter, wobei Frankreich das west- und nordeuropäische Muster (inklusive Italien) und die DDR das ost- und südeuropäische Muster repräsentiert. Im osteuropäischen Fall spiegeln die Kurven auch einen wirtschaftspolitischen Wandlungsprozeß wider: die «Entdeckung» des Verbrauchers Anfang der 60er Jahre und die allmähliche Zurückdrängung des stalinistischen Akkumulationsmodells.

Abb. III.22: Bestand an dauerhaften Konsumgütern in Frankreich und der DDR (in % der Haushalte)

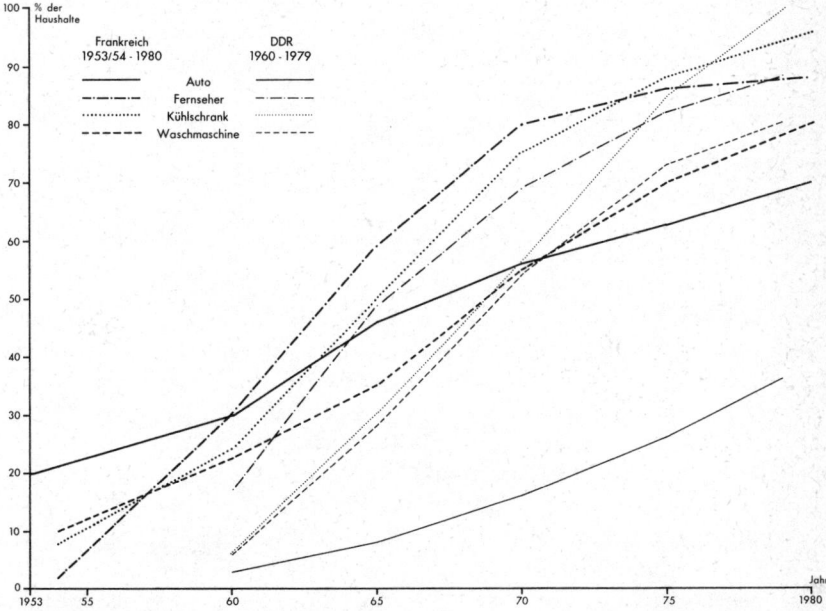

Quellen: INSEE, *Données sociales 1984*, Paris 1984, S. 320; Heinz Vortmann, Einkommen und privater Verbrauch, in: Osteuropa Institut (Hrsg.), *DDR und Osteuropa*, Opladen 1981, S. 350.

3. Staatlicher Verbrauch

Neben dem Privatverbrauch ist der staatliche oder öffentliche Verbrauch das zweite große Verbrauchsaggregat. Da die staatlichen Dienstleistungen überwiegend unentgeltlich angeboten werden und damit keine Marktpreise für diese Leistungen zur Verfügung stehen, werden sie stattdessen mit Hilfe ihrer Kosten berechnet. Der Staatsverbrauch besteht somit neben den Güterkäufen vor allem aus den Einkommen der beim Staat Beschäftigten; hinzu kommen vom Staat gezahlte Produktionssteuern, staatliche Abschreibungen und staatliche Vorleistungen.

Ist es schon heute nicht leicht, den Staatsverbrauch eindeutig zu bestimmen, so gilt dies noch mehr für die Vergangenheit. Besonders schwierig ist es, den Staatsverbrauch, die öffentlichen Investitionen und die Transferausgaben, die zusammen die gesamten Staatsausgaben ausmachen, zu trennen. Die Transferausgaben stiegen stärker als die anderen Ausgabearten, so daß sie innerhalb der öffentlichen Gesamtausgaben an Bedeutung gewannen und gegenwärtig im Durchschnitt der westeuropäischen Länder bereits mehr als die Hälfte der Gesamtausgaben bilden. Berücksichtigt man noch die öffentlichen Investitionen, so bleibt für den eigentlichen Staatsverbrauch – die Ausgaben für allgemeine Verwaltung, Militär, Wirtschaft, Verkehr, Bildung etc. ohne Investitionen – ein Anteil von etwa 40% an den Gesamtausgaben. Dieser Anteil lag allerdings um die Jahrhundertwende wesentlich höher, da Investitionen und Transferzahlungen erst im Zuge der Entwicklung zum modernen Interventions- und Sozialstaat an Bedeutung gewannen. Angesichts der Probleme, den staatlichen Verbrauch von Investitionen und Transferleistungen zu trennen, werden im folgenden Aussagen zur Entwicklung der gesamten Staatsausgaben gemacht, die aber zweifellos auch für die Veränderungen innerhalb des Staatsverbrauchs gelten.

Die säkulare Zunahme der Staatsausgaben (vgl. Kap. III. D. 1) war selbstverständlich mit einem Wandel der Ausgabenstruktur verbunden, wobei Ausgaben- und Funktionswandel der Staatstätigkeit eng miteinander verknüpft waren. Wenn die Staatsausgaben generell als der finanzielle Ausdruck der Staatstätigkeit angesehen werden können, so reflektieren die Veränderungen der Ausgabenstruktur letztlich die Veränderungen des politischen und sozialen Systems. Eine vergleichende Analyse der Strukturveränderungen der öffentlichen Ausgaben in den westeuropäischen Ländern läßt folgende Schlußfolgerung zu: Im 19. Jahrhundert standen eindeutig die Ausgaben für die «klassischen» Staatsfunktionen Justiz, Finanzen und Verteidigung im Vordergrund. Für sie wurden mehr Mittel aufgewendet – nicht selten mehr als drei Viertel aller Ausgaben – als für wirtschafts- und sozialpolitische Aufgaben. Selbst in den von Kriegen weitgehend verschont gebliebenen skandinavischen Ländern überstiegen die militärischen Ausgaben die für allgemeine administrative Zwecke. Bereits in den letzten Jahrzehnten des 19. Jahrhunderts trat allerdings ein allmählicher Wandel ein. Der Anteil militärischer und administrativer Ausgaben verringerte sich, während der für wirtschaftliche und auch bereits der für soziale Zwecke stieg. Innerhalb der Sozialausgaben standen die für Bildung im Vordergrund. Bei einigen fortgeschrittenen Ländern – z. B. Deutschland, Großbritannien – erlangten die Ausgaben für wirtschaftliche und soziale Zwecke zusammen bereits vor dem Ersten Weltkrieg das Übergewicht.

Diese wichtige Strukturveränderung innerhalb der öffentlichen Ausgaben setzte also bereits vor dem Ersten Weltkrieg ein, beschleunigte sich aber ohne Zweifel durch die im Zusammenhang mit dem Krieg sich vollziehenden Veränderungen der politischen Machtverhältnisse in zahlreichen Ländern. Innerhalb der Sozialausgaben kam es insofern zu einer charakteristischen Verschiebung, als man in den meisten Ländern damit begann, für die im engeren Sinne sozialpolitischen Aufgaben – soziale Sicherung, Gesundheitswesen, Wohnungsbau – mehr auszugeben als für Bildung und Erziehung. Der Weg zum modernen Wohlfahrtsstaat wurde zuerst von Großbritannien, Deutschland und den skandinavischen Ländern beschritten; in den 50er Jahren folgten die Niederlande, Belgien, Italien und Frankreich und erst in jüngster Zeit die übrigen südeuropäischen Länder. Anfang der 80er Jahre wendete kein westeuropäischer Staat weniger als die Hälfte seiner Gesamtausgaben für Zwecke der Sozial- und Bildungspolitik auf. Einerseits stellt das langfristig mehr oder weniger kontinuierliche, in der Nachkriegs-

Abb. III.23: Langfristige Strukturveränderungen der Staatsausgaben in verschiedenen Ländern (in % der Gesamtausgaben)

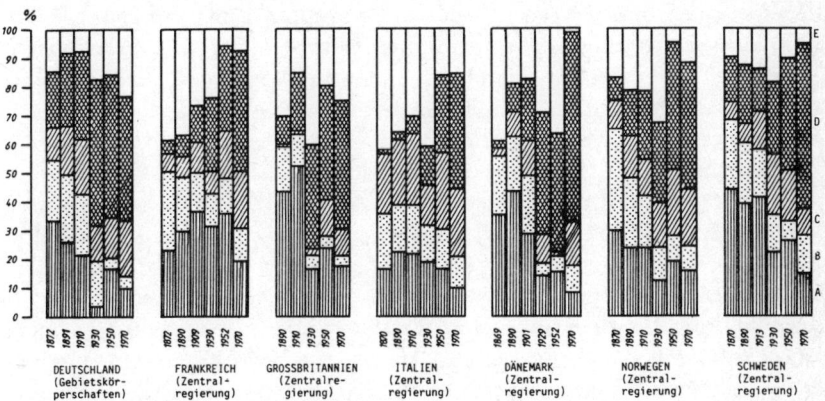

A: Militär
B: Allg. Verwaltung, Justiz, Polizei
C: Wirtschaft, Verkehr
D: Soziale Sicherheit, Gesundheit, Bildung
E: Sonstige Ausgaben

Quelle: J. Kohl, *Staatsausgaben in Westeuropa. Analysen zur langfristigen Entwicklung der öffentlichen Finanzen*, Frankfurt, New York 1984, S. 230.

zeit sich beschleunigende Anwachsen dieser Ausgaben sicherlich die signifikanteste strukturelle Veränderung in der Zusammensetzung der öffentlichen Ausgaben während der letzten 100 Jahre dar. Andererseits ist das Sinken der Militärausgaben im gleichen Zeitraum – wenn auch unter erheblichen Schwankungen – auf deutlich unter 10% ebenfalls markant.

In Abb. III. 23 ist die Entwicklung der zentralstaatlichen Ausgabenstruktur in vier größeren westeuropäischen und drei skandinavischen Ländern dargestellt. Auffällig ist die Ähnlichkeit der langfristigen Entwicklung. Ein Vergleich mit den Strukturveränderungen der Staatsausgaben als Anteil am Sozialprodukt macht deutlich, daß die relative Bedeutung von Ausgabenkategorien im Rahmen der Gesamtausgaben nicht mit ihrem absoluten Ausgabenniveau gleichgesetzt werden kann. So waren die Militärausgaben, verglichen mit anderen Ausgabekategorien, im 19. Jahrhundert von herausragender Bedeutung. Heute spielen sie im Rahmen des Gesamtbudgets nur noch eine untergeordnete Rolle, obwohl ihre Bedeutung, gemessen als Anteil am Sozialprodukt, zugenommen hat. Auf der anderen Seite haben die Sozial- und Bildungsausgaben anteilsmäßig nicht nur an den öffentlichen Haushalten, sondern auch an den Sozialprodukten zugenommen.

4. Investitionen

Das Verhältnis von Investitionen zum Sozialprodukt wird Investitionsrate oder -quote genannt. Die Entwicklung der Investitionsraten gibt in den westeuropäischen Ländern in etwa die der gesamten Wirtschaft wieder. In der Zwischenkriegszeit lagen die Investitionsraten kaum höher als in der Zeit vor dem Ersten, aber deutlich unter denen der Zeit nach dem Zweiten Weltkrieg. Dem Wachstumsschub der 50er und 60er Jahre wiederum entsprachen außerordentlich hohe Investitionsquoten. Seit Mitte der 70er bis Anfang der 80er Jahre gingen die Investitionsraten gegenüber den 60er Jahren zwar leicht zurück, sie lagen im Vergleich zur Zwischenkriegszeit aber im Durchschnitt noch doppelt so hoch, deutlich höher als die in den Jahren vor dem Ersten Weltkrieg und selbst noch höher als die der 50er Jahre. Zumindest in dieser Hinsicht fällt die Wirtschaftskrise der 70er und 80er Jahre unter historischer Perspektive relativ mild aus; der Anteil des Sozialprodukts, der für Investitionen verwendet wurde, war unverändert hoch. Als säkularer Trend ergibt sich ein Anstieg der Investitionsraten. Das gilt auch für die osteuropäischen Länder. Überträgt man – trotz der damit verbundenen Schwierigkeiten – die Begriffe der westlichen Volkswirtschaftlichen Gesamtrechnung auf die östliche, so wird deutlich, daß die Investitionsquoten nach dem Zweiten Weltkrieg in Ost- und Westeuropa etwa gleich groß waren, wobei sie in Osteuropa allerdings anfangs etwas niedriger lagen, um dann aber schneller anzusteigen.

Die Investitionsquoten sagen nur etwas über den Teil des Sozialprodukts

Abb. III.24: Lange Wellen der Investitionstätigkeit in verschiedenen Ländern 1830–1979 (Abweichungen gleitender 3- und 9-Jahresdurchschnitte in % der Trendwerte)

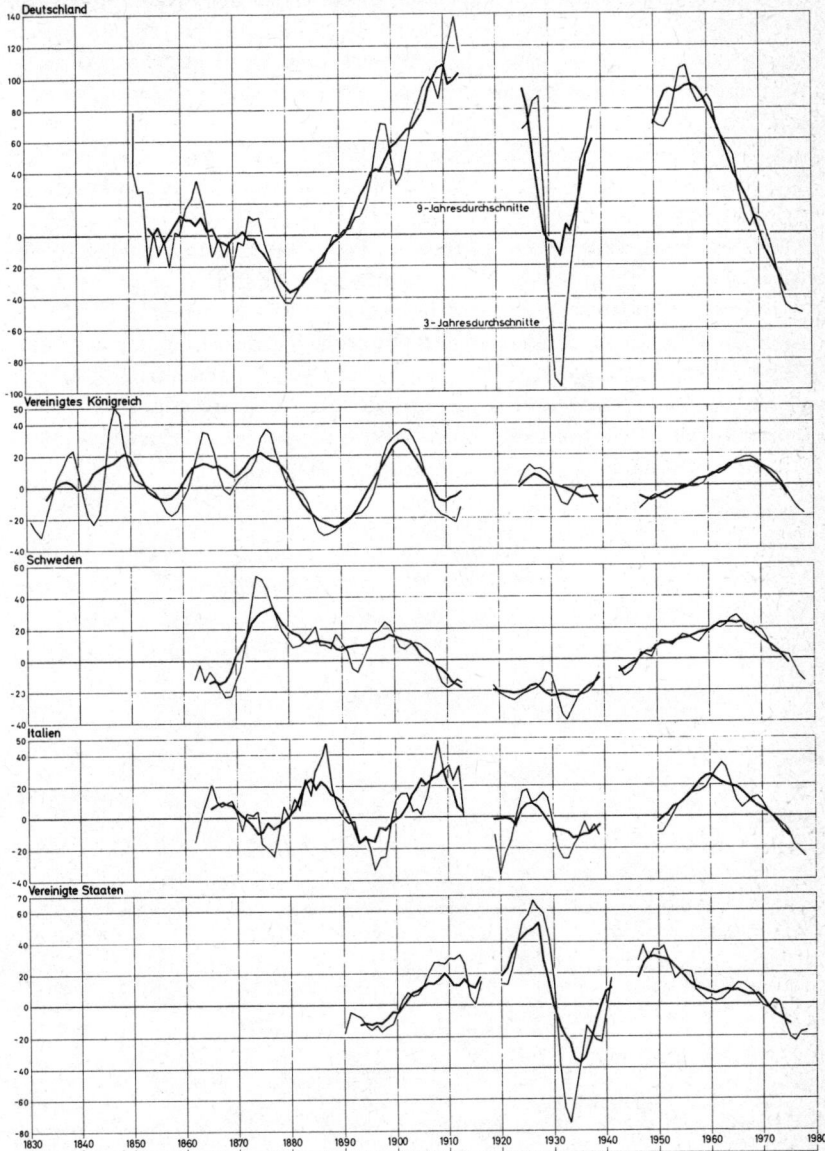

Quelle: H. H. Glismann u. a., *Lange Wellen wirtschaftlichen Wachstums. Replik und Weiterführung,* Kiel 1980, S. 24.

aus, der für Investitionen verwendet wird, nicht aber über die Entwicklung des Investitionsvolumens. Diese wird zwar auch in Abb. III. 24 nicht deutlich, da die Trendwerte des Investitionsvolumens gleich Null gesetzt wurden, dafür können aber die Schwankungen um den trendmäßigen Anstieg umso klarer erkannt werden. Am Anfang des Jahrhunderts lag das Investitionsvolumen über, in der Zwischenkriegszeit bzw. der Weltwirtschaftskrise unter, in den 5oer, 6oer und Anfang der 7oer Jahre über und seither wieder unter dem Trend.

Ein Vergleich zwischen West- und Osteuropa nach dem Zweiten Weltkrieg zeigt, daß hinsichtlich des Wachstums der Investitionen die osteuropäischen Länder eindeutig vorn lagen (vgl. Tab. III. 19). Der gegenüber Westeuropa stärkere Anstieg der Investitionen ist u. a. darauf zurückzuführen, daß das Ausgangsniveau relativ niedrig lag. Die Politik einer forcierten Akkumulation dürfte ein weiterer Grund sein. Die Daten in Tab. III. 19 zeigen außerdem, daß in beiden Teilen Europas die Zuwachsraten der Investitionen abnahmen, bis Ende der 7oer Jahre in West- stärker als in Osteuropa, danach umgekehrt. Durch die Entwicklung des Investitionsvolumens wird auch die Investitionsschwäche in Europa seit der zweiten Hälfte der 7oer Jahre deutlich.

Tab. III. 19: Entwicklung der Bruttoanlageinvestitionen in West- und Osteuropa 1950–1982 (jährliche durchschnittliche Veränderungsrate in %)

	1950 -1959	1960 -1973	1973 -1980	1979	1980	1981	1982
Westeuropa (einschließlich Nord- u. Südeuropa)	6,5	5,6	0,3	3,7	2,2	−3,6	−2,2
	1950 -1960	1960 -1968	1971 -1980	1979	1980	1981	1982
Osteuropa (ohne Sowjetunion)	12,0	7,9	4,0	−1,0	−2,2	−7,2	−4,5

Quellen: United Nations (ECE), *Economic Survey of Europe in 1971*, Part I, New York 1972, S. 8; *1982*, New York 1983, S. 20, 115, 168, 216; *1983*, S. 17, 109.

D. Steuerung des Sozialprodukts

1. Gesamtstaatliche Steuerungsstruktur

Bisher wurde das ökonomische System als relativ isoliertes Subsystem betrachtet. Die Verknüpfungen mit anderen Teilen des gesellschaftlichen Gesamtsystems – insbesondere mit dem politischen – blieben weitgehend unberücksichtigt. Diese Vorgehensweise kann nur unter heuristisch-analytischen Aspekten legitimiert werden. In der Realität sind Wirtschaft und Politik eng miteinander verflochten. Der Staat als der Teil des politischen Subsystems, um den es hier geht, ist auf vielfältige Weise in die Wirtschaft eingebunden. Grundsätzlich lassen sich zwei zentrale staatliche Aufgabenbereiche unterscheiden: erstens die wirtschafts- und sozialpolitische Beeinflussung der Wirtschaftsprozesse und zweitens die Bereitstellung und Verteilung von Kollektivgütern. Der erste Bereich setzt sich aus einer Vielzahl von Gesetzen, Verordnungen, wirtschaftsplanenden Eingriffen und ad-hoc-Interventionen zusammen. Hier wird nicht nur der allgemeine Rahmen für die Wirtschafts- und Sozialordnung geschaffen, sondern auch der Entwicklungs-, Entstehungs- und Verteilungsprozeß des Sozialprodukts direkt beeinflußt. Zu den ökonomischen Kollektivgütern im zweiten Bereich gehören alle materiellen Güter und Dienstleistungen, die von der öffentlichen Hand angeboten werden. Hier ist der Staat als Produzent am Entwicklungs-, Entstehungs- und Verteilungsprozeß des Sozialprodukts beteiligt.

Staat als Interventionsstaat
Aus der Vielzahl der Ansätze zur Legitimation und Identifikation staatlicher Aufgaben in der historischen Entwicklung soll hier lediglich der von W. W. Rostow vorgestellt werden, weil seine Stadientheorie explizit wirtschafts- und sozialhistorisch angelegt ist. Rostow geht grundsätzlich von drei universellen Problembereichen aus, mit denen sich der Staat beschäftigen und in deren Rahmen er bestimmte Aufgaben übernehmen muß:
(1) Sicherheit: Der Staat muß die territoriale Integrität der Gesellschaft gewährleisten und die nationalen Interessen, wie sie von den jeweiligen Machthabern definiert werden, wahren.
(2) Wohlfahrt und Wachstum: Der Staat muß für die allgemeine Wohlfahrt, wie sie von den Trägern der politischen Macht bestimmt wird, sorgen.
(3) Konstitutionelle Ordnung: Der Staat muß die Besetzung der Herrschaftspositionen und die Ausübung der Macht regeln.
Diese drei Aufgabenbereiche besitzen im Laufe der historischen Entwicklung unterschiedliche Relevanz, wobei derjenige die höchste Priorität besitzt, dessen Probleme sich am drängendsten darstellen. Im folgenden geht es vor allem um die Veränderungen im Bereich Wohlfahrt und Wachstum.
Nach Rostow können sechs Stadien der wirtschaftlichen Entwicklung unterschieden werden, in denen sich sowohl die drei zentralen Aufgabenbereiche in jeweils anderen Konstellationen zueinander darstellen als auch die einzelnen Bereiche in ihrer inneren Struktur: Traditionelle Gesellschaft, Vorbedingungen des take-off, take-off-Phase, Entwicklung zur Reife, Massenkonsum und Lebensqualität. Die Phasen laufen in den einzelnen Ländern zu unterschiedlichen Zeiten ab. Jedes Land macht aber im Laufe seiner Geschichte diese Entwicklungsphasen in der vorgegebenen Reihenfolge durch, womit auch die Staatsaufgaben festgelegt und vergleichbar werden.

In der Phase, die dem take-off – dem endgültigen Durchbruch zur Industrialisierung – vorausgeht, entsteht der politische, soziale und institutionelle
Rahmen, der den Industrialisierungsprozeß ermöglicht. Der Staat muß in
diesem Zeitabschnitt die Infrastruktur aufbauen, die die notwendige Voraussetzung der kapitalistischen Produktionsweise darstellt: eine bürokratisch
organisierte Staatsverwaltung, insbesondere die Finanzverwaltung, ein rationales Rechtssystem mit entsprechendem administrativem Unterbau, die Beteiligung beim Aufbau eines Banken- und Kreditsystems und der materiellen
Infrastruktur wie Straßen, Eisenbahnen etc. Diese Aufgaben weiten sich in
der eigentlichen take-off-Phase noch aus. Mit der Entwicklung zur technischen Reife, zu immer komplexeren Industriesystemen verlangen die neuen
Produktionsbedingungen entsprechende Qualifikationen, die nur ein öffentliches Bildungssystem vermitteln kann. Außerdem muß die staatliche Sozialpolitik einsetzen. Rostow führt sie allerdings nicht auf im engeren Sinn
ökonomische Ursachen zurück – Sicherung der Reproduktion oder Senkung
der Reproduktionskosten der Arbeitskraft –, sondern legt den Akzent auf
die den Industrialisierungsprozeß begleitenden gesellschaftlichen Struktur-
wandlungen und Machtverschiebungen. Im anschließenden Stadium des
Massenkonsums stellen sich nach Rostow relativ wenig qualitativ neue Aufgaben. Das soziale System, die öffentliche Infrastruktur und das Steuersy-
stem müssen ausgebaut werden. Die wichtigste Veränderung der Staatstätigkeit ergibt sich aus dem wachsenden Anspruch, den Staat zur Sicherung der
Beschäftigung, der Massenkaufkraft, generell des Wirtschaftswachstums einzusetzen. Die jüngste Vergangenheit glaubt Rostow als ein Stadium interpretieren zu können, das durch die «Suche nach Lebensqualität» bestimmt
wird. Die negativen Folgen extensiven industriellen Wachstums werden erkennbar und mobilisieren Gegenkräfte gegen die weitere Zerstörung der
natürlichen und sozialen Umwelt. Daraus resultieren neue Staatsaufgaben,
die über die traditionellen Formen der sozialen und infrastrukturellen Sicherung hinausführen.

Insgesamt wird somit die über den Markt vermittelte Verteilung der Ressourcen und der Güter in wachsendem Maße vom Staat korrigiert. Der Staat
wird immer stärker zu einer konkret gestaltenden, regulierenden, steuernden
und kontrollierenden Institution. Dies zeigt sich auch an seiner zunehmenden ordnungspolitischen, Rechtsnormen setzenden Bedeutung. Im Recht
kodifiziert der Staat nicht nur die grundsätzlichen Verkehrsbedingungen,
sondern auch die Produktionsbedingungen, Arbeitsbedingungen etc. Privat-
recht, Strafrecht, öffentliches Recht, Gewerbe-, Arbeits- und Sozialrecht etc.
stellen Rechtsnormen dar, mit denen der Staat die grundlegende Struktur
einer Wirtschafts- und Sozialordnung bestimmt. Diese ordnungssetzende
Funktion des Staates verstärkte sich seit dem 19. Jahrhundert. Ging es in der
klassischen Phase des Liberalismus darum, einen groben Ordnungsrahmen
zu schaffen, in dem sich die Wirtschaft mehr oder weniger frei bewegen
konnte, so mußte der Staat im Laufe des 20. Jahrhunderts mit zunehmender

Komplexität und Verknüpfung aller Lebensbereiche diesen Rahmen immer mehr ausfüllen.

Eine Vielzahl von Gesetzen und Verordnungen regelt heute die wirtschaftlichen und sozialen Prozesse. Versteht man unter einer Wirtschafts- und Sozialordnung die Gesamtheit von Organisationsprinzipien, Normen, Lenkungs- und Entscheidungsmechanismen, Einrichtungen und Verhaltensweisen, die die wirtschaftlichen Aktivitäten in einer Gesellschaft steuern, so bestimmte der Staat mit seiner Rechtsetzung einen immer bedeutenderen Teil dieser Ordnung.

Das Entwicklungsmuster von Rostow kann selbstverständlich nur eine modellhafte Orientierungshilfe darstellen. In keinem Fall darf es mechanisch auf die Entwicklungsverläufe der verschiedenen Länder angewandt werden. Selbst wenn die einzelnen Länder die verschiedenen Stadien durchlaufen sollten, so tun sie das doch in historisch unterschiedlichen Kontexten. Außerdem ist offen, ob die politischen Systeme bzw. der Staat auf diese Herausforderungen ähnlich reagieren. Rostow selbst weist darauf hin, daß Gesellschaften im gleichen ökonomisch-technologischen Entwicklungsstadium unterschiedliche politische Optionen offenstehen. Um von einer bloßen Beschreibung zu einer Analyse der Entwicklung der Staatsaufgaben zu gelangen, müßte außerdem eine Vielzahl von Faktoren berücksichtigt werden, die außerhalb des ökonomischen Bereichs liegen.

Staat als Ausgabenstaat
Alle neu entstehenden oder expandierenden Aufgaben waren mit Aufwendungen verbunden und schlugen sich in steigenden Staatsausgaben nieder (vgl. Kap. III. C. 3). In allen europäischen Ländern nahm der Staat daher seit dem 19. Jahrhundert einen immer größeren Teil des Sozialprodukts für seine Zwecke in Anspruch. Es ist üblich geworden, die Bedeutung des Staates mit Hilfe der sog. Ausgaben- oder Staatsquoten zu messen. Dazu werden die öffentlichen Ausgaben in Relation zum Sozialprodukt gesetzt. Die Aussagekraft solcher Staatsquoten ist zwar wegen einer ganzen Reihe statistischer und methodischer Probleme begrenzt, für einen ersten Überblick über die wachsende Bedeutung des Staates im 20. Jahrhundert sind sie aber sicherlich brauchbar.

In Abb. III. 25 ist die Entwicklung der Staatsquoten verschiedener Länder abgebildet. In der hier nicht erfaßten zweiten Hälfte des 19. Jahrhunderts bewegten sich die Anteile der gesamten öffentlichen Ausgaben an den Sozialprodukten der europäischen Länder zwischen 6 und 16%. Dabei fällt auf, daß die Ausgabenquoten in einigen kontinentaleuropäischen Ländern – Italien, Frankreich, Deutschland, Schweiz – deutlich höher lagen als in Großbritannien und den skandinavischen Ländern. Eine Tendenz zu einer höheren Ausgabenquote vor dem Ersten Weltkrieg kann nur für Deutschland und für Norwegen beobachtet werden. In einigen Ländern war der Staatsanteil sogar rückläufig. Nach dem Ersten Weltkrieg setzten insbeson-

dere in den vom Krieg und seinen politisch-sozialen Folgen unmittelbar
betroffenen Ländern – Deutschland, Österreich, Frankreich, Italien, Belgien, Großbritannien – die Staatsausgaben auf einem gegenüber der Vorkriegszeit sprunghaft erhöhten Niveau ein. Nur in der Schweiz und den
skandinavischen Ländern, die neutral geblieben waren, bewegten sich die
Ausgaben vorerst weiterhin auf einem relativ niedrigen Niveau, wobei sich
allerdings die Staatsquoten auch in diesen Ländern erhöhten.

*Abb. III.25: Anteil der öffentlichen Ausgaben am Bruttosozialprodukt (Staats-
quoten) verschiedener Länder 1900–1980 (in %)*

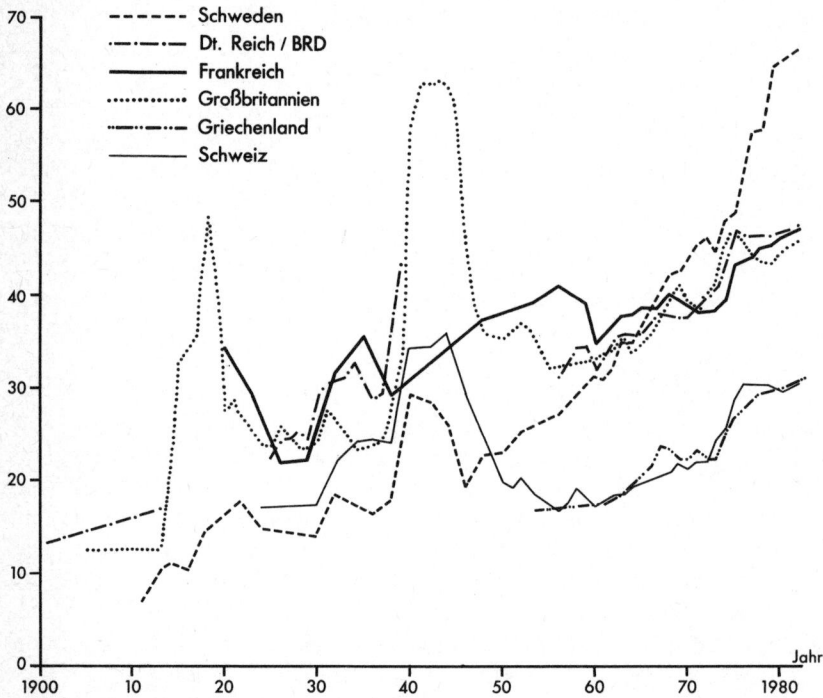

Quellen: Peter Flora, *State, Economy, and Society in Western Europe 1815–1975. A Data Handbook.*
Volume I: *The Growth of Mass Democracies and Welfare States,* Frankfurt 1983, S. 345 ff.; OECD,
Economic Outlook 1982, Paris 1982.

   Für die Zwischenkriegszeit muß beachtet werden, daß durch den starken
Rückgang der Volkseinkommen in der Weltwirtschaftskrise sich die Staats-
anteile selbst dann erhöhten, wenn die Ausgaben gar nicht stiegen oder sogar
sanken, im letzteren Fall allerdings weniger als das Sozialprodukt. Im Vergleich zu den starken Schwankungen der Zwischenkriegszeit war die Entwicklung der Nachkriegszeit durch eine relativ stetige Expansion des öffent-

lichen Sektors gekennzeichnet. Am stärksten fiel die Steigerung in den skandinavischen Ländern, den Niederlanden und Belgien aus, wo sich die Staatsquoten fast verdoppelten. Aber auch in den meisten anderen Ländern erhöhte sich der Staatsanteil – besonders seit Mitte der 60er Jahre – um etwa die Hälfte.

Der Trend zu steigenden Staatsquoten galt also für alle europäischen Länder, allerdings war er unterschiedlich stark. Vergleicht man nur den Anfangs- und Endpunkt der letzten hundert Jahre, so war er in den nordeuropäischen Ländern – eine Ausnahme macht Finnland – besonders ausgeprägt. Der Staatsanteil beträgt dort heute über 60%. Die westeuropäischen Staaten repräsentieren den europäischen Durchschnitt, sowohl was den Anstieg als auch was das Niveau anbelangt; heute liegt der Staatsanteil bei 50%. Eine Ausnahme bildet die Schweiz, die wie Griechenland, Portugal, Spanien und die osteuropäischen Länder bis zum Zweiten Weltkrieg einen recht niedrigen Staatsanteil besaß und mit ca. 30% auch heute noch besitzt.

Der Trend zu einem steigenden Anteil der öffentlichen Ausgaben am Sozialprodukt verlief also nicht kontinuierlich, sondern in Schüben. Es liegt nahe, zu vermuten, daß solche Schübe durch die beiden Weltkriege ausgelöst wurden, wobei es sich entweder um eine absolute Niveauverschiebung nach oben und/oder um eine Beschleunigung der Expansion der Staatsausgaben handeln konnte. Dieses Entwicklungsmuster gilt sicherlich für einige Länder, vor allem für die, die am Krieg beteiligt waren. Es darf allerdings nicht ohne weiteres verallgemeinert werden.

Staat als Steuerstaat

Die Staaten mußten ihre wachsenden Ausgaben durch wachsende Einnahmen finanzieren. Da alle europäischen Länder – sieht man einmal von den osteuropäischen nach 1945 ab – bis in die Gegenwart nur in begrenztem Umfang über eigene Produktionsmittel verfügten, d. h. sie sich nicht aus eigener Wertschöpfung finanzieren konnten, blieb nur die Abschöpfung der privat organisierten und produzierten Wertschöpfung. Der Begriff Steuerstaat weist bereits darauf hin, daß der größte Teil der öffentlichen Ausgaben über Steuern finanziert wurde. Die Verbreiterung der Steuerbasis bzw. die Erhöhung der Hebesätze waren in der Vergangenheit denn auch die Mittel, mit denen die Staaten vor allem versuchten, ihre Einnahmen zu erhöhen. Tatsächlich stiegen in allen europäischen Staaten die Steuereinnahmen nicht nur absolut, sondern auch in Relation zum Sozialprodukt. Abb. III. 26 gibt die Entwicklung der Steuerquoten wieder.

Beachtet werden muß, daß es sich dabei nur um die Steuereinnahmen der Zentralregierung handelt, die am Ende des 19. Jahrhunderts zwischen 50 und 60% und in den letzten Jahren über 75% der gesamten Steuereinnahmen auf sich konzentrierte. Das bedeutet, daß der Anteil der gesamten Steuereinnahmen am Sozialprodukt höher lag und etwas gemäßigter anstieg. Wichtig ist, daß die Entwicklung in den meisten westeuropäischen Staaten

Abb. III. 26: Anteil der Steuereinnahmen am Bruttosozialprodukt (Steuerquoten)
verschiedener Länder 1864–1975 (in %)

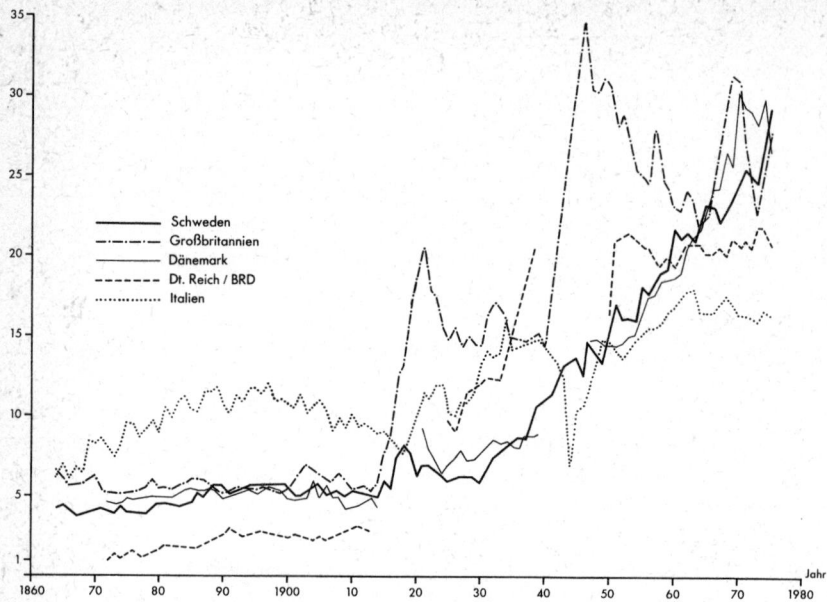

Quelle: Peter Flora, *State, Economy, and Society in Western Europe 1815–1975. A Data Handbook.*
Volume I: *The Growth of Mass Democracies and Welfare States,* Frankfurt 1983, S. 257ff.

seit Mitte des 19. Jahrhunderts ähnlich verlief. Bis zum Ersten Weltkrieg lag
der Anteil der Steuereinnahmen sehr niedrig und veränderte sich über Jahrzehnte kaum. Der Erste Weltkrieg brachte dann eine deutliche Steigerung,
die danach nur teilweise wieder abgebaut wurde. In einigen Ländern ging
der Anteil unmittelbar nach dem Krieg zwar stark zurück, stieg dann in der
Zwischenkriegszeit aber wieder deutlich an. Ähnlich verlief die Entwicklung
im und nach dem Zweiten Weltkrieg. Selbstverständlich gab es von diesem
Entwicklungsmuster Ausnahmen. Wichtig ist hier allein die Tatsache, daß
die europäischen Staaten als Steuerstaaten ihre wachsenden Ausgaben über
die private Wertschöpfung finanzieren mußten und daß sie deshalb einen
steigenden Anteil des Sozialprodukts als Steuern abschöpften.

Berücksichtigt man außer den Steuern auch noch die anderen staatlichen
Einnahmearten, u. a. auch die Beiträge zur Sozialversicherung, so lagen diese
Einnahmequoten – der Anteil der laufenden staatlichen Einnahmen am Sozialprodukt – noch wesentlich höher. Mitte der 1980er Jahre machten sie in
den nordeuropäischen Staaten ca. 55% aus, in den westeuropäischen Staaten
etwa 45% und in den südeuropäischen Ländern um 35%.

Staat als Produzent

Nun schöpfte der Staat nicht nur einen immer größeren Teil des Sozialprodukts ab und gab ihn wieder aus, er trug mit der Produktion von Kollektivgütern selbst wesentlich zur Entstehung des Sozialprodukts bei. Die staatlichen Aktivitäten sind in dieser Hinsicht umfassend. Große Teile der Infrastruktur werden von staatlichen Unternehmen bereitgestellt. Das gilt sowohl für die Versorgung mit Wasser und Energie als auch für die Dienstleistungen im Verkehrs-, Post- und Fernmeldewesen. Der Staat besitzt Banken und Versicherungen, Forschungseinrichtungen, Wohnungsbauunternehmen, Handelsgesellschaften, Betriebe in der Land- und Forstwirtschaft und Industrieunternehmen. Das alles kann unter dem Begriff «öffentliche Wirtschaft» zusammengefaßt werden. Die Bedeutung der öffentlichen Wirtschaft war und ist von Land zu Land sehr unterschiedlich. Während sie z. B. in den skandinavischen Ländern nicht sehr groß ist, gehört dem italienischen Staat allein die Hälfte aller Industrieunternehmen. Dazu kommen in allen Ländern als zweiter wichtiger Bereich eine Vielzahl von unterschiedlichen Einrichtungen im Sozial- und Gesundheitswesen, von Kindergärten, Schulen und Universitäten bis hin zu Krankenhäusern. Schließlich seien noch als dritter und wichtigster Bereich die allgemeine Verwaltung, Justiz und Polizei und das Militär erwähnt. Die methodischen und statistischen Schwierigkeiten, den Produktionswert dieser Güter und Dienstleistungen zu messen, sind so groß, daß der Staatsanteil an der Entstehung des Sozialprodukts nicht exakt bestimmt werden kann, schon gar nicht seine historische Entwicklung. Generell kann aber behauptet werden, daß Art und Umfang der öffentlich erzeugten Güter und Dienstleistungen in diesem Jahrhundert ständig zugenommen haben.

Ein wichtiger Indikator für die Bedeutung des Staates als Produzent innerhalb einer Volkswirtschaft ist sicherlich der Anteil der öffentlich Beschäftigten an der gesamten Beschäftigung. Abb. III. 27 gibt die Entwicklung dieses Anteils in verschiedenen westeuropäischen Ländern wieder. Allerdings wird in dieser Abbildung nur der kleinere Teil der öffentlich Beschäftigten erfaßt, und zwar nur der innerhalb der allgemeinen Verwaltung, der Post, Bahn und des Erziehungswesens. Die gesamte öffentliche Wirtschaft und das Sozial- und Gesundheitswesen bleiben unberücksichtigt. Aber schon dieser eingeschränkte Bereich macht die Entwicklung der öffentlich Beschäftigten deutlich. Beachtet werden muß, daß nur für wenige Jahre Daten zur Verfügung stehen. Die Entwicklung zwischen den Eckpunkten – besonders in den Kriegsjahren – braucht durchaus nicht so gradlinig verlaufen zu sein. Am Trend ändert das allerdings nichts. Seit dem Ende des 19. Jahrhunderts stieg in allen Ländern der Anteil der in öffentlichen Institutionen Beschäftigten an der gesamten Beschäftigung an. Dabei ergibt sich ein relativ einheitliches Bild der Anteilswerte. Während sie in den 1870er Jahren bei 2% lagen, machten sie in den 1970er Jahren 10% und mehr aus, d. h. daß sich der Anteil etwa verfünffachte. Da im gleichen Zeitraum aber auch die Gesamtbeschäftigung stieg, nahm die absolute Zahl der öffentlich Beschäftigten um das Sieben- bis Zehnfache zu.

Abb. III.27: Anteil der öffentlich Beschäftigten (Verwaltung, Post, Bahn, Erziehungswesen) an der Gesamtbeschäftigung in verschiedenen Ländern 1850–1975 (in %)

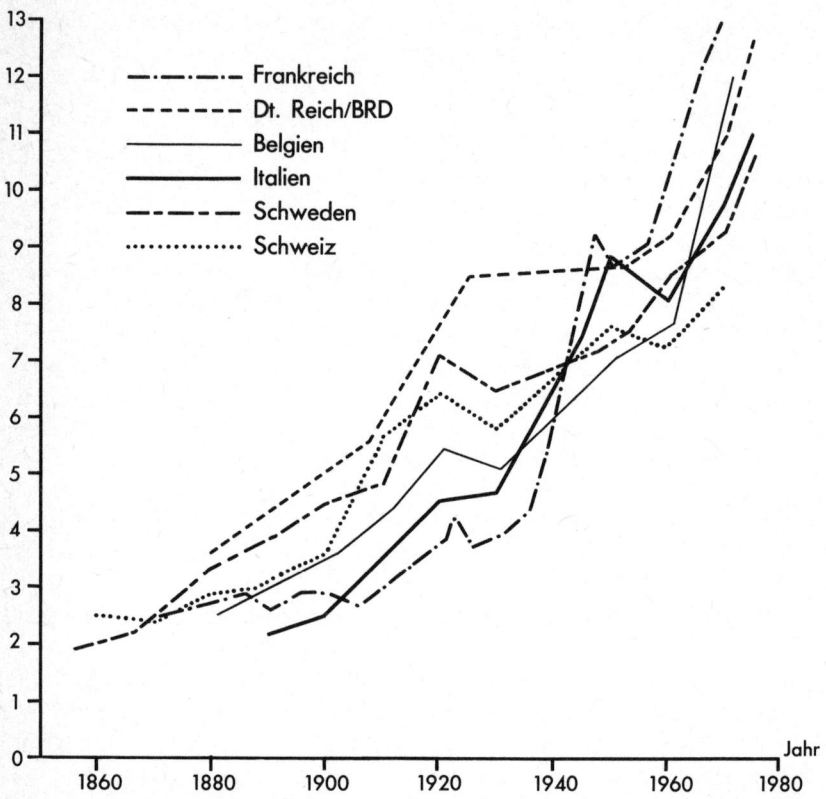

Quelle: Peter Flora, *State, Economy, and Society in Western Europe 1815–1975, A Data Handbook.* Volume I: *The Growth of Mass Democracies and Welfare States,* Frankfurt 1983, S. 193 ff.

Auch wenn die meisten öffentlich Beschäftigten quantitativ nicht exakt erfaßt werden können, so kann man doch ihre Zahl in etwa schätzen. Mit dem Sozial- und Gesundheitswesen und der öffentlichen Wirtschaft sind gerade die Sektoren nicht berücksichtigt worden, die im 20. Jahrhundert am stärksten expandierten. Die Zunahme der gesamten öffentlichen Beschäftigung vollzog sich also nicht nur auf einem höheren Niveau, sie verlief auch wesentlich steiler. Allein in der öffentlichen Wirtschaft ist heute ein hoher Prozentsatz der Erwerbstätigen beschäftigt. In der Bundesrepublik sind es

10%, in Frankreich 12%, in Großbritannien 15%, in Italien 25% und in Österreich sogar 30%. Rechnet man die Beschäftigten der allgemeinen Verwaltung und die der öffentlichen Krankenhäuser, Wohlfahrtseinrichtungen und Sozialversicherungen hinzu, so dürften in der Bundesrepublik, in Großbritannien und in Frankreich heute ca. ein Drittel, in Italien und Österreich sogar über die Hälfte der Erwerbstätigen beim Staat beschäftigt sein. Aber auch in den Ländern, in denen die öffentliche Wirtschaft keine so große Rolle spielt – in den Niederlanden, den skandinavischen Ländern, Spanien und Portugal –, liegt der Anteil der öffentlich Beschäftigten wesentlich höher als der, der in den Kurven ausgewiesen ist.

Einen sprunghaften Anstieg erlebten naturgemäß die osteuropäischen Länder nach dem Zweiten Weltkrieg. Interpretiert man die sozialisierten und kollektivierten Betriebe als öffentliche bzw. staatliche Unternehmen – in offizieller Sichtweise handelt es sich um gesellschaftliches Eigentum –, so sind über 90% der Erwerbstätigen im öffentlichen Bereich beschäftigt. Worauf es hier ankommt, ist der Trend: In allen europäischen Ländern stieg im Laufe des 20. Jahrhunderts die Zahl der beim Staat beschäftigten Menschen an und macht heute einen wesentlichen Teil der Gesamtbeschäftigung aus.

Insgesamt nahm somit die Bedeutung des Staates für die Wirtschaft seit dem 19. Jahrhundert zu. Er versuchte, die wirtschaftlichen Prozesse immer stärker aktiv zu gestalten. Dies zeigt auch die Entwicklung der konkreten Wirtschaftspolitik, die im folgenden untersucht werden soll. Dabei werden nicht mehr wie bisher die verschiedenen Politikbereiche einzeln in Längsschnitten behandelt, sondern die gesamte Wirtschaftspolitik in Zeitabschnitten. Dadurch soll zumindest an dieser Stelle ein Überblick über die verschiedenen Phasen europäischer Wirtschaftsgeschichte gegeben und das Verständnis chronologischer Abläufe erleichtert werden. Selbstverständlich können die sehr unterschiedlichen staatlichen Aktivitäten, die auf die Wirtschaft einwirkten, auch nicht ansatzweise behandelt werden; dazu waren sie viel zu komplex. Im folgenden geht es vor allem darum, verschiedene Wirtschaftsordnungen oder -systeme herauszuarbeiten und zumindest einige zentrale Instrumente zu behandeln, mit denen der Staat die Wirtschaftsabläufe zu beeinflussen versuchte.

2. Wirtschaftspolitische Rekonstruktion nach dem Ersten Weltkrieg

Der Wille, zu den Verhältnissen vor dem Ersten Weltkrieg zurückzukehren, bestimmte die Wirtschaftspolitik der 20er Jahre. Er spiegelte die Bewußtseins- und Interessenlage der herrschenden Kreise in Politik und Wirtschaft wider, für die sich die Jahrzehnte vor dem Krieg als Epoche stabilen Wirtschaftswachstums und sozialer Sicherheit darstellten. In der unmittelbaren Nachkriegszeit erlebte Europa dagegen eine Welle revolutionärer und quasirevolutionärer Veränderungen, die die Gesellschaftsordnungen zahlreicher

Länder grundsätzlich erschütterten. Auch die bisherige Weltwirtschaftsordnung war aus den Fugen geraten; die dominierende Stellung des industrialisierten und imperialistischen Kerns in Europa war in Frage gestellt. Übersehen wurde bei der teilweise realistischen, teilweise idealisierten Rückschau, daß sich schon vor 1914 tiefgreifende Strukturveränderungen angedeutet hatten, die durch den Krieg nur verstärkt worden waren. Übersehen wurde aber auch, daß sich die Verhältnisse tatsächlich so weit gewandelt hatten, daß es eine Rückkehr nicht mehr geben konnte.

Internationale Politik

Das Unvermögen, die neue Situation realistisch einzuschätzen, kennzeichnete bereits die Friedensverhandlungen. An einer kooperativen Problemlösung war kein Staat genügend interessiert. Das politisch und wirtschaftlich mächtigste Land, die USA, wollte sich möglichst rasch aus den verwirrenden Verhältnissen in Europa zurückziehen und war nicht bereit, die Führung beim Wiederaufbau der Weltwirtschaft zu übernehmen. In Europa trugen Frankreich und Großbritannien ihre alten Rivalitäten untereinander und gegenüber Deutschland aus, während sich die Sowjetunion als vierte europäische Großmacht ganz aus dem internationalen Tagesgeschäft zurückzog. Obwohl der politische Sinn einer eindeutigen moralischen Schuldzuweisung schon damals ebenso bezweifelt wurde wie der ökonomische Zweck von Kriegsschuldzahlungen und Reparationen, war dies das Thema, das die internationalen Konferenzen beherrschte. Diejenigen, die den Krieg begonnen hatten, sollten bestraft werden, und diejenigen, die während des Krieges Schulden gemacht hatten, sollten diese zurückzahlen. Auf den Gedanken, daß es angesichts der schwierigen Situation der europäischen und der Weltwirtschaft wichtigere Probleme gab, die man international hätte lösen müssen, kamen nur wenige.

Für das Versagen der internationalen Zusammenarbeit gab es – abgesehen von den direkten Friedens-, Schulden- und Reparationsverhandlungen – zahlreiche Beispiele. Es gelang nicht, umfangreichere Wiederaufbauprogramme zu organisieren und zu finanzieren. So notwendig und hilfreich die Unterstützungsmaßnahmen zur Bekämpfung von Not und Hunger waren, weiterreichende Projekte konnten sie nicht ersetzen. Ein Gesamtplan für das kriegsgeschädigte Europa entstand nicht, und selbst Einzelpläne blieben in Ansätzen stecken. Statt die interalliierten Organisationen der Siegermächte, die während des Krieges z. B. zur Lösung des Rohstoffproblems entstanden waren, weiter auszubauen, wurden sie direkt nach dem Krieg abgebaut.

Die internationale Kooperation machte auch in den 20er Jahren nur wenig Fortschritte. 1922 wurde zwar auf einer Weltwährungskonferenz die Rückkehr zum Goldstandard – dem Währungssystem der Vorkriegszeit – beschlossen, auf einen international verbindlichen Plan konnte man sich allerdings nicht einigen (vgl. Kap. III. B. 4, Geld und Kredit). Noch geringer war die Bereitschaft zu einem koordinierten Vorgehen auf dem Gebiet der Handels- und Zollpolitik. Den sich ausbreitenden Protektionismus, der den Wiederaufschwung des Welthandels in den 20er Jahren behinderte, vermochte auch die deshalb einberufene Weltwirtschaftskonferenz im Jahre 1927 nicht nachhaltig zu bremsen. Zahlreiche andere Konferenzen unter der Schirmherrschaft des Völkerbundes versuchten Lösungen zu speziellen Problemen der internationalen Finanz- und Handelsbeziehungen zu finden; eine unüberschaubare Zahl von Sanierungsplänen entstand. Konkrete Aktionen resultierten daraus allerdings nicht. Im Gegenteil, die Desintegration der europäischen und der Weltwirtschaft setzte sich fort; das komplexe Netz der internationalen Wirtschaftsbeziehungen, das 1914 zerrissen worden war, konnte nicht wieder zusammengefügt werden.

Die Vorstellung, daß allein die Rückkehr zum Goldstandard und damit zu den Verhältnissen vor 1914 genügen würde, um die Funktionsfähigkeit einer liberalen Weltwirtschaftsordnung erneut zu sichern, war sicherlich ein Grund für die geringe Bereitschaft, das Weltwirtschaftssystem wirklich neu zu ordnen. Ein anderer lag in dem Glauben, die Auswirkungen der internationalen Krise auf die eigene Volkswirtschaft durch nationalen Protektionismus und Egoismus mildern zu können. Dabei wurde übersehen, daß sich nicht nur die weltwirtschaftlichen Strukturen, sondern auch die sozialen und politischen Verhältnisse auf nationaler Ebene wesentlich verändert hatten. Die nationalen Volkswirtschaften konnten nicht mehr so selbstverständlich in ein Weltwährungssystem eingebunden werden, das für eine an binnenwirtschaftlichen Zielen orientierte Politik kaum Raum ließ, wie es beim Goldstandard der Fall gewesen war. Im Gegenteil, die an nationalen Interessen ausgerichtete Wirtschaftspolitik hatte Priorität gewonnen. Gerade das aber hätte eine internationale Zusammenarbeit umso notwendiger gemacht, weil sich dadurch die desintegrativen Tendenzen noch verstärkten.

Nationale Politik

Wirtschaftsordnungspolitische Veränderungen
Nach wie vor galt in der bürgerlichen Öffentlichkeit Westeuropas das Modell des liberalen Ordnungsstaates, der seine Eingriffe in die Wirtschaft möglichst begrenzen sollte. Allerdings hatten der Krieg und die politischen Kräfteverschiebungen der unmittelbaren Nachkriegszeit das Bewußtsein für einen verstärkten Staatsinterventionismus geschärft und die Bereitschaft, ihn anzuwenden, gefördert. Die Grundstruktur der kapitalistischen Systeme in den europäischen Staaten änderte sich dadurch aber nicht. Dies zeigten auch die konkreten wirtschaftsordnungspolitischen Folgen des Krieges.

Die staatlichen Planungs- und Lenkungssysteme, mit denen während des Krieges die Wirtschaft gesteuert worden war, wurden in allen Ländern nach Kriegsende wieder abgebaut. Bestimmte Lenkungsformen blieben für eine Übergangszeit bestehen, um den Transformationsprozeß von der Kriegs-

auf die Friedenswirtschaft kontrollieren zu können; schon Anfang der 20er Jahre hatte sich der Staat aber wieder weitgehend aus der Wirtschaft zurückgezogen.

Ebensowenig wie die Produktionsorganisationen änderten sich die Eigentums- und Verfügungsrechte grundsätzlich. Immerhin gewann das staatliche Produktionsmitteleigentum an Bedeutung, da sich manche Regierungen direkt als Unternehmer an kriegswichtigen Produktionen beteiligt hatten, Eisenbahnen und bestimmte Bereiche der Rohstoffwirtschaft verstaatlicht worden waren. In einigen süd- und osteuropäischen Staaten gab es bereits Ansätze einer weitgehenden Verstaatlichungs- bzw. Nationalisierungspolitik, die dann später auch forciert betrieben wurde. Wichtiger waren zweifellos die Agrarreformen, die in insgesamt zwölf Ländern durchgeführt wurden, in den osteuropäischen einschließlich Estland, Lettland und Litauen, in Griechenland und Finnland. Insgesamt wurden 24 Mio. Hektar – 11% der gesamten Fläche dieser Länder – umverteilt (vgl. Kap. III. B. 2).

Keine direkte Veränderung der Eigentumsrechte, aber eine gewisse Veränderung der Koordinations- und Informationsstruktur brachten die verschiedenen Ansätze zur Demokratisierung der wirtschaftlichen Willensbildungs- und Entscheidungsprozesse. Auf betrieblicher Ebene wurden in Deutschland, Österreich, der Tschechoslowakei, Großbritannien und Norwegen Betriebsräte eingerichtet, denen man zumindest Mitspracherechte in sozialen Belangen einräumte. Auf volkswirtschaftlicher Ebene gab es erste Ansätze zum Einbau von korporativistischen Elementen in das System des liberalen Konkurrenzkapitalismus. Eine wirkliche Demokratisierung der Wirtschaft und Wirtschaftspolitik bedeutete das allerdings nicht (vgl. Kap. II. C. 2).

Die Motivationsstruktur änderte sich nicht nur durch den Ausbau bzw. die Einrichtung der Sozialgesetzgebung, sondern auch durch eine grundlegende Reform der Steuer- und Finanzsysteme, mit der in zahlreichen Ländern die finanzielle Situation der öffentlichen Hand und die Umverteilungsprozesse eine andere Dimension erreichten. Das galt auch für das Steuervergünstigungs- und Subventionswesen, das ausgebaut wurde, um auf die Investitionsprozesse einwirken zu können. Es umfaßte die schon damals traditionellen Maßnahmen der Subventionspolitik bis hin zu den ersten Ansätzen einer breit angelegten staatlichen Industrialisierungspolitik in den süd- und osteuropäischen Ländern. Aber auch in den westeuropäischen Ländern erreichten die öffentlichen an den gesamten Investitionen einen Anteil, der wesentlich größer war als der vor dem Ersten Weltkrieg.

Alle diese Veränderungen bewegten sich durchaus im Rahmen der bestehenden Wirtschaftsordnungen. Ein grundlegender Systemwandel war damit sicherlich nicht verbunden; ihn vollzog allein die Sowjetunion mit der Oktoberrevolution 1917. Dennoch änderten sich Stellung und Funktion des Staates mit und nach dem Ersten Weltkrieg nicht unwesentlich. Mit dem traditionellen Modell des liberalen Ordnungsstaates waren sie jedenfalls nur noch bedingt vereinbar.

Währungs- und Finanzpolitik

In kaum einem anderen Politikbereich wurden wirtschaftspolitische Wunder so intensiv allein von der Rückkehr zu vormaligen Zuständen erwartet wie in dem der Währungspolitik, die Priorität besaß und der sich alles andere unterordnen mußte. Dies kann nicht erstaunen, wenn man bedenkt, welche chaotischen Währungsverhältnisse nach dem Ersten Weltkrieg herrschten. Extreme Kursschwankungen und extreme Inflationen besonders in den mittel- und mittelosteuropäischen Staaten ließen ein hohes Maß an Unsicherheit entstehen (vgl. Kap. III. B. 4, Geld und Kredit). Dabei kamen die inflationären Prozesse nicht von ungefähr. Die Kriegswirtschaft, in der Güter hergestellt wurden, die vernichtet werden sollten, schuf zwar nominale Nachfrage bzw. Kaufkraft, aber kein reales Güterangebot. Auch die Methoden der Kriegsfinanzierung spielten eine wichtige Rolle. In vielen Ländern wurde aus innenpolitischen Gründen darauf verzichtet, den Krieg in ausreichendem Maß über eine stärkere Abschöpfung privater Einkommen mittels Steuern und Abgaben zu finanzieren, obwohl die Steuereinnahmen durchaus erhöht wurden. Stattdessen besorgten sich die Regierungen die notwendigen Mittel durch verstärkte Verschuldung bei den Bevölkerungen oder durch die Notenpresse bei den Zentralbanken. In der Nachkriegszeit blieben die hohen Haushaltsdefizite und Verschuldungen dann bestehen; Gründe hierfür waren weiterhin notwendige hohe Militärausgaben, soziale Folgekosten des Krieges, Schuldenzahlungen oder Reparationen. Währungs- und Finanzpolitik waren somit eng verknüpft, d. h. eine währungspolitische Stabilisierung konnte nur gelingen, wenn gleichzeitig die öffentlichen Finanzen auf eine neue Grundlage gestellt wurden und umgekehrt.

Die Art und Weise, in der die Stabilisierung durchgeführt wurde, war unterschiedlich, sowohl was die Festlegung der neuen Goldparität – das Verhältnis der nationalen Währungen zum Gold – als auch was die Maßnahmen zur binnenwirtschaftlichen Stabilisierung des Geldwertes anbelangte. Zu der Gruppe von Ländern, die tatsächlich zu ihren Vorkriegsparitäten zurückkehrten, gehörten Großbritannien, die Schweiz, die Niederlande, Dänemark, Schweden und Norwegen. Eine zweite Gruppe – die Mehrheit der Länder – mußte abwerten, wobei die Abwertungen gegenüber dem Dollar im Verhältnis zum Vorkriegswechselkurs sehr unterschiedlich waren: Estland 1,1%, Rumänien 3,7%, Bulgarien 3,7%, Portugal 4,6%, Griechenland 6,7%, Jugoslawien 9,1%, Finnland 12,5%, Belgien 14,3%, Tschechoslowakei 14,3%, Frankreich 20,0% und Italien 25,0%. Eine dritte Gruppe von fünf Ländern, der es nicht gelang, mit konventionellen Mitteln die Inflation in den Griff zu bekommen und die eine unkontrollierte Hyperinflation erlebte, mußte ganz neue Währungen einführen: Österreich, Ungarn, Polen, die Sowjetunion und das Deutsche Reich.

Welches waren nun die Maßnahmen, mit denen man die Stabilisierung der Währungen erreichte? Wenn ein Teil der Länder zur Vorkriegsparität zurückkehrte, so bedeutete das nicht, daß ihre Währungen in der Kriegs- und

Nachkriegszeit keine Wertverluste hinnehmen mußten; alle verloren zwischen 10 und 20% gegenüber dem Dollar. Die Rückkehr zur Vorkriegsparität machte daher einschneidende deflationistische Maßnahmen notwendig, um das Preisniveau zu senken. Durch Steuererhöhungen und Ausgabenkürzungen versuchte man die öffentlichen Haushaltsdefizite abzubauen bzw. Haushaltsüberschüsse zu erreichen. Die öffentliche Verschuldung wurde eingeschränkt. Die Geldpolitik war restriktiv angelegt, um den Kreditspielraum der Banken einzugrenzen. Das Lohnniveau wurde eingefroren oder sogar gesenkt. Alle diese Maßnahmen führten aber gleichzeitig dazu, vorhandene Aufschwungtendenzen zu schwächen oder rezessive Trends zu verschärfen. Schweden gelang es relativ schnell, das Lohn- und Preisniveau herunterzudrücken und die Währung aufzuwerten. Bereits 1924 kehrte es zum Goldstandard zurück. In Großbritannien dauerten Deflationspolitik und -krise bis 1925. In Norwegen und Dänemark fanden sie zwischen 1925 und 1928 statt, wobei die Auswirkungen in Norwegen wahrscheinlich tiefgreifender waren als die der Weltwirtschaftskrise Anfang der 30er Jahre.

Trotz der zum Teil drastischen wirtschaftspolitischen Eingriffe gelang es den Ländern nur bedingt, Kosten und Preise wirklich anzupassen. Die wieder eingeführten Vorkriegsparitäten bedeuteten also eine Überbewertung der Währungen gegenüber Gold und Dollar. Das aber belastete die nationalen Wirtschaften, weil nunmehr ihre Exportfähigkeiten beeinträchtigt wurden. Die überbewerteten Währungen hatten zur Folge, daß die im Inland produzierten Güter auf dem Weltmarkt relativ teuer waren. Zugleich wurden importierte Waren billiger. Fast alle Länder litten unter dieser gesunkenen Konkurrenzfähigkeit, allerdings gab es Unterschiede. Eine Ausnahme machte eigentlich nur Schweden; ihm gelang es nicht nur, das binnenländische Preisniveau um das zur Erhaltung der Wettbewerbsfähigkeit notwendige Maß zu senken, seine Wirtschaft erwies sich auch als flexibel genug, um auf neue Weltmarktbedingungen reagieren zu können.

Einnahmeerhöhung und Ausgabensenkung, restriktive Geld- und Kreditpolitik und Konsolidierung der Staatsschulden waren auch die wirtschaftspolitischen Maßnahmen, die die Länder zur Rückgewinnung der außen- und binnenwirtschaftlichen Stabilität ergriffen, die zwar ebenfalls zum Goldstandard zurückkehrten, allerdings ihre Währungen abwerteten. Lettland, das als neugegründeter selbständiger Staat erst eine eigene Währung einführen mußte, und die Tschechoslowakei waren Vorreiter. Ihnen gelang es, durch rigorose steuer- und geldpolitische Maßnahmen die aufkommende Inflation bereits kurze Zeit nach dem Krieg im Keim zu ersticken. Bei anderen Ländern – wie z. B. Frankreich, Belgien oder Italien – erreichte man dies erst im Laufe der 20er Jahre, wobei die Abwertung bei einigen Ländern wie Frankreich oder Belgien zur Unterbewertung gegenüber dem Dollar und den anderen europäischen Währungen führte; bei anderen Ländern wie Italien blieben die Währungen trotz Abwertung gegenüber der Vorkriegsparität überbewertet.

Dies Vorgehen besaß auch Vorteile. Durch die nur mäßigen Stabilisierungsbemühungen wurden keine wirklichen Deflationen eingeleitet. Im Gegenteil, die Inflationen liefen auf einem für die damalige Zeit mäßigen Niveau weiter, was durchaus positive Folgen hatte. Sie regten Investitionen, Konsum und damit die Konjunktur an und erleichterten die Defizitfinanzierung der öffentlichen Haushalte. Die Steuerschraube wurde in vielen Ländern zwar weiter angezogen, aber nicht in dem Maße, daß das bereits äußerst niedrige Konsumniveau noch weiter eingeschränkt wurde. Die inflationären Prozesse setzten außerdem einen von vielen nicht erkannten Umverteilungsprozeß zugunsten von Unternehmern, Kapitaleignern und Schuldnern – zu denen auch der Staat gehörte – und zuungunsten von Rentnern, Sparern und teilweise auch Lohnempfängern in Gang. Im wirtschaftlichen Bereich trugen sie insgesamt dazu bei, den schwierigen Wiederaufbau nach dem Krieg zu erleichtern; Länder mit inflatorischen Prozessen bewältigten die Krise des Jahres 1921 jedenfalls besser als die ohne. Im sozialen und politischen Bereich wurden dadurch die äußerst angespannten Verhältnisse entschärft. Nach der Rückkehr zum Goldstandard erhöhten dann die unterbewerteten Währungen die Wettbewerbsfähigkeit der nationalen Ökonomien auf dem Weltmark.

Besonders die osteuropäischen Länder befanden sich in einer schwierigen Situation. Angesichts der schlechten Wirtschaftsentwicklung mußte eine deflationistische Politik die rezessiven Tendenzen weiter verschärfen. Andererseits war eine Deflationspolitik wichtig, um das Vertrauen des ausländischen Kapitals und damit weitere Kapitalimporte zu sichern. Ein zu hoch angesetzter Wechselkurs verschlechterte zwar die Exportchancen, erleichterte aber die zukünftige Rückzahlung von Schulden. Dies waren auch die Gründe, warum die Balkanländer bis auf Griechenland in der Weltwirtschaftskrise der 30er Jahre an ihren letztlich unrealistischen, überhöhten offiziellen Wechselkursen zunächst festhielten.

Die Vorteile einer Inflation hatten wohl auch die Regierungen der Länder im Auge, die eine Hyperinflation erlebten. Anfangs traf diese Einschätzung auch zu, als sich ihre Preissteigerungen noch nicht von denen anderer Länder unterschieden. Als sich die Inflationsspirale dann allerdings immer schneller drehte und völlig außer Kontrolle geriet, schlugen die Vor- in Nachteile um. Finanzielles Chaos und wirtschaftlicher Zusammenbruch waren die Konsequenz. Mit den konventionellen Mitteln der Geld- und Finanzpolitik waren die Preissteigerungen ab einem bestimmten Zeitpunkt nicht mehr in den Griff zu bekommen, vielmehr wurde die Stabilisierung zur Voraussetzung einer geordneten Finanz- und Steuerpolitik. Währungsreformen mußten durchgeführt werden, die von schweren Krisen begleitet waren. Österreich und Ungarn sicherten sich die Unterstützung des Völkerbundes, der mittels finanzieller Sanierungspläne und internationaler Anleihen – für Österreich 1922 und für Ungarn 1924 – den währungspolitischen Neubeginn gewährleistete. Fachleute des Völkerbundes überwachten die Finanzen beider Länder bis 1926. Nachdem das Vertrauen in die neuen Währungen gesichert war, begann auch die Steuerpolitik zu greifen, und das Haushaltsgleichgewicht konnte nach kurzer Zeit erreicht werden. Deutschland und Polen führten 1923/24 bzw. 1927 neue Währungen ein. Danach war auch in diesen Ländern eine geordnete Finanzpolitik und Haushaltsführung wieder möglich.

Handels- und Zollpolitik
Daß die liberale Ära des Goldstandards mit dem Ersten Weltkrieg endgültig zu Ende gegangen war, zeigte sich auch und ganz besonders in der Handels- und Zollpolitik. Überall in der Welt blühte der Protektionismus. In Japan, Indien, Australien und einigen südamerikanischen Ländern hatte die fehlende europäische Konkurrenz in den Kriegsjahren neue Industrien entstehen lassen, die nach dem Krieg geschützt werden mußten. Aber auch in Nordamerika und Europa fand keine Liberalisierung statt. Im Gegenteil, viele Länder führten in den 20er Jahren zum ersten Mal einen wirklichen Zollschutz ein oder erhöhten vorhandene Tarife. Die Handelsbeschränkungen reichten von Ex- und Importlizenzen über -quoten und -verbote bis zu Devisenkontrollen. In den 20er Jahren schlich sich somit ein Schutzzolldenken ein, das in diesem Ausmaß bis zum Ersten Weltkrieg unbekannt gewesen war. Es erfaßte alle Länder, diejenigen mit protektionistischer Tradition ebenso wie die mit liberaler, diejenigen mit hauptsächlich Industrieexporten ebenso wie die mit vornehmlich Agrarausfuhren. An dieser Stelle sollen nur einige Beispiele genannt werden. In Großbritannien begann die Abkehr vom Freihandel mit dem McKenna Act von 1915, der aus fiskalischen Gründen und zur Einsparung von Schiffsraum einen 33prozentigen Zollschutz auf Autos, Motorräder und andere industrielle Fertigwaren erhob. Kennzeichnend war, daß dieser Act nach dem Krieg nicht nur in Kraft blieb, sondern die Liste der betroffenen Güter ausgeweitet und mit dem Safeguarding of Industries Act und dem Dyestuffs Importation Act weiteren Produkten Zollschutz gewährt wurde.

Waren die britischen Zölle insgesamt noch recht niedrig, so lebte in Spanien der Protektionismus nach dem Krieg in einer Form wieder auf, die in der zweiten Hälfte der 20er Jahre unter Primo de Rivera zu den höchsten Zollmauern in Europa führte. In Italien setzten die Faschisten zwar den hohen Zolltarif 1922 aus, aber bereits 1925 wurden die Zollsätze wieder erhöht und Importquoten eingeführt. Auch in Osteuropa begann man die während oder nach dem Krieg entstandene Industrie durch Zölle zu schützen. Die meisten Länder dieser Region hatten höhere Zölle als vor dem Krieg. Die tschechischen Zölle lagen 1926 mit 36,4% des Gesamtwertes der Einfuhren doppelt so hoch wie die alten österreichisch-ungarischen. Der neue ungarische Zoll betrug im Durchschnitt 31,1% der Einfuhren gegenüber 18,9% nach dem früheren Zoll. Damit lagen die Zölle allerdings höher als in den übrigen Ländern dieser Region.

Fast noch problematischer als die innereuropäischen Zölle waren die der USA, die mit dem Fordney-McTumber Tariff von 1922 eingeführt wurden. Dieser Zolltarif – der höchste in der amerikanischen Geschichte – war mit der neuen Rolle der USA als wichtigstem Gläubiger kaum zu vereinbaren. Er erschwerte die Probleme der europäischen Schuldnerländer, durch Güterexporte in die USA die Dollars zu verdienen, die notwendig waren, um Zinsen zahlen und Schulden tilgen zu können.

Zusammenfassung

Faßt man noch einmal die wichtigsten wirtschaftspolitischen Folgen des Ersten Weltkrieges zusammen, so muß an erster Stelle die veränderte Stellung des Staates in der Wirtschaft erwähnt werden; der Staatsinterventionismus gewann an Bedeutung, ohne daß allerdings die Vorstellungen vom liberalen Ordnungsstaat schon aufgegeben wurden. Die Frage, ob der moderne Interventionsstaat des 20. Jahrhunderts bereits im Ersten Weltkrieg seinen Anfang genommen hat, soll offen bleiben. Mit dieser Entwicklung war eine Verlagerung der Prioritäten verbunden: Nicht mehr die Integration in eine liberale Weltwirtschaft, in der sich binnenwirtschaftliche Zielsetzungen dem Ziel des außenwirtschaftlichen Gleichgewichts unterzuordnen hatten, stand im Vordergrund, sondern die stabilitätspolitischen Maßnahmen innerhalb der einzelnen Volkswirtschaften. Der internationalen Zusammenarbeit erteilte man zwar noch keine endgültige Absage, die zahlreichen anstehenden Probleme, die nur international hätten gelöst werden können, blieben aber unbewältigt.

Generell litt die Kooperationsbereitschaft darunter, daß man von der Rückkehr zum Goldstandard die automatische Lösung vieler offener Fragen erwartete. Die Währungs- bzw. Geldpolitik rückte damit in das Zentrum der Wirtschaftspolitik, und die Rückgewinnung von Vorkriegsparität und Geldwertstabilität wurde zum Dogma. Die grundlegenden Widersprüche, die dabei auftraten, erkannte man nicht: Der Goldstandard konnte – wenn überhaupt – nur in einer liberalen Weltwirtschaft funktionieren mit den entsprechenden Anpassungsprozessen des Goldautomatismus, die eine eigenständige binnenmarktorientierte Geld- und letztlich Wirtschaftspolitik gerade nicht zuließen. Der absolute Vorrang währungspolitischer Ideale vor anderen Problemen der Wirtschaftspolitik lief Gefahr, das Gegenteil von dem zu erreichen, was angestrebt wurde, nämlich soziale und wirtschaftliche Stabilität. Man ignorierte die sozialen und ökonomischen Kosten einer solchen Politik und griff, um die eigene Wirtschaft vor ausländischer Konkurrenz zu schützen, zu Maßnahmen – höheren Zöllen und Importbeschränkungen –, die gerade die Voraussetzungen der Funktionsfähigkeit des Goldstandards unterwanderten.

3. Vom Liberalismus zum Staatsinterventionismus in den 30er Jahren

Noch häufiger als der Erste Weltkrieg wird die Weltwirtschaftskrise in den 30er Jahren genannt, wenn es darum geht, eine entscheidende Wende im Verhältnis von Wirtschaft und Staat zu datieren. Die Weltwirtschaftskrise trennt nach dieser Auffassung die Epoche des klassischen Ordnungsstaates von der des modernen Interventionsstaates. Selbst wenn man der Überzeugung ist, daß sich historische Prozesse, sowohl was das Denken als auch was das Handeln von Menschen anbelangt, mehr oder weniger kontinuierlich vollziehen und wirkliche Brüche nur selten stattfinden, so muß man doch anerkennen, daß in und nach der Krise eine entscheidende Richtungsänderung in der Wirtschaftspolitik vollzogen wurde. Man kann diesen wirtschaftskonzeptionellen und wirtschaftspolitischen Wandel auch als ersten wirklichen Paradigmawechsel in der Wirtschaftspolitik in diesem Jahrhundert bezeichnen. Er betraf in erster Linie den binnenwirtschaftlichen Bereich. Im außenwirtschaftlichen Bereich setzte sich die Desintegration der europäischen und der Weltwirtschaft weiter fort.

Internationale Politik

In den 30er Jahren erlebte die internationale Zusammenarbeit einen Tiefpunkt (vgl. Kap. III. B. 4, Handel). Die wenigen Versuche, die gemacht wurden, um sie zu beleben, blieben ohne nachhaltige Wirkungen. In einer Zeit, in der Devisenkontrollen, hohe Zölle und Kontingentierungen den Handel behinderten, entstanden stattdessen neue Formen der bilateralen Zusammenarbeit. Sinn solcher zweistaatlichen Handelsabkommen war es nicht nur, den Handel zu beleben, sondern ihn gleichzeitig möglichst ohne die ansonsten notwendigen international konvertiblen Devisen zu bewältigen. Die einfachste Form solcher Handelsgeschäfte war der Warenaustausch, d. h. man tauschte Waren gegen Waren von etwa gleichem Wert. Beispiele für solche Kompensationsgeschäfte waren der Tausch von deutscher Kohle gegen brasilianischen Kaffee, von deutschem Kunstdünger gegen ägyptische Baumwolle. Ein beträchtlicher Teil der griechischen und bulgarischen Tabakerzeugung fand auf diese Weise Abnehmer in Mitteleuropa, die ihrerseits Ausfuhrmöglichkeiten für ihre Fertigwarenindustrie suchten. Meist waren solche staatlichen und privaten Kompensationsgeschäfte aber in breiter angelegte Clearing- oder Verrechnungsabkommen eingebettet, die es ermöglichten, die notwendigen Devisen auf ein Minimum zu beschränken. Deutschland war das Land, das sich als erstes in größerem Umfang solcher Verrechnungsabkommen bediente. 1937 hatte es mit allen europäischen Ländern – eine Ausnahme machten nur Großbritannien und Albanien – solche Abkommen ausgehandelt, wobei allerdings nicht der gesamte Waren- und Dienstleistungsverkehr gegenseitig verrechnet wurde. Die osteuropäischen Länder, die ihrerseits sehr enge Handelsbeziehungen zu Deutschland besaßen, wickelten ebenfalls den größten Teil des Außenhandels über Clearingabkommen ab. Eine erweiterte Form des Clearingabkommens stellte schließlich das Zahlungsabkommen dar, das vor allem zwischen Ländern mit Devisenbewirtschaftung und Ländern mit frei konvertiblen Währungen geschlossen wurde. Der Grund, warum sich Länder mit freier Währung auf solche bilateralen Zahlungsabkommen überhaupt einließen, lag u. a. in der Schwierigkeit, eingefrorene Schulden wieder flüssig zu machen.

Die Desintegration der internationalen Wirtschaftsbeziehungen führte nicht nur zur Bilateralisierung des Außenhandels bzw. der Außenhandelspolitik. Es gab Versuche, zumindest auf regionaler Ebene multilaterale Absprachen zu erreichen. Um den Verfall ihrer Ausfuhrerlöse aufzuhalten, waren die südosteuropäischen Länder bemüht, enger zusammenzuarbeiten. Die auf einer Serie von Konferenzen beschworene Solidarität der osteuropäischen Agrarproduzenten reichte allerdings nicht aus, um die angestrebten kartellartigen Absprachen zur Eindämmung des ruinösen gegenseitigen Wettbewerbs zu verwirklichen. Immerhin rückten diese Länder enger zusammen und traten gegenüber den Hauptabnehmern ihrer Agrarprodukte geschlossener auf. Zu einer begrenzten wirtschaftlichen Zusammenarbeit kam es auch zwischen Italien, Österreich und Ungarn im Rom-Abkommen von 1934. Die Konvention der sog. Oslo-Gruppe von 1930, zu der neben den skandinavischen Ländern die Niederlande, Belgien und Luxemburg gehörten, war ebenfalls ein Beispiel für den Versuch, eine begrenzte regionale Zusammenarbeit zu erreichen. Die Partner verpflichteten sich, weder bestehende Zölle zu erhöhen noch neue einzuführen, ohne die Mitunterzeichnenden hiervon in Kenntnis zu setzen. Die Konvention hatte aber keine praktischen Folgen. Das galt auch für den Vertrag von Ouchy vom Juli 1932, der eine enge Zusammenarbeit zwischen den Niederlanden, Belgien und Luxemburg vorsah. Das wichtigste Abkommen dieser Zeit war sicherlich das von Ottawa im Jahre 1932 zwischen den Commonwealth-Staaten. Es schuf das Imperial Preference System mit Vorzugszöllen, Einfuhrerleichterungen nach innen und verstärkten Restriktionen nach außen. Auch die Länder der anderen ehemaligen Kolonialreiche rückten handelspolitisch enger zusammen. Die sich in diesen Jahren bildenden Währungsblöcke (vgl. Kap. III. B. 4, Geld und Kredit) waren ebenfalls Ausdruck der Regionalisierung der internationalen Wirtschaftsbeziehungen.

All diese Handelsabkommen – ob bi- oder multilateral – konnten natürlich eine liberale Weltwirtschaftsordnung nicht ersetzen. Sie stellten lediglich eine Notlösung dar, um zumindest die schlimmsten Folgen der auseinanderbrechenden europäischen und Weltwirtschaft aufzufangen. Sie schufen keinen Handel, sondern milderten lediglich seinen Rückgang und lenkten ihn um. Alte Handelsbeziehungen und traditionell gewachsene Formen internationaler Arbeitsteilung wurden aufgegeben und nur teilweise durch neue ersetzt. Noch stärker als in dem Jahrzehnt zuvor diente Handelspolitik dazu, die negativen Auswirkungen einer internationalen Wirtschaftskrise auf die eigene Volkswirtschaft zu mildern und ihre Kosten auf andere Länder abzuwälzen.

Nationale Politik

Das Streben, zu den Verhältnissen der Vorkriegszeit zurückzukehren, entsprang in den 20er Jahren nicht nur einer massiven Interessenpolitik oder einer verklärten Erinnerung an «gute alte Zeiten», sondern – zumindest auf wirtschaftspolitischer und -theoretischer Ebene – der Überzeugung, daß die Prämissen des klassischen Modells weiter bestanden und das Modell an sich die Funktionszusammenhänge einer kapitalistischen Wirtschaft richtig erfaßte: Unter Konkurrenzbedingungen sorgt der Preismechanismus über kurz oder lang für einen Ausgleich von Angebot und Nachfrage auf allen Märkten – dem Güter-, Kapital- und Arbeitsmarkt – und somit für ein gesamtwirtschaftliches Gleichgewicht. In diesem Modell koordinieren die Preise die Vielzahl individueller Wirtschaftspläne gleichsam mit «unsichtbarer Hand» (Adam Smith), so daß Eingriffe des Staates den Preismechanismus nur stören können. Der Glaube an die Selbstheilungskräfte der Wirtschaft war durch die Krisen der Nachkriegszeit zwar erschüttert worden, aber erst der völlige Zusammenbruch der Nationalökonomien in der Weltwirtschaftskrise führte zum Umdenken. Man interpretierte diese Krise nicht als eine der zyklisch wiederkehrenden Konjunkturen, sondern als eine Depression, die die Funktionsfähigkeit des liberal-kapitalistischen Systems grundsätzlich in Frage stellte. Von da an setzte sich immer mehr die Auffassung durch, daß dem Staat mehr Verantwortung übertragen werden solle. Er sollte nicht mehr nur die sozialen Kosten der kapitalistischen Wirtschaft tragen, sondern die Entwicklung dieser Wirtschaft selbst beeinflussen.

Theoretische Alternativen zum klassischen Modell wurden zwar bereits in den 20er Jahren formuliert, letztlich blieb es aber John Maynard Keynes vorbehalten, Mitte der 30er Jahre einen umfassenden Gegenentwurf zum klassischen Modell vorzulegen. Nach dem keynesianischen Modell tendiert das marktwirtschaftliche System nicht nur zu konjunkturellen Schwankungen, sondern zu dauerhafter Unterbeschäftigung. Angebot und Nachfrage brauchten nicht übereinzustimmen, d. h. der Preismechanismus kann weder den völligen Güterabsatz noch die Investition des gesamten gesparten Kapitals noch Vollbeschäftigung garantieren. Aufgabe der Wirtschaftspolitik ist es darum, durch globale Maßnahmen Angebot und Nachfrage einander anzupassen. Zur Überwindung einer von Unterauslastung vorhandener Produktionskapazitäten gekennzeichneten Krise wie der Anfang der 30er Jahre schlägt Keynes vor, die gesamtwirtschaftliche Nachfrage mittels öffentlicher Ausgaben anzukurbeln. Dadurch sollen die Produzenten zu erhöhter Produktion angeregt werden, die ihrerseits neue Einkommen und neue Nachfrage schafft, was wiederum über steigenden Absatz, zunehmende Kapazitätsauslastung und höhere Profite eine erhöhte Investitionstätigkeit zur Folge hat. Auf diese Weise wird ein Kreislauf in Gang gesetzt, mit dem sich die Wirtschaft – wenn er sich erst einmal bewegt – am eigenen Schopf aus der Krise ziehen kann. Im folgenden soll vor allem aufgezeigt werden, ob die Regierungen den Weg aus der Krise mit traditionellen klassisch-liberalen oder mit modernen keynesianisch-interventionistischen Politikstrategien suchten.

Deutschland

Den wohl radikalsten Bruch mit der bisherigen Wirtschaftspolitik vollzog man im Deutschen Reich, wobei es sich nicht nur um eine Veränderung der Wirtschaftspolitik, sondern des gesamten Wirtschaftssystems handelte. Dieser Bruch trat allerdings erst ein, nachdem die Nationalsozialisten Anfang 1933 die Macht ergriffen hatten. Auch wenn es unter den Regierungen Papen und Schleicher Anzeichen für ein vorsichtiges antizyklisches Gegensteuern gab, so reagierte man bis dahin auf geradezu klassisch deflationistische Weise auf die Krise. Da die Reichsbank an den Regeln des Goldstandards festhielt, mußte sie entgegen den konjunkturpolitischen Erfordernissen eine restriktive Geldpolitik mit hohem Zinsniveau betreiben, um dem Abfluß von Gold und Devisen ins Ausland entgegenzuwirken. Die fiskal- und sozialpolitischen Maßnahmen der Regierung waren ebenfalls prozyklisch ausgerichtet: Einnahmenerhöhung und Ausgabensenkung, um den Haushalt ausgleichen zu können, Herabsetzung der Sozialleistungen, Lohnsenkungen etc. Begünstigt wurden nur die traditionell herrschenden Kreise in der Industrie, im Bankwesen und in der Landwirtschaft. Unabhängig davon, wie man die einzelnen Maßnahmen der Deflationspolitik unter konjunktureller Perspektive beurteilt, insgesamt wirkten sie krisenverschärfend.

Eine klare Unterscheidung zwischen wirtschaftspolitik- und wirtschaftssystemverändernden Maßnahmen ist zwar nicht möglich, dennoch soll versucht werden, zunächst einige wirtschaftsordnungspolitische Veränderungen aufzuzeigen, die in den Jahren nach 1932 unter nationalsozialistischer Herrschaft durchgesetzt wurden. Dazu gehören Maßnahmen, mit denen das korporative Modell einer organischen Wirtschaft verwirklicht werden sollte. Auf betrieblicher Ebene kam es zur Entrechtung der Beschäftigten; dem Unternehmer wurden als «Betriebsführer» weitgehende Befugnisse zuerkannt. Auf verbandlicher Ebene wurden die bestehenden Gewerkschaften aufgelöst und eine rechtlose Einheitsgewerkschaft (Deutsche Arbeitsfront) geschaffen. Für Landwirtschaft, Handwerk, Industrie und Handel entstand eine Organisationsform, in der die Autonomie des einzelnen Betriebes zwar grundsätzlich bestehen blieb, zugleich aber die Macht großer Monopole oder Monopolgruppen innerhalb der Verbände und die Verbände als solche gestärkt wurden. Damit nahm auch der Einfluß des Staates auf die Wirtschaft zu, denn Staat und Verbände arbeiteten eng zusammen.

Es entstand eine Ordnung eigener Art, die noch am ehesten mit den korporativistischen Formen des italienischen Faschismus, vor allem aber des spanischen Syndikalismus zu vergleichen ist. Wichtig war im übrigen nicht die Ordnung als solche – die Umsetzung der Ideologie in die Praxis –, sondern die Aufgabe, die die veränderte Wirtschaftsordnung erfüllen sollte. Es ging darum, das privatkapitalistische System grundsätzlich zu erhalten und dennoch den staatlichen Einfluß soweit zu stärken, daß das notwendige Maß an Planung und Lenkung sichergestellt war, um schnell und konsequent die Kriegsvorbereitungen voranzutreiben.

Die konkreten wirtschaftspolitischen Aktivitäten des nationalsozialistischen Regimes begannen direkt nach der Machtübernahme im Frühjahr 1933 mit Lohnstopp und Preisüberwachung und im Sommer mit Arbeitsbeschaffungsmaßnahmen, die letztlich die antizyklischen Ansätze der beiden vorangegangenen Regierungen fortsetzten. Die mittelbaren Maßnahmen der Arbeitsbeschaffung kamen vor allem der Bauwirtschaft zugute, die direkten staatlichen Investitionsausgaben zur Errichtung von Kanälen, Eisenbahnstrecken, öffentlichen Gebäuden und Autobahnen fast ausschließlich. Einführung der allgemeinen Wehrpflicht, Umwandlung des ursprünglich freiwilligen in den obligatorischen Reichsarbeitsdienst, intensive Propaganda gegen die Berufstätigkeit der Frau, vor allem aber eine immer stärkere Aufrüstung führten dazu, daß 1936 eine Art Vollbeschäftigung erreicht wurde, sektoral kam es sogar zur Überbeschäftigung.

Eine umfassendere Planung und Lenkung führte man erst 1936 ein, als Rohstoff- und Devisenmangel das Aufrüstungsprogramm zu beeinträchtigen drohte. Von jetzt an wurden die wichtigsten Rohstoffe kontingentiert, der Arbeitsmarkt stärker gesteuert und die Investitionsmittel bzw. -tätigkeit kontrolliert. Der Außenhandel wurde weitgehend durch Kontingentierung und Devisenkontrolle bestimmt; Autarkie war letztendlich das Ziel. Ein funktionsfähiges Planungs- und Lenkungssystem entstand dennoch nicht, wurde wohl auch nicht angestrebt, denn im bestehenden monopolistisch strukturierten privatkapitalistischen System erreicht man die Ziele mittels unbeschränkter Staatsausgaben effizienter ohne eine schwerfällige Planbürokratie. Finanziert wurde das alles weniger durch eine schärfere steuerliche Erfassung von Einkommen und Vermögen, sondern durch extensive Verschuldung, die mit einer außergewöhnlichen Vermehrung der gesamtwirtschaftlichen Geldmenge einherging. Daß es nicht zu einer offenen, sondern nur zu einer «zurückgestauten» Inflation kam, lag an den Lohn- und Preiskontrollen.

Die wirtschaftspolitischen Erfolge dieser Politik sind nicht von der Hand zu weisen. Ob sie entscheidend zur Überwindung der Krise beitrugen oder den allgemeinen Aufschwung nur stützten, sei dahingestellt. Der starke Aufschwung der deutschen Wirtschaft in der zweiten Hälfte der 30er Jahre wurde sicherlich durch die Aufrüstung mitgetragen. Damit wird aber bereits deutlich, daß es sich bei der nationalsozialistischen Politik eben nicht um eine bewußt angelegte antizyklische Wirtschafts- und vor allem Beschäftigungspolitik handelte, die zumindest den grundlegenden Funktionszusammenhängen eines privatmarktwirtschaftlichen Systems Rechnung trug. Es handelte sich vielmehr um eine Aufrüstungspolitik mit beschäftigungspolitischen Nebenwirkungen, die sich falls notwendig, radikal über die Spielregeln des bisherigen Wirtschaftssystems hinwegsetzte, teilweise mit diktatorischen Methoden.

Italien
Obwohl der Faschismus in Italien auf dem Höhepunkt der Weltwirtschaftskrise bereits zehn Jahre an der Macht war, setzte erst jetzt eine Wirtschaftspolitik ein, von der man sagen kann, daß sie auch systemverändernden Charakter besaß. Erst 1934 begann man das angestrebte Korporationssystem mit der Gründung der eigentlichen Korporationen zu verwirklichen, die alle Wirtschaftszweige erfaßten und branchenmäßig untergliedert waren. Sie wurden paritätisch von Arbeitgebern und Arbeitnehmern, Vertretern der Partei und der betreffenden Ministerien besetzt und sollten die Arbeitsbeziehungen regeln und durch Quotenfestsetzung und Preisfixierung direkt in Produktion und Absatz eingreifen. Später erhielten sie die Aufsicht über die zu schaffenden Zwangskartelle und den Genehmigungsvorbehalt für industrielle Investitionen. Der Korporativismus blieb Stückwerk, weil der Aufgabenbereich und die Entscheidungskompetenz der Korporationen nie eindeutig definiert wurden. Stattdessen arbeiteten wie in Deutschland Ministerialbürokratien und Unternehmerverbände eng zusammen, sie bestimmten letztlich Löhne, Preise und Produktionsmengen.

In der Währungs-, Geld- und Finanzpolitik gab man die bis dahin betriebene Deflationspolitik endgültig auf. Die Devisenkontrollen wurden verschärft und die Importkontingentierung ausgeweitet. Die Politik der Importsubstitution wurde fortgesetzt und, wie in Deutschland, durch das Schlagwort der Autarkie aufgewertet. Der de-facto-Aufhebung der Golddeckung der Lira 1935 folgte 1936 die de-iure-Abkoppelung vom Goldstandard. Die Zinsen wurden gesenkt und der Kreditspielraum erweitert. Die Besetzung Äthiopiens und die beginnende Aufrüstung führten ab 1936 zu einer expansiven Haushaltspolitik, die, ebenfalls wie in Deutschland, durch Verschuldung finanziert wurde. Anders als in Deutschland konnte der entstehende inflationäre Geld- und Kaufkraftüberhang durch unzureichende Preiskontrollen aber nur teilweise zurückgestaut werden.

Der enge Zusammenhang von Finanz- und Industriekapital – die beiden größten Geschäftsbanken des Landes kontrollierten zusammen mit der Banco di Roma 1930 gut ein Drittel des Kapitals aller großen und mittleren italienischen Unternehmen – führte dazu, daß der Staat bei seinen Stützungsaktionen zugunsten der vom Zusammenbruch bedrohten Banken gleichzeitig deren Beteiligungen übernahm. Sie wurden im Istituto per la Ricostruzione Industriale (IRI) zusammengefaßt, das 1933 entstand und damit über 20% des Kapitals aller italienischen Aktiengesellschaften besaß, über Beteiligungen aber in Wirklichkeit 42% dieses Kapitals kontrollierte: große Teile der Eisen- und Stahlindustrie, des Schiffbaus, des Transport- und Fernmeldewesens und kleinere Teile der Maschinenbau-, der chemischen und anderer Industrien. Dazu kam das gesamte Kapital der drei größten Geschäftsbanken. Zur gleichen Zeit wurden in Deutschland die hohen Beteiligungen an den Großbanken, die die bürgerliche Regierung bei ihren Stützungsmaßnahmen erworben hatte, von den Nationalsozialisten reprivatisiert.

Insgesamt gelang es auch den Faschisten in Italien nicht, das Modell einer korporativen Wirtschaft und Gesellschaft zu verwirklichen. Wie in Deutschland – allerdings mit einem überragenden staatlichen Unternehmensbesitz – ließ man die Grundstruktur des kapitalistischen Systems unangetastet, verstärkte aber den staatlichen Dirigismus so, daß das faschistische Regime durch Kooperation, Kompromiß und Zwang seine Ziele im wesentlichen durchsetzen konnte.

Osteuropa

Wenn hier die osteuropäischen Länder außer der Tschechoslowakei trotz zahlreicher länderspezifischer Merkmale als eine Gruppe behandelt werden, so ist das nur möglich, weil nur wenige, allerdings zentrale Elemente ihrer Politik in den 30er Jahren hervorgehoben werden sollen. Gemeinsam – eine Ausnahme machte Polen – reagierte man auf die Krise mit einer äußerst restriktiven Zoll- und Handelspolitik und einer umfassenden Devisenbewirtschaftung. Eine weitere Konsequenz war die deflationistische Ausrichtung der Politik mit den bekannten Methoden: Verengung des Geld- und Kreditspielraums, Senkung des Lohn- und Preisniveaus, Senkung des Budgetvolumens und Ausgleich des Budgets. Allerdings wurde diese Politik nicht immer konsequent verfolgt. Trotz massiver Interventionen der ausländischen Kreditgeber waren die öffentlichen Haushalte durchaus nicht immer ausgeglichen. Gleichzeitig griff der Staat immer stärker in die Wirtschaft ein. Der Handel mit Agrarprodukten wurde unter staatliche Kontrolle gestellt. Der Staat regelte die Produktion bestimmter in der Industrie verwertbarer Pflanzen, prämiierte die Erweiterung der Viehhaltung und zahlte Prämien für die Einschränkung bestimmter Anbauflächen. Mit Subventionen, steuerlichen Erleichterungen, gezielter Strukturförderung und anderen Maßnahmen versuchten die Regierungen die Industrialisierung im Sinne einer Importsubstitution voranzutreiben. Mittels einer Fülle von Gesetzen, Verordnungen und eigens zur Kontrolle der Betriebe und ihrer Produktion gegründeten Behörden begann der Staat den Produktionsprozeß direkt zu steuern.

Die Krise zwang – wie in den Ländern anderer Regionen – zu staatlichen Rettungsaktionen zur Erhaltung verschiedener Unternehmen, die dadurch teilweise oder vollständig in staatlichen Besitz übergingen. Verschiedene Faktoren verstärkten diese Nationalisierungspolitik in den 30er Jahren. Die national oder nationalistisch motivierte sog. Nostrifizierung führte dazu, daß vor allem Unternehmen, die das ausländische Kapital beherrschte, vom Staat übernommen wurden. Ziel war es, den in der Industrie vorherrschenden Auslandseinfluß zurückzudrängen und Schlüsselbetriebe in Staatsbesitz zu überführen.

Obwohl der Industrialisierungsprozeß in den 30er Jahren weiter voranschritt, gab es doch verschiedene kritische Punkte in dieser Politik. Man förderte teilweise recht unproduktive Investitionen. Innerhalb des industriellen Sektors floß das Kapital vor allem in die Textil-, Nahrungsmittel- und Leichtindustrie, also in Wirtschaftszweige, die kaum die Grundlage für einen breitenwirksamen industriellen Wachstumsprozeß bildeten. Die öffentlichen Finanzmittel waren begrenzt und konnten den Rückgang der ausländischen Kapitalimporte nicht ersetzen. Die Nostrifizierungspolitik wirkte sich insofern zwiespältig aus, als sie ausländische Kapitalgeber nicht gerade ermutigte, weiter Kapital anzulegen. Inländisches Kapital konnte angesichts des begrenzten Geld- und Kapitalmarktes kaum mobilisiert werden. Der Versuch der halbfaschistischen Regime Südosteuropas, einen importsubstituierenden Industrialisierungsprozeß voranzutreiben, geriet somit in kaum lösbare Konflikte. Er hätte sowohl im binnen- als auch im außenwirtschaftlichen Bereich eine offensive, auf den eigenen Produktivkräften aufbauende Politik erfordert. Das aber war nicht möglich.

Innenpolitisch wurden die überkommenen Machtstrukturen nicht aufgelöst; Großgrundbesitz, Finanzoligarchie und traditionelle Staatsbürokratie widersetzten sich einer solchen Dynamisierung der industriellen Entwicklung und damit der Modernisierung. Außenpolitisch verlangten die hohe Auslandsverschuldung bzw. der Druck der ausländischen Kapitalgeber und die weiter bestehende Abhängigkeit von ihnen eine restriktive Politik. Im übrigen ließ auch der starke Einfluß des nationalsozialistischen Deutschlands einen solchen eigenständigen Industrialisierungsprozeß kaum zu. Immerhin stellten diese auf Nationalismus und Korporativismus aufbauenden Entwicklungsdiktaturen einen eigenständigen Reaktionstyp auf die Krise dar, mit dem es allerdings nicht gelang, die peripher-kapitalistischen Strukturen aufzubrechen.

Skandinavien

Schweden und mit gewissen Einschränkungen Norwegen und Dänemark waren die Länder, die im Rahmen eines liberal-demokratischen Systems die modernste Antwort auf die Krise fanden. Die Politik der schwedischen Sozialdemokraten ab 1932 wurde wesentlich von der sog. Stockholmer Schule innerhalb der Wirtschaftswissenschaft beeinflußt, die ähnlich wie Keynes einen antizyklischen, nachfrageorientierten Ansatz entwickelt hatte, der dem Staat eine gewisse Verantwortung bei der Rückgewinnung wirtschaftlicher Stabilität übertrug. Zumindest ein Teil der konkreten wirtschaftspolitischen Maßnahmen versuchte die Theorie in die Praxis umzusetzen: Im Geld- und Kreditbereich senkte man die Zinsen und weitete die

Bankenliquidität aus. Die Krona wurde abgewertet. Man erhöhte die Staatsausgaben, und in begrenztem Umfang kam es zur Defizitfinanzierung, d. h. die Staatsverschuldung stieg ab 1932 leicht an. Öffentliche Arbeitsbeschaffungsmaßnahmen wurden durchgeführt und verschiedene Wirtschaftssektoren mit Subventionen unterstützt. Die private Nachfrage wurde durch Verbesserungen in der Sozialgesetzgebung gestützt. Ab 1935, nachdem das Tief der Krise überwunden war, wurde ein Teil der Maßnahmen wieder zurückgenommen, die Verschuldung abgebaut und das Budgetdefizit beseitigt.

Die Frage, inwieweit dieses erste Beispiel einer antizyklischen Politik tatsächlich den Wiederaufschwung bewirkt hat, muß vorsichtig beantwortet werden. Erinnert sei daran, daß Schweden in den 20er Jahren eine recht dynamische Entwicklung erlebt hatte, daß es von der Weltwirtschaftskrise später erfaßt und weniger hart getroffen wurde. Die Abwertung der Krona, die über die des Pfundes noch hinausging, führte zu einem Exportaufschwung. Eine Sogwirkung ging sicherlich auch von der Expansion der britischen Wirtschaft, insbesondere der Rüstungsindustrie, aus. Außerdem gab es binnenwirtschaftliche Aufschwungskräfte – beim Wohnungsbau, der Konsumgüterindustrie und einzelnen Investitionsgüterbranchen –, die unabhängig von staatlichen Maßnahmen wirkten. Die schwedische Wirtschaftspolitik dürfte die wirtschaftliche Erholung insofern nur unterstützt, nicht aber getragen haben. Dennoch unterschied sie sich positiv von der krisenverschärfenden Politik in anderen Ländern und stellte ein frühes Beispiel für modernes Krisenmanagement dar, wie es später in den meisten westeuropäischen Ländern praktiziert wurde.

Großbritannien

Demgegenüber verfolgte die Wirtschaftspolitik in Großbritannien einen zwiespältigen Kurs. Die Finanzpolitik blieb in orthodoxen Vorstellungen verhaftet. Es kam weder zu einer antizyklisch angelegten Defizitfinanzierung noch zu besonderen, expansiv wirkenden Maßnahmen im Rahmen der traditionellen Haushaltsführung. Die Geldpolitik erleichterte dagegen den Wiederaufschwung. Bereits 1932 erfolgte die Aufgabe der überbewerteten Goldparität, die Zinsen wurden gesenkt, die Kreditaufnahme durch Ausländer beschränkt und die Geldmenge und die Bankenliquidität erhöht. Außerdem stabilisierte man mit Hilfe eines speziellen Währungsausgleichsfonds die an sich flexiblen Wechselkurse. Mit einem Bündel von Einzelmaßnahmen versuchte die britische Regierung außerdem bestimmte Wirtschaftszweige und Branchen zu unterstützen und den regionalen und sektoralen Strukturwandel zu fördern. Dabei handelte es sich um eine punktuell-interventionistische, aber um keine dirigistische Politik. Der Wirtschaft wurde staatliche Unterstützung gewährt, ohne sie allerdings zur angestrebten strukturellen Modernisierung zu zwingen. Sie bewirkte denn auch teilweise das Gegenteil von dem, was sie erreichen wollte; Monopolisierungsprozesse verstärkten sich und veraltete Strukturen verfestigten sich.

Insgesamt trug die britische Wirtschaftspolitik wenig zum wirtschaftlichen Aufschwung bei, der seit Mitte der 30er Jahre einsetzte. Am ehesten waren noch die geld- und währungspolitischen Maßnahmen dazu geeignet. Der punktuelle Interventionismus zur Unterstützung einzelner Wirtschaftsbereiche unterschied sich jedenfalls grundsätzlich von einer global angelegten antizyklischen und expansiven Politik schwedischer Provenienz.

Frankreich
Hohe Goldreserven versetzten Frankreich währungspolitisch zwar in eine relativ unabhängige Position, sie verführten aber zu dem Versuch, den Goldstandard und damit die Währungsparität in einer Zeit aufrechtzuerhalten, in der sich die anderen Länder durch Abwertungen Vorteile im internationalen Handel zu verschaffen versuchten. Anstatt ebenfalls abzuwerten oder Devisenkontrollen einzuführen, unternahmen die französischen Regierungen zwischen 1931 und 1936 den hoffnungslosen Versuch, durch eine Deflationspolitik Kosten und Preise im Ausmaß der Auf- oder Überwertung des Franc zu senken: Die Zinsen wurden erhöht und die Geldmenge eingeschränkt, Löhne und Gehälter wurden um 10% gesenkt, die Großhandelspreise fielen um 25%, der Staatshaushalt wurde radikal zusammengestrichen, insbesondere durch Herabsetzung der Renten, Pensionen und Beamtengehälter. Gleichzeitig wurden die Zölle weiter erhöht und die Handelshemmnisse durch Importverbote und -kontingente ausgebaut. Mindestpreise und Subventionen, Produktionsverbote für ausländische Firmen und andere Eingriffe in den Marktmechanismus gehörten ebenso zur französischen Wirtschaftspolitik wie Maßnahmen zur Entlastung des Arbeitsmarktes: Verheiratete Frauen wurden aus dem Arbeitsmarkt gedrängt, Ausländer nach Hause geschickt und das Pensionsalter für Männer gesenkt.

Trotz dieser Politik – wie damals die offiziellen Regierungskreise glaubten – oder gerade wegen dieser Politik – wie man heute sagen würde – verschlechterte sich die wirtschaftliche Lage. Nicht nur kleine und mittelständische Betriebe, sondern auch Banken, große Transportunternehmen und Industriekonzerne machten Bankrott. Der Staat rettete die Unternehmen, die er für volkswirtschaftlich wichtig erachtete, und erwarb durch Aktienübernahme entscheidenden Einfluß. Es entstand eine als societé mixte bezeichnete Unternehmensform.

Die fehlgeschlagene Deflationspolitik war sicherlich einer der Gründe für den Erfolg der Volksfront (Front Populaire) bei den Parlamentswahlen von 1936. Mit der Regierungsübernahme durch Sozialisten und Kommunisten fand ein radikaler Wandel der Wirtschaftspolitik statt. In Anlehnung an die amerikanische Politik des New Deal und die schwedische Politik der antizyklischen Konjunkturbeeinflussung ergriff man jetzt expansive Maßnahmen: Aufgabe des Goldstandards durch Abwertung des Franc, Lohnerhöhungen zwischen 7 und 15%, öffentliche Arbeitsbeschaffungsmaßnahmen, Einführung der 40-Stunden-Woche und eines bezahlten Jahresurlaubs. Die landwirtschaftlichen Einkommen wurden dadurch gestützt, daß man das Getreidemonopol einer neuen staatlichen Behörde, dem Office du blé, übertrug, deren Aufgabe in der Festlegung der Preise und im Ankauf der Überschüsse bestand. Im industriellen Bereich wurden Kartelle unter Leitung des Staates organisiert. Weitere Verstaatlichungen (Eisenbahnen, Teile der Luftfahrtund Rüstungsindustrien) wurden durchgeführt; diesmal allerdings mehr aus politischen als aus wirtschaftlichen Gründen. Ein durchgreifender Erfolg war dieser Politik trotz gewisser Verbesserungen vor allem auf dem Arbeitsmarkt nicht beschieden. Dazu war der Wirkungszeitraum wohl auch zu kurz; außerdem war die internationale Lage 1937/38 erneut durch rezessive Tendenzen gekennzeichnet. Vor allem aber konnten die Strukturen der französischen Wirtschaft, die trotz des Modernisierungsschubs in den 20er Jahren noch erhebliche Defizite aufwiesen, nicht in kurzer Zeit in leistungsstarke und international wettbewerbsfähige verwandelt werden. Hier lag das eigentliche Problem, und dennoch kann man davon ausgehen, daß die deflatorische, prozyklische Politik in der ersten Hälfte der 30er Jahre dazu beigetragen hat, daß die Krise in Frankreich so lange dauerte.

Belgien und Niederlande
Ähnlich wie Frankreich reagierten auch Belgien und die Niederlande. Die Beibehaltung des Goldstandards mit einer überbewerteten Währung zwang auch hier zur Deflations- oder Anpassungspolitik. Allerdings gestaltete man die Geld- und Kreditpolitik expansiv. Die sich daraus ergebenden Widersprüche wurden zumindest teilweise aufgehoben, als 1935 bzw. 1936 der Goldstandard aufgegeben wurde. Zu einer wirklich expansiven Politik kam es dennoch nicht, obwohl Sozialdemokraten bzw. Sozialisten an der Regierung beteiligt wurden. Allerdings verstärkte sich der staatliche Einfluß auf die Wirtschaft; Ansätze einer aktiven Arbeitsbeschaffungs- und Strukturpolitik waren in der zweiten Hälfte der 30er Jahre erkennbar.

Zusammenfassung
Faßt man die unterschiedlichen Reaktionen auf die Weltwirtschaftskrise zusammen, so wandten praktisch alle Länder am Anfang die traditionelle klassisch-liberale Krisenüberwindungsstrategie der deflationären Austeritätspolitik an. Währungsstabilität und Haushaltsausgleich, Lohn- und Preissenkungen waren die Mittel, mit denen man dem katastrophalen Produktionsrückgang und der immer höheren Arbeitslosigkeit begegnete. Erst als deutlich wurde, daß es sich nicht mehr um einen normalen Konjunktureinbruch handelte, sondern um eine tiefgreifende Krise, die das gesamte kapitalistische System gefährdete, griff man zu neuen Methoden und Instrumenten, deren gemeinsames Kennzeichen ein verstärkter Staatsinterventionismus bildete. Zu unterscheiden sind zum einen Strategien im Rahmen autoritär-diktatorischer Systeme. In Deutschland, mit Einschränkung auch in Italien, ging es nicht darum, mittels einer antizyklischen Konjunkturpolitik im keynesiani-

schen Sinne der Wirtschaftskrise zu begegnen, sondern darum, die Aufrüstungs- und Expansionspolitik möglichst effizient voranzutreiben, die allerdings gleichzeitig – sozusagen als Nebeneffekt – konjunkturbelebend wirkte. Für die halbfaschistischen korporativistischen Regime in Südosteuropa war die Krise Anlaß, ihre entwicklungspolitischen Ziele einer dissoziativ-autarkistisch angelegten industriellen Modernisierung zu forcieren. Auch hier handelte es sich nicht um eine kurzfristig angelegte Konjunkturpolitik, sondern um eine langfristige Modernisierungsstrategie.

Zu unterscheiden sind zum zweiten Strategien im Rahmen liberal-demokratischer Systeme. Das klassische Beispiel einer Politik im keynesianischen Sinne stellt Schweden dar, wo mit einer global angelegten antizyklischen Geld- und Fiskalpolitik der Krise begegnet wurde, um die ergriffenen Maßnahmen im Aufschwung wieder zurückzunehmen. Demgegenüber versuchte man in Großbritannien nicht, mit der globalen Beeinflussung makroökonomischer Größen die Krise zu überwinden, sondern mit punktuellem Interventionismus einzelne Wirtschaftszweige, Branchen und Regionen zu stützen, d. h. mit sektoraler und regionaler Strukturpolitik. Als dritte Krisenüberwindungsstrategie im Rahmen liberal-demokratischer Systeme kann die Deflationspolitik Frankreichs und der übrigen Goldblockländer genannt werden, die eigentlich keine krisenüberwindende, sondern eine krisenverschärfende Strategie war. Diese Länder hielten länger als andere an den orthodoxen Mitteln der Währungsstabilisierung und Haushaltssanierung bzw. der restriktiven Geld- und Fiskalpolitik fest. Eine Wende trat erst in der zweiten Hälfte der 30er Jahre ein, als die sozialen und politischen Kosten der Krise nicht mehr tragbar waren. Der anfangs erwähnte Paradigmawechsel hatte also verschiedene Varianten, deren gemeinsamer Nenner aber ein verstärkter Staatsinterventionismus, d. h. ein qualitativ neues Verhältnis von Politik und Ökonomie war.

4. Imperialistische Wirtschaftspolitik im Zweiten Weltkrieg

Den Deutschen gelang es ab 1939 in relativ kurzer Zeit, einen großen Teil Europas zu erobern. Unter Einbeziehung der Staaten, die nicht sofort besetzt wurden, von Deutschland aber mehr oder weniger abhängig waren – Rumänien, Bulgarien, Ungarn und mit Einschränkung Finnland und Italien –, geriet bis zum Herbst 1942 dann fast das gesamte kontinentale Europa unter deutsche Herrschaft. Allein Portugal, Spanien, die Schweiz, Schweden und die Türkei blieben unabhängig, stellten ihre Wirtschaft aber auf den deutschen Bedarf ein. Die Eroberung und ökonomische Nutzung der verschiedenen Länder und Regionen Europas war ein wichtiges Element nicht nur der unmittelbaren Kriegsführung, sondern auch der nationalsozialistischen Pläne zu einer grundsätzlichen Neuordnung der europäischen Wirtschaft und Gesellschaft. Unter deutscher Führung sollte ein «germanisches Weltreich» entstehen, dessen ökonomische Grundlage die «europäische Großraumwirtschaft» bilden sollte. Die einzelnen nationalen Volkswirtschaften spielten nach diesen Plänen die Rolle von Rohstoff- und Arbeitskräftereservoirs und Zulieferern der deutschen Wirtschaft, deren industriellen Kern das Deutsche Reich in den Grenzen von 1939, Elsaß-Lothringen, Österreich und das «Protektorat Böhmen und Mähren» bilden sollte.

Obwohl es der deutschen Führung in keiner Phase des Krieges wirklich gelang, eine solche «Neue Ordnung» in Europa auch nur in Ansätzen zu schaffen – dazu war die Zeit viel zu kurz –, wurden doch alle besetzten und abhängigen Länder – wenn auch auf sehr unterschiedliche Weise – in das System der deutschen Kriegswirtschaft integriert. Es ging darum, die Produktionskapazitäten der europäischen Volkswirtschaften – unabhängig von der langfristigen Zielsetzung – kurzfristig der deutschen Kriegswirtschaft nutzbar zu machen, um die deutsche Wirtschaft, die die gewaltigen Kriegsanstrengungen nicht alleine tragen konnte, zu entlasten. Dabei gab es generelle Ausbeutungsmethoden, die alle Länder – wenn auch unterschiedlich hart – trafen. Es gab aber auch spezielle Ausbeutungsmethoden; nicht alle Länder und Regionen wurden gleich behandelt. Einige Volkswirtschaften blieben relativ selbständig und wurden mehr mit Mitteln des «freiwilligen Zwanges» in das kriegswirtschaftliche System integriert. In anderen Ländern plünderten, raubten und zerstörten die Deutschen dagegen rücksichtslos.

Generelle Ausbeutungsmethoden
(1) Ab 1940 zwang das Deutsche Reich die besetzten oder abhängigen Länder, ihren Handels- und Zahlungsverkehr einseitig zu deutschen Gunsten zu gestalten. Ungeachtet der Bedürfnisse der jeweiligen Volkswirtschaften wurden Waren aus diesen Ländern exportiert, die für die kriegswirtschaftliche Produktion in Deutschland wichtig waren. Auch die Wechselkurse wurden zugunsten der Reichsmark manipuliert. Dieser Pseudoaußenhandel hatte einen Trendbruch der Handelsströme zur Folge. Hatte das Deutsche Reich bis 1940 einen steigenden Anteil seines Außenhandels mit den südosteuropäischen Ländern abgewickelt, so verlagerte sich der Handel jetzt wieder nach West- und Nordeuropa.
(2) Im Laufe des Krieges entstand für ganz Europa ein Zentralclearingsystem. Jedes Land unter deutschem Einfluß wurde gezwungen, ein bilaterales Handelsabkommen mit Deutschland abzuschließen. Der Gegenwert der Handelsströme wurde auf Clearing-Konten erfaßt, die gegeneinander verrechnet wurden. Auch der Handel zwischen den Ländern lief über diese zentrale Clearingstelle. Es handelte sich dabei um ein unechtes HandelsClearing, da Deutschland nicht nur seine eigene Währung überbewertete, sondern auch die Exportpreise der anderen Länder besonders niedrig ansetzte. Außerdem wurden alle Besatzungskosten auf den Clearing-Konten als deutsche Kredite verbucht, und die deutschen Clearing-Schulden konnten unbegrenzt steigen.

(3) In allen besetzten Ländern wurden Besatzungskosten erhoben, die einen nicht unwesentlichen Teil der deutschen Kriegsfinanzierung ausmachten.

(4) Der Einsatz ausländischer Arbeitskräfte im deutschen Reichsgebiet bildete eine weitere Form der ökonomischen Ausbeutung, die praktisch alle Volkswirtschaften traf. Ausländische Arbeiter wurden teilweise auf freiwilliger Basis angeworben, vor allem aber wurden sie verschleppt, während des Krieges ca. 14 Mio. Menschen. Auf dem Höhepunkt des Einsatzes im Jahre 1944 waren 7,5 Mio. ausländische Arbeitskräfte in der deutschen Kriegswirtschaft tätig, das waren 20% der Gesamtzahl der Beschäftigten.

Spezielle Ausbeutungsmethoden
Österreich als Alpen- und Donau-Reichsgau und ein Teil der *Tschechoslowakei* als das Protektorat Böhmen und Mähren waren die Länder, die von Deutschland noch vor Ausbruch des Zweiten Weltkrieges offiziell annektiert wurden. Sie wurden damit – wenn auch in unterschiedlicher Weise – als organische Bestandteile des Deutschen Reiches und seiner Wirtschaft angesehen. Das betraf nicht nur den Gesetzes- und Verordnungsrahmen, vielmehr wurden Unternehmen systematisch in deutsches Eigentum überführt bzw. gerieten unter deutschen Einfluß. Die Wege, die eingeschlagen wurden, um dies zu erreichen, waren unterschiedlich. Jüdisches Eigentum wurde enteignet. Die führenden Banken wurden in das deutsche Bankensystem überführt. Große deutsche Konzerne übernahmen hohe Kapitalbeteiligungen an österreichischen Unternehmen oder fusionierten mit ihnen. Man erzwang sog. Betriebsführungsverträge, mit denen wichtige tschechische Unternehmen deutschen Konzernen praktisch angegliedert wurden. Insgesamt geriet etwa die Hälfte des Industriekapitals auf diese Weise unter deutschen Einfluß.

Die Vorstellung, daß die österreichische und tschechische Wirtschaft ein integraler Bestandteil der deutschen werden sollte, schlug sich auch in der staatlich gelenkten Investitionspolitik nieder. Es wurden Industrieanlagen errichtet, die die deutsche Industriestruktur ergänzen sollten: Eisen-, Stahl- und Aluminiumwerke, chemische Industrien, Maschinenfabriken etc. Gleichzeitig senkte man die agrarische Produktion. Auch dies paßte in das Bild nationalsozialistischer Neuordnungspläne, wonach die Agrarproduktion schwerpunktmäßig in andere Gebiete Europas verlagert werden sollte. Insgesamt zielte die nationalsozialistische Wirtschaftspolitik also darauf ab, die österreichische und tschechische Wirtschaft sowohl kurzfristig den Interessen der deutschen Kriegswirtschaft dienstbar zu machen als auch langfristig eine vollständige Integration in die deutsche Volkswirtschaft zu erreichen.

Die langfristigen Pläne für *Westeuropa* (Frankreich, Belgien, Niederlande, Luxemburg) sahen folgendes vor: In Frankreich wurden die Departements Haut-Rhin (Elsaß) und Moselle (Lothringen) faktisch annektiert und damit zu Bestandteilen des Deutschen Reichs. Die wallonischen Gebiete Belgiens

und die nordfranzösischen Industriezentren sollten in ein Kohle- und Industrierevier zusammengefaßt werden, das etwa dem des Ruhrgebiets oder
Oberschlesiens vergleichbar gewesen wäre. Das flämische Belgien und die
Niederlande sollten ebenso wie Rest-Frankreich vor allem agrarisch strukturiert bleiben.

Unabhängig von diesen langfristigen Plänen begann die Besatzungspolitik
im Sommer 1940 – wie zuvor in Polen – mit einer Phase der «Ausräumung»,
d.h. Raub und Plünderung von Rohstoffen, Vorräten und Produktionsmitteln. Bereits ab Herbst 1940 trat ein Wandel ein; man ersetzte diese destruk-
tiven Methoden insofern durch konstruktive, als durch verstärkte Auftrags-
verlagerung die ausländischen Produktionskapazitäten besser genutzt wurden. Es wurde ein funktionsfähiger Verwaltungsapparat aufgebaut, der von
der Militärverwaltung abhängig war und dessen Aufgaben darin bestanden,
die geordnete Durchführung von bestimmten Wirtschaftskontrollen zu sichern, deutsche Vertragsabschlüsse zu erleichtern und dafür zu sorgen, daß
die von Deutschland eingeführten Handels- und Zahlungsmechanismen weder durch finanz- noch durch sozialpolitische Maßnahmen gefährdet wurden. Die verschiedenen deutschen Wirtschaftsvertretungen, einschließlich
der Wehrmacht, arbeiteten direkt mit den jeweiligen Ministerien oder beteiligten Geschäftsleuten zusammen. Eine Zentralisierung der verschiedenen
Institutionen gab es in dieser Phase noch nicht; direkte Planung und Lenkung fand nicht statt. Dies änderte sich 1942, als es notwendig wurde, die
westlichen Volkswirtschaften umfassender in die deutsche Kriegswirtschaft
zu integrieren. Ab Frühjahr 1943 wurde die französische und belgische
Wirtschaft hinsichtlich der Produktionsplanung und -lenkung als zu
Deutschland gehörig betrachtet.

Die im Vergleich zu Osteuropa relativ geringe Planung und Lenkung
verlangte zumindest in den strategischen Industrien ein gewisses Maß an
Kontrolle der einzelnen Unternehmen. Treuhänder wurden bestellt oder die
Überwachung einer ähnlichen deutschen Firma übertragen. Dadurch wurde
einerseits die Unabhängigkeit der Unternehmen formal gewahrt, andererseits der Produktionsablauf weitgehend kontrolliert. Entschädigungslose
Enteignungen wie in Polen oder der Sowjetunion waren selten. Die deutsche
Regierung unterstützte den Erwerb von Betrieben und Kapitalbeteiligungen
durch deutsche Unternehmen nur in kriegswichtigen Branchen. Generell
aber wurden die Industriebetriebe unter Leitung ihrer alten Eigentümer
weitergeführt.

Die Ausbeutungspolitik in *Nordeuropa* entwickelte sich ähnlich wie in
Westeuropa, wobei es allerdings nicht gelang, Schweden, das ja nicht besetzt
wurde, über Kooperationsverträge und -geschäfte vollständig in die deutsche Kriegswirtschaft zu integrieren.

In *Polen* und der *Sowjetunion* war der Krieg nicht nur ein politischer und
ökonomischer Eroberungs-, sondern auch weltanschaulich begründeter
Ausrottungskrieg. Bevölkerung und Gesellschaft sollten zumindest in Teilen

liquidiert werden. Weiterreichende Perspektiven, die eine dauerhafte Okkupation und «Kolonisierung» vorsahen, zielten daher nicht nur auf eine ökonomische, sondern auch auf eine soziopolitische Neuordnung dieses Raumes. Man war der Überzeugung, daß nur unter Ausnutzung seiner gewaltigen Ressourcen langfristig mit den anderen «Großräumen», wie dem der USA, konkurriert werden konnte. Die praktische Ausbeutungspolitik entsprach den langfristigen Zielen. Kriegswirtschaftlich wichtige Betriebe wurden entweder direkt übernommen oder unter umfassende Kontrolle gestellt. Ein zentrales Planungs- und Lenkungssystem sorgte für die angestrebte Ausrichtung der Produktionen. Ansonsten plünderte man mit äußerster Konsequenz. Raub und Ausbeutung erreichten ihren Höhepunkt beim Rückzug der deutschen Wehrmacht ab Winter 1941/42 durch die Anwendung der Taktik der «verbrannten Erde». Das bedeutete Deportationen und Ermordung ganzer Dörfer, Verwüstungen größten Ausmaßes, Beschlagnahme oder Zerstörung aller landwirtschaftlichen und industriellen Produktionsanlagen.

Die steigende ökonomische Bedeutung *Südosteuropas* für das Deutsche Reich war durch die Ausweitung der Handelsbeziehungen schon in den 30er Jahren deutlich geworden. Nach 1939 ließ sich dann bei der Produktion agrarischer und mineralischer Rohstoffe die Bedeutung dieses Wirtschaftsraumes als Zulieferer für die deutsche Wirtschaft sowohl mit den unmittelbaren Interessen der Kriegswirtschaft als auch mit der Langzeitperspektive für eine Neuordnung in Europa verbinden. Anders sah es bei der industriellen Produktion aus. Während man bis 1941 jede Expansion der verarbeitenden Industrie in diesen Ländern verhindern wollte, änderte sich diese Einstellung, nachdem die deutschen Produktionskapazitäten an ihre Grenzen gestoßen waren. Von jetzt an wurden bestimmte kriegswichtige Produktionen gefördert.

Hinsichtlich der angewandten wirtschaftspolitischen Methoden muß man zwischen den verbündeten Staaten Rumänien, Bulgarien und Ungarn einerseits und den Feindstaaten Jugoslawien und Griechenland andererseits unterscheiden. Letztere wurden bereits Anfang 1941 besetzt und mit den in Polen und der Sowjetunion üblichen Mitteln ausgeplündert. Im Fall der verbündeten Länder brauchte Deutschland seine Politik nicht grundsätzlich zu ändern. Mit Beginn des Krieges wurden über eine Reihe von Wirtschaftsabkommen die Beziehungen noch enger geknüpft; sie boten bereits die Möglichkeiten einer weiteren «friedlichen Okkupation». Deutsche Entwicklungsprojekte und staatliche Entwicklungsprogramme unter deutscher Leitung bemühten sich um eine Verbesserung und Ausweitung der agrarischen Produktion und der Ausbeutung der Rohstoffe. In der Industrie reichten die Mittel der Steuerung von der direkten Betriebsleitung durch Treuhänder bis hin zu verschiedenen Formen der indirekten Überwachung. Es gelang auf diese Weise, ohne unmittelbaren Raub und direkte Plünderung die südosteuropäischen Volkswirtschaften in den Dienst der deutschen Rüstungswirt-

schaft zu stellen, auch wenn viele Zielvorgaben der deutschen Rüstungspla-
ner nicht erfüllt wurden.

Planungs- und Lenkungssysteme
Mit den verschiedenen Ausbeutungsstrategien wurden zwar die Methoden
angedeutet, mit denen die Deutschen die anderen europäischen Volkswirtschaften ihrer Kriegswirtschaft dienstbar machten, nicht aber die Entwicklung des Wirtschaftssystems im Deutschen Reich selbst beschrieben. Trotz
immer stärkerer Eingriffe in den Produktionsprozeß war in Deutschland bis
1939 noch keine Zentralplanwirtschaft entstanden. Dazu fehlten nicht nur
die geeigneten Planungs- und Lenkungsinstrumente; mit der Vierjahresplan-
Organisation, dem Wirtschaftsministerium und dem Heereswaffenamt, das
Ende 1939 in ein Wehrwirtschafts- und Rüstungsamt umbenannt wurde,
bestanden vielmehr drei Organisationen, deren Kompetenzen durchaus
nicht eindeutig abgegrenzt waren. Diese mangelnde Kompetenzabgrenzung
kann geradezu als Organisations- und Herrschaftsprinzip des Nationalsozialismus angesehen werden. Die Kriegswirtschaftspolitik war zu diesem
Zeitpunkt noch darauf angelegt, die rüstungswirtschaftlichen Voraussetzungen für eine Serie von «Blitzkriegen» zu schaffen. Es ging nicht um eine
umfassend und langfristig angelegte Planung und Lenkung, sondern um die
kurzfristige Konzentration der verfügbaren Kräfte auf die Produktion der
gerade besonders notwendigen Rüstungsgüter.

Mit Beginn des Krieges traten Veränderungen ein. Zur Versorgung der
Bevölkerung wurde ein behördliches Zuteilungssystem geschaffen, dessen
Stellen man straffer organisierte und dem man Vollmachten zur direkten
Planung bestimmter Produktionssektoren erteilte. Im Frühjahr 1940 entstand mit dem Ministerium für Bewaffnung und Munition eine weitere Pla-
nungsinstanz mit der Aufgabe, die voneinander abweichenden Produktionsverfahren in der Rüstungsindustrie hinsichtlich Rohstoffeinsatz, Energiever-
brauch, Anlagenausstattung, Qualität und Lieferfristen zu vereinheitlichen,
zu rationalisieren und damit kostengünstiger zu gestalten. Die Erfolge hielten sich in Grenzen; eine bemerkenswerte Standardisierung und Konzentration der Fertigungsverfahren und Erzeugnisse erreichte das neue Ministerium nicht, die Fertigungskapazitäten wurden nicht erweitert. Von einer
zentralen Planung und Lenkung konnte jedenfalls ebensowenig die Rede
sein wie von der Mobilisierung aller Kräfte und Reserven, die alle Welt
vermutete. Daß man die Kriegsanstrengungen im Reich weiterhin in Grenzen halten konnte, lag nicht zuletzt an der rigorosen Ausbeutung der besetzten Länder. Das Scheitern der Blitzkrieg-Strategie im Winter 1941/42 brachte dann die Wende, auch wenn man endgültig erst im Frühjahr 1943, nach
der Verkündigung des «totalen Krieges», alle wirtschaftlichen Mittel auf die
Rüstungsproduktion konzentrierte.

Unter Albert Speer wurde das Ministerium für Bewaffnung und Munition
endlich mit jenen Kompetenzen ausgestattet und mit jener Autorität geführt,

die es gerechtfertigt erscheinen lassen, von einem zentralisierten Planungs-
und Bewirtschaftungssystem unter weitgehender industrieller Selbstverwaltung zu sprechen. Zentrale Planung und unternehmerische Einzelinitiative
wurden effizient miteinander verbunden. Sogenannte Ringe und Ausschüsse
waren im Rahmen gesamtwirtschaftlicher Plandaten und Ressourcenzuwei-
sungen, die von einem «Ausschuß für zentrale Planung» unter Speers Leitung vierteljährlich vorgegeben wurden, eigenverantwortlich für die Organisation und Kontrolle der Produktion in bestimmten Rüstungsgüterberei-
chen zuständig. Ihren Vorsitz nahmen durchweg Betriebsführer der betroffenen Unternehmen ein. Insgesamt war dies System recht erfolgreich. Die
Produktion besonders wichtiger Güter wurde nun tatsächlich in wenigen
großen Betrieben zentralisiert und auf Massenfertigung umgestellt. Nur der
Arbeitseinsatz und die Rohstoffbeschaffung blieben der Kompetenz Speers
entzogen.

Wie sehr sich die Mechanismen ähnelten, mit denen man – unabhängig
vom politischen System – in anderen Ländern die Volkswirtschaft auf
Kriegsproduktion umstellte, zeigen die Beispiele Italiens und Großbritanniens. Beide Länder – das eine autoritär-faschistisch, das andere liberal-
demokratisch – benutzten im Prinzip die gleichen Planungs- und Lenkungsinstrumente wie Deutschland. In Großbritannien ließ man sich beim Übergang zu zentralen Lenkungsmechanismen allerdings noch mehr Zeit als in
Deutschland. Auch im Frühjahr 1940 arbeitete man noch mit den indirekten
Methoden finanzieller Anreize, um die Produktion umzustellen. Die zentrale Lenkungsbehörde blieb das Schatzministerium. Im Laufe des gleichen
Jahres wurden die Produktionsentscheidungen zwar von einer ganzen Reihe
von Komitees – Food Policy Committee, Economic Policy Committee,
Home Policy Committee, Production Council – übernommen, aber erst
Anfang 1941 schuf man mit dem Lord President's Committee eine überge-
ordnete Institution für eine längerfristige Produktionsplanung und -len-
kung. Rationierung und Kontrolle der Zivilversorgung wurden eingeführt.
Der Arbeitseinsatz wurde indirekt gesteuert. Vor allem aber plante und
lenkte man den Rohstoff- und Produktionsmitteleinsatz in den wichtigsten
Industriezweigen. Dabei erleichterte die besondere geographische Lage
Großbritanniens den staatlichen Zugriff. Ein großer Teil der für die Kriegs-
rüstung notwendigen Rohstoffe mußte importiert werden, und die Import-
und Frachtraumkontrollen kamen praktisch Rohstoffzuteilungskontrollen
gleich. Daß man in Großbritannien im Laufe des Jahres 1942 von den eher
improvisierenden zu strafferen und effizienteren Methoden der Rohstoffbe-
wirtschaftung überging, lag vor allem am Druck der USA, die darauf bestanden, daß die internationale Rohstoffwirtschaft konsequent gelenkt wurde.
Innerhalb Großbritanniens übernahmen die Industrieverbände die Kontrolle der Rohstoffzuteilung, im Fall nicht importierter Roh- und Hilfsstoffe die
Unternehmensorganisation der Industrien, die diese Materialien vor allem
verbrauchten. Solche Kontrollen wurden erst dann eingeführt, wenn der

jeweilige Rohstoff knapp wurde. Gummi wurde z. B. bis April 1941 nicht bewirtschaftet und durch das zuständige Kontrollkomitee erstmals im Jahre 1942 rationiert. Im Finanzbereich kam es zu verschiedenen Maßnahmen: Preiskontrollen wurden von den Regierungsstellen selbst durchgeführt. Steuerliche Kontrollen umfaßten eine «purchase tax», um die Versorgung zu lenken, und eine «profit tax», um Kriegsgewinne abzuschöpfen. Auch Devisenkontrollen führte man wieder ein. Die Aufnahme von Mitteln am Kapitalmarkt wurde durch ein entsprechendes «capital-issues-committee» kontrolliert, das die Aufgabe hatte, die Emission von Wertpapieren im Hinblick auf den Verwendungszweck der Mittel zu überprüfen und zu genehmigen.

Ein besonderes Problem ergab sich in Großbritannien aus den mangelhaften statistischen Kenntnissen; eine umfassende Produktionsstatistik entstand erst im Laufe des Krieges. Insgesamt kann die Entwicklung in Großbritannien aber durchaus mit der in Deutschland verglichen werden, trotz der unterschiedlichen politischen Systeme und den sich daraus ergebenden Möglichkeiten, das ökonomische System umzuwandeln. Im Prinzip waren es die gleichen Planungs- und Lenkungsmethoden, mit denen man in Großbritannien das Wirtschaftssystem auf Kriegsproduktion umstellte, wenn auch später und nicht mit Hilfe brutaler Zwangsmaßnahmen, aber auch hier kam es zu jener Mischung von staatlicher Bürokratie und wirtschaftlicher Selbstverwaltung, d. h. zur Übertragung staatlicher Machtbefugnisse auf private Interessenorganisationen, die eine effiziente Produktionssteuerung unter kapitalistischen Verhältnissen erst ermöglicht. Allerdings unterschieden sich die Ziele grundlegend; einerseits ging es darum, den Faschismus in Europa niederzukämpfen, andererseits wollte man am rassistischen und imperialistischen Wahnsinn eines verbrecherischen Regimes profitieren.

Zusammenfassung

Die imperialistische Politik des Deutschen Reiches traf praktisch alle Länder des kontinentalen Europas unmittelbar. Es gab allerdings Unterschiede hinsichtlich der Formen und Methoden der ökonomischen Ausbeutung und damit auch der langfristigen Auswirkungen. Am schlimmsten traf es sicherlich die osteuropäischen Länder Polen und Sowjetunion. Eine geordnete Weiterführung der Produktion wurde nur dort zugestanden, wo es sich um kriegswirtschaftlich wichtige Erzeugnisse handelte. Ähnlich gingen die Deutschen in Jugoslawien und Griechenland vor. Demgegenüber errichtete man in den nord-, west- und südosteuropäischen Ländern ein System von Produktionsaufträgen und Ablieferungskontingenten mit entsprechender Lenkungsbürokratie, deren Einfluß in den einzelnen Ländern zwar unterschiedlich stark war, die aber generell eine Weiterführung der Produktion gestattete, wenn auch mit spezifischer Ausrichtung auf die Bedürfnisse der deutschen Kriegswirtschaft. Den Kern dieses ganz Europa umspannenden Ausbeutungssystems bildete relativ lange nicht etwa eine straff gelenkte Zentralverwaltungswirtschaft, sondern ein System mit den für den National-

sozialismus typischen Organisationsmängeln wie Kompetenzüberschnei-
dungen verschiedener Behörden, Improvisationen, widersprüchliche Priori-
tätensetzung, Interessenkonflikte zwischen staatlicher Bürokratie und wirtschaftlicher Selbstverwaltung etc. Zu einer vollen Erfassung und zu einem
effizienten Einsatz aller Ressourcen kam es relativ spät in der zweiten Phase
des Krieges ab 1942, als die militärische Strategie der Blitzkriege nicht mehr
funktionierte und die Kriegswirtschaft auf einen langfristigen Abnutzungs-
krieg eingestellt werden mußte.

5. Ordnungspolitischer Wiederaufbau und Neubeginn nach dem Zweiten Weltkrieg

Internationale Politik

Anders als nach dem Ersten Weltkrieg waren nach dem Zweiten die Erinne-
rungen an die Vorkriegszeit negativ belegt. Das galt sowohl für die nationale
als auch für die internationale Politik. Mangelnde internationale Kooperationsbereitschaft und Protektionismus hatten die Rekonstruktion der europäischen Wirtschaft nach dem Ersten Weltkrieg behindert, die Weltwirtschaftskrise verschärft und den Wiederaufschwung in den 30er Jahren erschwert. Die Vorteile eines freien Außenhandels wurden außerhalb Osteuropas allgemein akzeptiert, und eine liberale Weltwirtschaft sollte die
Grundlage des internationalen und damit auch des europäischen Waren- und
Zahlungsverkehrs darstellen. Auffassungsunterschiede gab es allenfalls über
das Tempo, mit dem eine solche Liberalisierung herbeigeführt werden sollte.
Nicht Konflikt, sondern Zusammenarbeit sollte die internationale Politik
bestimmen. Dazu gehörte, daß sich die USA aktiv am Wiederaufbau Westeuropas beteiligten und nicht wie nach dem Ersten Weltkrieg durch destruk-
tives Verhalten diesen eher erschwerten; ebenso, daß die alliierten Siegermächte Deutschland nicht mit ungeheuren Reparationszahlungen belasteten,
sondern sehr bald seine Integration in das übrige Europa förderten. Das galt
für West- wie für Osteuropa. Die Sowjetunion baute ihr neues ökonomisches System nicht mehr wie nach dem Ersten Weltkrieg isoliert auf, sondern bezog fast ganz Osteuropa darin ein. Auch dort entwickelten sich neue
Formen der internationalen Zusammenarbeit.

Amerikanische Wiederaufbauhilfe und europabezogene Basisabkommen

Auf Initiative der USA trat bereits am 1. 1. 1948 das Allgemeine Zoll- und
Handelsabkommen (General Agreement on Tariffs and Trade = GATT) in
Kraft, das zwar nicht so liberal angelegt war, wie es sich die Freihändler in
den Vereinigten Staaten gewünscht hatten, das aber im Laufe der 50er Jahre
für einen weltweiten Abbau der Zolltarife und Einfuhrbeschränkungen
sorgte. Das Drängen der USA auf eine schnelle Liberalisierung des interna-

tionalen Handels- und Zahlungsverkehrs hatte durchaus nicht nur uneigennützige Motive. Anders als Europa waren die USA durch den Zweiten Weltkrieg nicht geschwächt, sondern gestärkt worden; sie hatten ihre ökonomische und politische Vormachtstellung in der Welt noch ausbauen können. Im Gegensatz zu Europa waren ihre Produktionskapazitäten im Krieg nicht zerstört, sondern erweitert worden. Die amerikanische Wirtschaft benötigte noch stärker als zuvor zur weiteren Expansion internationale Absatzmärkte, die durch die außenpolitische Strategie der «offenen Tür» und durch die außenwirtschaftliche Initiative zur Liberalisierung gesichert werden sollten. Neben dem Aspekt der humanitären Hilfe war daher die Verbesserung der Absatzchancen ein wichtiges Motiv bei der Entscheidung, Europa beim Wiederaufbau zu unterstützen. Der Beginn des Kalten Krieges schuf darüber hinaus die politischen Voraussetzungen für eine enge Zusammenarbeit zwischen den USA und Westeuropa. Insofern besaß das vom amerikanischen Außenminister Marshall 1947 angekündigte Europäische Wiederaufbauprogramm (European Recovery Program = ERP, Marshallplan) eine wichtige politische Funktion. Es ging darum, in Westeuropa durch einen wirtschaftlichen Wiederaufstieg stabile soziale und politische Verhältnisse und auf diese Weise ein offensives Gegengewicht gegen das Vordringen des Sowjetkommunismus in Westeuropa zu schaffen.

Das ERP-Programm war der wichtigste Teil der amerikanischen Hilfe für Europa, die sich in etwas mehr als einem Jahrzehnt nach Kriegsende auf insgesamt 25 Mrd. Dollar belief. Die Verwendung der bereitgestellten Mittel war zwar unterschiedlich, letztlich wurden sie aber in allen westeuropäischen Ländern entsprechend der ursprünglichen Absicht eingesetzt: Erneuerung der Infrastruktur, Förderung von Schlüsselindustrien und Engpässen, Erleichterung der privaten Investitionstätigkeit.

Bereits bei den Verhandlungen über die Organisationsstruktur der von den Amerikanern geforderten zentralen Verteilungsstelle für die ERP-Gelder im Sommer 1947 zeigte sich, daß es zwischen den europäischen Ländern grundlegende Auffassungsunterschiede über die zukünftige Form der europäischen Zusammenarbeit gab. Großbritannien strebte aufgrund seiner globalen, auf das Commonwealth ausgerichteten Politik eine lose Kooperation ohne formelle Einschränkungen der eigenen Handlungsfreiheit an, während Frankreich eine starke supranationale Behörde zur Verteilung der ERP-Mittel vorschlug, um über eine solche Form der politischen Integration seinen Einfluß auf dem Kontinent nutzen zu können. Während Frankreich, Italien und die Benelux-Länder – die letzteren gründeten 1948 eine eigene Zollunion – für die Bildung einer europäischen Zollunion eintraten, lehnten Großbritannien und die skandinavischen Länder dies ab. Die Organisation für europäische Zusammenarbeit (Organisation for European Economic Cooperation = OEEC), die im April 1948 von 16 westeuropäischen Staaten gegründet wurde, war lediglich eine Institution, die die Mittel auf die einzelnen Länder verteilte. Eine wirkliche Koordination und Abstimmung der verschiedenen nationalen Pläne kam nicht zustande. Dennoch übte die OEEC keinen unbedeutenden Einfluß auf die europäische Wirtschaftsintegration aus, auch wenn sie mehr umfassende, nicht detaillierte integrationspolitische Aufgaben wahrnahm.

Abkommen zur europäischen Wirtschaftsintegration

OEEC und EZU waren erst der Beginn einer weiterreichenden europäischen Integration. Mitte 1952 trat der Vertrag zu einer Montanunion (Europäische Gemeinschaft für Kohle und Stahl = EGKS) in Kraft, mit dem Frankreich, die BRD, Italien und die Benelux-Staaten die Produktion von Kohle und Stahl der nationalen Kontrolle entzogen und einer supranationalen Behörde unterstellten. Der primäre Gedanke bei diesem Vertrag war allerdings nicht der der ökonomischen Kooperation bzw. Integration, sondern der der politischen Sicherheit. Im Zuge der wachsenden Ost-West-Spannungen zeichnete sich die Westintegration der Bundesrepublik einschließlich ihrer Wiederbewaffnung ab. Frankreich ging es in dieser Situation darum, die Bundesrepublik einerseits zwar stärker an das westliche Lager zu binden, andererseits aber seine gefürchtete Schwerindustrie bis zu einem gewissen Grad kontrollieren zu können. Die supranationale Struktur der Montanunion machte ein Mitwirken Großbritanniens praktisch unmöglich. Auch das war durchaus im Sinne der Franzosen. Dazu traten ökonomische Konkurrenzinteressen, die es ratsam erscheinen ließen, Einfluß auf die westdeutsche Kohle- und Stahlproduktion zu bekommen. Für die Bundesrepublik stellte die Montanintegration eine weitere Möglichkeit dar, wieder als gleichberechtigter politischer und ökonomischer Partner akzeptiert zu werden.

Die ursprünglichen Ziele der Montanunion waren eine geordnete Versorgung des gemeinsamen Marktes, niedrige Preise und die Beseitigung von Diskriminierungen und Subventionen. Außerdem sollten die Lebens- und Arbeitsbedingungen der Arbeitnehmer verbessert werden. Die Montanunion verstand sich von vornherein als partielle Zollunion, in der es keine Hindernisse für den zwischenstaatlichen Verkehr der von ihr verwalteten Güter geben sollte. Indem nationale Souveränitätsrechte an supranationale Institutionen abgetreten wurden, ging diese Form der Integration über die traditionelle zwischenstaatliche Kooperation hinaus. Das Streben nach einer gemeinsamen Wirtschafts- und Sozialpolitik – wenn auch nur in einem begrenzten Wirtschaftssektor – war neu und war zumindest vom Ansatz her Vorbild für die späteren Integrationsversuche.

Die Pläne des französischen Außenministers Robert Schuman, auf dessen Initiative hin die Montanunion gegründet wurde, reichten weiter. Die Montanunion sollte nur der erste Schritt zur Schaffung einer europäischen Wirtschaftsgemeinschaft sein, die die Grundlage für einen politischen Zusammenschluß der beteiligten Staaten in einer europäischen Förderation bilden sollte. Mit der Unterzeichnung der Verträge zu einer Europäischen Wirtschaftsgemeinschaft (EWG) und Europäischen Atomgemeinschaft (EAG, Euratom) am 25. 3. 1957 in Rom durch die Montanunion-Länder wurde der ökonomische Integrationsprozeß tatsächlich weiter vorangetrieben. Die konkreten Zielsetzungen des EWG-Vertrages waren folgende:

(1) Beseitigung der Zölle und der mengenmäßigen Beschränkungen im Handel zwischen den Mitgliedsländern sowie Errichtung eines gemeinsamen Zolltarifs und einer gemeinsamen Handelspolitik nach außen, d. h. Schaffung einer Zollunion;

(2) Liberalisierung der «unsichtbaren Transaktionen», d. h. Liberalisierung des Personen-, Dienstleistungs-, Kapital- und Zahlungsverkehrs;

(3) Beseitigung bestehender und Verhinderung neuer Wettbewerbsverfälschungen, Annäherung der innerstaatlichen Rechts- und Verwaltungsvorschriften;

(4) Einführung einer gemeinsamen Agrar- und Verkehrspolitik;

(5) Koordinierung der Wirtschaftspolitik, vor allem der Konjunktur- und Beschäftigungspolitik, der Zahlungsbilanzpolitik und der Währungspolitik;

(6) Erleichterung der Anpassung an die Bedingungen des Gemeinsamen Marktes, z. B. über sog. Ausweichsklauseln, Hilfsfonds und über eine Investitionsbank.

Mit dem Ziel einer Zollunion und einer Koordination der nationalen Wirtschaftspolitiken wurde mit der EWG die Stufe der sektoralen Integration verlassen und ein erster Schritt zu einer gesamtwirtschaftlichen Integration vollzogen. Die Gründe für die Ablehnung einer großen europäischen Freihandelszone durch die sechs EWG-Länder zeigten, daß es bei der Unterzeichnung des EWG-Vertrages wiederum nicht allein um wirtschaftliche, sondern auch um politische Perspektiven ging. Eine kleineuropäische «harte» Lösung sollte ein wirtschaftlich und politisch vereinigtes Kerneuropa schaffen, das dann genügend Substanz besitzen und Attraktivität ausstrahlen würde, um auch auf andere europäische Länder eine Anziehungskraft auszuüben. Die Römischen Verträge sahen insgesamt drei Phasen der Integration vor: In einer ersten sollte eine Zollunion geschaffen werden, in einer zweiten eine wirtschaftliche und schließlich in einer dritten eine politische Union.

In der Konsequenz seiner bisherigen Politik unternahm Großbritannien – wie bei der Gründung der Montanunion – keinen ernsthaften Versuch, sich an der Integrationsinitiative der sechs Länder zu beteiligen, sondern verfolgte innerhalb der OEEC eine Politik der allgemeinen Zollsenkung und der Errichtung einer Freihandelszone. Eine solche Europäische Freihandelszone (European Free Trade Association = EFTA) kam Anfang 1960 zwischen Großbritannien, Norwegen, Schweden, Dänemark, Österreich, der Schweiz und Portugal zustande. Im Gegensatz zur EWG gab es in der EFTA nur wenige supranationale Institutionen mit schwachen Kompetenzen, keinen gemeinsamen Außenzoll und auch nicht den Anspruch einer gemeinsamen Wirtschaftspolitik. Die Freihandelszone sah lediglich den Abbau der Zölle und Handelsbeschränkungen für Industrieerzeugnisse zwischen den Mitgliedsländern vor. Außerdem wurden der Abbau der Agrarsubventionen, die volle Freiheit der Niederlassung für Staatsangehörige von Mitgliedsländern, die Beseitigung von Fiskalzöllen und -abgaben und von Diskriminierungen durch die nationalen Steuern und Abgaben, das Verbot von Ausfuhrzöllen gegenüber Mitgliedsländern und die Reduzierung wettbewerbsbeschränkender Praktiken vereinbart.

Die Gründe, warum sich Großbritannien nicht nur nicht an der Gründung der EWG beteiligte, sondern ihr Entstehen sogar verhindern wollte, waren vielfältig. Ausschlaggebend waren aber – wie auch bei den anderen OEEC-Ländern – politische Gründe. Der mit der EWG-Gründung verbundenen politischen Zielsetzung einer engen politischen Integration und der Einschränkung der wirtschaftspolitischen Souveränität stand man skeptisch oder ablehnend gegenüber. Das Abtreten nationaler Rechte an eine supranationale Organisation und damit die Einschränkung der nationalen wirtschafts- und sozialpolitischen Handlungsfreiheit kam für diese Länder zu diesem Zeitpunkt u. a. deshalb nicht in Betracht, weil in den einzelnen Ländern unterschiedliche wirtschaftsordnungspolitische Ansätze verwirklicht wurden.

Die amerikanische Hilfe im Rahmen des Marshallplans wurde auch den osteuropäischen Ländern angeboten, die allerdings auf Druck der Sowjetunion ablehnten. Um diesen Ländern ein Äquivalent für die OEEC zu bieten, wurde von der Sowjetunion, Bulgarien, Ungarn, Polen, Rumänien und der Tschechoslowakei am 25. 1. 1949 der Rat für gegenseitige Wirtschaftshilfe (RGW, COMECON = Council for Mutual Economic Assistance) gegründet. 1949 wurden außerdem Albanien und 1950 die DDR als Mitglieder aufgenommen. Die Gründungsmotive des RGW waren sowohl politischer als auch ökonomischer Natur. Obwohl als Aufgaben der Austausch von wissenschaftlichen Erfahrungen, die Gewährung gegenseitiger technischer Hilfe und Beistand beim Austausch von Rohstoffen, Nahrungsmitteln, Maschinen und Ausrüstungsgegenständen genannt wurden, war der Vorrang politischer Ziele nicht umstritten. Der RGW blieb denn auch als Instrument der ökonomischen Kooperation und Integration anfangs mehr oder weniger inaktiv. Die Wirtschaftsbeziehungen aller Mitgliedsländer wurden im wesentlichen im bilateralen Verkehr vor allem mit der Sowjetunion abgewickelt. Versuche, die langfristigen Entwicklungspläne der Mitgliedsländer durch gleichlaufende Handelsabkommen zu ergänzen, blieben im Ansatz stecken, weil man auf dem staatlichen Außenhandelsmonopol mit zentraler Planung beharrte, die nationalen Entwicklungspläne aber ohne Kenntnis der Handelsabkommen aufgestellt wurden.

Erst mit den Jahrestagungen des RGW seit 1958 kam es zu ersten Ansätzen einer internationalen Kooperation. Man führte Prinzipien für das Preisbildungsverfahren im RGW-Intrablockhandel ein. Danach sollten Vertragspreise auf der Grundlage der jeweiligen Weltmarktpreise für eine vereinbarte

Referenzzeit bilateral ausgehandelt werden. Der RGW stellte anfangs also einen sehr losen Zusammenschluß dar, der noch nicht einmal den Grad der Zusammenarbeit der OEEC erreichte. Dennoch zeigte er, daß auch in den osteuropäischen Ländern Ansätze zu einer engeren Kooperation vorhanden waren.

Nationale Politik

Die Situation nach dem Zweiten Weltkrieg unterschied sich auch im Bereich der nationalen Politik wesentlich von der nach dem Ersten. Der Wiederaufbau sollte sich nicht auf den Versuch beschränken, die Vorkriegsverhältnisse zu rekonstruieren, sondern mit einem Neubeginn verbunden werden. Anders als die Epoche vor dem Ersten Weltkrieg erschienen die Jahrzehnte zwischen den Kriegen – selbst in herrschenden Kreisen – durchaus nicht als Zeitabschnitt, dessen Verhältnisse es wert waren, restauriert zu werden. Im Gegenteil, besonders die Weltwirtschaftskrise hatte das Vertrauen in die Funktionsfähigkeit des überkommenen kapitalistischen Systems so stark erschüttert, daß Veränderungen notwendig erschienen. Zugleich hatten die 30er Jahre gezeigt, in welchem Maß der liberale Konkurrenzkapitalismus auch in bürgerlichen Demokratien einer direkten staatlichen Steuerung zugänglich war, ohne daß es zu einer grundlegenden Systemveränderung kommen mußte. Die politischen Konstellationen waren in etwa die gleichen wie nach dem Ersten Weltkrieg. Auf der linken Seite des politischen Spektrums strebte man eine partielle oder vollkommene Veränderung der sozioökonomischen Verhältnisse an. Auf der rechten Seite war man teils aus besserer Einsicht, teils aus opportunistischen Gründen – weil die gesellschaftliche Dynamik auf Veränderungen drängte – zu Zugeständnissen bereit.

Diese Konstellation galt für fast alle westeuropäischen Länder; dennoch entwickelten sich verschiedene Ordnungsansätze, die auf unterschiedlichen politischen Traditionen, Ideologien und Erfahrungen beruhten.

In Osteuropa stellte sich die Situation anders dar. Die Machtübernahme der Sowjetunion in dieser Region ließ keine freie Entscheidung über das zukünftige sozioökonomische System mehr zu. Die Übernahme des sowjetischen Modells der Zentralverwaltungswirtschaft wurde befohlen. Damit vollzog man aber einen endgültigen Bruch mit der Vergangenheit.

Neoliberaler Ansatz

Kein Land in Europa versuchte nach dem Zweiten Weltkrieg so konsequent eine liberale Wirtschaftsordnung und Wirtschaftspolitik zu verwirklichen wie die *Bundesrepublik Deutschland*. Die neoliberale Theorie entwickelte einen Ansatz, der sich vom klassischen liberalen Modell vor allem dadurch unterschied, daß der Staat den Kräften des Marktes zwar weiterhin freies Spiel lassen, aber gleichzeitig die Rahmenbedingungen schaffen und über die Einhaltung des Wettbewerbs wachen sollte. Direkte staatliche Eingriffe in das Marktgeschehen mit dem Ziel, die Konjunktur zu steuern oder die Arbeitslosigkeit zu bekämpfen, lehnte man ab. In der Wirtschaftswissenschaft bezeichnet man diesen Ansatz als Ordoliberalismus; in den wirtschaftspolitischen Sprachgebrauch ging das Schlagwort der «Sozialen Marktwirtschaft» ein. Daß es sich hierbei nicht nur um einen theoretischen Ansatz handelte, sondern um eine wirtschaftspolitische Konzeption, zeigte sich, als die Alliierten den Deutschen wieder mehr Eigenverantwortung und Selbstbestimmung überließen.

Mit der Währungsreform im Sommer 1948 wurde zugleich eine Wirtschaftsordnungsreform durchgeführt. Das nationalsozialistische Planungs- und Lenkungssystem, das nach 1945 beibehalten worden war, wurde weitgehend aufgelöst. Mit wenigen Ausnahmen – Nahrungsmittel, Rohstoffe, Wohnungen etc. – überließ man die Steuerung von Produktion und Konsumtion wieder dem Markt. Der Wettbewerb wurde auf verschiedene Weise gefördert, wobei die Auflösung von Kartellen und die Entflechtung der Großbanken und großer Industrieunternehmen durch die Siegermächte vor allem politisch motiviert waren. Die Deutschen selbst verabschiedeten erst 1957 ein «Gesetz gegen Wettbewerbsbeschränkung»; nicht nur die wenig konsequente Fassung des Gesetzes, sondern auch der Weg von den ersten scharf formulierten Gesetzentwürfen am Ende der 40er Jahre bis zum endgültigen Gesetz zeigten, wie schwer es war, in den liberalen Demokratien wirkliche Antikonzentrations- bzw. Wettbewerbspolitik zu betreiben.

An den Eigentumsverhältnissen änderte sich wenig; im Gegensatz zu manchen anderen Ländern wurden keine Unternehmen verstaatlicht. Im Gegenteil, am Ende der 50er Jahre, als die Vermögens- und Einkommenskonzentration bereits wieder weit fortgeschritten war, begann man sogar mit der Privatisierung von Bundesunternehmen.

Auch die Wirtschaftspolitik orientierte sich an liberalen Grundsätzen. Die Geldpolitik verfolgte das Ziel der Preisstabilität, die Finanzpolitik das des Haushaltsausgleichs oder -überschusses. Natürlich gab es auch Abweichungen vom neoliberalen Ansatz. Die 1948 gegründete Kreditanstalt für Wiederaufbau verwaltete die Marshallplan-Gelder und betrieb über die Verteilung der Mittel aktive Investitionspolitik. Durch ein spezielles Kreditprogramm leitete die Bundesregierung Anfang der 50er Jahre Investitionskapital in Schlüsselsektoren um, die den Wiederaufbau zu behindern drohten. Durch eine gezielte Steuer- und Subventionspolitik wurde die Kapitalbildung generell gefördert. Trotz weiterer gezielter Eingriffe in den Wirtschaftsprozeß blieb der Staatsinterventionismus insgesamt begrenzt.

Die christlich-liberale Regierung verfolgte in den ersten Jahren der Bundesrepublik tatsächlich eine Wirtschaftspolitik, die weitgehend dem neoliberalen Modell entsprach. Der Staat schuf einen Rahmen, in dem sich die Wirtschaft frei bewegen konnte, und reduzierte seinen Interventionismus. Daß diese Politik ausreichte, um die deutsche Wirtschaft in eine unvergleichliche Expansion zu führen, lag vor allem an den günstigen Rahmenbedingungen, an der Stärke der deutschen Wirtschaft, die trotz Krieg und Zerstörung international sehr wettbewerbsfähig geblieben war, und an der Leistungsbereitschaft und am Willen der deutschen Bevölkerung zum Wiederaufbau. Die internationale Wettbewerbsfähigkeit resultierte u. a. auch aus der zurückhaltenden Lohnpolitik der Gewerkschaften, die der Politik der ökonomischen Leistungssteigerung in diesen Jahren sozusagen integrationspolitische Rückendeckung gaben.

Staatlich-interventionistischer Ansatz
In *Frankreich* erhielten die Kräfte, die auf gesellschaftspolitische Veränderungen drängten, stärkeren Einfluß als in Westdeutschland. Der Energiesektor, große Teile des Bank- und Versicherungswesens und verschiedene Einzelunternehmen – Renault, Berliet, Air France, Gnome & Rhône – wurden verstaatlicht. Hierdurch konnte der Staat zumindest theoretisch 20% des Aktienkapitals der französischen Industrie kontrollieren. Neben der Veränderung der Eigentumsverhältnisse war es vor allem ein spezifischer Planungsansatz – die sog. Planification –, der die Wirtschaftsordnung und -politik nach dem Zweiten Weltkrieg kennzeichnete. Ziel der ersten beiden Pläne, die den Zeitraum zwischen 1947 und 1957 umfaßten, war es, die für den Wiederaufbau besonders wichtigen Wirtschaftszweige zu fördern und gleichzeitig die Modernisierung der französischen Wirtschaft voranzutreiben.

Bei der Planification handelte es sich nicht um ein zentralverwaltungswirtschaftliches System. Bereits im zweiten Plan ging man von einer imperativen Mengen- zu einer indikativen Finanzierungsplanung über (vgl. Abb. III. 28). Die Planungsinstrumente waren Kreditvergünstigungen und -erschwernisse, Steuervor- und nachteile, Bürgschaftsübernahme und -verweigerung, Subventionen etc. Es gab allerdings auch direktere Lenkungsmethoden: Auflagen für den staatseigenen Sektor, Kreditkontingentierung, kostenlose Verfügbarmachung von Baugelände oder administrative Bauverweigerung etc. Gerade im Finanzierungsbereich, in dem die Richtung der Investitionen wesentlich bestimmt wird, besaß der Staat durch den kombinierten Einsatz von Planvorgaben, der Interventionsmöglichkeiten des Finanzministeriums und des öffentlichen Bankensektors bedeutenden Einfluß. Die Effektivität der Planung litt von Anfang an darunter, daß keine funktionsfähige Planbürokratie aufgebaut wurde. Letztlich handelte es sich bei der Planification um eine Strukturplanung, wobei die unternehmerische Entscheidungsfreiheit zwar gewahrt blieb, das Entscheidungsumfeld aber so stark beeinflußt wurde, daß die Planvorgaben auf die Einzelentscheidung durchschlugen.

Es ging vorrangig darum, die Bedingungen für die Unternehmen für ein gleichgewichtiges Wirtschaftswachstum im vorhinein längerfristig festzulegen, und weniger darum, die Nachfrage im nachhinein zur kurzfristigen konjunkturellen Steuerung zu beeinflussen. Der ursprüngliche Anspruch, neben dem Volumen und der Struktur der Investitionen auch andere volkswirtschaftliche Globalgrößen wie den Konsum zu lenken, wurde nicht verwirklicht; die Gewerkschaften verweigerten ihre Mitarbeit. So wurden dem Staat zwar neue und weitreichende Kompetenzen übertragen, gleichzeitig geriet er aber einseitig unter den Einfluß wirtschaftlicher Interessenverbände, die die Politik der zahlreichen Plankommissionen entscheidend beeinflußten. Die Entwicklung der französischen Industrie – schnelles Wachstum und Produktivitätssteigerung, hohe Investitionsquoten – legen den Schluß nahe, daß diese Politik erfolgreich war. Konjunktureinbrüche konnten dagegen genauso wenig verhindert werden wie in anderen Ländern.

Während Frankreich in erster Linie eine längerfristige Wachstumspolitik und erst in zweiter eine antizyklische Konjunkturpolitik betrieb, verfolgte man in *Großbritannien* den keynesianischen Politikansatz mit den primären Zielen der Vollbeschäftigung und sozialen Sicherheit. Ob die eigentumsrechtlichen Veränderungen, die auch in Großbritannien stattfanden, im Sinne Keynes waren, sei dahingestellt. Die Bank of England, Elektrizität und Gas, Eisen und Stahl, Kohlebergbau, Eisenbahn und für wenige Jahre auch der Straßengüterverkehr wurden nationalisiert. Hohe Anteile erwarb der Staat an einigen Großunternehmen wie British Petroleum, Rolls Royce etc. Wie in Frankreich gingen dadurch 20% der britischen Industrie in staatlichen Besitz über; aber auch hier entwickelte sich daraus kein wirkungsvolles Interventionsinstrument; die staatlichen Unternehmen betrieben eine relativ autonome Politik.

Im Sinne von Keynes war aber sicherlich der Ausbau des Sozialversicherungssystems und eine Steuerpolitik mit dem Ziel der Umverteilung der Einkommen, hatte er doch grundsätzlich eine Stärkung der privaten Nachfrage gefordert. Das galt grundsätzlich auch für die Geld- und Fiskalpolitik. Sieht man einmal von der unmittelbaren Nachkriegszeit ab, in der es vor allem darum ging, den Übergang von einem administrativ gelenkten kriegswirtschaftlichen zu einem liberal-marktwirtschaftlichen System zu vollziehen, so folgte die Geld- und Fiskalpolitik dem Ziel der Konjunkturstabilisierung zur Sicherung der Vollbeschäftigung und dem des Ausgleichs der Zahlungsbilanz. Sie war somit kurzfristig antizyklisch angelegt und diente vor allem der Krisenbewältigung. Längerfristige Prioritäten und Zielsetzungen und damit ein längerfristiges Planungskonzept wurden nicht entwickelt. Damit wählte man in Großbritannien einen sozialpolitisch erweiterten keynesianischen Ansatz, mit dem nur bedingt die eigentlichen Probleme der britischen Wirtschaft – überholte Produktionsstrukturen, veraltete Produktionsanlagen, geringe Produktivität etc. – erfaßt wurden. Immerhin konnte trotz schwachem Wirtschaftswachstum in den 50er Jahren, inflationärer Prozesse und der schwierigen Zahlungsbilanzsituation Vollbeschäftigung annähernd erreicht werden.

Eine weitere wirtschaftsordnungs- und wirtschaftspolitische Variante, die sich nach 1945 entwickelte, stellt *Italien* dar. Das charakteristischste Element des italienischen Wirtschaftssystems war der große industrielle Staatsbesitz, der in den 30er Jahren entstanden war. Nach dem Zweiten Weltkrieg dehnte sich die öffentliche Wirtschaft weiter aus. Ein Teil der Eisen- und Stahlindustrie, der Werften und des Maschinenbaus geriet unmittelbar nach dem Krieg in Schwierigkeiten, mußte durch den 1947 gegründeten Fondo per il financiamento dell' industria mechanica (FIM) gestützt werden und wurde damit praktisch verstaatlicht. 1953 entstand außerdem die Ente Nazionale Idrocarburi (ENI), die den Ausbau des Energiesektors, vor allem Erdgas und Erdöl, übernahm. Diese mächtigen Staatsholdings, die einen großen Teil der italienischen Wirtschaft beherrschten, waren einerseits bei der Führung ihrer Unternehmen von der Regierung weitgehend unabhängig, andererseits arbeiteten sie eng mit den Institutionen der italienischen Wirtschaftsplanung zusammen. Denn Planung war wie in Frankreich ein weiteres charakteristisches Element des italienischen Wirtschaftssystems. Es gab Pläne, die sich mit der Verbesserung der Regional- und Infrastruktur beschäftigten, besondere Zehnjahrespläne zur Entwicklung der Eisenbahnen, der Schulen und Universitäten, Pläne zur Förderung von Notstandsgebieten, Arbeiterwohnungen oder der Eisen- und Stahlindustrie. Der erste Plan für die ganze Volkswirtschaft (1955–1964) sollte zur Nivellierung des Nord-Süd-Gefälles beitragen. Weniger noch als in Frankreich handelte es sich bei diesen «Plänen» um imperative Planung, sondern mehr um eine indikative Projektion. Effiziente Planbürokratien entstanden nicht (siehe Abb. III. 28).

Hierin und in der Gründung weiterer mehr oder weniger unabhängiger Organisationen setzte sich eine Tradition fort, die im Faschismus ihren Anfang genommen hatte: Immer wenn spezifische Programme, Projekte, Planungen etc. von der traditionellen Staatsbürokratie nicht bewältigt werden konnten, wurden neue Institutionen geschaffen. Letztlich blieb die Wirtschaftsplanung eine Aufgabe der großen Staatsholdings, die allerdings die Rahmenpläne mit ihrer eigenen langfristigen Investitionspolitik koordinieren mußten. Auch in anderer Beziehung gab es Kontinuitäten zur faschistischen Wirtschaftspolitik. Der Agrarprotektionismus wurde nicht abgebaut, ebensowenig die Schranken, die die Binnenwanderung hemmten. Die Lohnverhandlungen blieben trotz der Wiedereinführung autonomer Kollektivverhandlungen der Arbeitsmarktparteien staatlich zentralisiert. Im Gegensatz zu diesem Bereich der Wirtschaftspolitik waren Geld- und Fiskalpolitik fast traditionell liberal ausgerichtet. Insgesamt war das italienische Wirtschaftssystem, das nach dem Krieg entstand, aber nicht mehr ein korporativistisches, sondern ein liberal marktwirtschaftliches, allerdings mit sehr spezifischer Ausprägung. Die Dominanz der großen Staatskonzerne rechtfertigt es zwar nicht, von einem staatskapitalistischen System zu sprechen, um ein rein privatkapitalistisches handelte es sich aber auch nicht.

Kooperativ-interventionistischer Ansatz

Eine eindeutige Abgrenzung dieses Ansatzes zum staatlich-interventionistischen ist nicht möglich. Auch hier ging es um den Versuch, die Marktpro-

zesse stärker zu steuern, d. h. planende, lenkende und soziale Elemente ein-
zubauen; private Verfügungsrechte und Handlungsspielräume wurden eingeschränkt und der staatliche Interventionsbereich ausgeweitet. Anders als
im staatlich-interventionistischen Konzept sollten aber die verschiedenen
gesellschaftlichen Gruppen stärker in den wirtschafts- und sozialpolitischen
Willensbildungs- und Entscheidungsprozeß einbezogen werden. Verbände,
d. h. organisierte Interessen, sollten die Wirtschaftspolitik mittragen, um
einen Interessenausgleich zu gewährleisten und den Staat zu entlasten. Insofern trug dieser Ansatz nicht nur kooperative, sondern auch korporativistische Züge. Auffallend ist, daß sich diese Form wirtschaftspolitischer Kon-
sensbildung in den kleineren europäischen Ländern und Gesellschaften
durchsetzte, in Schweden, den Niederlanden, Österreich und Belgien. Ursprünglich waren auch das französische Modell der Planification und das
britische des Wohlfahrtsstaates so angelegt gewesen, selbst im neoliberalen
Ansatz der Bundesrepublik hatte es Überlegungen gegeben, die Tradition
des Reichswirtschaftsrates der Weimarer Republik zu beleben. Da diese
Ansätze in den großen – im Gegensatz zu den kleinen – Staaten aber institu-
tionell nicht abgesichert wurden, bekamen sie insofern Schlagseite, als
Staatsbürokratie und Unternehmerverbände eine einseitige Interessenge-
meinschaft bildeten.

Stärker noch als in Großbritannien dominierten in *Schweden* die Ziele der
Vollbeschäftigung und sozialen Sicherheit bzw. Gerechtigkeit die Wirtschaftspolitik. Ausgangspunkt fast aller wirtschaftspolitischen Aktivitäten
war der Arbeitsmarkt mit seinen zentralen Lohnverhandlungen der hochor-
ganisierten und autonomen Arbeitsmarktparteien. Das Ziel einer gerechteren
Einkommensverteilung wurde außerdem durch eine besonders fortschrittliche Sozialgesetzgebung und eine redistributiv wirkende Steuer- und Trans-
ferpolitik verfolgt. Vollbeschäftigung versuchte man einerseits durch eine
intensive Arbeitsmarktpolitik, andererseits durch eine antizyklisch angelegte
Geld- und Fiskalpolitik zu sichern. Ein besonderes Instrument der Konjunkturpolitik stellte der staatlich verwaltete Investitionsfonds dar, durch
den die Investitionen nach konjunkturellen Gesichtspunkten gesteuert werden sollten. Gegenüber weiterreichenden Prognosen oder gar einer längerfristigen Planung bestand anfangs erhebliche Skepsis. Berücksichtigt man,
daß neben den Arbeitnehmer- und -geberorganisationen noch Genossenschaften und Verbraucherverbände großen Einfluß besitzen, so kann man
das schwedische Politikmodell als einen sozial und kooperativ erweiterten
Keynesianismus interpretieren.

Die Variante der zentralen kooperativen Abstimmung in den *Niederlanden* unterschied sich von der schwedischen dadurch, daß der Staat in die
Lohnverhandlungen stärker eingebunden wurde, daß die staatlichen Lohn-
und Preiskontrollen eine längerfristige Projektion und «Planung» erforderten und daß Preisstabilität und Ausgleich der Zahlungsbilanz neben der
Vollbeschäftigung wichtige Ziele der Wirtschaftspolitik darstellten. Anson-

sten ging es auch in den Niederlanden darum, die verschiedenen gesellschaftlichen Gruppen nicht nur in die Lohn- und Einkommenspolitik, sondern
generell in die wirtschaftspolitischen Entscheidungsprozesse einzubinden,
wobei den Kern der Wirtschaftspolitik ebenfalls die Lohn- und Arbeitsmarktpolitik darstellte.

Trotz zahlreicher nationaler Eigenarten bildeten sich auch in *Belgien* und
Österreich Wirtschaftssysteme heraus, deren Mittelpunkt die selbständige
Kooperation der Arbeitsmarktparteien darstellte, auf der dann die staatliche
Wirtschaftspolitik aufbaute. Auch in diesen Ländern blieb das kriegswirtschaftliche Kontroll- und Lenkungssystem in der zweiten Hälfte der 40er
Jahre erhalten, um dann in eine liberale Marktwirtschaft übergeleitet zu
werden. In Österreich entstand in diesen ersten Jahren, in denen große Teile
der Industrie verstaatlicht wurden, Ansätze, die an das französische Modell
der Planification erinnerten, ohne daß sie allerdings weiter verfolgt wurden.
Die Steuerungsmöglichkeiten über verstaatlichte Industrien ähnelten eher
dem italienischen Modell, wurden aber mit kooperativ-sozialpartnerschaftli-
chen Konsensbildungsmechanismen kombiniert.

Zentralplanwirtschaftlicher Ansatz

Einen grundlegenden Wandel der Wirtschaftssysteme vollzogen die *osteuropäischen Staaten*. Zentrale Strukturelemente des Kapitalismus wurden beseitigt. Eine gewisse Kontinuität war allenfalls hinsichtlich der Planungs-
und Lenkungssysteme der Kriegswirtschaft zu verzeichnen. Die Transformation in Zentralverwaltungswirtschaften wies zwar gewisse länderspezifische Ausprägungen auf, dauerte länger oder kürzer, letztlich wurde aber das
sowjetische Modell bis in Einzelheiten ökonomischer Institutionen und Mechanismen den osteuropäischen Ländern aufgezwungen.

Das zentrale Element der sozialistischen Planwirtschaft ist das Gemein-
oder Kollektiveigentum. Sehr bald – teilweise schon vor der Machtergreifung durch die kommunistischen Parteien – wurde ein großer Teil der Industrie in Staats- bzw. Volkseigentum überführt. Gemessen an der Anzahl der
Beschäftigten waren 1946 in Jugoslawien bereits 82% und in Polen 84% der
Industrie verstaatlicht. In Ungarn betrug Ende 1947 dieser Anteil 58%. In
Rumänien und Bulgarien verzögerte sich die Umwälzung der Eigentumsverhältnisse bis 1948, dann waren aber auch dort 85% bzw. 98% der Industrie
im Besitz des Staates; in Ungarn stieg der Anteil auf 83%. In der Landwirtschaft und im Handwerk wählte man außerdem die Form des Gruppenei-
gentums bzw. verschiedene Genossenschaftstypen, in denen das Privateigentum formal erhalten blieb, aber kein Recht auf Eigennutzung bestand.
Die Kollektivierung der Landwirtschaft begann 1948/49, und Mitte der 50er
Jahre war in den meisten Ländern über 50% der landwirtschaftlichen Nutzfläche der privaten Verfügung entzogen. Nur in Polen mißlang wegen des
Widerstandes der Bauern die Kollektivierung, so daß der Privatbetrieb vor-
herrschend blieb; dafür trat hier der Staat an die Stelle der früheren Groß-

grundbesitzer. Privateigentum an Produktionsmitteln wurde in der Landwirtschaft, im Handwerk und im Handel nur noch in sehr begrenztem Maß zugelassen.

Zwischen 1948 und 1951 entwickelte sich in den meisten Ländern das Organisations- und Institutionengefüge einer Zentralplanwirtschaft. Auf administrativem Weg wurden Art, Zusammensetzung, Umfang und Verwendung der Produktion für eine bestimmte Planperiode zentral bestimmt. So entstand nach sowjetischem Vorbild eine – den Prinzipien einer funktional gegliederten Organisation entsprechende – mehrstufige Wirtschaftsadministration. Sie war gewöhnlich zwei- und dreistufig angelegt mit den Spitzenorganen von Partei (Politbüro und Zentralkomitee) und Staat (Ministerrat) als den obersten Entscheidungsträgern. Der Staatlichen Plankommission als Stabsorgan der politischen Führungsspitze waren auf der obersten Ebene funktionale Fachministerien (Produktionsprinzip) und Ministerien mit regionalen Zuständigkeiten (Territorialprinzip) sowie zentrale Ämter mit speziellen Aufgaben (Amt für Preise u. a., Zentralbank) zugeordnet. Die mittlere Ebene der Planungsorganisation wurde durch entsprechende Spitzenorganisationen bestimmter Branchen gebildet. Unter regionalem Aspekt bestanden regional zuständige Planungskommissionen oder andere staatliche Organe. Auf der untersten Ebene der Planungsorganisation fanden sich schließlich die produzierenden Einheiten bzw. Betriebe, die ihrerseits wiederum funktional den entsprechenden Organen der mittleren Ebene zugeordnet waren. An diesem Aufbau änderte sich bis in die Gegenwart grundsätzlich nichts.

Die Aufgabe der verschiedenen Organe der Wirtschaftsadministration auf allen Ebenen bestand darin, die Zielvorhaben als Planaufgaben in Form materieller und finanzieller Kennziffern für die jeweiligen Zuständigkeitsbereiche zu disaggregieren, bis hin zur Ebene der einzelnen Betriebe. Auf dem Wege der Rückmeldung über die gleichen Informationsmedien und -kanäle erreichten die korrigierten und wieder aggregierten ökonomischen Größen die oberste Wirtschaftsadministration. Die Staatliche Plankommission komprimierte die so erhaltenen Daten zu Varianten eines Ein- bzw. Fünfjahresplans.

Das Geld- und Finanzsystem wurde ebenfalls streng zentralistisch organisiert. Dabei war die Umgestaltung des Bankwesens allgemein bereits 1948 abgeschlossen. An der Spitze standen die Zentralbanken, die gemeinsam mit einer Vielzahl von Spezialbanken – Sparkassen, Genossenschaftsbanken, Außenhandelsbanken etc. – insbesondere für die Planung der Kredite als Mittel des Leistungsanreizes und der Kontrolle des Planvollzugs sowie des Bargeldumfangs verantwortlich waren. Die Staatsbank und ihre Filialen wurden zu Vollzugs- und Kontrollorganen der staatlichen Planung, indem sie die Betriebe mit den im Plan vorgesehenen Finanzmitteln versorgten und deren Abrechnungen verwalteten und kontrollierten. Die Geldströme dienten also lediglich dazu, die Güterströme in der geplanten Weise zu lenken.

Wichtige Instrumente der Planwirtschaften waren die Preis- und Lohnkontrollen.

Auch die inhaltlichen Ziele der Wirtschaftspolitik waren durch das sowjetische Entwicklungsmodell vorgegeben. Es ging in den 50er Jahren erstens darum, die Grundlagen für eine eigenständige Industrialisierung zu schaffen, d. h. sich von ausländischen Abhängigkeiten zu befreien. Damit war zweitens eine Konzentration der zur Verfügung stehenden Mittel auf die Investitionen verbunden. Die Akkumulation wurde einseitig zuungunsten der Konsumtion gefördert. Außerdem stand drittens der Auf- und Ausbau der Industrie, insbesondere der Schwerindustrie, im Mittelpunkt. Landwirtschaft und Konsumgüterindustrien wurden entsprechend vernachlässigt. Alle Länder folgten diesem Modell, mit dem es gelang, die bis dahin bestehende Stagnation der osteuropäischen Volkswirtschaften zu überwinden. Zugleich waren mit der Übernahme des zentralistischen, akkumulationsorientierten Planwirtschaftssystems schwere Belastungen verbunden, da es keine Rücksicht auf länderspezifische Eigenarten wie das industrielle Entwicklungsniveau, die außenwirtschaftlichen Abhängigkeiten und/oder die politisch-administrativen Strukturen nahm.

Selbstverwaltungswirtschaftlicher Ansatz

Auch in *Jugoslawien* wurde 1946 eine neue Verfassung konzipiert, die wie in allen anderen osteuropäischen Ländern eine zentralistische Organisation von Staat und Wirtschaft nach sowjetischem Muster vorsah. Auch hier wurden die Produktionsmittel weitgehend verstaatlicht und eine Planbürokratie aufgebaut. Die Nichterfüllung der Planziele, Lücken in der Nahrungsmittelversorgung, die ausufernde Bürokratie, die politische Isolation als Folge des Ausschlusses aus der Kominform 1948 und die darauf folgende Wirtschaftsblockade durch die anderen osteuropäischen Länder waren einige Gründe dafür, daß Jugoslawien sehr bald das zentralverwaltungswirtschaftliche Modell aufgab und ein eigenes Wirtschaftssystem entwickelte. Bereits 1950 leitete man die Transformation in ein System dezentraler Planung ein. Die sog. Gesellschaftspläne stellten nur noch Rahmenpläne dar, in denen die einzelnen Betriebe relativ autonom über Einkauf, Produktion und Absatz entscheiden konnten. Monetäre Leistungsanreize und die Verteilung der Güter über den Markt lockerten das System weiter auf.

Dennoch blieb der Einfluß des Staates in dieser Phase dominierend. Die Verwendung der Abschreibungen wurde vom Staat bestimmt, ein Minimum an Kapazitätsauslastung festgelegt, Umfang und Struktur der Anlageinvestitionen geplant und gelenkt. Sein kennzeichnendes Element erhielt das jugoslawische Modell aber durch die Arbeiterselbstverwaltung. Die betrieblichen Willensbildungs- und Entscheidungsprozesse sollten demokratisiert werden, die Arbeiter über alle Arten betrieblicher Angelegenheiten selbst entscheiden. Die Erfolge blieben bescheiden. Weder kam es zu einem entscheidenden Entwicklungsschub noch zu einer weiterreichenden Demokratisierung. Genau wie die anderen osteuropäischen Staaten kämpfte Jugoslawien in den 50er Jahren mit den besonderen Problemen, ein völlig neues Wirtschaftssystem aufzubauen.

Syndikalistisch-faschistischer Ansatz

Die Wirtschaftsstruktur in *Spanien* und *Portugal* war ausgesprochen heterogen, gekennzeichnet durch starke Diskrepanzen zwischen den Resten des Feudalismus, einer subsistenzorientierten Landwirtschaft und einer sich oligarchisch etablierenden Industrie- und Finanzmacht. Beide Länder wurden vom Zweiten Weltkrieg relativ wenig getroffen und erlebten danach weder einen wirtschaftsordnungspolitischen Wiederaufbau noch einen Neubeginn. Die Wirtschaftspolitik wies vielmehr eine erhebliche Kontinuität auf. In den 30er Jahren begann man in Portugal und Spanien mit dem Aufbau eines korporativistisch-faschistischen Systems, das im ökonomischen Bereich durch eine nationalsyndikalistische Organisation gekennzeichnet war, der die Prinzipien der Einheit, Totalität und Hierarchie zugrundelagen. Unter «Einheit» war die Zusammenfassung von Arbeitern und Unternehmern in einer Organisation gemeint. «Totalität» bezog sich auf den Zwangs- und Exklusivcharakter der vertikalen Syndikate der verschiedenen Berufsstände. «Hierarchie» bedeutete, daß die Syndikate durch eine strenge Befehlsstruktur gekennzeichnet waren. Die Syndikate besaßen insofern instrumentellen Charakter, als sie der Durchsetzung staatlicher Wirtschaftspolitik dienten. Es gab gewisse Unterschiede zwischen Portugal und Spanien, die daraus resultierten, daß der portugiesische Korporativismus zumindest der Intention nach eine staatsfreie Selbstverwaltungsordnung darstellen sollte, während die faschistischen Korporationen Spaniens unmittelbar als politische Kontrollorganisationen des Staates konzipiert waren.

Die konkrete Wirtschaftspolitik beider Staaten war seit dem Krieg durch isolationistische Tendenzen bzw. Autarkie nach außen und eine Mischung aus staatlichem Interventionismus und liberaler Enthaltsamkeit nach innen geprägt. Einerseits griff der Staat mit einer kaum zu überschauenden Zahl von Gesetzen und Verordnungen in alle Bereiche des wirtschaftlichen und sozialen Lebens ein, andererseits ließ er Unternehmern und Großgrundbesitzern freie Hand. Eine ausgeprägte Industrialisierungspolitik sollte seit den 30er bzw. den 40er Jahren die infrastrukturellen Grundlagen der Industrialisierung legen, sektorale und regionale Ungleichgewichte beseitigen und einen Prozeß der Importsubstitution einleiten. In Spanien wurde als Staatsholding das nationale Industrie-Institut (Instituto Nacional de Industria, INI) gegründet, das Beteiligungen an wichtigen Industrieunternehmen erwarb und auf diese Weise aktive Investitionspolitik betrieb. In Portugal war es ein Entwicklungsfonds bzw. später die Bank für wirtschaftliche Entwicklung (Banco de Fomento Nacional), die die Investitionen zu steuern versuchte. Zugleich dehnte der Staat seinen Industriebesitz wie in Spanien aus. «Wirtschaftspläne» sorgten für eine mittelfristige Perspektive.

Die Ansprüche faschistischer Ideologie, eine konfliktfreie organische Gesellschaft und Wirtschaft zu schaffen, wurden nicht umgesetzt. Die Realität faschistischer Macht sorgte dafür, daß die Bereicherung weniger auf Kosten vieler durch ein entsprechendes Wirtschaftssystem abgesichert wurde. Die Industrialisierungspolitik, die die Modernisierung vorantreiben sollte, rechtfertigt es zwar, beide Länder in den Jahren nach dem Zweiten Weltkrieg als Entwicklungsdiktaturen zu bezeichnen; ein breitenwirksamer Industrialisierungsprozeß, der allgemeine Wohlstandssteigerung gebracht hätte, wurde dadurch aber nicht eingeleitet. Ein wirklicher Wandel der Wirtschaftspolitik trat erst Ende der 50er/Anfang der 60er Jahre ein, als die außenwirtschaftliche Liberalisierung auch eine Veränderung der binnenwirtschaftlichen Politik nach sich zog.

Wirtschaftsordnung und Wirtschaftsentwicklung
Die Veränderungen der Wirtschaftsordnungen und der Wirtschaftspolitiken und das hohe Wirtschaftswachstum nach dem Zweiten Weltkrieg hingen sicherlich miteinander zusammen. In allen Ländern bemühte sich der Staat, die Angebotsbedingungen der Produktion zu verbessern und die Nachfrage zu stabilisieren. Die Frage, ob sich einer der wirtschaftsordnungspolitischen Ansätze dabei als besonders wirkungsvoll erwiesen hat, läßt sich kaum beantworten, zeigten doch praktisch alle Länder eine außerordentlich günstige Wirtschaftsentwicklung, egal, wie stark die Wirtschaft vom Krieg geschädigt worden war, und unabhängig davon, ob sich der Wiederaufbau auf der Grundlage des Modells der privaten Marktwirtschaft oder der staatlichen Planwirtschaft vollzog. Insofern sollte der Zusammenhang zwischen Wirtschaftsordnung und Wirtschaftsentwicklung nicht überbewertet werden. Die günstigen Bedingungen nach dem Zweiten Weltkrieg waren sicherlich ebenfalls eine wichtige, wenn nicht die eigentliche Ursache für das Wirtschaftswachstum der folgenden Jahrzehnte. In den einzelnen Ländern kamen ordnungspolitische Modelle zur Anwendung, die aufgrund der jeweiligen historischen Erfahrungen, der aktuellen politischen Kräfteverhältnisse und der Produktivkraftentwicklungen erklärt werden können. Anders als nach dem Ersten Weltkrieg kam es nach dem Zweiten jedenfalls nicht nur zu einem wirtschaftspolitischen Wiederaufbau, sondern zu einem Neubeginn; anders als nach dem Ersten folgte der wirtschaftlichen Rekonstruktion nach dem Zweiten Weltkrieg keine Stagnation, sondern eine bis dahin nicht erlebte Expansion.

6. Reform und Konvergenz der wirtschaftspolitischen Systeme in den 60er Jahren

Internationale Politik

Der nach dem Zweiten Weltkrieg initiierte weltweite und damit auch europäische Liberalisierungs- und Integrationsprozeß machte in den 50er und 60er Jahren erhebliche Fortschritte. Das GATT – ursprünglich als Provisorium gedacht – bildete die Grundlage für eine Reihe internationaler Zollrunden, in denen tarifäre und nichttarifäre Handelsschranken vor allem zwischen den Industrienationen beseitigt wurden.

Innerhalb Westeuropas wurde die in den Römischen Verträgen konzipierte Zollunion sogar früher als ursprünglich geplant verwirklicht; bereits 1968 waren die Zölle zwischen den sechs Gründungsstaaten der EWG vollständig beseitigt, und auch die 1973 neu beigetretenen Länder mußten ihre Zölle bis 1977 abbauen. Mit den Zöllen fielen auch alle mengenmäßigen Beschränkungen. Nicht beseitigt wurden dagegen die nichttarifären Handelshemmnisse. Trotz der weiterbestehenden administrativen und finanzpolitischen Behinderungen des freien Waren- und Kapitalverkehrs löste die Gründung der EWG einen Prozeß der Verflechtung zwischen den Volkswirtschaften der Mitgliedsstaaten aus (vgl. Kap. III. B. 4, Handel). Der Wohlstandseffekt dieser Verflechtung ist umstritten und schwer zu messen. Sicherlich initiierte die EWG-Gründung aber Wachstumsimpulse, weil die Unternehmen sich vom Gemeinsamen Markt Absatzchancen versprachen und durch Innovationen auf die schärfere Konkurrenz einstellen wollten. Diese positiven Wirkungen wurden allerdings durch die Entflechtungen der EG-Länder mit den Nichtmitgliedern verringert, denn gleichzeitig mit der Abschaffung der Binnenzölle wurde ein gemeinsamer Außenzoll errichtet. Zwar waren die EG-Außenzölle für gewerbliche Waren im Durchschnitt nicht hoch, ein handelsumlenkender Effekt trat dennoch ein. Während Ende der 50er Jahre zwei Drittel des Außenhandels der sechs EG-Gründungsstaaten mit Nicht-EG-Mitgliedern abgewickelt wurden, war es Mitte der 70er Jahre nur noch die Hälfte. Von einer «Regionalisierung» des Welthandels als Folge der EG-Integration kann dennoch nur bedingt gesprochen werden; der Handel mit Drittländern stieg ebenfalls beträchtlich. Probleme ergaben sich von Anfang an für Agrarimporte in die EG, die nicht mit den niedrigeren GATT-gebundenen Zöllen auf gewerbliche Produkte, sondern mit den hohen, von den EG-Agrarmarktordnungen festgelegten Zöllen belastet wurden.

Schwieriger als die Zollunion erwies sich die Verwirklichung der Wirtschaftsunion. Fortschritte wurden allerdings auch hier erzielt. Es entstand eine gemeinsame Wettbewerbspolitik. Um die Finanzpolitik anzugleichen, wurden die verschiedenen Formen der indirekten Besteuerung durch ein einheitliches System der Mehrwertsteuer ersetzt. Technische Normen, Wirtschaftsgesetze und Gesellschaftsrecht wurden angeglichen. Der Kapitalverkehr wurde liberalisiert, der Dienstleistungsverkehr zumindest teilweise. Trotz dieser Koordination in einzelnen Bereichen kam es aber zu keiner konzertierten Wirtschaftspolitik. Eine Ausnahme bildete allein die Agrarpolitik. In den anderen Politikbereichen waren die einzelnen Regierungen nicht bereit, auf ihre nationale Souveränität zu verzichten. Das galt erst recht für die angestrebte politische Union. Trotz zahlreicher gemeinsamer Verwaltungsbehörden, die durchaus so etwas wie eine europäische Identität schufen, entstand eine staatenübergreifende legislative und exekutive Gewalt erst in Ansätzen. Der europäische Integrationsprozeß blieb auf halbem Wege stecken.

Der wirtschaftliche Erfolg der EFTA war begrenzt. Zwar nahm die Verflechtung der EFTA-Länder durch eine Verstärkung des Handels innerhalb der Freihandelszone leicht zu, der Verflechtungsgrad innerhalb der EFTA blieb jedoch geringer als der zwischen EFTA und EWG. Auch führte die Gründung der Freihandelszone nicht zu ähnlichen Wachstumsimpulsen wie die der EWG, wobei allerdings die einzelnen EFTA-Länder sehr unterschiedliche Entwicklungen aufwiesen. Nach dem Austritt Großbritanniens, Dänemarks und Irlands aus der EFTA 1973 schloß die EG mit der Rest-EFTA ein Freihandelsabkommen. Die Zölle und mengenmäßigen Beschränkungen für gewerbliche Produkte im Handel zwischen EG und EFTA wurden stufenweise bis 1977 beseitigt.

Mit der Gründung der EWG wurde auch in Osteuropa der Integrationsprozeß forciert: Man versuchte den RGW durch Statutenänderungen und Programme zu einem östlichen Gegenmodell zur EWG umzuwandeln. Die ökonomischen Ziele des RGW lassen sich – ähnlich wie die der EWG – auf den Wunsch nach wachsendem Wohlstand reduzieren. Zugleich sollte die schrittweise Annäherung und Angleichung des sozioökonomischen Leistungsniveaus der Mitgliedsländer erreicht werden. Beschleunigtes und stabileres Wachstum im Intrablockhandel und Stärkung der Position der RWG-Länder in der Weltwirtschaft und damit Stärkung ihrer Verteidigungskraft waren weitere Ziele. In Konkurrenz zum zentralistischen Integrationskonzept, das neben der Sowjetunion vor allem von der Tschechoslowakei, Bulgarien und teilweise auch von der DDR vertreten wurde, entwikkelten sich mit dem nationalstaatlichen Autonomiekonzept Rumäniens, dem funktionalistisch-reformistischen Konzept Polens und dem marktbezogenen Konzept Ungarns unterschiedliche Vorstellungen über die Zusammenarbeit im RGW. Das «Komplexprogramm für die weitere Vertiefung und Vervollkommnung der Zusammenarbeit der sozialistischen ökonomischen Integration» von 1971 stellte ein Gemisch dieser widersprüchlichen Vorstellungen dar, betonte aber das Prinzip der nationalen Souveränität. Dementsprechend hatten die Ratsorgane keine eigenständigen Verfügungsrechte über Eigentum, keine Planungskompetenz, keine Verordnungs- und Budgetgewalt und auch keine Gerichtsbarkeit.

Da alle Rechte im RGW – anders als in der EG, in der die Kommission zumindest Initiativ- und Exekutivfunktionen hat – bei den jeweiligen Regierungen verblieben, fehlte die Voraussetzung für eine eigenständige Wirtschaftspolitik der Ratsorgane. Trotz des «Prinzips der souveränen Gleichheit und Unabhängigkeit» verfügte allerdings die Sowjetunion mit ihrer reichhaltigen Ausstattung an knappen natürlichen Ressourcen und mit ihrem militärischen Sanktionspotential über eine ökonomisch und politisch dominante Stellung. Die Erfolge des Integrationsprozesses blieben bescheiden. Ansätze einer partiellen «Internationalisierung» waren nur dort erkennbar, wo man sich auf Produktionsschwerpunkte einigen konnte. Die einzelnen Länder konzentrierten sich auf die Produktion bestimmter Erzeugnisse (vgl. Kap. III. B. 3), woraus sich ein hochspezialisierter Handelsaustausch, Kooperation genannt, bei der Rohstoff- und Energiegewinnung, der Nahrungsmittelproduktion, im Bereich des Maschinenbaus, der Produktion industrieller Massengüter und im Rahmen des Transportwesens entwickelte.

Nationale Politik

Seit der zweiten Hälfte der 50er, besonders aber in den 60er Jahren, kam es zu einer Konvergenz der verschiedenen Politikansätze. Innerhalb Westeuropas wandten sich die Länder, die das Modell einer längerfristigen Wirtschaftsplanung verfolgten, stärker der kurzfristigen Konjunkturpolitik zu und umgekehrt. Außerdem griffen die Länder, die bis dahin vornehmlich fiskalpolitische Instrumente benutzt hatten, mehr auf geldpolitische zurück, und die, die den geldpolitischen vertraut hatten, setzten stärker auf fiskalpolitische. Auch die Zielsetzungen der Wachstums- und Konjunkturpolitik glichen sich an. Selbst wenn es Prioritäten gab, so wurde doch in praktisch allen Ländern Vollbeschäftigung, Preisstabilität, außenwirtschaftliches Gleichgewicht, angemessenes Wirtschaftswachstum und mit Abstrichen gerechtere Einkommensverteilungen angestrebt. Weiterbestehende Unterschiede resultierten aus historischen Erfahrungen, aber auch aus aktuellen Problemen der Nachkriegszeit. So war es kaum verwunderlich, daß die Bundesrepublik der Preisstabilität einen so hohen Rang einräumte, hatte doch Deutschland in einer Generation eine offene und eine zurückgestaute Hyperinflation erlebt. Länder wie Großbritannien, deren Hauptproblem in der Zwischenkriegszeit in hoher Arbeitslosigkeit bestanden hatte, waren dagegen eher geneigt, die Beschäftigung zu sichern. Länder wie Frankreich, die strukturelle Defizite aufwiesen, bevorzugten dagegen das Ziel einer angebotsorientierten Wachstumsförderung, d.h. einer Politik, die die Bedingungen für die Unternehmen und die Wirtschaftsstruktur verbessern sollte.

Die Konvergenz im Bereich der längerfristigen Wirtschaftsplanung bedeutete vor allem, daß die Länder, die ursprünglich darauf verzichtet hatten, planende Elemente in ihre Wirtschaftspolitik einbauten. In der Bundesrepublik vollzog man den Übergang von der regulativen Planung mit Sachverständigenrat und wirtschaftlicher Prognose zur indikativen Planung mit mit-

telfristiger Finanzplanung, Globalsteuerung und wirtschaftlicher Rahmenplanung vergleichsweise zögernd (vgl. Abb. III. 28). In Großbritannien initiierte dagegen eine konservative Regierung ein Planungsmodell, das einen
«Nachbau» der französischen Planification ohne die imperativen Elemente
darstellte, mit Planungsbüro (National Economic Development Office, NE-
DO), Wirtschafts- und Sozialrat (National Economic Development Council, NEDC) und Branchenkommissionen (Economic Development Com-
mittees, EDCs). Es wurde von der Labour-Regierung 1964 durch einen
National Plan, durch ein Planungsministerium und 1966 durch einen Investitionsfonds aufgewertet. Auch Belgien ließ sich vom französischen Vorbild
leiten, als man dort Ende der 50er Jahre das System der Wirtschaftsprogram-
mierung einführte. Als neue institutionelle Zentren der italienischen Wirtschaftsplanung entstanden 1962 die Nationale Kommission für Wirtschaftsplanung (CNPE) sowie 1967 das Interministerielle Planungskomitee (CI-
PE).

Abb. III. 28: Inhalte und Intensitätsstufen politischer Planung

	Markt als unabhängige Variable (Berücksichtigung der Marktentwicklung)
	I. Prognose: Bevölkerungs- und Wirt- schaftsstatistik als Kalkulationsgrund- lage der Politik, Sachverständigen-gre- mien
Politische Planung «Planung in der Politik» (regulative Planung)	II. Budget- und Verwaltungsplanung: in- nerstaatliche Finanz- und Ablaufpla- nung, Organisationsplanung
	III. Regulative Strukturplanung: negativ koordinierte Ressortplanungen, Bsp.: Verkehrs-, Energie- und Raumplanung
	IV. Globalsteuerung und wirtschaftliche Rahmenplanung: Vorausschauende Beeinflussung volkswirtschaftlicher Eckdaten
Planungspolitik «Planung der Politik» (Indikative Planung)	V. Aktive Strukturpolitik: Intersektoral abgestimmte öffentliche Investitions- pläne, Landesentwicklungs-, Bil- dungs-, Gesundheitsplanung
	VI. Indikative ökonomische Detailpla- nung: branchen- und produktspezifi- sche Investitionsanreize
Gesellschaftsplanung «Planung der Gesellschaft» (Imperative Planung)	VII. Imperative Planung: Investitionslen- kung, administrierte Preis- und Ent- lohnungssysteme
	Markt als abhängige Variable (Beeinflussung der Marktentwicklung)

Quelle: R.Czada, Planungspolitik, in: *Westliche Industriegesellschaften*, hrsg. von M.G.Schmidt, München 1983, S.316.

Zur Konvergenz der marktwirtschaftlichen Planungsansätze gehörten aber auch gegenläufige Erscheinungen. So wandelte sich die französische Planification immer mehr von einer imperativen zu einer indikativen Planung. Während man in den Niederlanden einerseits von den ökonometrischen Prognosemodellen etwas Abstand nahm, führte man andererseits 1963 eine mehrjährige Wachstums- und Investitionsplanung ein. Auch das korporativistische Element wurde ausgebaut. 1972 entstand der Wetenschappelijke Raad vor het Regeringsbeleid als übergeordnetes Sachverständigen- und Koordinierungsgremium und 1973 ein Sociaal en Cultureel Planbureau, um die qualitativen Aspekte der Wohlfahrtsentwicklung in die Plantechnokratie einzubringen. In anderen Ländern erlebte die staatlich beeinflußte Lohn- und Einkommenspolitik einen Aufschwung. Zur gleichen Zeit versuchte man sich in Schweden verstärkt an ökonometrischen Prognosemodellen, während sich das System der zentralen Lohnverhandlungen zunehmend als funktionsunfähig erwies.

Das alles waren Planungsansätze, die sich im Bereich der regulativen und indikativen Planung bewegten und selten das Stadium einer imperativen Planung erreichten. Innerhalb einer gesamtwirtschaftlichen «Rahmenplanung», die letztlich nur eine mittelfristige vorausschauende Projektion der Wirtschaftsentwicklung war, betrieb die öffentliche Hand außerdem regionale und sektorale Strukturpolitik. Dabei konnte sie in den Bereichen, in denen sie selbst tätig war – Bildung, Gesundheit, Energieversorgung, Verkehr etc. –, tatsächlich planen. Zur Beeinflussung der privaten Investitionen blieben ihr dagegen nur indirekte Methoden wie Kredite, Bürgschaften, Subventionen, Steuervergünstigungen etc.

Die Übernahme der keynesianischen Konjunkturpolitik durch die Länder, die anfangs mehr eine längerfristig planende oder liberalere Politik betrieben hatten, führte auch im konjunkturpolitischen Bereich zur Angleichung des Instrumentariums. In allen Staaten stützte sich die Konjunkturpolitik auf die Finanz-, Geld-, Währungs- und Einkommenspolitik (vgl. Abb. III. 29). Besonders beim Verhältnis von Geld- und Fiskalpolitik machte sich die Konvergenz der Wirtschaftspolitiken bemerkbar. So griffen Länder wie die Bundesrepublik, Italien und Belgien, die in den 50er Jahren vor allem Geldpolitik betrieben hatten, im Laufe der 60er Jahre verstärkt auf fiskalpolitische Instrumente zurück. Andererseits wendete man sich in Großbritannien, wo nach dem Krieg die Fiskalpolitik im Vordergrund gestanden hatte, mehr der Geldpolitik zu. Generell resultierte daraus, daß in den 60er Jahren der Bereich der Politik verstärkt zur Anwendung kam, der zuvor vernachlässigt worden war: eine gesteigerte Intensität der antizyklischen Konjunktursteuerung. Natürlich gab es auch in diesem Politikbereich weiterhin Unterschiede. Wenn die Bundesrepublik, Italien und die Schweiz stärker auf Geldpolitik setzten, so lag das nahe, wenn man an die stark dezentralisierte Struktur des Finanzsystems in der BRD und der Schweiz und an dessen mangelhafte Effizienz in Italien denkt; ein koordinierter und schneller Einsatz fiskalpolitischer Instrumente war unter solchen Bedingungen nicht leicht. Wenn die skandinavischen Länder, insbesondere Schweden, und Großbritannien das Schwergewicht auf die Finanzpolitik legten, so deshalb, weil hier eher die Möglichkeiten eines zentralisierten Einsatzes bestanden.

Abb. III. 29: Instrumentarium der Konjunkturpolitik

Politikbereiche	Instrumente
Finanzpolitik Akteur: Regierung Ziel: Stabilisierung der gesamtwirtschaftlichen Nachfrage	Variationen der – Staatsausgaben – Staatseinnahmen (Steuern) – Konjunkturausgleichsrücklage – Investitionsprämien, -zulagen – Abschreibungsmodalitäten – Subventionen

Geldpolitik
Akteur: Zentralbank
Ziel: Steuerung der Geldmenge und des Zinsniveaus
	– Mindestreservepolitik
	– Refinanzierungspolitik
	  – Diskontsatzpolitik
	  – Rediskontkontingente
	  – Lombardpolitik
	– Offenmarktpolitik

Währungspolitik Akteure: Zentralbank und Regierung Ziel: Sicherung des Außenwertes der Währung	– Interventionen am Devisenmarkt – Devisenbewirtschaftung – Auf- oder Abwertungen der Währung – Swapsatzpolitik
Einkommenspolitik Akteure: Tarifparteien und Regierung Ziel: Vermeidung stabilitätswidriger Tarifabschlüsse	– Orientierungsdaten der Regierung (konzertierte Aktion) – Lohnleitlinien – Lohn- und Preisstop

Quelle: Gerhard Willke, Konjunkturpolitik, in: *Westliche Industriegesellschaften,* hrsg. von M. G. Schmidt, München 1983, S. 193.

Teilt man die westeuropäischen Länder nach dem Intensitätsgrad ein, mit dem sie Konjunkturpolitik betrieben, so lassen sich grob drei Gruppen bilden. In Großbritannien, Norwegen, Schweden und mit Einschränkungen Österreich war der Interventionismus am stärksten ausgeprägt, in Frankreich, Italien und Belgien – vielleicht auch Spanien und Finnland – bereits weniger stark, und in der Bundesrepublik, der Schweiz und den Niederlanden verfolgte man in dieser Hinsicht eine ausgesprochen liberale Politik, wobei die Bundesrepublik und die Niederlande seit Mitte der 60er Jahre ebenfalls eine fiskalpolitische Konjunktursteuerung praktizierten. Bezeichnet man eine Finanzpolitik, die wie in früheren Zeiten stark am Haushaltsgleichgewicht orientiert war, und eine Geldpolitik, die in erster Linie das Ziel der Geldwertstabilität verfolgte, als liberal und eine, die in beiden Politikbereichen antizyklisch angelegt war, als interventionistisch, so kann man sagen, daß konservativ-liberale Regierungen den liberalen und sozialistisch-sozialdemokratische den interventionistischen Politiktyp bevorzugten.

In Ländern, die – wie die Niederlande und die Bundesrepublik – in den 6oer Jahren von einer liberalen zu einer interventionistischen Politik übergingen, sah man sich veranlaßt, dies mit recht komplizierten Modellen zu rechtfertigen, die die Gestaltung besonders der Fiskalpolitik in engen Zusammenhang zur prognostizierten realwirtschaftlichen Entwicklung setzten. Man wollte der Politik nicht völlig freie Hand lassen. In den Niederlanden entstand das Konzept des «strukturellen Haushaltsdefizits», in der Bundesrepublik das des «konjunkturneutralen Haushalts». In Ländern wie Schweden oder Großbritannien bedurfte es dagegen keiner theoretischen Rechtfertigung von Haushaltsdefiziten. Der Haushalt wurde vielmehr sehr pragmatisch der jeweiligen konjunkturellen Situation angepaßt.

In einer Reihe von Ländern spiegelt die Entwicklung von einer wirtschaftsordnungspolitisch geprägten Rekonstruktionspolitik über eine antizyklische Konjunkturpolitik zur kurzfristigen Krisenbekämpfung hin zu einer langfristig planenden Strukturpolitik zur Optimierung des Wirtschaftswachstums die sozioökonomischen Veränderungen dieser Jahre wider. Die soziale und interventionistische Variante des liberalen Konkurrenzkapitalismus, die man nach dem Krieg entwickelt hatte, schien sich in den 5oer Jahren zu bewähren. Beispielloses Wirtschaftswachstum und allgemeine Wohlstandssteigerung prägten das Bild. Der Übergang von der statischen antizyklischen Politik zu einer dynamischen Wachstumspolitik wurde seit dem Ende der 5oer Jahre vollzogen, als sich die bloße Krisenbewältigung anscheinend erledigt hatte und es um die langfristige Stabilisierung und damit auch Planung und Lenkung des Wachstumsprozesses ging. Damit aber konnte sich die individuelle Wohlstandssteigerung nicht mehr nur auf die hohe Leistungsfähigkeit des kapitalistischen Systems stützen. Die sozialen Netze mußten enger geknüpft, das Angebot öffentlicher Güter und Dienstleistungen erweitert, generell eine höhere Verteilungsgerechtigkeit angestrebt werden. Dies mußte geschehen, weil einerseits das soziale Anspruchsniveau gestiegen war, andererseits es sich hochentwickelte Wirtschaftssysteme immer weniger leisten konnten, die Verteilung der Produktionsfaktoren und Güter nur durch den Markt steuern zu lassen; dies konnte geschehen, weil es zu keinem Konflikt zwischen den Profitinteressen und dem Ausbau des Sozial- und Wohlfahrtsstaats kam. Das starke Wirtschaftswachstum sicherte sowohl Gewinne als auch Verteilungsspielräume.

Die Frage, ob die gemischte Wirtschaftsordnung und ihre Politik nach dem Zweiten Weltkrieg erfolgreich war oder nicht, kann nicht eindeutig beantwortet werden; das gilt sowohl für die langfristige wachstumspolitische als auch für die kurzfristige konjunkturpolitische Sichtweise. Unter langfristiger Perspektive soll noch einmal festgestellt werden, daß die europäischen Volkswirtschaften nach dem Zweiten Weltkrieg eine bis dahin nicht erlebte Wachtumsphase von einem Vierteljahrhundert durchliefen, die sicherlich nicht nur mit den günstigen Bedingungen des Wiederaufbaus nach dem Krieg, sondern auch mit der gewandelten Politik zusammenhing. Allerdings brach dieses Wachstum in den 70er Jahren zumindest vorübergehend ab, d. h. die neue Wirtschaftsordnung und -politik konnte eine stabile Wirtschaftsentwicklung auf Dauer eben doch nicht sichern.

Vielleicht etwas eindeutiger kann ein Urteil über die kurzfristig angelegte antizyklische Konjunkturpolitik gefällt werden. Obwohl es einige Beispiele gibt, in denen der Keynesianismus erfolgreich zur Konjunkturstabilisierung angewandt wurde, gibt es noch mehr Beispiele, in denen er versagte. In den meisten Fällen kam das konjunkturpolitische Instrumentarium zum falschen Zeitpunkt und in der falschen Dosierung zur Anwendung, wodurch die konjunkturellen Schwankungen eher verstärkt als gemildert wurden. Wenn im folgenden einige Ursachen für das Versagen dieses Politikansatzes genannt werden, so muß man sich die Relativität dieses Versagens vor Augen halten. Versagt hat er besonders dann, wenn man ihn an den hohen Ansprüchen mißt, die an den Keynesianismus in den 60er Jahren gestellt wurden: eine völlig krisenfreie, dynamische Entwicklung der westeuropäischen Volkswirtschaften endgültig zu sichern.

(1) Grundsätzlich stellt sich die Frage, ob eine Politik, mit der der marktwirtschaftliche Prozeß gesteuert werden soll, nicht an objektive Grenzen stößt, da sie Gefahr läuft, den Mechanismus der kapitalistischen Krisenbereinigung zu blockieren und strukturelle Anpassungsprozesse zu verzögern.

(2) Der Staat kann nur auf der Makroebene den Rahmen privater Unternehmens- und Haushaltsentscheidungen durch indirekte Anreize und Restriktionen beeinflussen. Die Mikroebene, auf der die eigentlichen Entscheidungen des Kapitalverwertungs- bzw. Produktionsprozesses fallen, wird weiterhin durch den Marktmechanismus geregelt; die private Verfügungsgewalt über die Produktionsmittel wird nicht angetastet.

(3) Der ursprüngliche keynesianische Ansatz ist global und volumenorientiert, ohne regionale und sektorale Strukturdifferenzierungen zu berücksichtigen. Die Versuche, ihn durch eine planende Strukturpolitik zu ergänzen, konnten dies Defizit nur bedingt beseitigen; letztlich wurden Strukturprobleme fortgeschrieben.

(4) Die institutionellen Rahmenbedingungen, unter denen der Keynesianismus in der 30er Jahren, aber auch nach dem Krieg zur Anwendung kam, änderten sich. Das betraf vor allem die wettbewerblichen Beziehungen in der Marktwirtschaft. Konzentration und Vermachtung setzten die Marktmechanismen immer mehr außer Kraft; die großen Unternehmen emanzipierten sich damit nicht nur vom Markt, sondern auch von den staatlichen Interventionsmöglichkeiten.

(5) Die technischen Produktionsstrukturen, die den durch staatliche Anreize hervorgerufenen Investitionen hohe Beschäftigungswirkung verliehen, wan-

delten sich in solche, in denen Investitionen in erster Linie dazu dienten, Rationalisierungen durchzuführen und Arbeitskräfte freizusetzen.

(6) Der Ausbau der Sozialsysteme schuf ein Mindesteinkommen, das unabhängig von Schwankungen der Wirtschaftsentwicklung zur Verfügung stand.

(7) Durch die Liberalisierung der internationalen Beziehungen konnte die binnenwirtschaftlich angelegte Politik immer stärker unterlaufen werden.

(8) Die Verbindung von antizyklischer Konjunkturpolitik und langfristiger Wachstumspolitik schuf ein Inflationsproblem. Expansive Geld- und Fiskalpolitik bleiben nur dann inflationsneutral, wenn kurze Zeit später eine restriktive Phase folgt. Werden sie dagegen in den Dienst der Wachstumspolitik gestellt, so führen permanente oder sogar kumulative Haushaltsdefizite und eine Politik des billigen Geldes zur Inflation, besonders wenn gleichzeitig Vollbeschäftigung erreicht worden ist, ein entsprechender Lohndruck entsteht und die Rohstoffe knapp und teuer werden; dies war seit Ende der 6oer/Anfang der 7oer Jahre der Fall.

(9) Neben diesen ökonomischen Veränderungen fand auch ein Wandel im politischen System statt, der die Wirksamkeit dieses Politiktyps ebenfalls beeinträchtigte. Der gesellschaftliche Konsens zerbrach, als sich die ersten ernsthaften Krisentendenzen zeigten. Parteien, Unternehmer und Gewerkschaften kündigten ihre Mitarbeit auf. Der «Wachstumspakt» wurde aufgelöst, als das Wachstum ausblieb. Damit verschärften sich aber zugleich konzeptimmanente Schwachstellen, die eine funktionale Anwendung von Anfang an beeinträchtigten und letztlich unmöglich machten.

(10) Das galt nicht für das Problem von Diagnose und Prognose der wirtschaftlichen Situation, die unabhängig von den politischen Konstellationen erhebliche Schwierigkeiten bereiten. Die richtige Analyse der Lage ist deshalb so wichtig, weil sich der Instrumenteinsatz danach richtet.

(11) Die politischen Verhältnisse spielen aber beim Problem der Wirkungsverzögerung eine Rolle. Zwischen Diagnose und Instrumenteinsatz liegt eine Phase politischer Willensbildungs- und Entscheidungsprozesse, die möglichst kurz gehalten werden soll. Dies ist umso schwieriger, je kontroverser die Standpunkte über die zu verfolgenden Ziele und einzusetzenden Mittel sind, denn es besteht ein Ziel- und auch Mittelkonflikt zwischen den wichtigsten makroökonomischen Zielsetzungen Preisstabilität, Vollbeschäftigung, außenwirtschaftliches Gleichgewicht und Wirtschaftswachstum.

(12) Schließlich sei noch auf die für einen wachstums- und konjunkturpolitischen Einsatz zur Verfügung stehende finanzielle Manövriermasse verwiesen; sie ist in allen westeuropäischen Staaten sehr klein.

(13) Die Unabhängigkeit der Zentralbanken, die sich der Politik der Regierungen widersetzen können und dies auch getan haben, kann ebenfalls ein Grund dafür gewesen sein, daß der keynesianische Ansatz immer mehr seine Funktionsfähigkeit verlor.

Der radikale Bruch mit den bisherigen Wirtschaftsordnungen in Osteuropa und die Übernahme eines Modells, das selbst in der Sowjetunion noch nicht ausgereift war, mußte zwangsläufig zu erheblichen Problemen führen. Dies war umso mehr der Fall, als bis zum Tode Stalins 1953 die meisten Wirtschaftssysteme extrem zentralistisch angelegt waren; der Entscheidungsspielraum untergeordneter Instanzen der Wirtschaftsverwaltung, insbesondere der Betriebe, blieb auf ein Minimum reduziert. Bürokratische Erstarrung und schwerwiegende ökonomische Ineffizienz – weiche Pläne, Tonnenideologie, nicht erfüllte Planziele, schlechte Versorgungslage, hypertrophe Planbürokratien – waren überall die Folge. Bereits Mitte der 50er Jahre kam es daher zu einer vorsichtigen Dezentralisierung und einer verstärkten Förderung der Konsumgüterproduktion. Der Mißerfolg dieser konzeptionellen Veränderung führte schon am Ende der 50er Jahre wieder zur Rezentralisierung. Die Reformdiskussion ging aber weiter. Erst in den 60er Jahren wurden dann tiefgreifendere Reformen durchgeführt. An den systemimmanenten Mängeln hatte sich bis dahin kaum etwas geändert; außerdem mußte angesichts der Verknappung der natürlichen Ressourcen und des Arbeitskräfteangebots der Übergang vom extensiven zum intensiven Wachstum vollzogen werden. Der quantitative Mehreinsatz von Arbeit und Kapital und die Umlenkung der Mittel aus dem Konsum- in den Investitionsgütersektor hatten ihre Wachstumsgrenzen erreicht. Erhöhte Faktorproduktivitäten mittels technischen Fortschritts und rationeller Faktorkombinationen mußten das Wachstum sichern, d. h. die Systeme mußten effizienter wirtschaften. Die politischen Probleme in den 50er Jahren - vor allem in Ungarn und Polen - trugen sicherlich ebenfalls zur erhöhten Reformbereitschaft bei. Relativ gemäßigt waren die Reformen in der DDR, die sich 1963 im «Neuen Ökonomischen System» (NÖS) und 1967 im «Ökonomischen System des Sozialismus» (ÖSS) niederschlugen. Es ging lediglich darum, das bestehende zentrale Planungssystem effizienter zu gestalten. Man reorganisierte die Planungsinstanzen, reduzierte die naturalen Kennziffern und ersetzte sie teilweise durch monetäre, bediente sich bei der Ausarbeitung der Pläne zunehmend moderner mathematischer Verfahren, verlagerte die Aufstellung der Pläne stärker auf die Mittelinstanzen etc. Am zentralen Plansystem änderten diese Maßnahmen grundsätzlich nichts. Das ÖSS erlaubte den Betrieben, einen Teil des Betriebsergebnisses für Zuführungen zum Investitions- und zum Prämienfonds zu verwenden und auf der Basis mehrjähriger Planauflagen selbständiger über die betrieblichen Mittel zu verfügen. Ein wesentlicher Bestandteil der Reformen betraf die Preisbildung; die Preise wurden zuerst neu festgelegt, um sie den gestiegenen Produktionskosten anzupassen und die staatliche Preissubvention abzubauen, und schließlich generell flexibler gestaltet. Die Erweiterung des Entscheidungsspielraumes der Betriebe hatte im Rahmen des – trotz der gestiegenen Flexibilität – weiterhin relativ starren Preissystems Disproportionalitäten und Instabilitäten der gesamtwirtschaftlichen Entwicklung zur Folge, so daß diese konzeptionellen Reformversuche abgebrochen wurden. Anfang der 70er Jahre kam es zum zweiten Mal zu einer Rezentralisierung.

In Polen, Rumänien und Bulgarien hielt man ebenfalls an der Zentralverwaltungswirtschaft fest. Trotz einiger Veränderungen wandelten sich die Systeme weder in ihrer Grundstruktur noch in einzelnen wichtigen Bereichen.

Während sich die bisher dargestellten Reformen im Rahmen des planwirtschaftlichen Modells bewegten, überschritten sie in anderen Ländern diesen Rahmen zumindest partiell. Hier versuchte man tatsächlich einen «Dritten Weg» zwischen der wettbewerblichen Marktwirtschaft und der zentral geplanten Verwaltungswirtschaft zu finden. Die sozialistische Planwirtschaft sollte nicht mehr partiell reformiert werden, sondern als sozialistische Marktwirtschaft von Grund auf erneuert werden. Drei Varianten können unterschieden werden: das etatistische Konzept Ungarns, das partizipatorische Konzept Jugoslawiens und das dritte Konzept des dritten Weges der Tschechoslowakei und Polens.

Die Einführung des «Neuen ökonomischen Mechanismus» (NÖM) in Ungarn im Jahre 1968 bedeutete die Abkehr von der Zentralplanwirtschaft und den Übergang zu einer marktsozialistischen Konzeption mit beträchtlichen staatlichen Lenkungs- und Kontrollkompetenzen. Trotz dezentraler Planung und Marktkoordination blieben Stellung und Funktion des staatlichen Eigentums erhalten. Der Staat – Ministerrat und Ministerien – wählt seither erstens die Unternehmensleiter aus, trifft zweitens die grundlegenden Entscheidungen über das staatliche Produktivvermögen selbst und kontrolliert drittens die Unternehmensführung. Die Unternehmen werden aber relativ autonom nach Gewinn- oder Rentabilitätsprinzip geführt. Die Willensbildungs- und Entscheidungsprozesse sind hierarchisch strukturiert; Selbstverwaltung innerhalb der Betriebe gibt es nicht. Formelle Auflagen und Weisungen der staatlichen Aufsichtsorgane sind selten, informelle sind üblich. Die staatlichen Fünfjahrespläne bestimmen das Wachstum des Nationaleinkommens und dessen Struktur, legen die Entwicklung der makroökonomischen Niveaugrößen – wie Konsum, Investitionen, Preisniveau, Import und Export – fest und formulieren die Entwicklungsziele für Sektoren und Branchen. Die Durchsetzung der Fünfjahres- und Einjahrespläne erfolgt über den Einsatz der ökonomischen Regulatoren, d. h. mittels der Preis-, Lohn- und Einkommenspolitik, der Investitions- und Kreditpolitik, der Wechselkurs- und Außenhandelspolitik, um nur die zentralen Bereiche der indirekten Steuerung zu nennen. Es ging bei der ungarischen Reform also um eine Verbindung volkswirtschaftlicher Rahmenplanung, wirtschaftspolitischer Regulatoren und eingebauter Marktmechanismen.

Das partizipatorische Konzept der Arbeiterselbstverwaltung in Jugoslawien war für Reformen offener als die Konzeptionen anderer Länder. Der Übergang von der zentralen Planwirtschaft zur Marktlenkung, betrieblichen Selbstverwaltung und Autonomie vollzog sich allmählich und nicht abrupt. Man kann aber sagen, daß die Wirtschaftsreform von 1965 den Abschluß der Übergangsperiode darstellte. Die nachfolgenden Verfassungsänderungen von 1968 und 1971 brachten mit der Einführung der «Grundorganisation der vereinten Arbeit» (GOVA) eine neue, extrem dezentralisierte Organisationsstruktur der Unternehmen, die in der neuen Verfassung von 1974 bestätigt und weiter detailliert wurde. Das 1976 verabschiedete «Gesetz über die Grundlagen des Systems der gesellschaftlichen Planung und über den Gesellschaftsplan Jugoslawiens» und das im gleichen Jahr erlassene «Gesetz über die assoziierte Arbeit» rundeten den Reformprozeß ab, der schlagwortartig mit den Begriffen Dezentralisierung, Demokratisierung und Deetatisierung umschrieben werden kann. Jugoslawien setzte damit den Weg fort, den es seit Anfang der 50er Jahre beschritten hatte. In zunehmendem Maße wurden neben staatlichen Instanzen auch nichtstaatliche Wirtschaftseinheiten am wirtschaftspolitischen Willensbildungs- und Entscheidungsprozeß beteiligt. Zu den beiden Koordinationsformen des Marktes als dem dominanten Mechanismus der Wirtschaftsprozesse und der Hierarchie als dem dominanten Abstimmungsmodus der staatlichen Wirtschaftspolitik trat die Kooperation als dritte Form.

Die tschechoslowakische Wirtschaftsreform von 1967/68, die bereits im Herbst 1968 durch den Einmarsch der Truppen des Warschauer Paktes gestoppt wurde, kann insofern als drittes Konzept des dritten Weges bezeichnet werden, als es auf der Basis dezentraler Planung dem Staat auf der einen Seite weniger Kompetenzen einräumte als in Ungarn, auf der anderen Seite aber mehr als in Jugoslawien. Betriebliche Einkommensverteilung, betriebliche Abführungen, Preise, staatliche Einnahmen und Ausgaben, Investitionen, Kredite und andere zentrale ökonomische Regulatoren blieben weiterhin Elemente der staatlichen Steuerung.

Die in Abb. III. 30 wiedergegebene Übersicht unterteilt die verschiedenen Typen sozialistischer Wirtschaftssysteme in zwei große Gruppen: den zentral-direktiven Systemtyp und den dezentral-parametrischen Systemtyp. Ein Gesamtvergleich der Wirtschaftssysteme ist wegen der Komplexität der Systemstrukturen zwar problematisch, dennoch ist die hier vorgenommene Typisierung sinnvoll, erfaßt sie doch mit den Entscheidungsträgern, Lenkungs- und Motivationssystemen und Entwicklungsstrategien vier zentrale Systemelemente. Unterscheiden lassen sich nach den Reformen der 60er Jahre also neben dem stalinistischen Modell, das ursprünglich in den osteuropäischen Ländern bis auf Jugoslawien nach dem Krieg eingeführt wurde, und dem maoistischen Modell die teilreformierten Wirtschaftssysteme, die auch nach der Rücknahme grundlegender Reformelemente in den meisten Ländern Osteuropas heute dominieren. Daneben gibt es den «Neuen ökonomischen Mechanismus» Ungarns, in dem die politischen Entscheidungsformen – führende Rolle der Partei und der Staatsorgane, Hierarchie in den Betrieben – zwar bestehen blieben, in bezug auf das Lenkungs- und Motivationssystem aber Marktmechanismen in die Planwirtschaft eingebaut wurden. Außerdem besteht das seit den frühen 50er Jahren sich entwickelnde marktwirtschaftliche System der Arbeiterselbstverwaltung in Jugoslawien fort. Nur noch als gedankliche Konstruktion gibt es den Systemtyp der tschechoslowakischen Wirtschaftsreform von 1968.

Abb. III.30: Typen sozialistischer Wirtschaftssysteme und deren Varianten

Systemtyp	Zentral-direktiver Systemtyp			Dezentral-parametrischer Systemtyp		
System-element	UdSSR (Stalinismus)	China (Maoismus)	Europäische RGW-Länder* (Teilreformen)	Ungarn	Jugoslawien	CSSR (Prager Frühling 1968)
Entscheidungsträger	Partei Wirtschaftsbürokratie Management	Partei «Massen» Rätekomitees	Partei Wirtschaftsbürokratie Management	Partei Wirtschaftsbürokratie Management	Partei Arbeiterselbstverwaltung	Partei Kollektivorgane Management
Lenkungssystem	Detailliert-direktive Kennziffer Vorrang Naturalkalkül	Direktive Kennziffern Regionale Dezentralisation Vorrang Naturalkalkül	Verbesserte direktive Kennziffern Monetäre Indikatoren und «Hebel» Freie Arbeitsplatz- und Konsumgüterwahl	Indikative Pläne Ökonomische Regulatoren Marktmechanismen	Gesellschaftspläne Staatliche Wirtschaftspolitik Marktmechanismen	Indikative Pläne Ökonomische Regulatoren Marktmechanismen
Motivationssystem	Ideologische und materielle Leistungsanreize, gekoppelt mit Plankennziffern	Ideologische Leistungsanreize	Vorwiegend materielle Leistungsanreize, gekoppelt mit Plankennziffern	Tarifliche Leistungslöhne Erwerbsanreize, gekoppelt mit dem Gewinn	Ertragsabhängige Arbeitseinkommen	Tarifliche Leistungslöhne Erwerbsanreize, gekoppelt mit dem betrieblichen Bruttoeinkommen
Entwicklungsstrategie	Forciertes Wachstum akkumulations-orientiert	Dualstrategie autarkieorientiert	Proportionales Wachstum außenhandels-orientiert	Proportionales Wachstum außenhandels-orientiert	Proportionales Wachstum regionaler Ausgleich außenhandels-orientiert	Proportionales Wachstum außenhandels-orientiert

* Ohne Ungarn und Jugoslawien

Quelle: Jiri Kosta, *Wirtschaftssysteme des realen Sozialismus. Probleme und Alternativen*, Köln 1984, S. 185.

Konvergenz der Wirtschaftssysteme?

Angesichts der zeitgleichen Versuche, einerseits die westlichen Marktwirtschaften durch den Einbau planender Elemente einer stärkeren Steuerung zugänglich zu machen und andererseits die östlichen Planwirtschaften durch die Übernahme marktwirtschaftlicher Elemente effizienter zu gestalten, kann es nicht verwundern, daß in den 60er Jahren eine Diskussion über die Konvergenz der Wirtschaftssysteme einsetzte. Teilweise glaubte man schon eine gesetzmäßig sich entwickelnde Annäherung erkennen zu können. Mit verschiedenen Argumenten versuchte man diese These zu begründen: mit der Eigendynamik des Industrialisierungsprozesses und der gegenseitigen Beeinflussung der beiden Ordnungen, den wirtschaftssoziologischen Ähnlichkeiten wie dem Streben nach Fortschritt und rationaler Kalkulation, unbegrenztem Konsum und Wachstum, sozialer Sicherheit und Bildung, der systemunabhängigen steigenden Konzentration und Organisation in Industriewirtschaften und der daraus resultierenden Ausbreitung von autonomen Großbetrieben etc. Der Katalog der Systemelemente, für die eine konvergierende Entwicklung angenommen wurde, war ausgesprochen heterogen zusammengesetzt, und die einzelnen Elemente wiesen eine unterschiedliche Systemrelevanz auf. Generell litt die Konvergenzthese daran, daß ihre Vertreter von ähnlichen Erscheinungsformen in den Produktionsprozessen und -techniken oder ähnlichen Strukturen in einzelnen Teilbereichen der Volkswirtschaften recht schnell auf eine gesamtsystemische Konvergenz schlossen. Daß dieser Schluß tatsächlich vorschnell war, zeigte sich in den 70er Jahren, in denen sich beide Systemtypen nicht weiter annäherten.

7. Neoliberale und marktsozialistische Politikstrategien seit dem Ende der 70er Jahre

Die ökonomische Situation veränderte sich in den 70er Jahren erheblich. Die Regierungen der europäischen Länder wurden mit Problemen konfrontiert, die auch schon zuvor vereinzelt aufgetreten waren, aber nicht in solcher Massierung: steigende Inflationsraten und zunehmende Arbeitslosigkeit, stagnierendes Sozialprodukt und Zahlungsbilanzungleichgewichte, wachsende Haushaltsdefizite und instabile Wechselkurse, desintegrative Tendenzen auf dem Weltmarkt und eine Reihe anderer Probleme. Vor diesem sozioökonomischen Hintergrund fand erneut ein grundlegender Paradigmawechsel in der Wirtschaftspolitik statt. Bis Ende der 60er/Anfang der 70er Jahre war in den westeuropäischen Ländern der Keynesianismus der vorherrschende Politiktyp gewesen, der mit globalen und indirekten fiskal- und geldpolitischen Mitteln eine Verstetigung der Zyklen – nachfrageorientierte Stabilisierungspolitik – gewährleisten sollte und dabei durch Einkommenspolitik zur Kontrolle der Lohn- und Preisentwicklung und durch regulative und indikative Wirtschaftsplanung zur Stabilisierung des Wachstumsprozesses flankiert wurde. Im Laufe der 70er Jahre setzten sich dann in vielen Ländern Varianten einer neoliberal-monetaristischen Restriktionspolitik durch, die von Maßnahmen zur Verbesserung der Produktionsbedingungen der Unternehmen – die sog. Angebotsseite – begleitet wurden.

Bevor auf diese Austerity-Politik – Politik der Einschränkung, energische Sparpolitik – näher eingegangen wird, soll noch auf einen charakteristischen Wandel in der Wirtschaftsplanung hingewiesen werden. Der Anspruch einer übergreifenden Wirtschaftssteuerung und -planung makroökonomischer Schlüsselgrößen wurde in den 70er Jahren aufgegeben. Stattdessen beschränkte sich die Planung auf spezifische, strukturpolitisch relevante Großprojekte. In der Bundesrepublik war dieser Wandel mit einer intensiven Diskussion über eine gezielte Technologiepolitik und branchenbezogene Wachstumspolitik begleitet. Das galt auch für Frankreich, wo der Siebente Plan für die Jahre 1976–1980 diese Schwerpunktverlagerung widerspiegelte. In Großbritannien zielte die sog. Industriestrategie – eine bewußte Namensänderung gegenüber dem recht erfolglosen Nationalen Wirtschaftsplan von 1965 – auf die Förderung einer begrenzten Zahl von Investitionsvorhaben ab.

Die Beispiele ließen sich fortsetzen; mit diesen Maßnahmen sollte durch die konzentrierte Förderung von Großtechnologien der Modernisierungsprozeß der Volkswirtschaften vorangetrieben werden. Diesem Wandel der Planungsansätze lag das koordinierte Interesse von Großindustrie und Staat zugrunde, denn Projekte solcher Größenordnungen waren nur noch bedingt über den Markt zu verwirklichen. Kapitalaufwand und Kapitalverwertung waren nicht mehr kalkulierbar, Gewinn- und Rentabilitätsperspektiven unsicher. Der Staat beteiligte sich am Risiko, um die Verwertung dann privaten Unternehmen zu überlassen. Zunehmend griff der Staat auch dort ein, wo die externen Kosten, d. h. die Investitionskosten, die nicht vom Investierenden, sondern von der Gesellschaft getragen werden müssen, stark stiegen. Das war besonders bei umweltschädlichen Investitionen der Fall. Private Kapitalinteressen nehmen, solange sie nicht dazu gezwungen werden, auf die umweltschädigenden Auswirkungen ihrer Produktionsprozesse keine Rücksicht. Natürliche Ressourcen wie Luft, Raum, Boden und Wasser mußten immer stärker geschützt werden.

Ebenso wie die verschiedenen Varianten von Wirtschaftsplanung und Keynesianismus nicht dargestellt werden konnten, so muß auch auf eine länderspezifische Differenzierung der Austeritätspolitik verzichtet werden. Zentrales Kennzeichen war aber in fast allen Ländern folgendes: Es fand ein Zielwandel statt, da nicht mehr Vollbeschäftigung und Wirtschaftswachstum die höchste Priorität besaßen, sondern Preisstabilität und Zahlungsbilanzgleichgewicht. Um die Inflation unter Kontrolle zu bekommen, griff man kurzfristig sogar zu administrativen Mitteln des Preis- und Lohnstopps. Wichtiger war aber der grundsätzliche Wandel in der Geld- und Fiskalpolitik. Als monetärer Indikator diente den Notenbanken nicht mehr länger die

Bankenliquidität (freie Liquiditätsreserven), sondern die Zentralbankgeldmenge (Bargeldumlauf plus Liquiditätsreserven). Mit dieser eher mittelfristigen Orientierungsgröße der Geldpolitik wurde statt einer rein antizyklischen, auf die Fiskalpolitik beziehbaren, eine dem mittelfristig prognostizierten Wirtschaftswachstum angepaßte Geldmengensteuerung angestrebt. Die Wirksamkeit der Geldpolitik wurde durch die Wechselkursfreigabe Anfang der 70er Jahre gestärkt, denn die durch die festen Wechselkurse bedingten, sehr flexiblen internationalen Geld- und Kapitalströme hatten die nationalen Geldpolitiken bis dahin immer wieder unterlaufen. Die Bundesrepublik war Vorreiter bei diesem Wandel des geldpolitischen Ansatzes, andere Länder vollzogen ihn nicht so konsequent, überall war die Tendenz aber die gleiche: von einer antizyklisch angelegten, großzügigen Geldpolitik zu einer mittelfristig orientierten restriktiven «Politik des knappen Geldes».

Ein ähnlicher Wandel vollzog sich in der Fiskalpolitik. Auch hier ging es um die Umschaltung von einer antizyklisch und letztlich expansiv angelegten zu einer mittel- oder längerfristig restriktiv wirkenden Politik. In allen Ländern verfolgte die Austerity-Politik eine «Konsolidierung» der öffentlichen Haushalte. Die Ausgaben wurden durch Einsparungen besonders bei den sozialen Leistungen, beim öffentlichen Güter- und Dienstleistungsangebot gesenkt und die Einnahmen zumindest teilweise durch erhöhte Steuer- und Abgabenbelastungen des privaten Konsums und der niedrigeren Einkommen gesteigert. Nicht mehr die volkswirtschaftliche Nachfrage war die entscheidende makroökonomische Größe, die es zu beeinflussen galt, sondern das Angebot. Dies war ein weiteres entscheidendes Kennzeichen der neuen Politik. Steuerliche Entlastungen für private Unternehmen, monetäre und andere Investitionsanreize, Entbürokratisierung der ordnungspolitischen Rahmenbedingungen etc. sollten die Angebotsbedingungen verbessern.

Letztlich verfolgte der neoliberal-monetaristische Paradigmawechsel den Rückzug des Staates aus der Wirtschaft. Der Staat hatte nicht mehr die Aufgabe, die Konjunkturen interventionistisch zu regulieren, sondern sollte den Marktkräften einen umfassenderen Freiraum gewähren, damit die kapitalistische Krise ihre bereinigende Funktion wieder voll ausspielen konnte. In sozioökonomischer Hinsicht ging es darum, die westlichen Marktwirtschaften von «sozialem Ballast» zu befreien und vor bürokratischen Erstarrungen zu bewahren, die betriebsinternen und -externen Kosten zu senken und damit die Kapitalverwertungsbedingungen zu verbessern. Generell sollte die Leistungsfähigkeit und Produktivität des Systems verbessert werden, damit sich die nationalen Produktionsstrukturen an die durch die Krise verschärften Konkurrenzerfordernisse des Weltmarktes schneller anpassen konnten.

Der Übergang von einem planenden Keynesianismus zu einer neoliberal-monetaristischen Austerity-Politik wurde nicht in allen Ländern zur gleichen Zeit vollzogen. Länder mit ausgeprägt korporativen Politikstrukturen, die skandinavischen Länder oder Österreich, vollzogen die Abkehr vom Keynesianismus vergleichsweise spät. Das galt auch für die Bundesrepublik, in der Sozialdemokraten und Liberale bis Anfang der 80er Jahre einen Mittelweg zu gehen versuchten. In den Ländern, in denen die korporativen Strukturen entweder nicht funktionsfähig waren wie in Großbritannien oder einfach schwach entwickelt waren wie in Frankreich oder Italien, vollzog man den Wechsel in der staatlichen Wirtschaftspolitik dagegen früher.

Die zweite Weltwirtschaftskrise in diesem Jahrhundert löste auch – sieht man einmal vom «Paradigma» einer geplanten und gelenkten Kriegswirtschaft ab – den zweiten Paradigma-Wechsel in der Wirtschaftspolitik aus. Parallelen zwischen beiden Krisen ergaben sich weniger aus ihren Ursachen und ihren Verläufen als vielmehr aus den Strategien zu ihrer Überwindung. In beiden Fällen ging es letztlich darum, mit Hilfe deflationärer Austeritätspolitiken die Währungen zu stabilisieren und die Haushalte zu konsolidieren, wobei Währungsstabilisierung und Haushaltskonsolidierung Anfang der 30er Jahre eine Senkung des Preisniveaus und Haushaltsgleichgewicht und Anfang der 80er Jahre eine Senkung der Inflationsraten und Abbau der Neuverschuldung oder auch nur Brechung des Trends zu immer höherer Neuverschuldung bedeuteten. In beiden Krisen sollten dadurch die Rentabilitätsbedingungen der Unternehmen und damit die Konkurrenzfähigkeit der nationalen Wirtschaften auf dem Weltmarkt verbessert werden. So national oder nationalistisch wie in der vergangenen Krise kann sich diese Politik in der aktuellen allerdings nicht mehr gebärden. Der reale hohe Integrationsgrad der europäischen und der Weltwirtschaft verhindert dies ebenso wie die zahlreichen institutionellen Sicherungen. Dennoch trägt auch die aktuelle Krisenpolitik wieder stark national- und regionalwirtschaftliche Züge.

Legt man als Maßstäbe für die Beurteilung des Erfolges oder Mißerfolges dieser Politik die Ziele Preisstabilität, Haushaltskonsolidierung, Verbesserung der Zahlungsbilanzen, hoher Beschäftigungsstand und Wirtschaftswachstum an, so kann man sagen, daß dieser neue Politikansatz bedingt erfolgreich war. In einigen Ländern wurde der Trend zu immer höherer Neuverschuldung gebrochen, die Zahlungsbilanzen verbesserten sich, vor allem aber gingen die Inflationsraten zurück. Was das Ziel des hohen Beschäftigungsstandes anbelangt, so war er eindeutig erfolglos. Westeuropa erlebte eine Arbeitslosigkeit wie seit dem Zweiten Weltkrieg nicht mehr. Das Wirtschaftswachstum stagnierte einige Jahre, entwickelte sich in jüngster Zeit aber wieder günstiger. Letztlich trug diese Politik aber nicht unwesentlich dazu bei, daß gerade diejenigen unter der Krise besonders litten, die an sich schon härter getroffen wurden als andere, daß sich in bestimmten Bevölkerungsschichten eine Armut ausbreitete, wie dies in den westeuropäischen Sozialstaaten nicht mehr für möglich gehalten worden war.

Die 70er Jahre stellten auch die osteuropäischen Staaten vor neue Probleme. Die Volkswirtschaftspläne konnten nicht erfüllt werden, obwohl die Soll-Zahlen im Laufe der Zeit reduziert wurden. Das wirkliche Ausmaß der

Krise wurde allerdings erst Ende der 70er/Anfang der 80er Jahre deutlich. Alle Wirtschaftsbereiche standen seither unter dem Einfluß der Krisenerscheinung. So stieg die Industrieproduktion nur noch langsam, die Landwirtschaft litt unter Mißernten, die Infrastruktur blieb unterentwickelt. Die Investitionen stagnierten, die Realeinkommen sanken, die Versorgung der Bevölkerung verschlechterte sich weiter. Außerdem bestanden erhebliche Handels- und Zahlungsbilanzdefizite.

Genau wie in Westeuropa reagierte man in Osteuropa mit einer wirtschaftspolitischen Reform, die allerdings kein solches Ausmaß wie in den 60er Jahren annahm. Vielmehr wurden einige der Reformelemente, die man Anfang der 70er Jahre wieder fallengelassen hatte, an der Wende zu den 80er Jahren erneut aufgegriffen. In Bulgarien wurde 1982 eine Planungsreform in der Industrie durchgeführt, die in mancher Hinsicht den um und nach 1980 eingeleiteten Maßnahmen in der Tschechoslowakei und der DDR ähnelte: Das Prinzip der «Eigenerwirtschaftung der betrieblichen Mittel» bekam mehr Geltung. Kennziffern wurden reduziert und effizienzbezogener konstruiert. Entlohnungsformen wurden stärker von Produktivitätsentwicklungen abhängig gemacht. Der Trend zur Dezentralisierung und zur Einführung marktwirtschaftlicher Elemente schien in Bulgarien stärker ausgeprägt zu sein als in den beiden anderen Ländern. In Polen ging man sogar noch einen Schritt weiter. Das seit 1981 realisierte Reformkonzept strebt eine Verbindung von Selbstverwaltung, Marktkoordination und parametrischer Steuerung an, die teilweise an das ungarische Modell einer sozialistischen Marktwirtschaft erinnert. Ungarn selbst – das einzige RGW-Land, das die marktorientierte Reform des ursprünglich zentralistischen Planungssystems in den 70er Jahren durchhielt – entwickelte sein Reformmodell konsequent weiter. Rumänien verkündete zwar im Frühjahr 1978 die Einführung eines «Neuen ökonomischen Mechanismus», letztlich war es aber das Land, das trotz gewisser Lockerungen am stärksten am bisherigen zentralistischen System festhielt. Insgesamt blieben die erneuten Reformansätze wieder in Halbheiten stecken; der Übergang zu einem leistungsfähigeren dezentralisierten Planungssystem wurde nicht vollzogen und zeichnet sich gegenwärtig auch nicht ab. Gründe hierfür sind u. a. die Tatsache, daß Reformen in staatssozialistischen Ländern von der Erkenntnisfähigkeit und dem politischen Willen der Parteiführungen, insbesondere der Führung in Moskau, abhängen. Darüber hinaus werden konzeptionelle Reformen durch die bestehenden Disproportionalitäten in der Wirtschaftsstruktur erschwert. Vor allem aber bedeuten wirtschaftliche automatisch auch politische Reformen, die sehr schnell an die Grenzen der Verfaßtheit staatssozialistischer Systeme stoßen.

IV. Sozioökonomische Entwicklungsmuster

Zum Schluß werden noch einmal typische Entwicklungsmuster skizziert. Noch stärker als in der bisherigen Darstellung wird von einer zeitdifferenzierten und länderspezifischen Betrachtung abgesehen. Es soll sogar bis zu einem gewissen Grad idealtypisch argumentiert werden, um die charakteristischen Entwicklungszüge besser herausarbeiten zu können.

Nordeuropäisches Entwicklungsmuster

Untersucht man die Geschichte der ehemals und teilweise immer noch unterentwickelten Regionen Nord-, Süd- und Osteuropas, so stellt sich fast automatisch die Frage, warum es gerade den skandinavischen Ländern so früh, d. h. in den ersten beiden Jahrzehnten des 20. Jahrhunderts – Finnland später – gelang, ihre Position als abhängige Lieferanten von mineralischen, agrarischen und forstwirtschaftlichen Rohstoffen der hochentwickelten Staaten Westeuropas zu überwinden und sich in reife industrialisierte Volkswirtschaften mit einem hohen Maß an allgemeinem Wohlstand zu verwandeln. Sie befanden sich geographisch in keiner besonders günstigen Lage, waren mit natürlichen Ressourcen nicht überdurchschnittlich gut ausgestattet, und auch aus ihrer geringen Bevölkerungszahl ergab sich kein vergleichsweise höheres Entwicklungspotential.

Dennoch kann bereits aus den demographischen Zusammenhängen eine erste wichtige Voraussetzung für die fortschrittliche Entwicklung von Wirtschaft und Gesellschaft abgeleitet werden. Die nordeuropäischen Länder traten relativ früh in die Phase des demographischen Übergangs ein, d. h. die Einwohnerzahlen stiegen im 20. Jahrhundert nur noch mäßig an. Außerdem wurde der Bevölkerungsdruck bis in die 20er Jahre hinein durch umfangreiche Emigration gemildert. Die skandinavischen Bevölkerungen entwickelten sich daher so, daß sich Angebot und Nachfrage von Arbeit – die Zahl der Erwerbstätigen und die Beschäftigungsmöglichkeiten – in etwa im Gleichgewicht befanden. Als Folge dieses Gleichgewichts auf dem Arbeitsmarkt wurde das Lohnniveau weder besonders stark nach unten gedrückt – wie dies wegen Überbevölkerung in den ost- und südeuropäischen Ländern der Fall war –, noch kam es wegen einer Arbeitskräfteknappheit zu einem besonderen Lohnauftrieb. Das Lohnniveau stieg vielmehr stetig an, was einerseits die kontinuierliche Einführung des arbeitssparenden, wachstumsfördernden technischen Fortschritts begünstigte, andererseits eine kaufkräftige Binnennachfrage schuf. Das soll nicht heißen, daß nicht auch die nordeuropäischen Länder – vor allem Schweden – nach dem Zweiten Weltkrieg einen gewissen Mangel an Arbeitskräften erlebten, der durch ausländische Arbeiter gedeckt werden mußte.

Auch die sozialen und politischen Voraussetzungen waren für eine eigenständige Entwicklung vorteilhaft. Grundsätzlich handelte es sich bei den skandinavischen um relativ offene Gesellschaften, ohne die starken Klassenunterschiede oder tiefen schichtenspezifischen Differenzierungen, durch die andere europäische Gesellschaften geprägt wurden. Die Gründe hierfür waren vielfältig: Es gab gewisse demokratische Traditionen. Das Organisationsniveau zur Artikulation und Durchsetzung von Interessen war ausgesprochen hoch; relativ früh entstand eine ökonomisch und politisch organisierte Bauernschaft – Genossenschaften, Bauernparteien – und eine in Gewerkschaften und Arbeiterparteien organisierte Arbeiterschaft als Gegengewicht zur Industrie und zur Staatsbürokratie. Die Gesellschaften waren ethnisch und religiös homogen. Große Bevölkerungsbewegungen mit Flüchtlingen und Vertriebenen blieben ihnen – außer Finnland – erspart. Das Bildungswesen war ausgesprochen demokratisch strukturiert. Es führte relativ früh zu einem durchschnittlich hohen Bildungsstandard, zeichnete sich durch eine wenig privilegierte Massenerziehung aus und behandelte die klassisch-humanistische und die technische Ausbildung als gleichberechtigt. Einen kulturellen und institutionellen «Dualismus» im Bildungssystem gab es hier wie in anderen Ländern jedenfalls nicht. Hinsichtlich der Einkommens- und Vermögensverteilung unterschieden sich die skandinavischen zwar nur bedingt von anderen Ländern, immerhin waren die Unterschiede zwischen Arm und Reich weniger ausgeprägt und das Einkommensniveau – zumindest seit dem Zweiten Weltkrieg – höher. Die Kluft zwischen Stadt und Land konnte relativ schnell überwunden werden. Die nordeuropäischen Gesellschaften waren wohl auch deshalb weniger heterogen strukturiert als andere, weil sie nicht mit noch bestehenden oder ehemaligen Kolonialreichen belastet waren und auch keine expansionistischen Ziele verfolgten. Eine damit zwangsläufig zusammenhängende Bildung von Eliten und Privilegien gab es ebensowenig wie ein Denken und Handeln in den Kategorien nationaler Größe und außenpolitischer Stärke. Die gesellschaftlichen Kräfte konnten sich vielmehr auf die Entwicklung im eigenen Land konzentrieren. In Norwegen endete die dänische Kolonialherrschaft am Anfang des 19. und die schwedische Dominanz am Anfang des 20. Jahrhunderts. Das alles stärkte die soziale Integration und Stabilität, verhinderte tiefgreifende gesellschaftliche Umwälzungen und förderte bei politischen und sonstigen Konflikten die Kompromißbereitschaft und -fähigkeit. Zugleich wurden damit die sozialen bzw. gesellschaftlichen Voraussetzungen für eine eigenständige und stetige wirtschaftliche Expansion im 20. Jahrhundert gelegt.

Die vielleicht wichtigste Voraussetzung im ökonomischen Bereich, die Modernisierung der Landwirtschaft, war in den skandinavischen Ländern ebenfalls gegeben. Bis auf Finnland verfügten sie gegen Ende des 19. Jahrhunderts über eine produktive und konsolidierte Landwirtschaft, die auf mittleren Hofgrößen und innovationsbereiten Bauern beruhte. Die Landwirtschaft hatte ein Produktivitätsniveau erreicht, das es erlaubte, Arbeitskräfte freizusetzen, ausreichende Mengen von Nahrungsmitteln für die wachsende städtisch-industrielle Bevölkerung zu erzeugen und außerdem landwirtschaftliche Rohstoffe für die industrielle Weiterverarbeitung bereitzustellen. Eine weitere Voraussetzung für die Umsetzung des exportorientierten Wachstumsprozesses, wie er in den nordeuropäischen Ländern in dieser Zeit stattfand, in eine autonome Industrialisierung bestand ebenfalls: Es gelang den skandinavischen Ländern relativ früh, von der Erzeugung unverarbeiteter Stapelgüter wie Getreide, Holz, Fisch, Eisenerz usw. zu ersten Stufen der Veredelung überzugehen, um schließlich im 20. Jahrhundert vor allem Halb- und Fertigwaren zu exportieren. Eine dritte ökonomische Voraussetzung bzw. ein dritter Grund für den fortschrittlichen skandinavischen Entwicklungsweg im 20. Jahrhundert muß darin gesehen werden, daß durch den Wandel der Exportstrukturen Verkettungseffekte ausgelöst wurden, d. h., daß die exportorientierten Sektoren die vor- und nachgelagerten Produktionsstufen aktivierten, was einen breitenwirksamen Industrialisierungsprozeß seit dem Ende des 19. Jahrhunderts in Gang setzte und im 20. Jahrhundert in Gang hielt. Diese im Vergleich zu anderen peripheren Räumen günstige Entwicklung wurde durch die bereits am Anfang des Jahrhunderts gut ausgebauten Dienstleistungen und Infrastrukturen getragen. Sieht man einmal von den ganz nördlichen Regionen ab, so besaßen die skandinavischen Länder relativ früh ein gut funktionierendes binnenländisches Handels-, Kommunikations- und Transportsystem und Geld- und Kreditwesen.

Im Zuge der Höherentwicklung entstand eine Binnennachfrage nach industriell gefertigten Konsum- und Investitionsgütern, die auf intensiven Wechselwirkungen zwischen Landwirtschaft und Industrie beruhte. Sie ließ es besonders seit dem Ersten Weltkrieg rentabel erscheinen, eine Importsubstitutionsindustrialisierung zu beginnen, und zwar sowohl bei den Konsum- als auch bei den Investitionsgütern. Die Verkettungseffekte erfaßten also nicht nur die vor- und nachgelagerten Wirtschaftszweige im engeren exportorientierten Produktionsbereich, sondern den gesamten sekundären Sektor. Die Abhängigkeit der nordeuropäischen Länder von der Einfuhr industrieller Güter nahm dadurch ab. Zugleich gelang eine Diversifizierung der industriellen Exportstrukturen, die nicht nur zu international absatzfähigen Konsum- und Investitionsgütern führte, sondern in bestimmten Sparten zu weltweit anerkannten Spitzentechnologien.

Als Folge dieser sozialen und wirtschaftlichen Entwicklung bildete sich in den skandinavischen Ländern im Laufe des 20. Jahrhunderts ein besonderes sozioökonomisches Politikmodell heraus. Soziale Spannungen führten – vor dem Hintergrund des an sich breiten gesellschaftlichen Konsenses – dazu, daß in der Zwischenkriegszeit, d. h. früher als in den anderen europäischen Ländern, mit dem Aufbau des modernen Sozialstaates begonnen wurde. Mit der Weltwirtschaftskrise vollzog man außerdem den Übergang von einer liberalen zu einer keynesianischen Politik des Staatsinterventionismus. Der Paradigmawechsel in der Sozial- und Wirtschaftspolitik trug seinerseits wiederum zum gesellschaftlichen Ausgleich bei. U. a. ermöglichten die neu geschaffenen Beschäftigungsmöglichkeiten eine Ausweitung der weiblichen Erwerbstätigkeit mit entsprechenden emanzipatorischen Auswirkungen auf die Gleichstellung der Geschlechter und die Rolle der Frau in der Gesellschaft. Nach dem Zweiten Weltkrieg entwickelte man diesen sozialstaatlich-interventionistischen Ansatz weiter, so daß bis in die Gegenwart ein eigenständiger skandinavischer Politiktyp erhalten blieb. Ein Kennzeichen dieser besonders ausgereiften Variante des Wohlfahrtsstaates und des Keynesianismus waren korporativistische Elemente und stark zentralisierte Willensbildungs- und Entscheidungsprozesse. Im außenwirtschaftlichen Bereich gehörte zu diesem Muster eine prinzipiell weltmarktorientierte Politik, die allerdings nicht dogmatisch freihändlerisch angelegt war. Im Gegenteil, die Außenwirtschaftspolitik diente dazu, den binnenwirtschaftlichen Industrialisierungsprozeß zu fördern. Eine ausgesprochen liberale Politik schlugen die nordeuropäischen Länder erst nach dem Zweiten Weltkrieg ein, wobei sie aber bewußt ihre eigenständige Position bewahrten.

Süd- und südosteuropäisches Entwicklungsmuster

Die regionale Eingrenzung dieses Entwicklungsmusters ist insofern nicht ganz korrekt, als einerseits die industrialisierten Gebiete Norditaliens nur bedingt dazugerechnet werden können, andererseits manche Sachverhalte auch auf Irland, Polen und Ungarn zutreffen. Die zeitliche Eingrenzung bezieht sich für die südosteuropäischen Länder auf die Periode bis zum Zweiten Weltkrieg, für die südeuropäischen Länder auf die bis in die 70er Jahre. Die süd- und südosteuropäischen Länder umfassen die Regionen, die bis in die jüngste Vergangenheit, teilweise bis heute als unterentwickelte Regionen, als Peripherien bezeichnet werden können. Anders als den nordeuropäischen Ländern gelang es ihnen in der ersten Hälfte des 20. Jahrhunderts nicht, sich dem Peripherisierungsdruck der westeuropäischen Industriestaaten zu entziehen und eine eigenständige, unabhängige Industrialisierung von Wirtschaft und Gesellschaft zu erreichen. Was waren die Gründe für diese rückständige Entwicklung?

Letztlich gestalteten sich die Zusammenhänge, die sich in den nordeuropäischen Ländern so positiv auf die Entwicklung ausgewirkt hatten, in den süd- und südosteuropäischen in einer Art und Weise, die die Modernisierung von Wirtschaft und Gesellschaft behinderte: Die Länder dieser Regionen traten erst in den 50er und 60er Jahren in die Phase des demographischen Übergangs ein. Dem daraus resultierenden hohen Bevölkerungswachstum stand aufgrund der stagnativen Wirtschaftsentwicklung ein begrenztes Arbeitsplatzangebot gegenüber. Es gab somit ein starkes Ungleichgewicht zwischen Bevölkerungswachstum, Arbeitspotential und Beschäftigungsmöglichkeiten. Der Arbeitsmarkt wurde zwar bis in die 30er Jahre durch die Auswanderung nach Übersee entlastet, dennoch besaßen die süd- und südosteuropäischen Länder in der ersten Hälfte des Jahrhunderts ausgesprochen niedrige männliche Arbeitsquoten und die niedrigste weibliche Erwerbstätigkeit in ganz Europa. Als Folge davon war das Lohnniveau in diesen Ländern durchweg ausgesprochen niedrig; eine kaufkräftige Inlandsnachfrage konnte somit nicht entstehen.

Die süd- und südosteuropäischen Gesellschaften waren am Anfang dieses Jahrhunderts noch ausgesprochen feudalistisch geprägt; ihre sozialen Strukturen hatten sich über lange Zeiträume kaum verändert. Die neuen bürgerlichen Eliten im Finanz- und Industriekapital bedeuteten keinen grundsätzlichen Wandel. Allenfalls wurde die Zerklüftung der traditionellen Gesellschaften durch die bereits entstehenden oder sich neu entwickelnden extremen Einkommens- und Vermögensunterschiede noch verstärkt. Wie die sozialen, so waren auch die politischen Verhältnisse rückständig. Das Niveau der Interessenartikulation und -partizipation blieb unterentwickelt. Organisationsversuche agrarischer und städtischer Unterschichten wurden durch massive Repression der herrschenden Eliten – teilweise mit offener Gewalt – unterdrückt. Die demokratischen Institutionen – soweit sie überhaupt entstanden – waren permanent in Gefahr, durch einseitige Interessenpolitik korrumpiert zu werden. Die politischen Strukturen waren eher darauf angelegt, entwicklungshemmende alte und neue Machtbündnisse – vor allem in korporativistisch-faschistischer Form – zu fördern, letztlich die überkommenen Herrschaftsstrukturen zu stabilisieren, als das geringe Modernisierungspotential durch gesellschaftliche Integration zu nutzen. Koloniale Vergangenheit und imperiale Ansprüche – wie in Portugal, Spanien und Italien –, expansionistische Außenpolitik – wie in Italien und mit Einschränkung auch in Polen, Jugoslawien, Bulgarien, Rumänien und sogar Griechenland – oder revanchistisches Denken wie im Fall Ungarns stärkten ebenfalls überkommene Klassen- bzw. Schichtenunterschiede und die Position privilegierter Eliten. Nationalistische Zielsetzungen standen jedenfalls häufig den Forderungen nach mehr Gleichheit und Liberalität entgegen. Der Zusammenbruch dieser außenpolitischen Rahmenbedingungen trug dazu bei, daß in den osteuropäischen Ländern nach dem Zweiten Weltkrieg – überlagert allerdings von der revolutionären Umwälzung der Gesellschaftsordnungen – und in Spanien, Portugal und Griechenland seit den 60er Jahren die gesellschaftlichen Strukturen in Bewegung gerieten.

Kulturelle Armut verstärkte wirtschaftliche Armut. Das Ausbildungsniveau der breiten Bevölkerung war in der ersten Hälfte des Jahrhunderts extrem niedrig, und die Ausbildungchancen verbesserten sich kaum. Das Erziehungs- und Ausbildungswesen war nicht nur rückständig, sondern auch scharf geteilt in den klassisch-humanistischen und den praktisch-technischen Bereich. Geringes Qualifikationsniveau des «Humankapitals» bedeutet aber niedrige Arbeitsproduktivität und negative Auswirkungen auf den wirtschaftlichen Wachstumsprozeß. Entwicklungshemmend wirkte sich auch die im 20. Jahrhundert oftmals erst sich entwickelnde tiefe soziokulturelle Kluft zwischen Stadt und Land sowie die in den meisten Ländern bestehenden Spannungen zwischen ethnischen, religiösen und antiklerikalen Gruppen aus. Generell mangelte es an sozialer Integration und Solidarität, die notwendig gewesen wäre, um die wirtschaftliche und soziale Modernisierung voranzutreiben.

Die meisten Menschen in den süd- und südosteuropäischen Ländern lebten am Ende des 19. Jahrhunderts nicht nur auf dem Land, sie lebten auch von der Landwirtschaft, deren Strukturen sich über Jahrhunderte kaum verändert hatten. Die Agrarreformen des 19. Jahrhunderts endeten häufig in Gegenreformen und stärkten in der Regel die Macht des Großgrundbesitzes. Die Agrarreformen in der ersten Hälfte des 20. Jahrhunderts veränderten zwar die Besitzverhältnisse, führten letztlich aber nur zu einer weiteren Ausbreitung der kaum existenzfähigen Kleinstbetriebe, d. h., die Latifundium- und Minifundium-Wirtschaft blieb bestehen. Die Diskrepanz zwischen unwirtschaftlich geführtem Großgrundbesitz und subsistenzwirtschaftlich geführtem Zwergbesitz kennzeichnete die Agrarstrukturen in Osteuropa bis zum Zweiten Weltkrieg und in Südeuropa bis in die jüngste Vergangenheit. Die Folge war, daß die Landwirtschaft entweder stagnierte oder dort, wo sie expandierte, das Wachstum sich in extensiver Weise und in einem überkommenen institutionellen Rahmen vollzog. Die Agrarexporte wurden, wenn überhaupt, nur sehr zögernd einem Veredelungsprozeß unterzogen; entwicklungsfördernde Impulse gingen von ihnen kaum aus. Eine aus landwirtschaftlichem Einkommen resultierende Binnennachfrage entwickelte sich nicht. Insgesamt war die Landwirtschaft nicht nur nicht entwicklungsfördernd, wie dies in Nordeuropa der Fall war, sondern im Gegenteil ausgesprochen entwicklungshemmend.

Das galt auch für den Dienstleistungs- und Infrastrukturbereich. So, wie er in den nordeuropäischen Ländern einerseits Ausdruck der fortgeschrittenen Entwicklung war und andererseits diese positiv beeinflußte, so war er in den süd- und südosteuropäischen Ländern Ausdruck der rückständigen Entwicklung, die durch ihn gleichzeitig weiter verzögert wurde. Das Handels- und Kommunikationssystem war am Ende des 19. Jahrhunderts ebenso unterentwickelt wie das Transportwesen. Sie blieben es in den ersten Jahrzehnten des 20. Jahrhunderts und haben auch heute noch nicht den nord- und westeuropäischen Standard erreicht. Das anfängliche Fehlen und der zögernde Ausbau eines funktionsfähigen binnenländischen Geld- und Kapitalmarktes erschwerte ebenfalls Agrarmodernisierung und Industrialisierung.

Unter diesen Umständen mußte das Industrialisierungspotential begrenzt bleiben. Subsistenzlandwirtschaft und nachhaltige Industrialisierung waren kaum miteinander vereinbar. Die Industrien, die dennoch aufgebaut wurden, waren nicht in der Lage, vor- und nachgelagerte Verkettungseffekte auszulösen. Es entwickelte sich eine duale Industrie- und Handwerksstruktur, d. h., daß zwar wenige relativ moderne und potentiell produktive Großbetriebe entstanden, die aber nicht in eine homogene Industriestruktur eingebunden waren, sondern exklavenhafte, monopolisierte und kartellisierte Inseln – auch in räumlicher Hinsicht – in einer weitgehend handwerklich und kleingewerblich strukturierten Wirtschaft darstellten. Generell blieb die Industriestruktur dieser Länder durch sektorale und regionale Heterogenität gekennzeichnet. International wettbewerbsfähig waren nur einige Industriezweige. So wenig wie die agrarischen Exporte in der Lage waren, breitenwirksame Industrialisierungsimpulse auszulösen, so wenig waren es daher auch die industriellen.

Die Reaktion im politischen Bereich auf diese rückständig-stagnierende Entwicklung waren nationalistisch angelegte Modernisierungsstrategien auf der Basis der bestehenden peripher-kapitalistischen Verhältnisse. Die Importe billigen Getreides aus den überseeischen Gebieten nach Europa am Ende des 19. Jahrhunderts bedrohten auch die Landwirtschaften dieser Länder. Staatlicher Protektionismus vermittels Erhaltungszöllen war die Reaktion. Später erfolgte dann der Übergang zum Industrieprotektionismus. Er stellte die Grundlage einer ebenfalls staatlich getragenen Importsubstitutionsindustrialisierung dar, mit der nach dem Ersten Weltkrieg begonnen wurde. Allerdings förderte diese Politik vor allem relativ unproduktive, veraltete Industrien ohne Perspektive. Die dadurch initiierten Investitionen trugen jedenfalls wenig dazu bei, einen sich selbst tragenden Industrialisierungsprozeß voranzutreiben. Auch die eingeleitete Nationalisierungspolitik, durch die eine Reihe von Industrien in staatlichen Besitz übergingen, besaß eher einen strukturerhaltenden als strukturverändernden Charakter. Es entwickelte sich ein staatsbürokratischer Interventionismus auf liberalkapitalistischer Grundlage, der aber keinem wirklichen Entwicklungskonzept folgte. Im übrigen waren die finanziellen Mittel der Staaten in der Zwischenkriegszeit begrenzt. Verzinsung und Tilgung der Schulden, die im Ausland aufgenommen wurden, engten den Handlungsspielraum der Regierungen immer mehr ein. Die daraufhin eingeleitete restriktive Geld- und Finanzpolitik behinderte die Wirtschaftsentwicklung eher, statt sie zu fördern.

Letztlich war diese Politik Ausdruck nationalistischer, korporativistischer und faschistischer Strömungen, die ihre adäquaten Regierungsformen in diktatorischen Regimen fanden. Das entwicklungshemmende Bündnis von Landoligarchie, Handels- und Finanzkapital und Staatsbürokratie sollte überwunden werden, um trotz des anhaltenden Peripherisierungsdrucks die Industrialisierung zu forcieren. Die verschiedenen halbfaschistischen Regime in Südosteuropa, der Salarismus in Portugal, der Frankismus in Spanien und der Faschismus in Italien können in diesem Sinn interpretiert werden. Als sozioökonomische Modernisierungsstrategien scheiterten diese Entwicklungsdiktaturen. Sie mußten scheitern, weil der Versuch einer ökonomischen Modernisierung nicht mit dem einer sozialen und politischen Erneuerung verbunden wurde. Die sozialen Verhältnisse änderten sich ebensowenig wie die Macht- und Herrschaftsstrukturen der alten Gesellschaften. In Südosteuropa war es den kommunistischen Diktaturen nach dem Zweiten Weltkrieg vorbehalten, die alten Klassenstrukturen zu beseitigen und den Durchbruch zur Industriegesellschaft und -wirtschaft zu vollziehen. Als Vorbild diente das auf absolute ökonomische Eigenständigkeit aufbauende stalinistische Entwicklungsmodell einer Zentralverwaltungswirtschaft. Entwicklungspolitisch setzten sie letztlich das erfolgreich durch, was die Regime der Zwischenkriegszeit vergeblich versucht hatten. In Südeuropa beendeten ebenfalls der Krieg und später Revolution und Demokratisierung den Faschismus. Hier setzte man auf ein liberales Entwicklungsmodell, das bewußt auf die Anbindung an die westeuropäische Integration aufbaute.

Osteuropäisches Entwicklungsmuster nach 1945

Die Ausgangssituation der osteuropäischen Länder nach 1945 war unterschiedlich. Bei den Gebieten der DDR und des tschechischen Teils der Tschechoslowakei handelte es sich um durchindustrialisierte Wirtschaftsräume mit entsprechenden Gesellschaftsformationen. In den südosteuropäischen Ländern dominierte noch die Agrargesellschaft und -wirtschaft. Polen und Ungarn nahmen eine mittlere Position ein. Daß die Entwicklung dieser Länder dennoch einem gemeinsamen Muster folgte, lag an der Machtergreifung durch die kommunistischen Parteien. Der entscheidende Unterschied zu den nord-, west- und südeuropäischen Entwicklungsmustern bestand darin, daß Gesellschaft und Wirtschaft nach einem politisch-ideologisch begründeten Entwicklungskonzept bewußt und planmäßig von Grund auf verändert und gestaltet wurden, daß nicht mehr der Markt die Allokation der Produktionsfaktoren, die Distribution der Güter und die soziale Schichtung steuerte, sondern eine Staatsbürokratie als Instrument der kommunistischen Partei.

Selbst die demographische Entwicklung wurde stark beeinflußt. Das Problem der Überbevölkerung bestand – außer in der Tschechoslowakei, der DDR und Ungarn – auch nach dem Krieg weiter. Mit einer konsequenten Politik der Geburtenkontrolle erreichten es die Regierungen der osteuropäischen Länder, daß sich der demographische Übergang beschleunigte und in relativ kurzer Zeit in den 50er und 60er Jahren vollzog. Der geschlossene Arbeitsmarkt ohne internationale Migration, der Verlust an Flüchtlingen, die forcierte Industrialisierung und eine ausgesprochen ineffiziente Ausnutzung des Arbeitskräftepotentials führte bereits in den 60er Jahren zu einem Mangel an Arbeitskräften. Selbst die rasche Abwanderung aus der Landwirtschaft, die steigende weibliche Erwerbstätigkeit – die osteuropäischen Länder erreichten die höchsten weiblichen Arbeitsquoten in Europa – und eine Kehrtwende in der Bevölkerungspolitik – man förderte Familienbildung und

Geburten – vermochten dies nicht zu verhindern. Die sozioökonomische Entwicklung wurde dadurch deutlich in zwei Phasen geteilt: in eine extensiven und eine intensiven Wachstums.

Ebenso wie der demographische, so war auch der gesellschaftliche Wandel revolutionär. Die alten Herrschaftsstrukturen, überkommene Klassen- bzw. Schichtenunterschiede, Eliten und Privilegien wurden konsequent beseitigt. Nicht mehr Geburt und Vererbung, Einkommen und Vermögen waren die entscheidenden Kriterien sozialer Mobilität, sondern Ausbildung und Leistung. Zwar entwickelten sich neue soziale Schichten und Abgrenzungen, generell entstanden aber egalitärere Gesellschaften. Seinen Ausdruck fand dies auch in einer Nivellierung der Einkommens- und Vermögensunterschiede, wobei allerdings die Verteilungsmechanismen wegen der politischen Kontrolle über die Preise, Löhne und die Verfügbarkeit der Konsumgüter anders funktionierten als in den Marktwirtschaften Westeuropas. Im Bereich der schulischen Sozialisation gelang es den osteuropäischen Staaten in relativ kurzer Zeit, das rückständige Erziehungs- und Ausbildungssystem zu modernisieren und zu demokratisieren, d. h. den noch weitverbreiteten Analphabetismus abzubauen, die höhere Bildung grundsätzlich allen zu öffnen und die dualistische Struktur des Bildungswesens zu beseitigen. Zur politischen Sozialisation gehörte eine permanente politisch-ideologische Beeinflussung, mit der sozialistisches Bewußtsein erzeugt und die sozialistische Zukunft gesichert werden sollte. Dem selbstgesetzten Anspruch einer demokratischen Partizipation im politischen und ökonomischen Bereich wurden die kommunistischen Systeme nicht gerecht. Im Gegenteil, die «Diktatur des Proletariats» und das Prinzip des «demokratischen Zentralismus» sicherten der kommunistischen Partei einseitig das Herrschaftsmonopol und führten innerhalb der Partei zur Machtkonzentration in den Händen einer begrenzten Zahl von Kadern. Diese an bürgerlichen Maßstäben gemessen undemokratischen Verhältnisse waren aber ein konstitutives Element des osteuropäischen Entwicklungsmusters, gewährleisteten sie doch eine straffe Planung und Lenkung des sozioökonomischen Systems. Insgesamt war für alle osteuropäischen Staaten nach 1945 das sowjetisch-marxistische Gesellschaftsmodell Vorbild. Dennoch gab es bei seiner Verwirklichung nationale Eigenarten in sozialer, politischer und ökonomischer Hinsicht. Das jugoslawische Gesellschaftssystem wich sicherlich am stärksten vom sowjetischen Vorbild ab, aber auch das ungarische, polnische, rumänische und deutsche wiesen eigenständige Elemente auf, so daß man durchaus davon sprechen kann, daß die osteuropäischen Staaten das gemeinsame Ziel ihres sozioökonomischen Entwicklungsmusters – den Aufbau einer sozialistischen Gesellschaft – auf zumindest unterschiedlichen Wegen zu erreichen versuchten.

Die Veränderungen, die sich in den osteuropäischen Ländern nach 1945 vollzogen, waren auch im ökonomischen Bereich umwälzend. In der Landwirtschaft wurde der Boden weitgehend enteignet; eine wirkliche Ausnahme machte nur Polen. An die Stelle der privaten Latifundien- und Zwergbauernwirtschaft trat die der großen Staats- und Kollektivgüter. Auch in Industrie und Handwerk blieb der private Besitz die Ausnahme. Es entstand eine Zentralverwaltungswirtschaft, die planbürokratisch die Wirtschaft lenkte. Trotz der begrenzt vorhandenen Mittel baute jedes Land – entsprechend dem vorgegebenen Entwicklungsmodell – eine eigene Schwerindustrie und einen eigenen Produktionsgütersektor auf. Damit sollten die Basis für eine autozentrierte Entwicklung gelegt und die für peripher-kapitalistische Ökonomien typischen Strukturschwächen beseitigt werden. Diese recht einseitige Förderung der Industrie, insbesondere der Schwerindustrie, in der ersten Entwicklungsphase führte noch keineswegs zu einer ausgeglichenen und homogenen Wirtschaftsstruktur. Sie erfolgte zu Ungunsten der Landwirtschaft und des Konsumgütersektors. Immerhin gelang es bereits, den Binnenmarkt insofern zu egalisieren, als er nicht mehr die Bedürfnisse weniger auf Kosten vieler befriedigte, sondern eine – wenn auch bescheidene – Grundausstattung an persönlichen und öffentlichen Konsumgütern schuf. Es ging in dieser ersten Phase vor allem darum, die verkrusteten Wirtschaftsstrukturen aufzubrechen und die Stagnation zu überwinden. Bewußt wurde daher auf extensives Wirtschaftswachstum gesetzt, um über Mengenproduktion die überall bestehenden Versorgungsengpässe zu beseitigen.

In einer zweiten Entwicklungsphase sollten der Übergang vom extensiven zum intensiven Wirtschaftswachstum vollzogen und die noch bestehenden tiefgreifenden Strukturungleichgewichte wenn nicht beseitigt, so doch abgebaut werden. Die Landwirtschaft wurde stärker als bisher gefördert, innerhalb der Industrie gewann der Konsumgüterbereich an Bedeutung. Der Übergang vom extensiven zum intensiven Wachstum beinhaltete aber vor allem die Umstellung der Produktionsverfahren. Die bis dahin praktizierte Mengenproduktion war in zunehmendem Maße nicht mehr in der Lage, den Ansprüchen an qualitativ höherwertige Produkte und effizientere Produktionsprozesse gerecht zu werden. Das knapper werdende Arbeitskräfteangebot zwang auch die osteuropäischen Länder dazu, den technischen Fortschritt mehr als bisher als Produktionsfaktor zu nutzen. Neue Technologien fanden verstärkt Anwendung, wobei sich allerdings ein Technologieschub, wie ihn die westlichen Länder seit der zweiten Hälfte der 70er Jahre erleben, erst vage abzeichnet. An der im Vergleich zu den weiter entwickelten kapitalistischen Staaten bestehenden Ineffizienz änderte sich jedenfalls wenig.

Ohne Rücksicht auf die länderspezifischen Unterschiede wurde zumindest in der Anfangsphase versucht, das sowjetisch-stalinistische Gesellschaftsmodell in wirtschaftspolitisch-konzeptioneller Hinsicht zu verwirklichen. Dadurch waren die osteuropäischen Länder im wesentlichen auf sich selbst gestellt. Die Bindung an die Sowjetunion erwies sich nur bedingt als entwicklungsfördernd. Entscheidend war, daß die außenwirtschaftlichen Beziehungen zum kapitalistischen Weltmarkt, aus denen die vorrevolutionären Wirtschaften gewisse Impulse bezogen hatten, plötzlich nicht mehr existierten. Der Außenhandel spielte nicht nur im sowjetischen Entwicklungsmodell eine untergeordnete Rolle, von den Austauschbeziehungen der osteuropäischen Länder untereinander waren angesichts der Rückständigkeit auch kaum aktivierende Effekte zu erwarten. Völlige Autonomie war anfangs ebenfalls ein Ausdruck des staatssozialistischen Entwicklungsmusters. Dies änderte sich im Laufe der Zeit. Die angestrebte sog. sozialistische Integration brachte zumindest in einigen Produktionsbereichen eine internationale Arbeitsteilung. Die Beziehungen zu den westlichen Staaten wurden wieder intensiver und die eigenen Volkswirtschaften zumindest in Ansätzen erneut in den Weltmarkt integriert. Der Außenhandel sollte nicht mehr nur Lückenbüßer sein, sondern die Wirtschaft aktiv fördern.

Im binnenwirtschaftlichen Bereich beinhaltete das sowjetisch-stalinistische Entwicklungsmodell eine straff geführte Zentralverwaltungswirtschaft. Alle osteuropäischen Länder versuchten dies Modell zu verwirklichen, alle versuchten es aber auch sehr bald zu reformieren, weil es sich als ineffizient erwies. Zwar war die Reformfähigkeit der einzelnen Länder unterschiedlich, eine grundlegende Strukturveränderung gelang jedoch in keinem Land. Die eingeleiteten Reformen, die auf eine stärker marktwirtschaftliche Koordination, mehr Selbstverwaltung und Eigenverantwortung abzielten, wurden meist schrittweise oder auch plötzlich wieder zurückgenommen. Auf das besondere Entwicklungsmuster Jugoslawiens sei hier noch einmal hingewiesen. Dort, wo – wie in Ungarn – die Reformen mit einiger Konsequenz durchgeführt wurden, zeigte sich am deutlichsten das grundlegende Dilemma der gesellschaftlichen Ordnung in den osteuropäischen Ländern: Die mangelnde Effizienz des ökonomischen Systems verlangt nach Reformen, die bei der engen Verflechtung von Politik und Ökonomie gesamtgesellschaftliche Konsequenzen haben müssen. Werden diese Reformen nicht durchgeführt, so droht Entzug von Loyalität wegen ungenügender Leistungsfähigkeit und damit Versorgung. Würden sie durchgeführt, so wären tiefgreifende politische Strukturveränderungen notwendig, die mit der Verfaßtheit staatssozialistischer Gesellschaften kaum vereinbar wären.

Westeuropäisches Entwicklungsmuster

Fast noch problematischer als bei den anderen Regionen ist es bei Westeuropa, ein gemeinsames Entwicklungsmuster zu entwerfen. Nicht nur die länderspezifischen Unterschiede waren groß, die Länder waren auch in sich heterogen strukturiert. Einerseits fallen Irland und in einigen Punkten die Niederlande heraus, andererseits treffen manche Sachverhalte auf die Tschechoslowakei bis zum Zweiten Weltkrieg zu.

Der demographische Übergang begann in Westeuropa bereits in der zweiten Hälfte des 19. Jahrhunderts und war – außer in den Niederlanden und Irland – in den 1920er Jahren praktisch abgeschlossen. Wie für Nord-, so bedeutete das für Westeuropa, daß sich die Entwicklungen des Arbeitsangebots und der Beschäftigungsmöglichkeiten in etwa entsprachen. Das bedeu-

tet nicht, daß nicht auch die westeuropäischen Länder in der Zwischenkriegszeit unter hoher Arbeitslosigkeit litten und ein bis zum Zweiten Weltkrieg nur periodisch auftretender Arbeitskräftemangel sich von da an für
längere Zeit zu einem dauerhaften Phänomen entwickelte, dem mit einem
massiven Zuzug von ausländischen Arbeitskräften begegnet wurde. Auch
darf das säkulare Gleichgewicht zwischen Arbeitsangebot und -nachfrage
nicht darüber hinwegtäuschen, daß die westeuropäischen Bevölkerungen
infolge von Kriegen, Baby-Boom und plötzlichem Geburtenrückgang starken demographischen Schwankungen unterworfen waren. Immerhin wurde
das Lohnniveau durch Überbevölkerung zumindest nicht längerfristig nach
unten gedrückt. In allen westeuropäischen Ländern – mit Ausnahme Irlands
– entwickelte sich eine kaufkräftige Binnennachfrage, die den frühen Übergang zum Massenkonsum ermöglichte.

Die Klassen- und Schichtenunterschiede in den westeuropäischen Gesellschaften wurden im Laufe des 20. Jahrhunderts deutlich abgebaut. Die soziale Differenzierung wurde immer weniger durch das Statusmuster der
traditionellen Gesellschaften geprägt und immer mehr durch Beruf und Einkommen. Aber auch die materielle Ungleichheit hinsichtlich der Einkom-
mens- und Vermögensverteilung nahm ab, was nicht heißen soll, daß die
westeuropäischen Gesellschaften nicht auch heute noch durch materielle
Ungleichheit gekennzeichnet sind. Relativ geringe Lohn- und Gehaltsunter-
schiede bestimmen bereits unterschiedliche Lebensstandards und Lebensstile und damit soziale Differenzierung. Diese Nivellierung der materiellen
Ungleichheit trug ebenfalls dazu bei, daß die westeuropäischen Länder recht
früh – entweder schon in der Zwischenkriegszeit oder kurz nach dem Zweiten Weltkrieg – das Entwicklungsstadium des Massenkonsums erreichten.
Dies war einerseits Ausdruck der fortgeschrittenen ökonomischen Entwicklung, andererseits wurde das Wirtschaftswachstum seinerseits dadurch gefördert. Der sozioökonomische Vorsprung, mit dem die westeuropäischen
gegenüber den anderen europäischen Ländern das 20. Jahrhundert begannen
und den sie letztlich bis heute – nicht gegenüber den nordeuropäischen –
halten konnten, resultierte auch aus dem relativ hohen Bildungs- und Ausbildungsniveau. Eine wirkliche Demokratisierung des Erziehungssystems
fand zwar nicht statt, dennoch kam es zu einer Bildungsexplosion nach dem
Zweiten Weltkrieg, mit der die notwendige Qualifikation des Produktionsfaktors Arbeit für die ökonomische Expansion geschaffen werden sollte.
Wie die nord-, so profitierten auch die westeuropäischen Gesellschaften
davon, daß sie in ethnischer und religiöser Hinsicht nicht extrem zerklüftet
waren, daß die Unterschiede zwischen Stadt und Land recht früh abgebaut
werden konnten und sich die Tertiärisierung der Gesellschaft relativ kon-
fliktfrei vollzog.

West- wie Nordeuropa waren die Regionen, in denen die Länder während
des gesamten 20. Jahrhunderts Varianten des demokratischen Parlamentarismus besaßen. Eine Ausnahme, die an dieser Stelle vernachlässigt werden soll,

machte das Deutsche Reich. Dabei besaßen die west- gegenüber den anderen europäischen Staaten insofern einen Vorsprung, als lange demokratische Traditionen vorhanden waren. Der liberale Pluralismus, der diese Systeme kennzeichnete, basierte auf einem hohen Maß an Interessenartikulation und -mobilisierung. Die unterschiedlichen Formen politischer und ökonomischer Partizipation wurden im Laufe des 20. Jahrhunderts weiterentwickelt und ausgebaut, ohne allerdings die kapitalistischen Strukturen grundlegend zu verändern. Insgesamt wurde das sozioökonomische Entwicklungsmuster Westeuropas durch demokratisch-sozialintegrative Tendenzen geprägt, die auch der ökonomischen Entwicklung förderlich waren.

Auch wenn die einzelnen westeuropäischen Länder verschiedene Wege gingen und regional sehr unterschiedlich strukturiert waren, so kann man doch feststellen, daß Westeuropa am Ende des 19. Jahrhunderts den industriellen Kern Gesamteuropas und letztlich der Welt darstellte. Am Ende des 20. Jahrhunderts ist dies nicht mehr der Fall. Die ehemaligen europäischen Peripherien gewannen an wirtschaftlicher Kraft und emanzipierten sich, Japan stieg zu einer der führenden Industrienationen der Welt auf, andere außereuropäische Länder industrialisierten sich ebenfalls. Vor allem aber lösten die USA am Anfang des Jahrhunderts Westeuropa als die industrielle Großmacht der Welt ab. Die kennzeichnenden Elemente des ökonomischen Teils des westeuropäischen Entwicklungsmusters sollen daher nicht nur im Vergleich mit den anderen europäischen Regionen, sondern auch im Vergleich mit den USA herausgearbeitet werden.

Auch für Westeuropa ergab sich ein enger Zusammenhang zwischen Agrarmodernisierung und Industrialisierung, wobei sich Länder und Regionen mit früher und solche mit später, dann allerdings forcierter Agrarmodernisierung gegenüberstanden. Dennoch gilt, daß sich in Westeuropa im Vergleich zu den anderen Regionen sehr früh und daher über einen langen Zeitraum Agrarstrukturen herausbilden konnten, die die Modernisierungsgrundlage nicht nur der agrarischen, sondern auch der industriellen Entwicklung darstellten. Auch im 20. Jahrhundert gingen von der westeuropäischen Landwirtschaft die stärksten Modernisierungsimpulse aus, sie gab die meisten Arbeitskräfte an die Industrie ab und erzielte die höchsten Produktivitäten und günstigsten Produktionsergebnisse.

Als in anderen Regionen die eigentliche Industrialisierung am Ende des 19. Jahrhunderts erst begann, lagen ihre Anfänge in manchen Gebieten Westeuropas bereits 100 Jahre zurück; in diesem Zeitraum hatte Westeuropa den Rest der Welt mit Industrieprodukten versorgt. Daraus resultierte ein kennzeichnendes Element des westeuropäischen Entwicklungsmusters. Nur hier waren ein halbes Jahrhundert lang, vom Anfang des 20. Jahrhunderts bis in die 60er Jahre hinein, mehr Menschen im sekundären Sektor beschäftigt als im primären und tertiären. In allen außereuropäischen Ländern mit vergleichbarem Entwicklungsniveau folgte dem primären sofort der tertiäre Sektor als wichtigster Beschäftigungsbereich, und auch in den europäischen

Regionen, die sich später industrialisierten, war die Phase industrieller Dominanz kürzer und weniger ausgeprägt. Der in den 60er Jahren einsetzende Prozeß der «Entindustrialisierung» der Beschäftigungsstruktur führte zwar dazu, daß auch in den westeuropäischen Volkswirtschaften der Dienstleistungsbereich das Übergewicht bekam, die Unterschiede zu anderen Ländern blieben aber bestehen. Innerhalb der Industrie fällt der – im Vergleich zu den USA – verzögerte Strukturwandel auf. Hatten beide Regionen um die Jahrhundertwende etwa das gleiche Industrieprofil, so veränderte sich dies in den USA weiterhin rasch, während es in Westeuropa vor allem in der Zwischenkriegszeit zu einer gewissen Strukturerstarrung kam, die sich erst nach dem Zweiten Weltkrieg wieder löste. Man kann somit von einer im Vergleich zu Nordamerika gewissen intersektoralen Überindustrialisierung und intrasektoralen Rückständigkeit der westeuropäischen Industrie im 20. Jahrhundert sprechen. Zumindest einige Gründe hierfür weisen auf weitere Eigenarten der westeuropäischen Entwicklung hin. Nordamerika ging seit dem 19. Jahrhundert den kapitalintensiven, arbeitssparenden Weg der Industrialisierung, der mit raschen Produktivitätsfortschritten verbunden war, Westeuropa den vergleichsweise arbeitsintensiven mit relativ langsamer Produktivitätsentwicklung. Während Westeuropa und die USA am Ende des 19. Jahrhunderts in etwa gleich hohe Produktivitätsniveaus besaßen, fiel Westeuropa in der ersten Hälfte des 20. Jahrhunderts stark zurück und konnte diesen Rückstand auch nach dem Zweiten Weltkrieg nur bedingt wieder aufholen. Der fruchtbare Kreislauf von schnellem Produktions- und Produktivitätswachstum, der den gesamtwirtschaftlichen, insbesondere den industriellen Strukturwandel antreibt und einen arbeitssparenden Industrialisierungsprozeß bewirkt, kann nur eingeleitet und in Gang gehalten werden, wenn viel Kapital eingesetzt wird. Vom Ende des 19. Jahrhunderts bis zum Zweiten Weltkrieg lagen nicht nur die Investititionsraten in den USA höher als in Westeuropa, auch die Kapitalintensität stieg schneller. Wiederum konnten die westeuropäischen Volkswirtschaften erst nach dem Zweiten Weltkrieg höhere Steigerungsraten erzielen und einen Teil des amerikanischen Vorsprungs aufholen. Auch daraus resultierte der westeuropäische Produktivitätsrückstand, denn technischer Fortschritt wird durch Kapital verkörpert. Die große technologische Lücke, die sich zwischen Westeuropa und den USA im Laufe des 20. Jahrhunderts entwickelte, entstand aber auch dadurch, daß die westeuropäische Industrie in bestimmten Bereichen einfach nicht so innovativ war. Eine im Vergleich zu den USA relativ geringe Innovationsbereitschaft war daher ein weiteres Kennzeichen des westeuropäischen Entwicklungsmusters zumindest in der ersten Hälfte des 20. Jahrhunderts.

Von einem eigenständigen Politiktyp Westeuropas zu sprechen ist insofern nicht möglich, als man keine klare Grenze zu dem Nordeuropas ziehen kann. Zwar entwickelten sich die Strukturen des korporativen Sozial- bzw. Wohlfahrtsstaates nicht so ausgeprägt wie in Skandinavien, aber auch hier entstand als wichtiges Element der sozialen Demokratie eine interventionistische Sozial- und Wirtschaftspolitik, die immer stärker konkret gestaltend, steuernd und kontrollierend in das Wirtschafts- und Sozialsystem eingriff. Die beiden Kriege waren zwar mit Interventionsschüben verbunden, letztlich verstärkte sich die Interventionsintensität bis in die 70er Jahre hinein aber mehr oder weniger kontinuierlich. Das Ziel dieses Staatsinterventionismus war es, den reinen Ökonomismus des kapitalistischen Systems sozial abzusichern, seine Funktionsdefizite zu mildern, ohne die Leistungsfähigkeit und Produktivität dieses Systems zu beeinträchtigen. Der verstärkte Staatsinterventionismus war einerseits Ausdruck der wachsenden Organisation und Komplexität hochindustrialisierter Wirtschaftssysteme, deren Fähigkeit zur Selbststeuerung abnahm; Fehlentwicklungen waren in bestimmten Bereichen mit so hohen Kosten verbunden, daß eine rein marktwirtschaftliche Lösung nicht mehr in Frage kam. Er war andererseits Ausdruck der veränderten gesellschaftlichen Machtverhältnisse; Arbeiterbewegung und -parteien konnten Reformen durchsetzen, die herrschenden Kreise waren zu Kompromissen gezwungen. Die zweite Weltwirtschaftskrise in diesem Jahrhundert seit den 70er Jahren war daher nicht nur mit einem zweiten Paradigmawechsel in der Sozial- und Wirtschaftspolitik verbunden – vom Keynesianismus zur Austerity –, sondern auch mit einer Veränderung der gesellschaftlichen Kräfteverhältnisse. Etwas anders stellt sich die Wirtschaftspolitik in der Außenwirtschaft dar. Der traditionelle Interventionsbereich der zweiten Hälfte des 19. Jahrhunderts – Zoll- und Handelspolitik – wurde bis zum Zweiten Weltkrieg zwar ebenfalls ausgeweitet, danach aber liberalisiert. Verstärkte binnenwirtschaftliche Steuerung und liberale Außenwirtschaftspolitik waren in der zweiten Hälfte des 20. Jahrhunderts ein weiteres Kennzeichen des westeuropäischen Entwicklungsmusters.

Verzeichnis der Abbildungen und Tabellen

Regionale Ländergruppen

Westeuropa
Belgien
Bundesrepublik
 Deutschland (BRD)
Frankreich
Großbritannien
Irland
Niederlande
Österreich
Schweiz

Südeuropa
Griechenland
Italien
Portugal
Spanien

Nordwesteuropa
Belgien
Niederlande
Frankreich
Großbritannien
(Irland)

Nordeuropa
Dänemark
Finnland
Norwegen
Schweden

Mittelosteuropa
DDR
Polen
Tschechoslowakei
Ungarn

Osteuropa
Bulgarien
Deutsche Demokratische
 Republik (DDR)
Jugoslawien
Polen
Rumänien
Tschechoslowakei
Ungarn

Südosteuropa
Bulgarien
Jugoslawien
Rumänien

Literaturverzeichnis

Gesamteuropa

The Cambridge Economic History of Europe, Bd. 6: The Industrial Revolution and after: Incomes, Population and Technological Change, Cambridge 1965; Bd. 7,1: The Industrial Economies: Capital, Labour and Enterprises. Britain, France, Germany, and Scandinavia, Cambridge 1978

The Fontana Economic History of Europe, Bd. 5: The Twentieth Century; Bd. 6: Contemporary Economies, hrsg. von Carlo M. Cipolla, Glasgow 1976. Bd. 6 liegt auch als deutsche Ausgabe vor: Europäische Volkswirtschaften im zwanzigsten Jahrhundert, hrsg. von K. Borchardt, Stuttgart, New York 1980

Handbuch der europäischen Wirtschafts- und Sozialgeschichte, Bd. 5: Europäische Wirtschafts- und Sozialgeschichte von der Mitte des 19. Jahrhunderts bis zum Ersten Weltkrieg; Bd. 6: Europäische Wirtschafts- und Sozialgeschichte vom Ersten Weltkrieg bis zur Gegenwart, hrsg. von W. Fischer, Stuttgart 1985 und 1987

Geschichte der Weltwirtschaft im 20. Jahrhundert, hrsg. von W. Fischer, Bd. 2: Gerd Hardach, Der Erste Weltkrieg 1914–1918, München 1973; Bd. 3: Derek H. Aldcroft, Die zwanziger Jahre. Von Versailles zur Wall-Street 1919–1929, München 1978; Bd. 4: Charles P. Kindleberger, Die Weltwirtschaftskrise, München 1973; Bd. 5: Alan S. Milward, Der Zweite Weltkrieg. Krieg, Wirtschaft und Gesellschaft 1939–1945, München 1977; Bd. 6: Herman van der Wee, Der gebremste Wohlstand. Wiederaufbau, Wachstum, Strukturwandel 1945–1980, München 1984

Alan S. Milward, S. B. Saul, The Development of the Economies of Continental Europe, 1850–1914, London 1977

Charles P. Kindleberger, A Financial History of Western Europe, London 1984

David S. Landes, Der entfesselte Prometheus. Technologischer Wandel und industrielle Entwicklung in Westeuropa von 1750 bis zur Gegenwart, Köln 1973

Sidney Pollard, Peaceful Conquest. The Industrialization of Europe, 1760–1970, Oxford 1981

M. M. Postan, An Economic History of Western Europe 1945–1964, London 1967

Pierre Léon (Hrsg.), Histoire économique et sociale du monde, Teil 5: Guerres et crises 1914–1947; Teil 6: Le second XXᵉ siècle. 1947 à nos jours, Paris 1977

Andrea Boltho (Hrsg.), The European Economy. Growth & Crises, Oxford 1982

Margret S. Archer, Salvador Giner (Hrsg.), Contemporary Europe: Class, Status and Power, London 1971

Derek H. Aldcroft, The European Economy 1914–1980, London 1982

P. Guillaume, P. Delfaud, Nouvelle histoire économique, 2. Teil: Le XXe-siécle, Paris 1976

Peter Stearns, European Society in Upheaval. Social History since 1750, New York 1975

Klaus von Beyme, Parteien in westlichen Demokratien, München 1982

Gordon Smith, Politics in Western Europe, London 1984

Hans-Ulrich Wehler (Hrsg.), Klassen in der europäischen Sozialgeschichte, Göttingen 1979

Nordeuropa

Dänemark

Ulrich Menzel, Der Entwicklungsweg Dänemarks (1880–1940). Ein Beitrag zum Konzept autozentrierter Entwicklung, Bremen 1980

Anders Ølgaard, The Danish Economy, Brüssel 1979

Schweden

Richard F. Tomasson, Schweden: Prototype of Modern Society, New York 1970

Martin C. Schnitzer, The Economy of Sweden. A Study of the Modern Welfare State, New York 1970

Hermann Mügge, Die wirtschaftliche Entwicklung Schwedens im 20. Jahrhundert, Diss. Bonn 1968

Finnland

Kimmo Kiljunen, Finland in the International Division of Labour, in: Underdeveloped Europe. Studies in Core-Periphery Relations, hrsg. von D. Seers u. a., Plymouth 1979

D. G. Kirby, Finland in the Twentieth Century. The History and an Interpretation, London 1979

Eino Jutikkala, Geschichte Finnlands, Stuttgart 1976

Norwegen

Fritz Hodne, The Norwegian Economy 1920–1980, London 1983

Natalie R. Ramsoy (Hrsg.), Norwegian Society, Bergen 1974

T. Bergh u. a., Growth and Development. The Norwegian Experience 1830–1980, Oslo 1980

Bela Balassa, Industrial Development in an Open Economy. The Case of Norway (Oxford Economic Papers, Neue Folge, Bd. 21), Oxford 1969

Südeuropa

Italien

Sabino S. Acquaviva, M. Santuccio, Social Structure in Italy. Crisis of a System, London 1976

Shepard B. Clough, The Economic History of Modern Italy, New York 1964

D. C. Templeman, The Italian Economy, New York 1981

Corrado Barberis, La societa italiana, Mailand 1976

Diana Pinto (Hrsg.), Contemporary Italian Sociology. A Reader, Cambridge 1981

Dominique Schnapper, Sociologie de l'Italie, Paris 1974

Spanien

Eric N. Baklanoff, The Economic Transformation of Spain and Portugal, New York 1978

Sima Liebermann, The Contemporary Spanish Economy. An Historical Perspective, London 1982

Joseph Harrison, The Spanish Economy in the Twentieth Century, London 1985

Walther L. Bernecker, Spaniens Geschichte seit dem Bürgerkrieg, München 1984

Alison Wright, The Spanish Economy 1959–1976, New York 1977

Portugal

Richard Robinson, Contemporary Portugal, London 1979

Eric N. Baklanoff, The Economic Transformation of Spain and Portugal, New York 1978

Jean Mayer, Regional Development in Portugal (1929–1977): an Assessment, in: Disparities in Economic Development since the Industrial Revolution, hrsg. von P. Bairoch, M. Lévy-Leboyer, London 1981

Griechenland

Südosteuropa-Handbuch, Bd. 3: Griechenland, hrsg. von K.-D. Grothusen, Göttingen 1980

William H. McNeill, The Metamorphosis of Modern Greece since World War II, Chicago 1978

Nicos Mouzelis, Modern Greece. Facts of Underdevelopment, London 1978

Wray O. Candilis, The Economy of Greece, 1944–1966. Efforts for Stability and Development, New York 1968

A. S. Freris, The Greek Economy 1920–1980, London 1985

Osteuropa

Übergreifend

Jürgen Hartmann, Politik und Gesellschaft in Osteuropa, Frankfurt 1983

Klaus von Beyme, Ökonomie und Politik im Sozialismus. Ein Vergleich der Entwicklung in den sozialistischen Ländern, München 1975

John R. Lampe, Marvin R. Jackson, Balkan Economic History, 1550–1950, Bloomington 1982

Iván T. Berend, György Ránki, Economic Development in East-Central-Europe in the 19th and 20th Centuries, New York 1974

Alan H. Smith, The Planned Economies of Eastern Europe, London 1983

Andras Hegedus, The Structure of Socialist Society, London 1977

Pierre Kende, Zdenek Strmiska, (Hrsg.), Egalité et inégalitées en Europe de l'Est, Paris 1984

Alexander Matejko, Social Change and Stratification in Eastern Europe, New York 1974

Walter D. Conner, Socialism, Politics, and Equality, New York 1979

Marie Lavigne, Les Economies socialistes soviétique et européennes, Paris 1981

Michael C. Kaser, E. A. Radice, The Economic History of Eastern Europe: 1919–1975, 2 Bde., Oxford 1986

Polen

Zbigniew Landau, Jerzy Tomaszewski, The Polish Economy in the Twentieth Century, London 1985

David Lane, George Kolankiewicz (Hrsg.), Social Groups in Polish Society, London 1973

Karl von Delhaes, Reinhard Peterhoff, Zur Reform der polnischen Wirtschaftsordnung, Marburg 1981

Karl Eckart, Polen. Regionale und strukturelle Entwicklungsprobleme eines sozialistischen Landes, Paderborn 1983

Jack Taylor, The Economic Development of Poland, 1919–1950, Reprint Westport, Conn. 1970

Jugoslawien

Fred Singleton, Bernhard Carter, The Economy of Yugoslavia, London 1983

Südosteuropa-Handbuch, Bd. 1: Jugoslawien, hrsg. von K.-D. Grothusen, Göttingen 1975

Vinod Dubey u. a., Yugoslavia: Development with Decentralization, Report of a Mission sent to Yugoslavia by the World Bank, Baltimore/Md. 1975

Holm Sundhaussen, Geschichte Jugoslawiens 1918–1980, Stuttgart 1982
Gudrun Lemân, Das jugoslawische Modell. Wege zur Demokratisierung, Frankfurt 1976
Robert K. Furtak, Jugoslawien: Politik, Gesellschaft, Wirtschaft, Hamburg 1975

Rumänien
Trond Gilberg, Modernization in Romania since World War II, New York 1975
Südosteuropa-Handbuch, Bd. 2: Rumänien, hrsg. von K.-D. Grothusen, Göttingen 1977
Kenneth Jowett (Hrsg.), Social Change in Romania, 1860–1940. A Debate on Development in a European Nation, Berkeley 1978
Demetrius Leonties, Die Industrialisierung Rumäniens bis zum zweiten Weltkrieg, München 1971
Andras C. Tsantes, Roy Pepper, Romania: The Industrialization of an Agrarian Economy under Socialist Planning. Report of a Mission sent to Romania by the World Bank, Baltimore 1979

Deutsche Demokratische Republik
Deutsches Institut für Wirtschaftsordnung (Hrsg.), Handbuch DDR-Wirtschaft, Hamburg 1984
Gernot Gutmann (Hrsg.), Das Wirtschaftssystem der DDR – Wirtschaftspolitische Gestaltungsprobleme, Stuttgart 1983
Harald Winkel, Die Wirtschaft im geteilten Deutschland 1945–1970, Wiesbaden 1974
Materialien zum Bericht zur Lage der Nation 1974, hrsg. vom Ministerium für innerdeutsche Beziehungen, Bonn 1975
Karl C. Thalheim, Die wirtschaftliche Entwicklung der beiden Staaten in Deutschland, Berlin 1981
Dietrich Staritz, Geschichte der DDR 1949–1985, Frankfurt 1985

Tschechoslowakei
Jaroslav Krejci, Social Change and Stratification in Postwar Czechoslovakia, London 1972
Jiri Kosta, Abriß der sozialökonomischen Entwicklung der Tschechoslowakei 1945–1977, Frankfurt 1978
Reinhard Peterhoff, Die Transformation des tschechoslowakischen Wirtschaftssystems von 1945–1948 und die systemerhaltenden Reformen bis 1966, Marburg 1970
Walter Sperling, Tschechoslowakei, Stuttgart 1981

Ungarn
Zsuzsa Ferge, A Society in the Making. Hungarian Social and Societal Policy 1945–75, New York 1979
Endre Antal, Das Wirtschaftslenkungssystem des ungarischen Sozialismus, München 1976
Iván T. Berend, György Ránki, The Hungarian Economy in the Twentieth Century, London 1985
Andrew C. Janos, The Politics of Backwardness in Hungary 1825–1945, Princeton 1981

Bulgarien
George Feiwel, Growth and Reforms in Centrally Planned Economies: Lessons of the Bulgarian Experience, New York 1977
Bogoslav Dobrin, Bulgarian Economic Development since World War II, New York 1973
John H. Lampe, The Bulgarian Economy in the Twentieth Century, London 1985

Albanien
Hans-Joachim Pernack, Probleme der wirtschaftlichen Entwicklung Albaniens. Untersu-

chung des ökonomischen und sozioökonomischen Wandlungsprozesses von 1912/13 bis zur Gegenwart, München 1972
Wolfgang Ruß, Der Entwicklungsweg Albaniens. Ein Beitrag zum Konzept autozentrierter Entwicklung, Meisenheim/Glan 1979
Adi Schnytzer, Stalinist Economic Strategy in Practice. The Case of Albania, Oxford 1982

Sowjetunion
B. Kerblay, La Société soviétique contemporaine, Paris 1977
Hans Raupach, Wirtschaft und Gesellschaft Sowjetrußlands, Wiesbaden 1979
Alec Nove, An Economic History of the USSR, London 1972
Alec Nove, Das sowjetische Wirtschaftssystem, Baden-Baden 1980
James R. Millar, The ABCs of Soviet Socialism. The Soviet Economic Experiment, 1917–1980, Urbana/Ill. 1981
Richard Lorenz, Sozialgeschichte der Sowjetunion I: 1917–1945, Frankfurt 1978

Westeuropa

Deutsches Reich/Bundesrepublik Deutschland
Sozialgeschichte der Bundesrepublik Deutschland. Beiträge zum Kontinuitätsproblem, hrsg. von W. Conze und M. R. Lepsius, Stuttgart 1983
Friedrich-Wilhelm Henning, Das industrialisierte Deutschland 1914 bis 1976, Paderborn 1978
Elmar Altvater u. a., Vom Wirtschaftswunder zur Wirtschaftskrise. Ökonomie und Politik in der Bundesrepublik, Berlin 1980
Ralf Dahrendorf, Gesellschaft und Demokratie in Deutschland, München 1965
Handbuch der deutschen Wirtschafts- und Sozialgeschichte, Bd. 2, hrsg. von H. Aubin, W. Zorn, Stuttgart 1976
Die Bundesrepublik Deutschland. Geschichte in drei Bänden, hrsg. von W. Benz, Frankfurt 1984

Großbritannien
A. H. Halsey, Change in British Society, Oxford 1978
John Stevenson, British Society 1914–45, Harmondsworth 1984
Arthur Marwick, British Society since 1945, Harmondsworth 1982
Sidney Pollard, The Development of the British Economy 1914–1982, London 1983
James Walker, C. W. Munn, British Economic and Social History 1700–1980, Norwich 1981

Frankreich
Fernand Braudel, Ernest Labrousse (Hrsg.), Histoire économique et sociale de la France, Bd. IV: L'ère industrielle (années 1880–années 1970), Paris 1979/83
Maurice Parodi, L'économie et la société française depuis 1945, Paris 1981
Yves Lequin (Hrsg.), Histoire des Français XIXe–XXe siècles, 2 Bde., Paris 1983/84
François Caron, An Economic History of Modern France, New York 1979
J. R. Hough, The French Economy, London 1982
Jean-Charles Asselain, Histoire économique de la France, Bd. 2: De 1919 à la fin des années 1970, Paris 1984

Niederlande
R. T. Griffiths (Hrsg.), The Economy and Politics of the Netherlands since 1945, Den Haag 1980

Johan de Vries, The Netherlands economy in the twentieth century. An examination of the most characteristic features in the period 1900–1970, Assen 1978
Johan Goudsblom, Dutch Society, New York 1967

Belgien
John Bartier u. a., Histoire de la Belgique contemporaine, 1914–1970, Bruxelles 1975
Fernand Baudhuin, Histoire économique de la Belgique 1914–1939, Brüssel 1944
Fernand Baudhuin, Belgique 1900–1960, Explication économique de notre temps, Löwen 1961

Österreich
Erich Bodzenta (Hrsg.), Die österreichische Gesellschaft, Wien 1972
Marina Fischer-Kowalski, Josef Bucek (Hrsg.), Lebensverhältnisse in Österreich. Klassen und Schichten im Sozialstaat, Frankfurt 1982
Alphonse Losser, L'économie autrichienne contemporaine, Strasbourg 1985
Wilhelm Weber (Hrsg.), Österreichs Wirtschaftsstruktur, gestern – heute – morgen, Berlin 1961

Schweiz
Jean-François Bergier, Die Wirtschaftsgeschichte der Schweiz. Von den Anfängen bis zur Gegenwart, Zürich, Köln 1983
Wilhelm Bickel, Die Volkswirtschaft der Schweiz, Entwicklung und Struktur, Aarau 1973
Fritz Gygi, Die schweizerische Wirtschaftsverfassung, Bern 1978
Ernst Schätti, Die Wirtschaftsordnung der Schweiz, Entwicklungstendenzen seit 1939, Zürich 1978
Geschichte der Schweiz und der Schweizer, Lausanne 1982/83

Irland
Michel Peillon, Contemporary Irish Society: An Introduction, Dublin 1982
Kieran A. Kennedy, Economic Growth in Ireland. The Experience since 1947, Dublin 1975
James Meenan, The Irish Economy since 1922, Liverpool 1971
Kieran A. Kennedy, Richard Bruton, The Irish Economy, Brüssel 1975

Buchanzeigen

Perspektiven
von Politik und Wirtschaft im 20. Jahrhundert

Horst Kern und Michael Schumann
Das Ende der Arbeitsteilung?
Rationalisierung in der industriellen Produktion:
Bestandsaufnahme, Trendbestimmung
3. Auflage. 1986. 361 Seiten mit 12 Abbildungen. Broschiert

Der dressierte Arbeiter
Geschichte und Gegenwart der industriellen Arbeitswelt
Herausgegeben von Walter Sauer
Nachdruck 1984. 212 Seiten mit 11 Abbildungen und Dokumenten
Paperback (BSR 286)

Michio Morishima
Warum Japan so erfolgreich ist
Westliche Technologie und japanisches Ethos
1985. 228 Seiten mit 8 Tabellen. Broschiert

Klaus Michael Meyer-Abich und Bertram Schefold
Die Grenzen der Atomwirtschaft
Die Zukunft von Energie, Wirtschaft und Gesellschaft
Mit einer Einleitung von Carl Friedrich von Weizsäcker
3. Auflage. 1986. 232 Seiten mit 4 Abbildungen
und 10 Tabellen. Broschiert

Wie möchten wir in Zukunft leben?
Der „harte" und der „sanfte" Weg
Herausgegeben von
Klaus Michael Meyer-Abich und Bertram Schefold
1981. 239 Seiten. Paperback (BSR 242)

Rolf Bauerschmidt
Kernenergie oder Sonnenenergie
1985. 247 Seiten mit 20 Abbildungen und 29 Tabellen
Paperback (BSR 296)

Verlag C. H. Beck München